김정태가 그려낸

한반도통일

김정태가 그려낸

한반도통일

2013년 10월 10일 초판 발행
2018년 7월 10일 개정판 발행

펴낸이 • 김 정 태
발행인 • 김 상 돈
발행처 • 도서출판 구암
주 소 • 서울 중구 퇴계로 217
(충무로 4가 나동 15, 16호)
전 화 • 02. 2272-0045
팩 스 • 02. 2268-3006
등 록 • 1991. 6. 12 제2-1188호

ISBN 978-89-86304-05-3

가격 18,000원

김정태가 그려낸

한 반 도 통 일

김 정 태 지음

21C 大-한국인이 읽어야 할 국민필독서·역사서

추 천 의 글

戊戌년 새해를 마지한지 엊그제 같은데 세월은 유수와 같이 흘러, 어느 듯 영원한 과거사가 되고 말았다.

올해로 내 나이가 어느 듯 97세가 됐다.

나는 일평생 단 한 번도 추천의 글을 쓴 적이 없다. 그러나 《김정태가 그려낸 한반도통일》이란 개정판 책자는 국가원로회 의장 장경순의 비서실장이기 이전에 통일에 대한 그의 남다른 상상력·공상력에 감동이 되어 추천한다. 그는 1968.1.5.-1969.1.5. 베트남전장에 참전, 1968년 1.29.베트콩 구정총공세 당시의 그 전장에서 수많은 전상자·전사자 영혼들과 대화를 통해, 피 빨래군복을 입고 "동·서양 800년 어간의 역사적 진실"을 터득했다.

그는 그 누구도 흉내를 낼 수가 없는 5만 가지 공상력으로 [천상열차분야지도(천문도 293개 별자리 속, 1467개 별)한반도통일]을 그려냈다.

나 장경순은 6·25전쟁에 참전한 군인이다. 5·16 혁명에도 참가한 혁명주체다. 한국정치 격동기의 정치현장을 지키며 경험했던 다분히 정치색을 띤 군인이었음을 부인하지 않는다.

나의 마음을 움직인 메시지 속 구절(句節)은 바로 이 대목이다.

천상열차분야지도 한반도통일(天象列次分野之圖 韓半島統一)이란 천문도(天文圖) 속 천상(天象)은 천체의 현상, 일월성신(日月星辰)의 변화하는 현상을 두고 하는 말이다. 즉 '하나님의 사람들, 변화무쌍한 군상(群像, 天孫)을 말한다. 그 옛날 그 옛적 우리 조상이신 할아버지 할머니의 뼈가 묻힌 대륙 한 복판 고조선 역사 속 하나님을 믿었던 사람들의 '먹고사는 일상'을 그려 넣은 '천문도(天象列次分野之圖)'를 말한다.

-<천상열차분야지도 속, 700만 태극전사 하늘이야기(한반도통일)다>-

하늘이 쩡 열리고 땅이 쿵 울리던 날, 해와 달이 내려와 오악을 비추었네
삼족오 높이 날아 해 품에 깃들고, 두꺼비 높이 뛰어올라 달 속에 안겼네
천상열차분야지도 고려 충신 류방택의 한이여! 조선 태조 이성계 꿈이여!
북에는 북두칠성, 남에는 남두육성 고조선의 영혼(靈魂)을 담아
'천상열차분야지도' 속 700만 태극전사 하늘이야기(한반도통일)를 새겼네

나 장경순은 《김정태가 꿈꾼 한반도통일》의 메시지 속 상상력에 탄복했다. 8.15 이후 이만한 국민이론서는 없다고 생각한다. 김정태, 그는 등 따습고 배부른 '경제와 정치논리'를 아는 사람으로, 오케스트라 경영으로 세계 속 경제영토를 넓혀 그가 꿈꾸는 한반도통일과 동북아르네상스·우주시대까지 열겠다는 그의 신념은 의심의 여지가 없다.

나 장경순은 "아직도 멈출 수 없나"는 구구질절한 마음을 담아, 천하 만백성을 향해 이 책자를 역사서로, 국민교과서로 추천을 한다.

2018년 7월 1일

前 국가재건최고회의 최고위원, 국회 부의장
現 대한민국 국가원로회 의장 **장 경 순**

머 리 말

2018년이 필자의 베트남 참전 50주년이다. 필잔 32만 베트남 참전세대와 함께 박정희 조국근대화공정을 위해 피와 땀과 눈물로 젊음을 바친 대가로 국군현대화와 경제성장의 기반을 구축했다고 자부한다.

박정희 계산법에 따라 베트남 파병으로 발생한 외화를 종자돈삼아 10대 경제대국을 이루어, 받던 나라에서 주는 나라로 변모시켰다.

필잔 그 중심에 파독광부와 간호사, 베트남참전자를 합해 34만 품팔이·품앗이세대가 있었음을, 한국인이면 그 누구도 부인하지 못한다.

필자는 베트남 전쟁의 정곡(正鵠) '첨단전장'<1968.1.29 구정총공세>, 그 전장의 불꽃 속에서 《천상열차분야지도 한반도통일》 을 그렸다.

필자가 1968년 1월 19일 베트남 도착일 10일후 촉발한 1.29구정總공세는 미국 대학가에선 반전운동으로 번졌다. 그 반전운동이 구라파로 확산돼 '구라파 68세대' 혁명으로 이어진 것이 그 대표적 본보기다.

필자는 <1968.1.29 구정총공세>를 잊지를 못한다. 왜냐하면 필자의 피 빨래군복 때문이다.

피 빨래군복은 1.29 구정총공세 당시 필자는 야전군병원으로 차출된 병사였다. 전선에서 헬리콥터로 야전병원으로 후송되는 피범벅의 전상자를 등에 업고·메고·안고·들고 응급실로 옮기는 중 전상자가 얼마나 고통스러웠으면 필자의 어깨와 등을 꼬집고 물어 뜯었는지 본대로 돌아왔을때는 입고 있었던 군복이 피범벅이 됐다.

그날로 샤워장에서 피범벅의 군복을 빨아입고, 그 이튿날 또 야전병원을 오가는 일을 5일 가까이 반복하면서 전상자와 숨 넘어가는 전사자 영혼과의 대화를 통해 많은 것을 깨달을 수가 있었다.

필자는 그 이후 11개월 가까이 베트남과 관련된 미국사와 중국 근현대사, 프랑스·영국·일본·러시아를 한반도 통일과 연관해 집중탐구했다. 그래서 필자는 [어머니의 정치언어]에 따라 피 빨래군복을 입고 터득한 "동서양 800년 어간의 역사적 진실"에 입각해, 5만가지 공상력으로 <천상열차분야지도 한반도통일>을 반드시 완성해 내고 싶다.

필자는 이 머리말을 2016년 12월 9일 재적 300명 중 234명 국회의원이 탄핵안을 찬성함으로 공산위기로 몰린 대한민국을 정상화시키기 위해 사생결단 구국금식기도를 결심하였으며, 하나님과의 금식작정기도 28일 중 19일차에 쓰고 있습니다.

필자의 정신상태가 다소 혼란스럽습니다. 필자는 머리가 자꾸 혼미해져서 여기서 머리말을 줄입니다.

<김정태가 그려낸 한반도통일> 책자를 세상에 펴낸 도서출판 구암의 김상돈사장님과 관계직원들께 감사인사를 드립니다.

2018년 7월 1일

지은이 김 정 태

차　　례

❖ 추천의 글……… 04
❖ 머 리 말……… 06
❖ 차　　례……… 08

PART-I. 전쟁수첩 속 필자의 포부는 대통령

(1) 조국근대화와 산업화종자돈……… 14
(2) 어머니는 '정치언어'로 시작했다.……… 23
(3) 한글문화와 기독교문화의 만남……… 31
(4) 당고모는 '경제언어'로 시작했다……… 37
(5) 김창인 목사님의 기도 가운데 베트남파병을 결심했다……… 43
(6) 1990년대 '충현교회 40년사'를 쓰려는 순간 일어난 사건들…… 49
(7) '한누리당' 시대는 열릴 수밖에 없다.……… 55
(8) 칭기즈칸은 동·서양문명을 흔들어 자본주의를 탄생시켰다 …… 60
(9) 칭기즈칸은 휴전기간 7년 동안 국가 개·변조공작에 진력했다…… 70
(10) 칭기즈칸은 케식텐 아카데미에서 1000명 호위무사를 배출했다 …… 86

PART-II. 베트남파병과 조국근대화

(1) 베트남파병과 조국근대화 …… 92
(2) 베트남전쟁의 배경…… 102
(3) 베트남파병 32만 전우는 재평가돼야 한다!…… 112

(4) 32만전우의 목숨을 담보로 조성된 산업화 종자돈, 살아 생전에 되돌려 받아야 한다!…… 121
(5) 고엽제(枯葉除)와 전쟁공포증…… 131
(6) 국민영웅! 채명신 장군!…… 137
(7) 얼마나 그렸던가? 무궁화 꽃을 귀국선-1…… 155
(8) 얼마나 외쳤던가? 태극 깃발을 귀국선-2……163

PART-Ⅲ. 조국근대화와 한반도통일

(1) 대박(bonanza)통일의 참 의미…… 182
(2) 지난 반세기동안 일본의 3배, 중국의 4배로 국력을 신장시키기 위해 불철주야 앞만 보고 달려왔다.… 193
(3) 한반도 통일예행 연습일지…… 199
(4) 햇볕정책은 북한을 깨운 절묘한 통일예행연습이었다.…… 205
(5) 이승만·김일성·박정희·YS·DJ·김정일이 있었기에 한반도통일이 가능하다……210

PART-Ⅳ. 70년 분단체제=국가주의 '틀'을 부수면 한반도는 통일된다.

(1) 안중근《동양평화론》의 다중·시민 속에 그 답이 있다……222
(2) 2차 대전 후, 루즈벨트는 신질서(국제연합)를 준비했다…·227
(3) 전쟁문화의 한반도상륙과 38도선의 의미를 되짚어야! …·234
(4) 美군정사령관 하지의 등장은 국가주의의 고착화에 있었다. …·239
(5) 루즈벨트가 죽고 나자! 스탈린 시나리오가 구체화 되다! …·244

(6) 낙동강전선 사령관 김책은 몸소 대구함락을 진두지휘했다 ·····252
(7) 스탈린은 북한군을 마오쩌둥은 미군의 뒷덜미를 잡아챘다·····256
(8) 중국 최초로 對서양전쟁에서 승리에 가까운 무승부를 기록·····261
(9) 한반도통일의 희망의 끈은, 곧 문명의식=홍익인간이다·····265
(10) 美·蘇는 견원지간 수법으로 분단체제=국가주의를 고착화·····270
(11) 안중근의의《동양평화론》이 분단체제=국가주의를 부순다. ·····273
(12) 2500만 북녘동포를 향한 '강강수월래' 희망가를 읊는다.·····280

PART-V. 한반도는 이래서 통일된다!

(1) 안중근의《동양평화론》을 한반도통일의 지렛대로 삼는다.··· 296
(2) 이젠 국제공론의 장에서, 우리가 빠진 통일 논의는 없다.··· 304
(3) 북한 안팎이 요동을 친다.······ 308
(4) 북한 핵 폐기, 중국이 선봉에 선다.······ 315
(5) 북한 핵 폐기, 한국과 일본이 협력해 푼다.······ 325
(6) 북한 핵 폐기, 남북한·러시아 3각외교로 푼다.······ 331
(7) 북한 핵 폐기, 미국의 결단이 엄중하다.······ 340
(8) 한미우호·군사동맹, 재정비 강화해야 한다.······ 344

PART-VI. 21C 디지털 칭기즈칸을 꿈꾸는 2030세대

❖ PART-VI 단원의 이해를 돕기 위하여 간추린 내용이다.·······350
(1) 오케스트라기업이, 오케스트라정치가/ 일천년 역사의 물꼬를 튼다.
······ 352

(2) 8.15 이후 세대담론 속에는 / 천년역사의 물꼬를 틀 希望메시이지 가 있었다. …365

(3) 프랑스·독일·영국·일본의 세대 간 갈등…… 385

(4) 저(低)출산문제 이렇게 풀자 ……… 405

(5) 한반도통일로 가는 호호탕탕 "백두산생태복원 공생경제"… 430

(6) 2030세대의 잣대(저울추)경제 / 사람중심의 '經濟민주화'가 아니라, 돈:錢 중심의 '經濟형평'을 추구한다.…… 449

PART-VII. **참고문헌** …· 461

PART-I.

전쟁수첩 속 필자의 포부는 대통령

(1) 조국근대화와 산업화종자돈·········· 14

(2) 어머니는 '정치언어'로 시작했다.············ 23

(3) 한글문화와 기독교문화의 만남·········· 31

(4) 당고모는 '경제언어'로 시작했다············ 37

(5) 김창인 목사님의 기도 가운데 베트남파병을 결심했다······· 43

(6) 1990년대 '충현교회 40년사'를 쓰려는 순간 일어난 사건들···· 49

(7) '한누리당' 시대는 열릴 수밖에 없다.············ 55

(8) 칭기즈칸은 동·서양문명을 흔들어 자본주의를 탄생시켰다 ···· 60

(9) 칭기즈칸은 휴전기간 7년 동안 국가 개·변조공작에 진력했다 ······ 70

(10) 칭기즈칸은 케식텐 아카데미에서 1000명 호위무사를 배출했다 ······ 86

[01]

조국근대화와 산업화종자돈

<산업화종자돈은 품앗이·품팔이세대에서 시작됐다.>

한반도통일을 위한 박정희 조국근대화공정은 품앗이·품팔이세대의 산업화종자돈 마련에서부터 시작된다. 필자가 뒤늦게 75살 현증록(顯證錄)을 쓰려는 진정한 이유는, 유사 이래 지금까지 우리나라가 겪어보지 못한 미증유(未曾有)의 불신의 시대를 깨끗하게 청산하고, 한반도통일과 동북아 르네상스시대, 그리고 제2신대륙 우주시대를 열기 위해서다.

2017년 현재 75세 안팎나이의 서독에 파견됐던 광부와 간호사 2만 명과 베트남파병 32만을 합쳐, 총 34만 '품앗이·품팔이세대'의 흘린 피와 땀의 가치 중 우선적으로 '파독광부·간호사'들 얘기로부터 시작한다.

	파 독 광 부	파 독 간 호 사
파독기간	1963-1977년	1966-1976년
파독인원	7936명	1만1057명
비 고	파독기간중광부 사망자 78명 (탄광근무중사망자는 26명)	공식 파독이 시작된 1966년 이전에도 민간을 통해 1043명

파독근로자송금 액추이 단위:US달러	總 송금액	11만	579만	659만	1416만	2768만
	1억164만달러	1964	1967	1971	1973	1975

-<朝鮮日報 2013年 1月 1日字 보도>-

1964년 12월 9일 정오 '천상열차분야지도 한반도통일'의 디딤돌로 삼으려 했던 '박정희·에르하르트 정상회담'에 한국 측에서는 장기영 부총리, 김동환 국회 외무위원장, 박충훈 상공부 장관이 배석을 하였다.

박정희 대통령은 오후 1시 '에르하르트 수상이 베푼 오찬 연설'에서 "대공투쟁에 억압과 폐쇄로부터 승리를 전제한 개혁 개방정책으로 바뀌어야하며 그러기 위해서는 자유(우익)진영내의 국가가 '건강한 사회체제유지와 국민의 생활향상을 기할 수 있는 경제성장'이 우선이 되어야 한다."는 '집단안보체제구축(集團安保體制構築)'을 역설하였다.

박 대통령은 이날 하오 5시40분 항공편으로 '베를린에 도착, 브란트 시장의 안내로 '베를린시청'을 방문 《골든 북》 에다 "여기 '브란덴부르크'문에 얽힌 동족이산(離散家族)의 서러움과 아픔, 비애를 바로 우리 한국사람의 것으로 능히 체득할 수 있는 본인(박정희 대통령)과 우리 국민 모두의 뜨거운 정의(情誼)를 담아 전하고, '붉은 사슬'의 해체프로그램에 귀국의 일치된 합의와 협력이 있길 기대한다."고 방명록에 서명했다.

박 대통령 내외와 일행은 이날 밤 브란트 시장이 베푼 만찬장의 인사

말에서도 "붉은 창검이 횡행하는 가시덩굴의 황야 가운데 자유와 환희와 번영의 '생기가 넘치는 동산'을 알차게 이룩한 '베를린' 시민의 지칠 줄 모르는 '자유에의 의지'는 평화를 갈구하는 지구촌 인류의 자유정신의 산 징표로서 공산학정 하의 피압박민족에게 무한한 희망과 용기를 주고 있다"는 격려의 말과 함께, 자유 '베를린'을 전(全)세계 자유민의 '정신적 수도(首都)'라고 찬양하는 그 유명한 연설문을 남기셨다.

박 대통령은 이날 '캄펜스키 호텔'에서 묵고, 10일 아침 자동차편으로 우리 광부의 일터가 있었던 '함보른 광산'으로 향했다. 에스코트차량 행렬이 '라인'강변을 따라 달렸을 때 약 300명가량의 우리교민들이 손에·손에 태극기를 들고 연도에서 대통령 일행을 환영하였다.

박 대통령 내외는 낯설고 물 설은 '함보른 광산'에서 가난을 털고 우리도 한 번 잘살아 보겠다는 600여명의 광부와 간호사들을 격려하고, 준비해간 선물로 이들의 향수를 달래 주었다. 또한 "태극기물결속에 '함보른 광산밴드'의 애국가연주에 감개무량(感慨無量)한 듯 눈물을 흘리며 광부와 간호사들과 함께 엉엉 소리 내어 울기까지 했다"고 전해진다.

서독 함보른 광산의 사장을 대신한 작업부장 '테드호르스트' 는 우리 대통령 일행을 위한 환영사에서 "한 나라의 국가원수가 최초로 이곳을 찾아주신 역사적 순간은 영원히 잊을 수가 없을 것이라고 말했다.

한편으로 박 대통령은 독일인들의 근면성에 깊은 감명을 표하고 이어 '우리 생전에 우리도 독일처럼 잘 사는 번영된 나라의 토대를 다지자'고 우리광부와 간호사들을 격려하고 당부의 말씀을 아끼지 않으셨다.

이날 광부와 간호사를 대표한 유계천은 박정희 대통령 내외분을 두고 부모님을 만난 것처럼 기쁘다고 말하면서,

❶ 우리 후손들의 번영된 조국 대한을 위해 독일인의 근면성을 배워 돌아갈 것이며,

❷ 대한민국 발전(산업화)을 위해 진력(종자돈을 마련)할 것을 다지며,

❸ 이곳 독일 사람들에게 도움이 되는 자랑스러운 광부·간호사들이 될 것을 다짐하는 답사였다고 우리 언론들은 특집으로 보도했다.

필자가 [베트남 전쟁에 참전하게 된 직·간접의 동기가 된 것은 서독 뤼브케 대통령]의 초청을 받아 서독을 방문한 박정희 대통령 내외가 함보른 광산을 방문해 광부와 간호사들 앞에서 박 대통령 내외가 목이 메어 애국가를 제대로 부르지 못했다는 대목에 큰 감동을 받았으나, 더욱 큰 충격을 받은 것은 "광부와 간호사"를 담보로, 말인즉 [사람(인건비)]을 잡히고서, "3000만 달러의 차관자금(借款資金 : 산업화종자돈)을 구걸하러 왔다"는 바로 그 대목 [생계비] 에 있었다.

당시 우리나라 곳간(庫間)사정이 오죽했으면 광부와 간호사, [사람의 생존비]를 담보로 "산업화 자금을 차관할 정도이었을까"에 있었다.

이 같은 발상 [인건비/생계비]를 잡힐 생각, 아마 정치적 대모험을 결행할 사람은 박정희 대통령 말고는 이 세상에 아무도 없었을 게다.

글머리를 바꾼다. 필자를 크게 놀라게 했던 게 또 있다. 박 대통령께서 1964.9.베트남전쟁에 이동외과병원 다음엔, 전투병을 보낸다는 거였다.

그런데 필잔 1963년도 병무청신검에서 을종판정을 받아, 제2국민보충

역에 편입돼 있었으나, 필자 어머니 [정치언어]에 따라 청운의 꿈을 품고 종로 낙원동 정치대학(현 건국대학교)야간부에 주경야독하던 때였다.

당시 제2국민보충역은 병역면제를 받을 수도 있었으나, 필잔 군입대를 통한 베트남 참전을 자원하기로 마음을 굳히고 입대신청을 했었다.

필자가 충격을 받았던 1964.12.9일 박정희 대통령 서독 방문일로부터 정확히 1년 후, 1965.12.23일 제2훈련소 입소와 공병학교를 거쳐서 본대 배속을 받고서야, 베트남전쟁 참가 자원을 할 수가 있었다.

이 당시 박정희 대통령은 1964.9.22일 붕타우에 제1이동외과병원, 디안과 라이타우에 진료소, 태권도교관단의 대민봉사를 본격화시켰다.

곧이어 다음해 1965.3.16일에는, 평화봉사와 건설지원을 겸한 비둘기부대가 사이공을 중심으로 메콩강삼각주에 이르는 산업도로, 학교신축, 공공시설복구 등에 집중한 건 박정희 대통령 머릿속에 계산된 담보물 45.000명 병사의 안전과 희생을 최소화하기 위한 전초전이었다.

그런저런 연유로 '심리전단'으로 의료봉사단/태권도교관단, 비둘기부대건설단을 앞세웠다. 베트남이란 공동체에 '의료봉사와 건설지원'을 통해 '평화지원군이미지'를, '태권도 교관단'을 통해 '한국군의 용감무쌍한 무적대군의 강력한 메시지'를 담아 정지작업을 착착 진행시켰던 게다.

어리 숙한 채 교활하며 밤에 주로 게릴라전을 펼치는 월맹정규군과 베트콩전술과 전략을 읽어낸 박정희 계산법 중 1차 담보로 베트콩의 교활함에 대처할 귀신 잡는 청룡(해병)여단부터 캄란灣에 상륙시켰던 게다.

다음엔 밤에 주로 활동하는 게릴라전에 대처할 공포의 야행성 맹호사단을 퀴논에 선발대로 보내 미국에 확실한 신뢰를 쌓아갔던 것이다.

또 미국의 구구절절한 추가요청으로 2차 담보로 '칭기즈칸 기마병단'에 필적할만한 기동력 제일의 백마❾사단을 베트남 전장에 재론의 여지가 없는 담보로 도합 45,000병력을 미국 측에 제시하기에 이르렀다.

베트남 사람들의 마음 문이 열렸음을 확인한, 1965년의 박정희 대통령은 몹시 바빠졌다. 1964.8.2일-4일의<미구축함 매독스호 피격>통킹만 사건 이후, 약이 바싹 오른 '딘 러스크 미 국무장관과 맥나마라 미 국방장관'의 긴급전문에 의해, 1965.3.17일 박정희 대통령의 방미를 앞두고서 '사전 입장조율을 위해, 린든 B. 존슨 미국 대통령과 지구촌에서 가장 가난했던 이동원 외무장관' 과의 유례가 없는 백악관단독회담이 열렸다.

그로부터 두 달 후 박정희 대통령 내외와 공식 비공식 수행원을 대동하고 공식일정으로 1965.5.16-27일까지의 존슨 미국대통령이 보낸 특별 전용기편으로 '안보/경협/행정협정'타결을 위해 김포공항을 떠났다.

여기서 우리는 3년 전의 일을 떠올려야 한다. 1961.5.16 군사혁명 후 국가재건 최고회의 의장신분의 육군 대장 박정희로 수행원 13명과 함께 1961.11.15-11.25까지가 첫 미국 방문이 있었다. 실질적 출국은 방미길에서 박정희·이께다 수상과의 한일회담을 위해 1961.11.11.정오 KNA기로 김포를 이륙함으로 시작됐다. 1961.11.12. 박정희·이께다 한일회담 <산업화종자돈 대일청구권자금> 후, 노스웨스트 편으로 일본 하네다 공항을 이륙 11.13. 미국의 시카고에 도착, 다시 비행기를 갈아타고 워싱턴에 11.14.am6:00 존슨부통령의 공항영접을 받았던 것이다. 이렇듯 어렵사리 박정희 의장·케네디 미국 대통령간의 한미회담을 두 차례 가졌다.

첫 방미 길은 비즈니스맨들의 해외 출장처럼 고행 길이었다. 그리고 동상이몽을 꾸었던 박정희·케네디 간 한미회담 내용은 빗나갔었다.

박정희 의장 머릿속 베트남파병 셈법은 국제주의자 케네디란 암초에 가로막혔던 게다. 케네디 미 대통령이 오스왈드의 흉탄에 쓰러진 후 딘 러스크 국무·맥나마라 국방장관의 긴급타전에 의해 박 대통령의 미국 공식방문 중 박정희·존슨 대통령의 두 번 정상회담이 불을 지펴나갔다. 공식, 비공식의 진지한 안보/경협미팅을 10일 동안 20차례 가졌다.

1966년 지구촌에서 가장 가난했던 나라 외무부장관 이동원과 주한 미국 대사 브라운이 교환한 이른바 《브라운 각서》 다. 당시로선 산업화에 필요한 종자돈이 절실했었기 때문에 의정각서를 구체화시켰던 게다.

파병과 관련해서 구체화시킨 《브라운 각서》 의 내용들은 아래와 같다,

우린 서독 광부와 간호사들에 이어, 군 병력과 연계한 우리 역사상 최초로 인력송출을 시작, 단순기능직 노무자일지언정 일자리를 가지게 되면서 한국인에게는 가치관의 변화를 가져왔던 게 《브라운 각서》 다.

1, 베트남에 증파되는 1개 사단과 대한민국에서 이에 대체되는 사단과 관련되어 추가되는 비용일체를 미국 정부가 대한민국 정부에 보상한다.
2, 베트남에 주둔하고 있는 한국군 병력에 대한 처우개선에 전적으로 동의한다.
3, 베트남 파병에 따른 일체의 소요경비를 미국 측이 부담하기로 한다.
4, 베트남 전상자의 위로금을 현재의 2배로 증액하기로 한다.
5, MAP 수익금으로 한국군의 병사 막사·장교숙소, 그리고 주방·위생·오락시설 등을 신·개축한다.

6, 한국군이 베트남에 주둔하는 동안 군사원조 이관계획을 중단한다.
7, 앞으로 2년 간 대한민국에 있는 한국군의 장비 현대화에 적극적으로 노력한다.
8, 대한민국의 경제적인 이익 도모를 위하여 AID 차관을 증액하기로 한다.
9, 미국의 해외 판매에 있어 한국수출기업 참여와 인력 수출에도 적극 협력한다.
10, 한국의 병기창 확대에 따른 탄약 증산을 위한 장비 일체를 제공한다.
11, 주월 한국군 병력수송을 위해 대한민국 공군에 C-45 수송기 4대를 제공한다.
12, 한국군 간의 원활한 통신을 위한 장비일체를 지원한다.

위의 협상 결과에서 보듯 국가 안전보장과 경제발전에 크게 기여할 수 있음을 보여주는 대목들이라고 할 수 있을 게다. 당시<브라운 각서>내용의 이행, 실천은 박정희 지침에 따라 우리가 요구한 대로 받아냈다.

특히 제9항의 '미국의 해외 판매에 있어 우리에게 보다 많은 기회를 부여한다.'는 대목에 주목할 만했다. 5,000년 역사에서 우리기업의 기술자 및 근로자들의 해외 송출의 길이 이때로부터 열렸다. 또 전투식량, 군복, 군화 등 수출 길, 즉 오늘날 기술적 기반이 이때 마련되었다.

1961년 5·16 후 최고회의 기획조사위원회 조사과장을 시작으로, 8년간 박정희 대통령 경제2수석비서관을 지내며 박정희의 일본 육사 시절 터득한 다카하시 고래키요의 전비조달경제학 뿐만 아니라 한국경제의 아픈 곳을 짚어낼 산증인으로 경제전문가 오원철의 《박정희는 어떻게 경제 강국 만들었나?》의 내용 중 엑기스만을 찾아, 필잔 기술해 봤다.

조국근대화공정을 위해 산업화 자금도 필요했다. 그러나 우선해야 할 내용인즉 "우리 한국군은 6·25 한국전쟁 때 쓰던 구식병기를 그대로 쓰고 있는 형편으로, 미국의 도움 없이는 도저히 나라를 방어할 수가 없었다. 주한 미군만큼은 붙들어 놓는 것이 최고의 정책이었을 때였다.

그 대안으로 1965년 1월 8일 주한 미군에 상응하는 병력을 베트남에 파병하기로 했었다. 결론적으로 주한 미군이 한국을 방위해 주는 대신에, 베트남파병은 미군을 대신해 우리 군이 베트남에서 품앗이했다.

그리고 파병조건으로 "한국군은 미군과 똑같은 대우(Same base, Same Level)를 받는다."고 대못을 박았다. 또한 우리 군이 사용할 군수물자(군복/피복류는 훗날 패션산업, K레이션은 우주식품, 정글화는 신발기술혁명으로 발전하는 토대 구축)도 한국에서 조달키로 한다."는 내용을 포함시켰던 게다.

필잔 오원철 박사의 [박정희는 어떻게 경제 강국 만들었나?]의 서책이 한마디로 "<베트남파병과 산업화종자돈> 을 압축시켰다"고 보았다.

필잔 어머니의 [정치언어]에 따라 베트남 참전을 결심하게 됐다. 왜냐하면 박정희 대통령께서 산업화 종자돈 마련을 위해서 서독 정부에다 '광부와 간호사', [사람]을 저당 잡히고 "3000만 달러의 차관자금을 구걸하러 왔다"는 대목과, 1964년 9월· 베트남 전쟁에 이동외과병원 다음에는, 또 전투병[사람(인건비)]을 파병하겠다는 바로 그 대목에 있었다.

[02]

어머니는 '정치언어'로 시작했다.

<한류(韓流, 감성적 한글문화 속 오케스트라)로 한반도통일 완성>

[75살 현증록-(1)], 말은 힘이다. 언어는 세상을 규정한다. 역사는 상상력을 키운다. 우리 사회는 쪼개졌다. 분열은 거칠고 깊다. 사상·이념·계층갈등은 위험수위다. 빈부갈등은 임계점에 닿아 찰랑댄다.

유사 이래 우리가 겪어보지 못한 미증유(未曾有)시대로 빠져들었다. 사회의 거울이 돼야 할 국회의원·검사·판사·지식인, 언론인들이 벌레처럼 보이는 이익 집단을 형성, 서로 총질을 마구잡이로 해댄다.

이런 막중한 때, 필자는 어릴 적에 '어머니가 들려주셨던 정치언어'를 기억에 되살려서 [75살 현증록(顯證錄)]을 기술하려고 한다.

어머니는 유서 깊은 옛 가야국 고령에서 삼백(三白:흰쌀·흰누에·흰곶감)의 고장 상주 내서면 영남제일로 1917(연원리/쑤안 797번지)로 시집을 왔었다. 어머니는 '예수를 믿는다.'는 것 때문에 이혼 직전에 있었다.

어머니가 쑤안으로 시집왔을 당시, 시집살이를 하는 동안 일가들 중에, 유일하게 어머니를 살갑게 대해 준 사촌 시누이(필자의 당고모)가 있었다고, 필자에게 여러 차례 자장가처럼 들려 준 걸로 미루어 짐작하건데 어머니와 당고모의 관계가 아주 가까웠다는 걸 알 수 있다.

어머니는 5살(1947년 겨울)된 필자를 앞세우고, 서원 뒤 야산(해발450m)으로 땔감을 하려고 산 중턱가까이 올랐다. 산에 오른 필자 시야엔 먼지를 날리면서 내서면사무소 쪽 1번 국도를 질주하는 자동차가 보였다.

필자는 어머니에게 저리로 가면 외갓집이 나오느냐고 물었더니? 어머니는 필자에게 일생을 좌우하게 될 '정치언어'로 대답을 해 주셨다.

그 정치언어(政治言語)란 "서울엔 세상에서 예수를 제일 잘 믿는, 세상에서 제일 훌륭한 이승만(李承晩)박사가 살고 계신다."는 것이었다.

어머니는 필자와 헤어지는 날까지 그 '정치언어'로 일관하셨다.

5개월 후엔 이혼을 하고 필자와 함께 100여리 밖 김천 부곡동 경부선 기찻길 옆 오두막에 살며 어머니는 김천역 경부선 상·하행열차에 올라 김밥장사를, 고등어자반을 자배기에 담아 이고 행상을 하며 살았다.

필잔 6.25사변 땐 고령 외갓집에서 피난을 했다. 1952년 5월 어머니는 필자의 장래를 위해, 상주 본가를 찾아 계모에게 맡기고 상주교회에서 며칠기도 후, '이승만'을 닮으란 말을 남기고 떠난 게 마지막이었다.

그로부터 1년 후, 고령 외삼촌에게서 1953.3.24.(음력) 어머니가 돌아가셨단 전언이었다. 어머니가 돌아가신 그 다음 해(12살) 상주극장 포스터 미국영화 '추수감사절' 속에 어머니가 세뇌시켰던 모습들이 있었다.

그래서 필잔 극장 기도(표 받는 극장직원)의 눈을 피해 입장하기 위해, 그 영화를 보려고 온 이웃집 아저씨 손을 잡고서 입장을 할 수 있었다.

필자 생전에 처음 보는 미국영화는 추수감사절에 가족이 함께 마차를 타고 예배드리려 가는 장면이었다. 그 영화 장면들 속에서 필자를 사로잡은 것은 장엄한 '파이프오르간'이었고, 또한 그 영화는 어머니가 끈질기게 세뇌시켰던 매일성경 읽는 습관까지 필자의 것으로 만들었다.

어머니 정치언어대로 1963년 서울에 올라온 필잔 이승만 박사의 사저 '이화장'가까이, 낙산 산비탈의 국민주택 문간방에서 자취를 하였다.

이듬해 필잔 동아일보사가 초청한 '런던심포니 오케스트라' 공연을 관람하기 위해, 서울 시민회관(現세종문화회관)을 찾았다. 1964.11.15.pm7:30부터 공연은 '이스트반 케르테츠(Istvan Kertesz,1929-1973)'가 지휘한 애국가 연주는 압권이었다. 관람자 전원은 일제히 일어나 기립박수를 쳤다. 당시 필잔 음악에 큰 조예가 없었으나, 상주극장 미국영화 '추수감사절' 예배장면의 '파이프오르간' 탓인 진 몰라도 어쨌든 '오케스트라'가 그렇게도 좋았었다. 이날 필자는 '브람스의 교향곡 1번'이라고 해도 제대로 이해하지를 못하고 그냥 흐르는 음률에 취해서 관람한 기억뿐이다.

당시 필잔 서울 종로 낙원동 소재 정치대학(現건국대학교)야간부에 주경야독하는 학생이었다. 입장권 700원x2장(파트너 몫)=1,400원(당시 국민소득

87$)이란 야간 대학생으론 엄청난 투자였다. 두 달 생활비가 날아갔다.

***

그런데 필자의 어머니 정치언어는 [천상열차분야지도]의 이해가 전제가 돼야 한다.

필잔 "1968.1.20. 베트남 중부 나트랑에 상륙, 제1군수 103야전대가 있는 퀴논으로 이동 1주일 만에 1.29.베트콩구정총공세를 맞았다. 숨죽인 전장에서 독특한 '천상열차분야지도(天象列次分野之圖)한반도통일'을 그려 귀국선 뱃머리"에 담아서 돌아왔다.

천상열차분야지도의 천상(天象)은 천문도(天文圖, 293개 별자리에 총 1,467개의 별)/천체(天體)의 현상이다. 일월성신(日月星辰)의 변화다. 즉 "전장의 포화 속에 고엽제를 뿌려대는···대낮 같은 전장의 불꽃아래 초소벙커에서···또 피 빨래군복(1.29구정總공세, 당시 필잔 야전병원으로 차출된 병사였다. 전선에서 헬리콥터로 후송된 피범벅의 전상자를 등에 업고·메고·안고 응급실로 옮기는 중 피범벅이 됐던 옷을 빨아서 입은 군복을 뜻한다)을 입고 '전상자'와 '전사자 영혼'과의 대화에서 필잔 "800년 어간의 동·서양 역사적 진실"을 터득했다. 섬광이 번뜩이는 변화무쌍한 하늘에서 쏟아지는 신탁(神託)을 어느 누구도 관전(witness a battle)할 수 없는 찰나에 잡아채 그린 그림이 "천상열차분야지도 한반도통일"이다.

2002월드컵 당시 6월25일 오후8:30 밤하늘에 "꿈은 이뤄진다" 700만 태극전사들은, 그 옛날 그 옛적 할아버지 할머니의 뼈가 묻힌 대륙 한 복판 고조선 역사 속 우리 조상들이 먹고살았던 일원성신의 조화 우주공간(천상열차분야지도) 현상으로, 여기 700만 태극전사들은 2000년 6.15에 합의한 남북한공동선언 연방제통일을 무산시켰다.

하늘이 쩡 열리고 땅이 쿵 울리던 날, 해와 달이 내려와 오악을 비추었네
삼족오 높이 날아 해 품에 깃들고, 두꺼비 높이 뛰어올라 달 속에 안겼네
천상열차분야지도 고려 충신 류방택의 한이여! 조선 태조 이성계 꿈이여!
북엔 북두칠성, 남엔 남두육성 고조선 영혼(靈魂)을 담아 '천상열차분야지도'
700만 태극전사가 공교롭게 6월 25일 한국:독일 4강전이 하늘얘기를 새겼네

***

필자 어머니의 정치언어 "서울엔 이 세상에서 예수를 제일 잘 믿는 이승만 박사가 산다."는 이승만이란 5살짜리 용광로는 상주극장에서 미국

영화 추수감사절로 변해, 12살 용광로 쇳물은 파이프오르간으로 재생산 되었고, 또 22살 런던심포니 오케스트라란 전혀 새로운 언어로 확대 재생산되면서 1968.1.5.-1969.1.5. 베트남참전으로 이어지면서 그 전장에서 수많은 전상자·전사자 영혼들과 대화를 통해, 피 빨래군복을 입고서 "동·서양 800년 어간의 역사적 진실"을 차곡차곡 쌓아 돌아왔었다.

누구도 흉내 낼 수 없는 필자만의 5만 가지 공상력으로 "천상열차분야지도(천문도 293개 별자리 속, 1467개 별)한반도통일"을 그렸다.

그래서 필자의 '어머니 정치언어/한반도통일' 실현은 대중 영합적 종북갈등과 양극화해소를 위한 한국병(韓國病, korea sickness)치료약으로, '한글+오케스트라(문화대국)'를 대안으로 제시해도 좋을 것으로 보였다.

필잔 1866년 메이지유신 시작, 100년만인 1968년 제2경제대국으로 올라선 동력은 19C말 일본에 거세게 불었던 일본풍(Japonism)으로 봤고, 일본풍의 시작은 일본이 1862년 런던박람회와 1867년 파리 만국박람회에 참가하면서다. <후쿠자와 유키치(福澤諭吉,1835.1.10.-1901.2,3)>는 영국과 구라파를 견학하면서 도자기/판화/부채를 들고 일본문화를 뿌렸다.

일본인들은 정서적으로 일본 그림으로 19C 서양화가 '고흐와 마네', 그리고 '고갱' 등을 매료시켰다. 우린 메이지유신의 스승 후쿠자와 유키치를 의미를 새겨가며 살필 필요가 있다. 왜냐하면 그는 태평양을 건너 센프란시스코에서 미주대륙을 횡단, 또 보스턴에서 대서양을 건너, 다시 지중해를 빠져나와 인도양을 오가며 1년 365일을 진귀한 고서진서로 동서양을 꿰뚫어낸 일본의 사상가다. 그리고 미주와 구라파 견학 후 귀국할 땐, 과학서적들을 한 보따리싸들고 돌아와 일본을 깨운 선각자다. 필잔 그의 사상을 배우려고 베트남전장에 자원했는지도 모른다.

오늘을 사는 기업인들이여 또 한 번의 대도약에 도전장을 내자 경제·외교·통일문제 자신감과 현실직시, 상상력만 풍부하면 된다.

필자가 터득한 경제는 별 것이 아니다. 먹고사는 경제, 사회안전망구축은 ① 기업인에게 공정경쟁을 유도, ② 기업인이 창의와 열정으로 기업 활동을 할 수 있게 잔소리(規制)하지 않고, ③ 어려운 사람들을 배려하고, 보호해주는 것이 자본주의 시장경제다.

새로운 것을 창조하는 시스템 경영은 특수목적기관이다. 기업이고 정부 조직이고 간에 한 곳에 조직 운영의 관심을 집중하기 때문에 엄청난 창출 효과(100·60·30배), 卽 오케스트라 기적이 나타나게 된다.

오케스트라(交響樂團)를 구성하고 있는 250명의 음악가들은 최고 수준의 전문가다. 교향악단은 튜바(tuba)하나로 음악을 못 만든다. 이질적 요소들이 어우러져 정확한 정보를 맞교환, 서로 협력하면서 음악전문가 250명 오케스트라단원<코리언·북녘동포·다문화가족·해외동포>들이 어우러져서 춤추는 한류(音樂)를 만들어내는 것이다.

우리가 대륙국가로 발돋움(stand on tiptoe)하기 위해서 '코리언'은 다문화다민족과 어우러져, 이들은 포디즘(포드자동차의 대량생산)을 해체하고, 포스트 포디즘(다품종 소량생산)이 4차 산업혁명시대를 이끌어낸다. 속도감이 붙은 삼성전자 같은 한류(한글문화+오케스트라)기업 20개를 만들면 코리아는 '천년 먹 거리'가 마련될 것이다.

그래서 필잔 이 4차 산업혁명을 한류(音樂)로 승부를 내고 싶다. 일본이 정서적 '그림(drawing)'으로 제2 경제대국을 이뤘다면, 필잔 '한글문화속의 감성적 오케스트라(orchestra)'로 한반도통일을 완성해 내고 싶다.

그 본보기는 이렇다. 몽골제국 칭기즈칸은 1217년 중국금고를, 몽골로 통째로 옮겨 세계정복에 올-인했다. 영국 역시 1757년 인도 프랑시 전투에서 대승을 거두고 인도의 금고를 영국으로 통째 옮겨, 1760년 산업혁명을 성공시켜 대영제국 200년 영화를 누렸다. 우리 천상열차분야지도(293개 별자리, 1467개 별) 속 한반도통일 역시 '돈(錢)'이다.

그럼 그 엄청난 '돈' 어디에서 쏟아질까? 바로 1446년 세종대왕이 창제한 한글이다. 당시 조선 사대부들이 천대한 그 언문(諺文)은 448년 동안 <물밑워밍업>을 통해, 1894 갑오경장 당시 정식 '나라 글'이 된, 주시경 '한글문화'와 '기독교문화'가 만나, 100년간 기독교 주일학교를 통한 '한글 보급'이, 1977년 삼성 이병철이 설립한 '삼성문화재단'에 빨려들었던 <삼성컴퓨터 한글자판기>가 그 테스트 페이퍼다. 그 한글문화 경쟁력이 소리·소문 없이 일본 전자산업을 통째로 집어삼켰다.

필잔 4차 산업혁명의 근간을 한글문화 속 오케스트라로 보았다.

그래서 '한글문화'가 지구촌을 요동치게 할 수밖에 없다고 본다. 왜냐면 全세계가 사용하는 반도체45%가 삼성·하이닉스제품이다. 全세계가 사용하는 가전제품38%가 한국제품으로 향후 全세계에 깔린 선박·항공·우주산업 등 지구촌 부(富)의 43%를 우리가 독식한다고 <로스차일드family 골드만삭스>가, 이미 IMF 후에 바로 예단해 주었다.

이것이 앞으로의 우리 경제 모습이다. 이와 같은 어마어마한 경제력을 바탕 삼아 필잔 대몽골제국이나 대영제국주의와는 달리 피 한 방울 흘리지 않고 필자 [어머니의 정치언어]에 따라 피 빨래군복(1.29구정總공세, 당시 필잔 야전병원으로 차출된 병사였다. 전선에서 헬리콥터로 후송된 피범벅의 전상자를 등에 업고·메고·안고 응급실로 옮기는 중 피범벅이 됐던 옷을 빨아서 입은 군복을 뜻한다)을 입고 터득한 "동·서양 800년 어간의 역사적 진실"에 입각해, 5만 가지 공상력으로 <천상열차분야지도 한반도통일> 을 반드시 완성해 내고야 말 것이다.

[03]

한글문화와 기독교문화의 만남

<올곧은 사상가(思想家)의 출현을 학수고대하게 됐다.>

[75살 현증록]-(2), 필잔 1964년 11월 15일 오후 7시30분 서울 시민회관(現세종문화회관)에서 관람했던 <런던심포니 오케스트라>의 탄생과정이다. 대영제국 200년 영화의 중심에 있었던 <문화·예술>에 관한, 17세기, 200년 동안 영국감리교회의 요한 웨슬레 형제가 영국개조운동을 펴면서 "오페라와 뮤지컬 텃밭"을 다졌던 적나라한 이야기다.

런던심포니 오케스트라는 1903년 맨체스터에서 런던으로 가는 기차칸에서 기업(Co.,)으로 탄생된다. '퀸즈 홀' 오케스트라의 지휘자 <헨리 우드>가 단원들에게 '프롬나드 콘서트시즌'에 '대리 연주자를 쓰지 않겠다.'는 통첩에서 시작된다. 헨리 우드는 아르바이트(비정규직)를 쓰지를 않고 전속제(정규직)로 바꾸겠다는 획기적 선언을 하기에 이른다.

그는 교향악단설립을 결의하고, 현재의 <런던심포니>를 탄생시켰다.

영국최초 자치오케스트라다. "런던심포니 오케스트라(London symphony orchestra)", 지금도 단원들이 소유·관리하는 '주식회사'다. 교향악단 단원들의 전문성을 극대화시키면서 교향악단 본연의 경쟁력을 키웠다.

악단의 기초는<한스 리히터>와 <아르투르 니키쉬>가 닦았다. 1912년 '니키쉬'의 미국 대도시 투어가 대성을 했다. 그리고 이 두 사람에 의해 '런던심포니 오케스트라'는 영국 최고의 교향악단(orchestra)으로 급부상이 됐을 뿐만 아니라, 온전한 기업 형태를 갖춰 나갔던 것이다.

2차 대전 후 <주임지도자제도>가 이사회에서 채택됐다. 콘닥터에게 많은 권한이 부여된 '런던 심포니 오케스트라'는 1961년 '피에르 몽퇴'를 영입하면서 비약적으로 발전한다. 25년 계약을 맺은 몽퇴는 86세 고령에도 정열적 레코딩으로 세계 속에 런던심포니의 명성을 심었다.

'레너드 번스타인'에 이어 1989년 수석 지휘자 "마이클 틸슨 토마스"는 디스커버리 콘서트 등으로 관객들과의 친밀도를 더욱 더 높였다.

그럼 필자가 1964.11.15.pm7:30 서울 시민회관에서 관람했던 "런던심포니 오케스트라"의 지휘자 이스트반 케르테츠(Istvan Kertesz,1929-1973)의 공연은 런던 심포니 창립 60주년 아시아 순회공연의 일환이었다.

헝가리 부다페스트에서 태어난 유태인 케르테츠는 어려서 바이올린을 잡았고, 피아노와 작곡법도 배웠다. 또 1944.3.19.독일軍이 헝가리를 점령하자. 케르테츠 일가는 아유슈비츠 수용소에 끌려갔으나, 그는 어머니의 지혜로운 대처로 풀려나 음악 공부를 계속할 수가 있었다.

이후 왕립 음악원(리스트 음악원 전신)장학생으로 입학해서 졸탄 코다이, 레오 바이너에게 바이올린, 피아노를 사사했던 준재(俊才)였다.

43살 케르테츠는 1973.4.16.이스라엘 순회공연을 마치고 헤르츠리아(Herzliya) 해변에서 수영을 하다가 익사했다. 불의의 죽음을 맞은 마에스트로를 기념키 위해 빈 필 단원들은 이스트반 케르테츠 사후에, 지휘자 없이 생전에 그가 진행하던 브람스 교향곡 全曲을 마무리했다.

케르테츠는 43살 젊은 나이에 죽었지만 오케스트라 지휘자로 무려 450여곡의 레퍼토리로, 오페라 지휘자로는 모차르트, 베르디 푸치니, 바그너 등 60여곡의 레퍼토리를 가졌던 놀라운 능력의 음악가이었다.

여기까지 <런심포니 오케스트라 컴퍼니>의 탄생과정을...(중략)...,

그리고 영국은 17C부터 200년에 걸쳐서 영국감리교회의 요한 웨슬레 형제를 중심으로 한 대중적인 기독교운동과 문화예술(오페라와 뮤지컬)이 융합해 거대한 영국 개조의 실적을 쌓음으로써 노사관계와 사회관계에서 상호간 사랑을 실천하는 새 마음운동으로, 신뢰회복운동으로 승화 발전되어 갔었다. 이게 마치 페니실린이 염증을 소리 소문 없이 치료하는 것과 같은 사회적 항생작용이 영국사회에 퍼져 나가면서 중병들이 기적같이 치유되고 건강한 영국으로 탈바꿈시켜 놓았다.

그런 중 독일에서 태어난 칼 막스(Karl Heinrich Marx, 1818.5.5.-1888.3.14.)가 1844년 영국으로 망명했다. 그는 영국에서 공산주의의 고전적 책들을 쓰고 공산주의 활동을 하다가 영국에서 죽었음에도 지금까지 영국엔 공산주의가 발을 붙이질 못했다. 왜냐하면 공산주의는 병약한 사회에 침입하는 병균이요. 그 사회구성원간의 말이 소통되는 건강한 사회엔 기생할 수 없기 때문이다. 당시 요한 웨슬레 형제의 "사랑과 더불어"란 영양분(하나님 말씀과 교회음악)이 건전사회로 만들어 놨기 때문이다.

필잔 경제·외교·정치에다 문화·예술융합 다음에 삿김(칼날 위 춤사위)-발효현상이 나타날 때 <르네상스시대>가 열린다는 생각을 한다.

지난 2016.10.2.pm7:00 잠실 실내체육관에서 20C 최고의 테너 가수 <플라시도 도밍고>가 1991년 후 5번 내한공연을 했다. 그가 한국을 찾은 건 한국인의 음악적 천품, 관객들 열정 때문이란 말을 했었다.

필잔 <도밍고>에게서 인간의 본성을 자극하는 오페라를 소화해낼 텃밭으로 서양처럼 한국기독교회를 꼽았다. 한국기독교회는 1882년 <朝-美수호통상조약> 이후 1883년 4월 주한미국 초대공사 <푸트>의 내한과 1884년 9월 공사관공의 <알렌 선교사>로부터 시작이 됐었다.

그리고 1885.4. <언더우드, 아펜젤러>선교사였다. 한국에서 복음사역은 순수한 복음전파가 아니었다. 우리정부의 포교금압정책을 둔화시키기 위해 정부가 요구하는 의료와 교육, 구습 타파에서 찾아야 한다.

서울 제동 신식병원 광혜원(훗날 濟衆院-세브란스병원)이 개설이 되어 서양 의술을 가르친 것은 이미 세상이 다 알고 있는 사실들이다.

그리고 구한말 구국의 첩경이 교육기관 설립에 있었다. <그리스도신문1권 9호(1897.5.7일기사내용)>에 따르면 "예수교회마다 학당을 설립하는 것은 유익한 고로...," 이었다. 이런 열정의 결과로 4년(1901년)만에 주일학당 229개, 주일학생 9,090명에 이르렀고 기독교 경영학당이 32개에 학생이 665명에 달했다고 했다. 그 대표적 학교로는 경성의 배제, 이화, 경신, 정신, 배화 등 평양의 숭실, 숭의, 송도의 한영서원, 호수돈 여학교가 있었다. 여기 학교들 속에서 구습타파(풍속개량)와 함께 레크리에이션(서양음악/찬송가) 등장까지 꼽지 않을 수가 없다.

또한 필잔 기독교와 한글의 절묘한 만남을 항상 자랑으로 삼는다. 바로 1446년 세종대왕이 창제한 한글(훈민정음)이다. 그 당시 언문(諺文)은 한문을 고수하던 조선사대부들에게 멸시를 받았다. 막연히 '언서(諺書)', '반절(半切)' 취급을 받으면서, 448년 동안에 걸쳐 물밑 워밍업(warming up)이 계속됐었다. 1894년 갑오경장 당시 정식으로 나라의 글이 돼, 한글학자 주시경의 '한글' 이름으로 기독교 주일학교와의 만남이 이뤄졌다. 구한말 고종의 교육조서(敎育詔書)에 의한 기관설립목적을 기독교사상 포교에 두었으며, 그 교육활동에서 나타난 여러 요소엔 한국사회의 근대화를 위한 근원석인 이념이 세시된 ① 기독교적 민주주의 교육과 기독교적 국가 인재양성, ② 자주정신에 의한 한국인 양성, ③ 우익사상에 입각한 교육활동이 그 특징이었다. 이때부터 본격적으로 90년 동안 '한글문화'와 '기독교문화' 속에 기독교회(주일학교)를 통한 지식인들과 예수쟁이들에게 '한글보급'이 확산돼, 1977년 삼성 이병철이 설립한 '삼성문화재단'에 빨려든 한글문화의 위력을 <삼성컴퓨터 한글자판기>가 입증시켰다. 그 컴퓨터 한글자판기의 경쟁력이 소리·소문 없이 일본 전자산업을 통째로 집어 삼킨 진원지다.

또 한편으로 <플라시도 도밍고>가 말한 한국의 음악적 천품은 미션

계통 학교에 피아노 등 서양악기의 등장이후부터를 말한 것일 게다.

그래서 필잔 1980년대 대형교회 성가대가 <오케스트라-오페라-뮤지컬> 레퍼토리 시스템 구축에 기여했다고 보았다. 이런 대형교회들이 악기시장의 다양화·다변화에 큰 기여를 했다는 걸 부인할 수 없다.

1980년대 대형교회, 르네상스시대를 대비한 워밍업이었다. 예술의 전당 앞 악기 점포들, 다양한 악기시장의 다변화다. 이와 같은 클래식 음악의 바탕위에 1860년대 서구에 거세게 불었던 자포니즘처럼 한국에도 토네이도에 비견될 강남 싸이의 'Gentleman', 드디어 66세의 젊은 오빠 조용필의 'Hello' 等等까지...,이제는 한류(Koreanism) 4.0시대, ♪대-한민국 4.0시대가 구라파를 넘어 전지구촌을 휩쓴다는 얘기다.

필잔 경제에서 <문화·예술융합(藝術融合)> 다음에 나타날 <발효현상>도, 한글문화와 기독교문화의 해후상봉(邂逅相逢)처럼 자랑삼아서 빗대는 걸 즐긴다. 한국의 많은 대형교회들이 그 레퍼토리를 충분하게 준비했다는 사실을 확신해마지 않는다. 코리언 'wake up' 외친다.

이게 우리가 이뤄낼 <천상열차분야지도(293개 별자리 1467개의 별)속 한반도통일>의 텃밭이다. 그 얼마나 기다렸던가. 이제는 리더십을 제대로 발휘할 올곧은 사상가(思想家, thinker)의 출현을 학수고대 해 본다.

[04]

당고모는 '경제언어'로 시작했다

<당고모에게 송금한 전쟁수당 외 1,000달러/1000명 호위무사>

[75살 현증록]-(3) 필자 일생에 당고모는 어머니에 비견(equal)될 정도로 '(鍾路)5가 고모'란 말이 훨씬 친근감이 든다. 나의 5가 고모는 어머니가 상주 쑤안에서 시집살이할 동안 일가들 중에 유일하게 어머니를 살갑게 대해준 '사촌 시누이'라고 앞장에서 전제하고 시작했다.

필자 나이 2돌(1944년)무렵 일본순사에게 끌려갔다고 어머니께서 6.25 사변 통에도 들려주셨던 나의 5가 고모는 음력설 때면 매년 고향 '쑤안'을 찾았다. 자식이 없었던 5가 고모는 필자에게 해마다 특별한 선물을 안겨준 든든한 구원자(savior)였다. 그래서였는지 필잔 5가 고모에게 상주중학2학년 당시 영어작문을 가르친 임재영 선생님으로부터 골똘하게 새겨들었던 '칭기즈칸 책' 얘기를 했더니, 서울 장안의 온 책방을 뒤져서 인사동에서 어렵게 책을 구해, 그 즉시로 부쳐 주었다.

필잔 어렵게 구한 그 책자를 필사를 하면서, 60년 넘게 지금도 반복해서 읽고 있다. 그 반복이 베트남 전쟁에서 피 빨래 군복을 입고, 전쟁수첩(戰帖)을 기록하게 된 동기가 됐다 해도 과언이 아니다.

필자의 60년 필독법은 유별나다. 또 필자가 반드시 읽고 싶은 필독서는 중2 때부터 서점에서 일단1독을 하고난 다음 책을 사서 필사를 했다. 요즘에는 타이핑을 한다. 2독과 3독까지 교정을 본다. 그 이후 4독부터는 시간과 장소, 환경에 따라 느낌 독후감은 천가지만가지다.

오늘 필잔 "나의 당고모는 여장부다"로 시작한다. 필자의 어머니와 5가 고모의 '언어(言語)'는 석명하게 달랐다. 맨 앞장에서 "어머니는 유언으로 '이승만을 배우라'는 [정치언어]를 남기셨다"고 했으나, "나의 5가 고모는 '김갑순을 배우라'는 [경제언어(經濟言語)]"가 제1성이었다.

필자가 1962년 상경했을 때, 당고모는 배포가 두둑한 여장부였다. 지금의 종로4가 1번지 금싸라기 땅 보령약국 자리에서 '진미당 빵집'을 하면서 동대문광장시장에서 많은 임대수입이 보장된 부자였다. 별도의 살림집이 있었던 종로구 연지동 18번지에서 필잔 보름동안 기거하다 어머니가 '이 세상에서 예수를 제일 잘 믿는다.'고 했던 '이승만 사저가 있는 이화장' 뒤 낙산 국민주택 문간방에 자취방을 얻어나갔다.

(1) 공주갑부 김갑순에 대한 얘기다. 그는 대한제국과 일제강점기의 관료였다. 그리고 8.15해방 후 우리나라의 자산가다. 그는 많은 富를

축적해 충청남도 공주·논산·아산일대 토지와 1930년 말경 대전일대 땅 3분지2가 그의 소유일 정도로 대부호였다.

1910.10. 한일합방조약 이후엔 사돈 윤치호의 고향인 아산군수를 끝으로 공주·논산 일대의 황무지를 개간, 소택지매입 등으로 큰돈을 모은 사람이다. 또 1932년 그는 자신의 땅에 충청남도 도청을 옮겨오게 할 정도의 지방 토호로 희대의 땅 투기꾼이었다.

(2) 필자가 당고모를 경원(敬遠)하게 된 이유다. 깊이 알려고 하진 않았지만 아마 이승만 정부시절 일명 정치깡패 임화수 등의 도움으로 동대문 시장상권과 現보령약국자리에서 진미당 빵집을 운영하며 '세상을 좀 멋대로 재단하면서 산다.'는 느낌이 들었다. 그래서 필잔 종로구 연지동 18번지에서, 안일한 삶을 접고 자취방을 구해 분가했다.

(3) 필자가 베트남 전쟁터로 향하던 날 1968년 1월4일 여명(黎明)이 밝았다. 밤사이 눈이 많이 내렸다. 강원도 화천군 간동면 오음리는 매우 추웠다. 25일간의 혹독한 훈련을 마치고서, 베트남전장으로 출발하던 날 눈 덮인 펀치-볼 고갯길이 얼어붙어 방한복을 껴입고 2km정도를 걸어서 넘었다. 춘천역 광장은 군악대와 무운장도를 빌어주는 환송인파로 가득 찼었다. 그 인파 속에 필자의 당고모가 있었다. 그리고 필자가 부산항 제3부두까지 타고 갈 열차 칸에 올라와, 바닥에 퍼 대고앉아 우리정태가 왜, 사지로 가느냐고 목 놓아 울어준 유일한 나의 혈육이다. 필잔 이 당시 <어머니와 같은 신뢰를 보냈던 건>사실이다.

1968.1.5.-1969.1.5.까지 365일 파병병사에게 지급된 필자의 전쟁수당 매월 50달러x12개월 동안 송금액은, 물론 필자의 귀국박스에 담아온

전자제품 등을 봉인한 채로 넘겨 현금화했다. 이 금액(1,000달러)을 당고모 점포 임대상인에게 맡겨, 6년 동안 일수놀이와 곗돈을 부어 늘린 돈 "총6천5백만 원"이란 엄청난 돈을, 1974년 필자에게 넘겨주면서, 당고모는 이렇게 말했다. 이 돈은 정태 피 값이다. 네 목숨과 맞바꾼 돈, '고래심줄'이란 표현까지 사용하면서 넘겨주셨다. 동대문시장 노점상인들에게 일수놀이와 곗돈을 부어 늘렸다고 했어도 당고모 돈을 많이 보탠 게 명백해보였지만 사양치 않고 그대로 받았다. 필잔 그 즉시 1kg무게의 순금(골드바) 10개로 바꿔서 김장독에 묻었다.

(4) 1974년도 6천5백만 원(지금 돈 65억 정도다)이란 큰돈을 필자에게 넘겨주면서, 이번엔 공주갑부 '김갑순'과 비슷한 강남개발신화의 주인공 '김형목'이 되라는 거였다. 당시 필잔 달성군청에서 상주군청으로 전근(轉勤)한 지방 공무원 신분이었다. 당고모의 뜻에 따라 서울로 전근을 위해 지방공무원에서 국가공무원으로의 전직을 희망한 바, 다행히 해운항만청으로 전근이 어렵지 않게 이뤄질 무렵이었다. 당고모의 요청대로 필잔 당시 화신백화점 건너편 중앙지도에서 5만분지1지도 한 장을 사서 들고 일단은 서빙고에서 배를 타고 잠원 나루터로 건너와, 경기도 시흥군 신동면과 광주군 언주면 일대를 돌아보고 갔었다.

(5) 그러고서 이듬해 봄, 필잔 영동시장 기획부동산의 최호암(서울남문교회 성도)氏의 소개로 강남구 반포동 202-9 대지 53평, 건평 24평 주택부터 6천5백원 중에서 '157만원'을 지불하고 마련했다.

곧 이어 고속터미널 공사가 시작되고 반포대교(잠수교)가 착공되면서 영동일대는 부동산투기열풍이 거세게 불기 시작했다. 해운항만청으로 전근하기 전에 필자가 주거할 주택을 소개한 소위 영동시장 기획 부동산업자 최호암氏 등은 제주도 여행을 시켜주면서 말죽거리 "양재·개포동"일대의 토지 2만평 매입권유를 받던 중, 당시 필자 눈엔 경기고등학교를 수석으로 졸업한 MIT공과대학 박사 이태섭 강남 국회의원이 보였다 그런 중, 필잔 명문 '경기 중·고와· 휘문 중·고등'이 제3한강교를 건너 강남8학군으로 이전이 확정된 반가운 소식이었다.

(6) 필잔 이럴 때 서울시 강남구 잠원동 소재 서울남문교회(現 늘푸른교회) 성도였던 최호암氏로부터 김선호 목사님이 선교 통학용 버스기증자를 찾는다는 걸 알려 주었다. 그때 필잔 전차에 헤딩한 느낌이 들었다. 칭기즈칸 '권력의 핵심'이었던 몽골의 귀족 자제들 <1000명 호위무사>생각이 필자의 뇌리를 때렸다. 필자 역시도 <강남 8학군에 1000명 동량(棟樑, 대들보)>을 위한 깃발을 꽂을 청운의 꿈을 품었다.

(7) 필잔 1978.05.07.45인승버스를 현대차 울산공장에서 1600만원 중 800만원(주택8채 값)을 현지에서 지불하고 인수해, '상공부 차량과'와 '문공부 종무실' 허가를 받아 잠원동 서울남문교회에 헌납을 했었다.

(8) 1978.6.부터 필잔 해운항만청을 퇴직하고 차장을 자원했다. 이른 아침 중·고등학생을 태운 통학버스는 강남 신사동 주유소 앞을 출발 도산대로·영동고·경기중고·휘문중고·진선여중고·은광여중고·영동중학·상문고·세화여중고, 강남8학군 1000명 동량지재/호위무사를 3년에 걸쳐 필자의 고래심줄 같은 돈을 투자해 발품(통학버스차장)을 팔았다.

필자가 통학시킨 이들은 1960년·1970년대 생으로 只今 40·50대가 됐다. 이들은 소프트웨어 벤처산업분야, 대덕과학비즈네스벨트, 인문사회·자연과학·경제 분야 석·박사들로, 21세기 오케스트라 경영의 주역들로 성장했다. 21C <세계경영(世界經營)의 1000명 동량지재(棟樑之材)>, 1970년대 강남8학군 통학생을 위한 3년 간 필자의 발품은 오늘날엔 1000명 호위무사란 '정치자산(政治資産)'으로 활용할 수가 있게 되었다.

대한민국이여, 청년들이여 깨어나라!

우리 대한민국 "300명 국회의원 '세대교체'가 오늘의 대세다. 그 엄청난 '정치공작'을 무슨 대수(great number)로 감당해 낼 수 있을까"다.

필자에겐 절대 가능한 괴력(怪力)이 있다.

필잔 이태섭 박사를 바라보면서 강남부자가 외면한 3년 발품을 팔았던 당시의 묘수(妙手)는 피 빨래군복에 쏟아졌던 그 신탁(神託)이었다.

필잔 1978년 직장을 그만두고 필자의 목숨과 맞바꾼 고래심줄 같은 피 값을 투자한 강남8학군 통학버스에 쏟은 발품, 이제 그 1000명 호위무사들 1960-70년대 생으로 딱 좋은 나이 40-50대다. 이제 필잔 정치세대교체와, 우리 사회를 교란시키고 공포분위기를 조성하는 완장패거리들 청소공작과 함께, 대한민국 역사고증까지도 쓸(study historical evidence)자신감이 생겼다.

[05]

충현교회와 필자와의 만남-(1)

<김창인 목사님의 기도 가운데 베트남파병을 결심했다>

[75살 현증록]-(4)다. 김천고등을 다닐 때, 필잔 논실고개 남산동에서(1959년 한 달에 쌀 한 말과 현금 1,000원을 주고) 하숙을 하면서, 김천토박이 친구 남경수가 다니던 남산교회 고등부에 함께 다닌 학생이었다.

필자가 1962년 상경했을 때, 당고모는 배포가 두둑한 여장부였으며 당고모의 살림집이 있던 종로구 연지동 18번지에서 보름동안 기거하다 어머니의 [정치언어]에 따라 '이 세상에서 예수를 제일 잘 믿는다.' 고 했던 '이승만(李承晩) 박사의 사저가 있던 이화장' 뒤 낙산 국민주택 문간방에 자취방을 얻어 분가했다고, 앞장에서 밝힌 바가 있었다.

필잔 서울에 올라와 정신여고와 담벼락을 사이한 연지동 18번지에서 보름동안 기거하면서 찾았던 예배당은 일제강점기 신사참배를 반대하다 돌아가신 순교자의 기념텃밭(연못을 메 꾼 터)이라던 연동교회이었다.

1962년 4월 필잔 서울에서의 첫 예배를 연동교회에서 드리고 나오다 효제초등학교 앞에서 우연찮게 김천고등 친구 남경수를 만났었다.

필잔 1959년 9월 캠밸 선교사<아치보드 캠벨선교사님(Archibord Cambell)은 1917.2-1938년까지 일정치하 평안북도 강계에서 선교활동 중 신사참배강요를 반대하다가, 강제출국 당해 安息年을 미국에서 보내고 1945년 해방된 후, 1947.4.-1956년 미국北장로교선교사로 대구에서 선교활동을 하면서 쓴 '한국사람 마음가운데 좌정하신 예수님(The Christ of the Korean Heart)제목의 간증문(신앙간증문)을 남겼다. 필자가 캠벨 선교사님을 상념(想念)하는 이유로는 대구시 내당동 공동묘지 옆에 대구등대교회(이영식목사 시무)와 등대맹아학교 설립에 일조를 하셨다. 그리고 필자 어머니가 이 등대교회에서 봉사하시다 1953년 3월 24일(陰曆) 소천하셨기 때문이다〉님의 신앙 간증文을 남경수에게 빌려서 외우며 필사해 둔적이 있었다.

그 친구가 필자를 만나자마자 '우리 잘 만났다' 다음 주 충현교회에서 만나자며 1960년대에 놀라울 정도로 부흥과 발전을 하고 있었던 충현교회 주일학교와 청년 찬양대를 입에 침이 마르도록 자랑했었다.

1962년 5월 '충현교회'와의 만남은 누가 뭐래도 순전히 김창인 목사님의 기도 덕분이다. 기도내용인즉슨 개성·사리원·황주·평양·신의주·원산·함흥·회령·온성에까지 가서 백두산소나무 찍어 북녘 땅에 무너진 성전을 다시 수축하자는 건 필자가 꿈꾸던 한반도통일 그 자체였다.

또한 김창인 목사님의 6.25 이후 군(軍)복음화에 대한 열정과 당시의 시대적 분위기가 필자를 베트남전쟁 참전으로 몰아넣은 단초였다.

필잔 1963년도 병무청 신검에서 을종판정을 받아, 제2 국민보충역에 편입이 됐으나, 1965.12.23.군·입대를 통한 베트남 전쟁참가를 자원하고 2년 후 1968.1.3.에는 드디어 강원도 화천군 간동면 오음리에서, 정글 전에 대비한 유격훈련을 비롯해서 25일간의 全훈련과정을 마쳤다.

1968년 1월 19일 베트남전장에 도착한 지 열흘만인 1968년 1월 29일 오후 6시부터 시작된 월맹군의 구정總공세는 20여일에 걸쳐 계속됐다.

전쟁의 포화 속에 고엽제를 뿌려대는…대낮 같은 전장의 불꽃아래 초소벙커에…피 빨래군복(**필잔1.29구정總공세 당시 야전병원으로 차출된 병졸로 전선에서 헬리콥터로 후송된 피범벅의 전상자를 업고 응급실로 옮기는 중에 피로 물들었던 옷을 빨아 입은 군복**)을 입고 '전상자들 영혼'과의 대화와 독서를 통해서, 필잔 <800년 어간의 동·서양 역사적 진실>을 터득한 건 물론,

1968.1.5.-1969.1.5.(365일)까지 필자에게 지급된 전투수당 월 50달러를 12개월 동안 송금한 돈(600불)과 귀국할 때 박스에 담아온 전자제품 등을 봉인한 채로 당고모는 자신의 집사에게 넘겨 현금화(400불)를 했다.

이걸 당고모의 집사에게 6년 동안 맡겨 일수놀이와 곗돈을 부어서 만든 필자의 피 값 <총6천5백만 원(只今가치로 65억 정도>의 큰돈을, 1974년에 넘겨받았다. 당고모의 집사를 통해 동대문시장 노점상들에게 일수와 곗돈을 부어 늘렸다고 했어도 당고모 돈을 보탠 게 명백했지만 사양치 않고 넘겨받은 즉시 1kg 골드바 10개를 매입해 땅속 김장독에 묻었다.

필잔 군 복무 중 휴가를 나오면 충현교회 대예배에 참석하곤 했다. 1974년에도 상경했다가 대예배에 참석해 1970년 11월 15일 강남구

역삼동에 9000평 대지를 새 성전부지로 매입했다는 것을 알게 됐다.

1974년 당시 필잔 달성군에서 상주군으로 전근(轉勤)한 지방 공무원 신분이었으나, 당고모의 뜻에 따라 서울로 전근을 위해 지방공무원에서 국가공무원으로의 전직을 희망한 바, 다행히 해운항만청으로 전근이 예상보다 빨리 이뤄졌다. 이듬해 봄, 필잔 영동시장 기획부동산의 최호암(서울남문교회 성도)氏의 소개로 강남구 반포동 202-9 대지 53평, 건평 24평 주택부터 6천5백원 중에서 '157만원'을 지불하고 마련했다.

곧 이어 고속버스터미널 공사가 시작이 되고 반포대교(잠수교)가 착공이 되면서 영동 일대는 부동산 투기 열풍이 거세게 불기 시작했다.

이때 1977.4. 북한선교회 초대이사장에 김창인 목사님이 취임해 북한선교회를 출범시킨 건 '필자가 그려낸 한반도통일'과 맞아 떨어졌다.

또 영동시장 기획부동산업자 최호암氏는 필자에게 서울남문교회 김선호 목사님께서 선교통학용 버스기증자를 찾는다는 걸 알려주었다.

1978.05.07. 필잔 그 즉시 <강남 8학군 1000명 동량지재(棟樑之材)>를 위한 깃발을 꽂을 꿈을 품고 45인승버스를 현대차 울산공장에서 1600만원 중 800만원(당시 필자주택 5채 값)을 현지에서 지불하고, 버스를 인수해, 상공부 차량과 와 문공부 종무실 허가까지 받아서 헌납했었다.

이럴 때 영동시장 기획 부동산업자 최호암氏는 필자에게 밤·낮으로 테헤란로와 개포동·세곡동의 땅 투기 유혹이 이만저만이 아니었으나,

1979년에는 필자의 온 가족이 서울로 이사해서, 처음으로 충현교회

등록교인이 됐다. 1980년 2월 충현 새 성전 건축허가를 받아, 그해 4월 역삼동 충현교회 동산 앞뜰에서 온 교회 성도들뿐 아니라 한국개신교 장자 교단의 숙원사업 새 성전건축 착공예배를 드릴 수 있었다.

충현교회 충무로 시대를 끝내고 한강을 건너 역삼동 시대를 열기위해 필잔 각고의 노력을 기우렸다. 충현교회는 김창인 목사님과 필자가 성실히 수행한 건축·재정위원을 '떼어놓고' 는 설명이 될 수 없다.

1984년 4월 3일 PM7:30 필자는 <충무로>에서 "제4대 안수집사에 장립"돼, 4월 8일(부활주일) 한강을 건너 역삼동(충현교회)시대를 열었다.

한편 1980년대 들어 김창인 목사님과 필잔 대통령을 자문하는 1-2期 평화통일정책 자문위원직을 함께 수행했으며, 필자를 북한선교회 재정부장을 맡기면서, 베트남전장에서 피 빨래군복을 입고 터득한 동서양 800년 어간의 역사적 진실을 바탕에 두고서 쓴 <김정태가 그려낸 한반도통일>을 김창인 목사님이 읽고 극찬을 아끼지 않으셨다.

1984년 4월 8일 부활주일, 역삼동(충현교회)에서 입당예배를 드리기 위해 '건축물가(假)사용승인'을 서울시에서 받아내는 것이 급선무였다.

그런데 당초 건축허가조건에 미흡한 것이 있어 어려움에 봉착했다.

당시 강남에 지역구를 둔 이태섭 의원과 필잔 서울시로부터 '건축물가사용승인'을 받아내기 위해, 상당한 기간 염보현 시장을 비롯해서 관계 요로에 호소하러 다니느라 밤·낮을 가리지 않고 동분서주했다. 교회주변 골목길 포장과 보도블록 공사, 100여개의 가로등 설치 등 주변 환경개선을 위해 노력한 나머지 4월 초에 모두 마무리를 했다.

그래서 1984년 4월 8일, 어려움을 극복하고 차질 없이 부활주일에 입당예배를 드릴 수 있었던 것은 전적으로 하나님 은혜 덕분이었다.

하나님의 은혜와 진리가 역사하는 가운데 필잔 충현교회의 중직을 25년간 두루두루 섭렵했다. 건축·재정·예배·편집·선교위원을, 중등부·새신자부 교사·부감, 전도회 회장·교구간사장을 성실하게 수행했다.

1987년 7월 12일 충현교회 새 성전 본당 입당예배는 기독교계의 지대한 관심과 전(全)교인이 두 손을 모은 기도 속 찬연한 예배를 드렸었다. 이날의 기도는 [**"솔로몬이 무릎을 꿇고 손을 펴서 하늘을 향하여 이 기도와 간구로 여호와께 마치고 여호와의 제단 앞에서 일어서서 큰소리로 이스라엘의 온 회중을 위하여 축복하며 이르되 여호와를 찬송할지로다 그가 말씀하신대로 그의 백성 이스라엘에게 태평을 주셨으니 그 종 모세를 통하여 무릇 말씀하신 그 모든 좋은 약속이 하나도 이루어지지 아니함이 없도다...,(중략)...,그런즉 너희의 마음을 우리 하나님 여호와께 온전히 바쳐 완전하게 하여 오늘과 같이 그의 법도를 행하며 그의 계명을 지킬지어다(왕상** 8:54-61)"]란 솔로몬의 축복기도이었다.

1987년 7월 16일엔 김창인 목사 성역 50년 감사예배를 한경직 목사님을 비롯한 조향록, 유호준, 지원상, 정진경, 윤영탁 목사님이 참석한 가운데 온 성도들의 정성을 모은 예배를 드렸으며, 12월 28일에도 전(全)성도의 축복 속에 김창인 목사 원로목사 추대 감사예배를 드렸다.

김창인 목사님은 1917년 11월 18일 평안북도 의주에서 김택신 성도님의 3남으로 출생, 2012년 10월 5일 95세로 소천(所天)을 하셨다. (끝)

[06]

충현교회와 필자와의 만남-(2)

<1990년대 '충현교회 40년사'를 쓰려는 순간 일어난 사건들>

[75살 현증록]-(5)다. 김창인 목사님 뒤를 이어, 1988.4.21. 이종윤 위임목사 취임예배가 있었고, 1989.10.01.-11.05.복음화 된 통일조국을 향한 전진대회가 성도들 가정에서의 민박과 교회합숙을 통해 치루었다.

1990년대에 '충현교회 40년사'를 쓰려는 찰나에 일어난 사건들이다.

(1) 1990.01.22. YS 3당 합당사건 후, 교회는 김영삼 장로의 뜻을 따르는 장로들에 의해 '이종윤 축출' 정치권력의 해괴한 내홍을 겪는다. 내용인즉 '교회재산 1조원 가로채려는 이종윤 음모'였다. 그 음모를 수습할 가닥을 잡을 수 있었던 것은 당회가 제2대 이종윤 목사를 사

임시키고 제3대 신성종 목사를 청빙해서 인계·인수하는 과정에서 1992.3.4.에 교회의 전(全)재산 등기를 완료하면서 음모가 아님이 밝혀졌다. 충현교회는 2017.01.22.공동의회에서 제6대 담임목사로 美뉴저지 초대교회를 사임한 한규삼 목사를 청빙하여 여상스럽게 치리되고 있다. 앞으로도 대한예수교장로회 충현교회는 바르게 치리가 될 것이다.

(2) YS 3당 합당 후, 1992.3.24.총선에서 필자의 친구 홍사덕 의원(득표율 52%대 32%)은 특이한 내홍을 겪으며 14대 국회의원에 당선되었다.

YS 3당 합당 후 창당 된 민주자유당(약칭민자당) 후보로 김만제 경제부총리가 출마, 당시 홍사덕 후보는 가망이 없다고 강남사람들 입에 오르내렸기 때문에 1992.03.04. 필잔 대치동 '홍사덕 연구소'를 찾았다.

1992년 3.24 총선 때 필잔 충현교회에서 강남을 총괄하는 교구간사장과 교구협의회 회록 서기였었다. 그래서 충현교회에서 일어나는 상황을 필잔 시시각각으로 파악이 됐다. 민자당 대표최고위원 김영삼 장로를 따르던 정치장로들이 선거기간 중 출처가 분명치 않은 비용을 들여 500명에게 500만원을 들여 뷔페식으로 교회지하식당에서 선거를 열흘 앞두고 3월 14일 오후6시 4교구단합대회를 한다고 했다. 그 자리에서 민자당 입당원서까지 쓰도록 한다는 교회 직원의 귀띔이었다.

그래서 필잔 3월 14일 오후부터 문방구점 팩스로 공선협을 비롯해 신문·통신사·TV·기독교방송까지 21곳에 보도 자료를 전송하고 오후 5시 반에 충현교회 식당에 들어서니 이미 조선·한겨레 등 10여명의 기자들이 도착해 있었다. 당시 행사장 전면에는 대형 현수막과 울긋불긋한 고무풍선 등과 교회식당 양쪽 통로에 잘 준비된 뷔페 음식물이 마련된 걸로 봐 행사전문 업체 '출장이벤트사'가 준비한 듯 했다.

예정대로 6시 정각에 입추의 여지없이 꽉 들어찬 가운데 미리 준비한 순서지에 따라 예배가 시작됐다. 예배순서지에 교구간사장 차례가 돼 이미 각 언론사로 전송된 보도 자료를 필잔 기자들 앞에서 읽어내려 갔었다. 잠시 후에 후레시가 터지니까 예배가 끝나기도 전에 성도님들이 모시고 나온 이웃과 친지들이 함께 뿔뿔이 귀가를 서둘렀다.

그러고 필자가 교구협의회 사무실로 올라가니 20여 명의 기자들이 우르르 뒤 따라 올라와 교구간사장 책상에 앉아 기자들 앞에서 보도자료를 설명 했지만 한겨레신문만 사회면에 일단 기사로 크게 다뤄주었을 뿐 여타 조·중·동 등 언론매체는 기사화한 곳이 한 곳도 없었다.

그런데 주일날 하루 종일 충현교회 불법선거·향응제공의 입소문이 일파만파로 번져 강남은 물론 서울전역으로 삽시간에 퍼져나갔다.

그리고 한겨레신문에 보도된 내용을 스크랩 복사해 강남전역에 뿌려서 홍보 효과를 극대화시킨 게 김만제 후보를 당혹스럽게 만들었다.

또 필잔 3월 20일 저녁7시 홍사덕 후보사무실에서 "투표당일 참관인 예비교육과 투표함 운반요령"을 교육한 후, 청년봉사대 중심으로 3개조로 편성, 순찰차량 봉고2대 승용차1대로 8시 반부터 각 차량마다 빗자루, 받침대, 대·소형 비닐봉지를 소지하고 지역별로 출동시켰다.

그런데 자정을 넘긴 시각 3월 21일 0시 30분경, 개포 주공A 120동 편지함에 홍사덕 후보 비방 흑색유인물을 투입하는 4명을 붙잡아 후보 사무실로 01시10분경에 데려왔었다. 이들을 각각 격리시켜 조사한 바 책임자로 보이는 H(37세)氏께 필자가 접근 바지를 벗기자 안기부 신분증과 도청기·난수표가 흘러내렸다. 새벽 2시경엔 충현교회 불법 향응제공 현장을 취재했던 기자 대부분이 홍사덕 후보비방 흑색유인물 취재현장에 도착했었다. 동녘이 훤해지자 신문마다 방송마다 1면 대문자로 특종 머리기사로 도배질을 하면서 순식간에 전국을 강타했다. 이로써 친구 홍사덕 후보 압승은 물론 수도권을 휩쓰는 선거가 됐었다. 당시 YS가 압승한다던 3.24 총선 여소야대 정국구도로 바꿔 놓았다. 홍사덕 후보는 득표율 52.24%, 64,201표로 당선이 확정됐었다.

(3) 신성종 목사는 YS를 따르는 정치장로들에게 철저하게 이용당했다. 1992.5.18.-5.21(3박4일)까지 계속된 전국 목사, 장로 1만 명이 참석한 기도회다. 이 때가 YS 3당 합당 이후 대통령후보로 선출되는 것과 무관치 않았기 때문이다. 또한 3박4일 동안 하나님께서 싫어하는 향응제공이었다. 삼정호텔, 남서울호텔, 반도유스호스텔에 집단투숙은 물론 또 교회식당에 호화식음료 식사대접을 한 것이다. 3.24 총선 때 불법선거 향응제공이란 불명예는 아랑곳하지 않고 비아냥대듯 보란 듯 들어 내놓고 교회 조직을 총동원했다는 게 맞는 말이다.

(4) 제21회 여름성경학교 교사강습회를 충현교회로 유치 1992.6.22.-6.25(3박4일)까지 개최하였다. 이번 청년교사강습회는 한 달 전 목사·장로기도회와는 다르게, 교사들이 1000여명밖에 참석치 않았다는 쓴 소리가 나왔다. 주일학교 교사들은 숙식과 식음료·식사제공을 거부하는 사태, 즉 충현교회 주변식당들이 대성황을 이루는 진풍경이 벌어졌다.

⑸ 1992년 12월 6일(주일) 저녁 본당에서 찬양예배 기도문 사건이다.

이 기도문 사건은 두 달 전에 필자가 12월 6일 찬양예배 공기도 순서라고 공지가 된 걸 12월 19일 제14대 대통령 선거일을 앞두고 필자를 빼고 다른 사람을 기도 순서에 집어넣어 발단된 것이었다. 당시 예배위원이었던 필잔 주일 오전 7시 1부 예배를 드리던 중에 주보를 살펴본바 찬양예배기도 순서에 필자가 빠진 걸 보고 편집실에 알아본바 기획위원장 지시에 의해 뺐다는 확답을 받고, 저녁 찬양예배 전에 기도문을 작성해서 3.24 총선 때처럼 공선협과 기자들에게 알렸었다.

그리고 예배시간에 맞춰 오신 기자들 몇 분에게 이미 작성한 기도문을 전하고 앞자리에 앉았다가 강대상에 올라가 기도를 하는 중 마이크가 꺼지고 교구 목사님께서 대신해서 기도를 마무리한 사건이다.

이날 필자의 기도문 내용을 요약하면 이러하다. 1984년 6월 17일 주일 김창인 목사님께서는 충무로에서 한강을 건너와 제2차 성전 마무리 공사를 앞둔 시점에 3가지 실천 요강을 말씀하신바 ① 신발을 벗어라 ② 유월절을 지키라 ③ 할례를 행하라는 말씀의 설교를 하셨다.

필잔 매일 말씀 3장을 읽는다. 그날따라 출애굽기 2장, 3장, 4장을 읽는 중 여호와께서 모세를 불러 세우는 [출3:4-5] **"여호와께서 그가 보려고 돌이켜 오는 것을 보신지라 하나님이 떨기나무 가운데서 그를 불러 이르시되 모세야, 모세야 하시며 그가 이르되 내가 여기 있나이다. 하나님이 이르시되 이리로 가까이 오지 말라 네가 선 곳은 거룩한 땅이니 네 발에서 신을 벗으라"**란 말씀을 읽고 1부 예배에 참석했었다. 이 말씀을 필자의 가슴속 깊이 새겼다가, 이 날 기도 순서가 바뀐 것을 보고, 교회 편집실로 내려가 김창인 목사님의 3가지 말씀 내용을 압축시킨 기도문을 작성했던 것이다. 당시 김영삼 장로는 조깅을 좋아한다는 소문 탓인 진 몰랐어도 "머리는 빌릴 수 있지만 건강은 빌릴 수 없다"고 한 말을 기억하면서 기도문을 썼다. 머리를 빌리면 나라의 곳간(庫間)을 거덜 내는 위기를 초래한다는 뜻을 담고 "신발을 벗으라"는 기도를 드렸던 것이다. (끝)

[07]

'한누리당' 시대는 열릴 수밖에 없다.

<DJ정권아래서 한누리 조직으로 고흥길·이승철·양정규의원이 당선>

[75살 현증록]-(6)다. '한누리(HANNURI)'란 당명은 '한누리산악회'로 이름을 바꾸어 부르는 "정통우익정당"이란 아픈 역사를 가지고 있다.

필잔 20년 넘게 '한누리' 란 이름을 지키려고 무진장 노력을 했었다.

한누리 당명은 1997년 10월 신한국당 이회창(李會昌) 총재의 우익보수신당 '당명공모'에서부터 시작되는 뼈아픈 역사를 지니고 있다.

지난날 "한나라당(차떼기黨)", "새누리당(탄핵黨)"은 필자가 제안해 당원들 중의와 전문가들에 의해 엄선되었던 '한누리당' 당명을 실천·실행에 옮기지 못한 것에, 포커스(focus,焦點)를 맞추어 필술하려고 한다.

그 사연(事緣)인즉슨 1997년 12월 18일 제15대 대통령 선거를 앞두고 치러진 신한국당 대통령선거 후보자 경선에서 이인제 후보가 이회창 후보에게 패배를 당하게 되자, 이인제 후보는 신한국당을 탈당하고 1997년 10월 10일 독자출마를 선언하며 "국민신당"을 창당하였다.

당시 신한국당 이회창 총재께서는 당의 진로와 정국일신, 그리고 자신의 정치적 돌파구를 찾기 위해 새로운 당명을 공모하게 되었다.

필잔 당시 홍익대학교 광고디자인학과에 다니던 아들에게 당명 공모에 동참시켜, 아들이 디자인해 제출한 "한누리당(案)"이 입선되었다는 것을, 당시 당 관계자(黨 關係者)로부터 확인할 수가 있었다.

그런데 15대 대통령 선거를 한 달여 앞둔 1997년 11월 7일 신한국당 이회창(李會昌) 총재와 민주당 조 순(趙淳)·이기택(李基澤) 두 분 대표께서는 '3金 청산', 'DJP 연합의 부당성' 등을 주장하며 칼날을 세워 당 대 당 통합과 대통령 후보 단일화에 합의를 했던 것이다.

당시 입선된 당명 채택 여부의 사단(事端)은 여기서 발생했다. 이회창, 조 순, 이기택 세분께서 함께한 자리에서 당 사무처가 당명 공모에서 입선이 된 "한누리당(案)"이란 당명을 보고하게 되자.

신한국당(黨) 이회창 총재께서 "한누리" 당명이 어떠냐고 묻자, 영입된 두 분 대표 중 한 분께서 무의식중에 '한나라'로 말을 건네자 이 총재께서는 당 대 당 합당을 위해 손님을 대접한다는 의미를 두고 '한누리'에서 '한나라'가 좋겠다고 해서 그 즉석에서 결정된 당명이다.

필잔 작명가가 아니다, 뜻(의미)과 소리(발성)에 착안, 한반도통일시대를 열어 천년을 누린다는 뜻과 또한 아들의 순전한 감성적·감각적 디자인에 포커스를 맞췄을 뿐이다. 필자가 애당초 뜻(의미)과 소리(발성)에 담긴 건 '한누리' 언어는 21C에 꽃 피우게 될 '한글문화'의 첫 소리 글자 '한(크다, 으뜸)'의 의미와, '누리다' 발성에서 착안이 됐었다.

'한나라' 역시도 '한(크다)'에서 출발, 큰 나라로 발전될 수 있으나, 한편으로 '나라', '날아간다.'로 들릴 수도 있다는 것이다. 그래서 '한나라당'은 크게 날아간 '차떼기당(黨)' 이 됐을지 모를 일 아닌가? 싶다.

또 '한나라'를 '새누리'로 당명을 바꿀 때도 당 사무처가 제시한 '한누리당(案)'을 무시하고 박근혜 대통령 측근 몇 분의 '새누리당(案)' 권유는 4.13 총선패배로 이어지며 '탄핵당(黨)'으로 전락한 꼴이 됐다.

어찌됐던 한나라/새누리 당명 모두 '한누리黨'에서 출발되어 아픈 역사를 남겼나는 것은 어느 누구도 부인치 못할 사실이 되고 말았다.

필자가 '한누리' 이름을 지키려고 <한누리산악회>를 조직한 사연은 이렇다. 1997년 12월 15대 대통령선기 실패 이후, 1998년 2월 셋째 주일 <부국산악회> 이름으로 필잔 황영하 전 총무처장관 등과 북한산 산행을 시작하면서 부터다.

2000년 9월 여의도 부국증권 건너편 예성가든에서 [한누리] 이름 지키기 준비모임 후 2000년 10월 2일 중구 서소문 '한조 레스토랑'에서 '부국산악회' 이름에서 '한누리 산악회'로 이름을 바꾸기로 결의했다.

2000년 10월 16일 서울시 종로구 당주동 145번지 미도파빌딩 525호에 <한누리산악회> 사무실을 개설 후, 첫 산행지로 충청남도 예산의 수덕사 등을 산행하면서 전국 조직망을 확대하기 시작했다.

2001년 3월 1일, 천안독립기념관 뒷산 흑성산 정상에서 3.1절 기념행사와 한누리 산악회 총회를 열고 전국 9개 시도지부를 출범시켰다. 그리고 2001년 3월 29일엔 부회장·운영이사 체제를 갖추게 되었다.

2001년 8월 15일엔 괴산 청천면 화양동 계곡에서 8.15기념행사와 도명산산행, 11월 속리산 문장대 가을산행을 하며 조직을 다져나갔다.

DJ정권 타도의 깃발을 앞세워 결성된 한누리 산악회는 1998년부터 2002년까지 한누리산악회 조직위원장 위치에 있었던 필잔 YS-DJ정권서 국가안전기획부를 그만두고 나온 안기부 정치과장 공(孔) 모씨를 비롯해 몇 명을, 산악회 안전팀으로 입회시켜 3명 국회의원(고흥길-이승철 의원-故양정규 의원) 등을 당선시켜 치명적인 타격을 가하였다.

그 첫 시험대가 고흥길 의원의 필승을 위해 2000년 2월 25일 경기도 성남시 분당구 이매동 276번지로 필자의 주민등록을 옮겨, 고흥길 의원 친형과 함께 합숙하며 2000년 4·13 총선거에 임했다고 자부한다. 왜냐하면 DJ 정부아래서 전략 공천된 재경부장관·부총리였던 강봉균 후보의 아킬레스건을 분석해 운신의 폭을 제약했기 때문이었다. 특히 전(前) 국가안전기획부에서 퇴직한 요원들을 한누리산악회에 입회시켜 맹약(야탑지역 야간활동)을 폈던 것이 제대로 가동됐던 것이다. 고흥길 의원은 첫 출마해 득표율 51.8%, 44,857표 8,976표차로 승리했다.

그 두 번째가 이승철 구로(을) 2001년 10월 25일 재보궐 선거에서 이승철 후보가 민주당 대표이자, 인기 작가였던 김한길 후보를 꺾고 정정당당(正正堂堂)하게 승리한 얘기다. 이 당시 필잔 구로4동 쪽방 촌을 이슈화시켜 구로경찰서 유치감호까지 받으면서 치명타를 입혔다.

그 세 번째 예를 든다면 2002년 8월 8일 실시한 북제주군 재보선 당시 2002년 12월 실시예정이던 제16대 대선 이회창·노무현의 전초전 성격을 띈 故양정규 후보 당선을 위해 필자를 비롯해 한나라당 중앙위원회 이영화(前은평구청장)부의장과 지구원 목사님 등이 함께 제주시 연동여관에 30일간 투숙 북제주군 함덕·조천·애월·한림·우도·추자도를 비롯한 한라산 산간·中산간·해안가까지 걸어서 마을(부락) 단위로 빠짐없이 방문해 전수 조사를 통한 투표참여·불참분류의 분석 자료가 득표율 50.79%로 21,226표획득 새천년민주당의 홍성제 후보 20,493표보다 733표를 더 얻어 승리했다. 필잔 당시 6표차 승리를 보고하였으나 727표를 더 얻어 733표 차로 당선이 확정돼 승리했다.

끝으로 첨언할 건 필자가 2002.8.8. 再보궐선거 당시 7월 맹하절기에 북제주군 전역(全域)을 빠짐없이 전수조사를 하면서 제주 4.3 사건에 얽히고설켰던 애환을 터득한 것이 크나 큰 보람이었다. 특별히 김달삼(본명 리승진)에 대해 살아있는 공부를 한 게 큰 보람일 수 있다.

[08]

칭기즈칸 굉음(轟音)이 들려온다(1)

<칭기즈칸은 동·서양문명을 흔들어 자본주의를 탄생시켰다>

[75살 현증록]-(7), 필자의 당고모 김분임은 고향 상주 쑤안을 그렇게도 좋아할 수 없었다. 음력설이면 매년 고향을 찾았던 당고모에게 중학2학년 당시 영어를 가르친 임재영 선생님에게 새겨들었던 <칭기즈칸> 책자 얘길 했더니, 서울의 책방들을 뒤져 인사동에서 책을 구해, 그 즉시 부쳐주셨다고 앞장에서 밝힌 바 있다. 필잔 그 책을 "베트남전쟁에서 피 빨래군복을 입고, 곤 백번을 읽으며 문미(文尾)가 터져 5만 가지공상을 하게 된 진원지라며, 동서양 800년 어간의 역사적 진실을 터득할 수 있었고 전쟁 수첩까지 기록으로 남겼다고 했다.

임재영 선생님은 일정 말기 보성전문(고려대학교 전신)을 다닌 당시로선 보기 드문 중학영어교사였다. 선생님께선 800년 전 몽골제국의 칭기즈칸(Chingkiz khan,1162-1227) 얘기를 실감나게 들려주셨다. 필잔 넋을 놓고 골똘하게 들으며 그 중요한 내용의 요점들을 메모를 해 두었다.

그리고 또 다른 내용은 외국잡지책이라 밝힌 타임誌 혹은 워싱턴 포스트誌에 게재된 [피터 드러커] 박사가 기고한 “산업사회에서 인간의 미래(The puture of industrial Man)”를 읽고 제자들에게 얘기해 주려 한 진의(眞意)는 <미래사회는 국경이 무너지는 한편 부(富)의 원천이 부존자원(天然資源)이 아니라, 창출된 자원 ‘지식사회(knowledge society)’가 온다는 것이었다. 6.25사변 후 우리나라 자동차總보유대수가 50,160대였을 당시, 50년 후에나 실현될 꿈만 같았던 마이카시대를, 또 길을 걸어가면서 휴대폰으로 세상 소식을 주고받는 얘기로부터 시작해 초고속인터넷, 재택근무, 로봇, 우주시대가 온다는 것까지 말씀해 주셨다.

필자의 또래 친구들은 선생님의 말 자체를 믿으려 하지를 않았다. 친구들은 선생님에게 ‘또라이(weirdo)’란 별명을 붙여 노래로 불렀다.

필잔 친구들이 weirdo라 노래를 부르면 부를수록 ‘칭기즈칸’에 대한 탐구에 열을 올리다가, 그에게서 몽골이란 단일 종족이 지구촌에 자신들의 의지를 완벽하게 펼쳐 보인 사건을 찾으려 안간힘을 쏟았다.

칭기즈칸과 그의 후손들은 유라시아대륙에 광대한 자유무역지대를 만들었고, 동서양 문명을 연결시켰다. 그는 중세까지 존재했던 지구촌의 질서를 뒤흔들어, 전혀 새로운 제국을 출현시킨 장본인이다.

대몽골제국(Eke Mongol Ulus)은 그 이전의 어떤 제국과도 전혀 다른 새로운 방식으로 경영됐다. 그 어떤 시대보다 많은 정보가 소통됐고 많은 물량이 유통되었다. 대륙의 동쪽 끝에서 서쪽 유럽의 끝까지(till the end) 정보와 물자가, 사람과 기술이 오고갔다. 문명이 탄생한 이래 이렇게 많은 물량과 정보가 그렇게 빠른 속도(superhigh speed)로, 그렇게 안정적으로 소통되었던 적은 없었다.

칭기즈칸은 사람과 기술을 이동시켜 지구촌을 정말 좁게 만든 인물이다. 그의 삶이 시작된 곳은 유라시아(the Continent of Eurasia)의 광활한 초원지대다. 지정학적으로 오르도스 근처의 만리장성에서 바이칼 호(Lake Baikal)일대까지 남북 1500km 홍안령에서 발하시호 일대까지의 동서 3000km(약3백만㎢)에 이르는 고원지대다. 몽골고원의 평균 해발 고도는 우리나라 오대산-설악산 높이와 비슷한 1600km로 3개월의 여름과 9개월의 겨울이 존재하는 영하 40도의 몹씨 추운 대륙성 기후를 띤 한랭 척박한 지역이다.

12-13세기 초엽까지 칭기즈칸이 속한 몽골부족은 풀밭(草地)을 찾아 떠돌아다니는 유목민들(nomads)이었다. 그들의 강인함을 유목 문화권에서나 들을 수 있는 '신바람'이나 '피눈물(bitter tears)'이란 단어는 이들의 생활과 내면세계를 가장 잘 알게 해주는 낱말들이다. 몽골제국이 성립될 당시 유력한 유목 부족들이 고원의 곳곳에 자리 잡고 있었다. 서로 다른 길을 선택해 살아가는 여러 부족들 중 몽골고원의 정세를 변화시킬 수 있는 세력은 '타타르(Tatars)부족, 만주 쪽 지역-케레이트(Karaits)부족, 중부-중국접경 지역의 나이만(Naimans)부족, 서쪽 지역-메르키트(Merkits)부족, 북

쪽 시베리아 접경지역의 몽골(Mongol)부족, 시베리아 바이칼호 아래쪽 지역 등 다섯 부족집단에 80여 씨족이었다. 그들 다섯 세력들의 구성·과 성분이 모두 제각각이었다.

칭기즈칸이 소속한 '태풍의 눈', 몽골세력은 수난의 한 복판에 자리하고 있었다. 칭기즈칸 그는 영험(靈驗)했다. 기약할 수 없는 이동과 끊임없는 전쟁 잔인한 약탈이 그가 배울 수 있는 세상일의 전부였다. 열세 살 때 아버지 "예수게이(Yesukai)"가 독살을 당했고 열네 살 땐 포로가 됐었다. 가까스로 탈출에 성공해 목숨을 건졌으나 그에겐 시련과 고난이 파도처럼 밀려왔다. 그런 유년기 삶의 역정(歷程)이 인류사에 가져온 파란과 격동에 대해 세상은 오랫동안 잘 이해하질 못했다. 칭기즈칸은 불과 10만의 신바람(기마)군단으로 유교문명과 이슬람문명, 동서양 모두를 차지했다. 인류가 받은 '칭기즈칸 충격'을 이해하는데 "태풍(颱風typhoon)이란 모티브"야말로 12-13C의 시구촌에 휘몰아쳤넌 그 '칭기즈칸의 충격파·굉음(roaring sound)'을 이해하기에 가장 적절한 단어일 듯싶다. *몽골비사에 한 구절 속의 이복형 벡테르와 통정한 홀어머니 '허엘룬(Hyuellyuen)' 아래서 자란 소년을 두고 교활한 사기꾼·냉혈한·살인마·무자비한 정복자, 그의 삶엔 그칠 사이 없이 터지는 화산폭발 같은 굉음(轟音) 그 자체였다. 세상은 그를 두고 오랫동안 편견과 칭송과 먹칠을 병행하는 온탕과 냉탕(hot & cold water)을 오가는 평가를 쏟아냈다. 그러나 필잔 칭기즈칸은 역사의 지평에서 세상에 대한 모든 예측과 통념을 한꺼번에 뒤집어 엎어버린 파란과 신명의 이름이었음을 세상 앞에 밝히고 싶었다.

칭기즈칸은 한마디로 지난 1000년 이래의 사람들 중 설명하기 어려운 '독살자'라고도 '메시아'라고도 할 수 없는 '태풍처럼 무서운 가공할 에너지 현상(energy phenomenon)'이었던 것이다. 천지사방(天地四方)에 있으면서도 없고 없으면서도 있으며 범인(凡人)으로선 그 풍향과 풍속과 풍상을 한눈에 요약할 수 없는 기묘하다 할까? 하지만 지내놓고 보면 아무리 사나운 태풍도 그 가공할 힘의 탄생과 행적 및 소멸을 관장하는 마인드가 분석이 되고 이해가되면서 이전과는 아주 다른 취급을 받게 된다. 칭기즈칸도 마찬가지다. 그의 삶을 추적하다 보면 그가 자기 시대의 통념들과 전혀 다른 또 하나의 마인드를 가졌던 사실을 알 수가 있다.

필잔 중학생이었을 때 1000년 전 지구를 지배한 문명은 기독교와 유교-이슬람문명이라고 알고 있었으나, 그 무렵에 이미 지상엔 그들 농경 정착문명(정착마인드)과 유목 이동문명(이동마인드)이 있었다. 유목민(遊牧民,nomads) 칭기즈칸은 수많은 사지(死地)를 넘나들며 오로지 자기 자신을 이겨 냄으로써 남들이 보지 못한 세계, 남들이 알고 있는 것보다 훨씬 더 넓고 큰 세상을 보았을 것으로 추정해 볼 수 있다. 그것은 현실 공간에 대비가 되는 사이버 공간처럼 당시로선 새로운 대지, 이동 마인드의 세상-유목 마인드의 세계였을 것이다. 아마도 그는 그곳에 닿기 위해 자신을 따라 다니던 무겁고 질긴 운명을 칼로 쳐내고서 종족도 버리고 신앙도 버리고 정치도 버렸다. 맨 나중엔 원한(animosity)까지도 버렸다. 심지어 그 자신마저도 버렸을 것이다. 이동 마인드와 유목 마인드를 원리로 하는 새로운 문명으로 자신을 오랑케 족이라고 업신여기며 울타리(칸막이)를 치고 만리장성을 쌓고 살았던 정착민들의 문명세계를 '피눈물'로 아로새기며, '신바람'으로 일으켜 세웠던 것이다. 동양과 서양을 아우르는 새로운 1000년의 세계는 그래서 열렸다. 워싱턴 포스트(Washington post)誌는 서기 1001년에서 2000년까지의 인물들 중 가장 중요한 인물로 칭기즈칸을 꼽으면서 그 이유를 다음과 같이 적고 있다.

[밀레니엄 맨 칭기즈칸(Millenium Man Chingkiz Khan)]: 지나간 1천 년에서 가장 거대한 사건은 몽골이란 한 단일 종족이 전 세계에 자신들의 존재와 의지를 완벽하게 펼쳐낸 사건이다. 그와 그의 후손들은 유라시아 대륙(Eurasia Continent)에 광대한 자유 무역지대를 만들었고, 동서양 문명을 연결하고, 강화시켜나갔다. 이는 중세 가트(GATT)체제라 할 수 있다. 그들은 인터넷(internet)이 발명되기 이미 8세기 전, 세계적 커뮤니케이션을 개척해냈다. 칭기즈칸은 사람과 기술을 이동시켜 지구촌(Global Valley)을 좁게 만든 인물이었다.

칭기즈칸은 불가사의한 역사적 업적을 남긴 사람이다. 인류가 체험하지 못한 '칭기즈칸 충격'이 그런 종류의 업적에 국한되는 건 아니다. '워싱턴포스트' 기사는 바로 그 점을 놓치지 않는다.

[페스트균(The pest)] : 몽골 인은 유럽에 흑사병(the black plague)을 가져갔다. 페스트균은 동양에서 몽골 유목민을 통해 유럽으로 옮겨갔다. 흑사병으로 유럽 인구 3분의 1이 죽었다. 노동력의 가치가 높아졌고, 이는 봉건왕조체제의 기반을 송두리째 무너뜨려 자본주의가 등장할 수 있는 토대가 마련됐었다.

정복전쟁이 역사적 선(善)이라 말할 수는 없지만 전쟁을 통해 발생한 엄청난 에너지가 오늘의 역사에 결정적 역할, 즉 유럽 대륙에 자본주의 싹을 틔우는 역할을 했다는 것이 '워싱턴포스트의 시각적 잣대'인 것이다. 어쩌면 그렇게 보는 것이 옳은 견해인지 모른다. 왜냐하면 유럽을 공포에 빠뜨린 페스트균의 출현이야말로 유목이동문명과 농경정착문명의 충돌에 의한 결과이기 때문이다. 때는 1347년이었다. 몽골제국의 일원인 킵차크칸국(칭기스칸이 장남 조치에게 내려준 몽골제국의 서방 영지)의 칸(Khan)인 '자니 백(Jani Beck)'이 사망할 무렵 킵차크 칸국의 지배계층 간에 대 혼란이 일어났다. 이를 틈타 러시아 각 공국을 비롯한 동유럽이 일제히 반기를 들었다. 킵차크 칸국(Kipchaks Khan)의 권위는 일시에 무너져 내렸다. 그 틈바구니에서 조치(Juchi, 이 사람이 칭기즈칸 정부인 버르테 피젠(Bourtai Fidjen)과 적장사이에 태어난 아들이다)의 후예(後裔)에서 '톡타 미시(Toktamisi)'란 인물이 나타났다. 그는 칸(Khan)에 즉위하고 곧 이어서 군대를 몰아 킵차크 칸국의 혼란을 수습한다. 그가 칸으로서 처음 시작 한 일은 그간 반란을 일으켜온 동유럽을 응징하는 것이었다. "몽골이 살아 있음을 우리 안에 칭기즈칸이 살아 있음을 적들에게 보이자!" 톡타 미시는 신바람 군단을 몰아 크림반도로 달렸다. 거기서 제노바 교역소를 포위하고 유럽인들에겐 상상 할 수 없는 방식의 전쟁을 벌였다. 몽골군은 중앙아시아 초원지대에서 흑사병(黑死病,the black plague)으로 죽은 시신을 끌어 모았다. 그런 다음 투석기로 흉측하게 썩은 시신(corpse)을 적진을 향해 날렸다. 몽골군은 유럽인들의 사기를 꺾기 위해 단지 시신을 날려 보냈을 뿐이었으나 이 사건이 가져온 결과는 실로 엄청난 것이었다. 그 결과에 대해선 아마도 시신을 쏘아 보낸 몽골군도 알지 못했고 시신 공격을 받은 유럽인들도 알지 못했다. 흑사병은 유목 이동민족들에겐 그다지 공포스러운 질병이 아니었다. 그들은 들쥐의 먹이, 흑사병(黑死病)의 매개체였던 밀·보리 등의 곡식을 가지고 있지 않았다. 쥐는 겔(몽골의 주거용 천막,Gel)의 두꺼운 펠트(felt)를 뚫고 들어갈 수도 없었다. 들어가 봤자 쥐(rat)가 먹을 것도 없었다. 오히려 겔을 수호하는 개들에게 잡아먹힐 뿐이었다. 그러나 농경정착민족(農耕定着民族)에게는 허술하게 지어놓은 목제 창고(木製倉庫)가 많았다. 곳곳에 곡식이 널려 있었다. 사람이 사는 집 안에도 곡식이 있었다. 당연히 쥐가 들끓었다. 결과적으로 유목이동민족과 농경정착민족의 주거환경차이(住居環境差異)가 실로 엄청난 결과를 불러온 것이었다. 제노바 교역소에 떨어진 시신엔 페스트균(The pest)이 가득 들어있었다. 유럽인들은 몽골군의 야만적인 시신공격을 받자, 그 시신들을 수거하여 한갓진 곳에 갖다 묻었다. 시신 속의 페스트균에 감염된 쥐벼룩(rat flea)은 쥐로 옮겨가고 그 쥐들은 사람 사이를 헤집고 돌아다녔다. 벼룩에 물린 사람은 갑자기 고열에 시달리다가 며칠 만에 죽었다. 쥐떼가 한번 지나갈 때마다 많은 사람이 쓰러지고 곧 시체로 변했다. 농경정착사회를 파고든 쥐들은 도시와 농촌을 가릴 것 없이 全유럽으로 퍼져나갔다. 결국 중세구라파인구 3분지1인 약2천5백만 명이 흑사병(the black plague)에 걸려 죽었다. 이로써 전쟁이 그쳤다. 교역도 중단됐다. 농노들도 사라졌다. 농경규모가 줄어들면서 봉건 영주들이 대거 파산했다. 당시 귀해진 노동자의 급료가 급격히 상승하기 시작했다. 봉건시대 노동력이 생산의 모든 것이던 시대가 종말을 맞이하기 시작한 것이다. '워싱턴포스트誌'는 이런 현상이 '자본주의(capitalism)'로 연결이 됐다고 적고 있다. 이를테면 '제노바 교역소 사건'은 몽골인의 복수전이요 정복전쟁이었다. 그러나 칭기즈칸은 그 전쟁을 통해 일종의 세계연방을 이루었다. 동양과 서양문명과 문명 나라와 나라 사이의 경계를 허물고 지구촌을 하나의 질서 아래로 끌어들인 게다. 거기서 발생한 수많은 성과물 특히 칭기즈칸式 "케식텐 경제학" 아래 1000년 동안 인류가 숨 쉬고 살아왔다.

필잔 중학생 때 "우리종족은 기마 족이요 우랄알타이어(The Ulal Altaic languages)족이다"란 어렵게 구한 책을 읽다가 칭기즈칸이 우리와 같은 종족이란 사실을 알았다. 우리는 엉덩이에 푸른 반점(spot)을 갖고 태어났다. 우리 몸속엔 칭기즈칸의 피가 흐른다.

8백년의 시공을 넘어 채찍을 내리치고 모래먼지를 일으키며 쾌속·질주하며 대지를 울리는 요란한 말발굽소리, 이곳 한반도 쪽으로 틀어 휘몰아치는 디지털 칭기즈칸 굉음(轟音)이 들려온다.

저 아득한 13C(1203년의 카라 칼지트에서 제르 캅찰을 오가는 늑대사냥)의 몽골초원으로부터 21C를 살아가는 이곳 한반도에까지 핏줄에서 핏줄로 가슴에서 가슴으로 전류처럼 흐르는 감전의 길이었다.

칭기즈칸 굉음에 놀란 태극전사들이 2002 월드컵 경기에서 '하늘이 열리고 땅을 울린 大사건'이 세 번(월드컵 16강·8강·4강전) 씩이나 있었다. 그 중에서도 월드컵 8강전(대한민국과 스페인전)이 필자의 머리를 스칠 땐 세상을 격변시키는 그 어떤 무서운 힘에 대해 말을 하고 싶어진다. 월드컵 8강전에서 장엄한 공연을 펼쳐낸 '700만 대군(大軍)의 거리 응원전'을 우리는 세계인과 함께 목도한 바가 있다. 불원한 장래 2020/2030년경 나타날 大폭발의 전조(前兆)·조짐(兆朕)들은 현실 정치, 특히 우리 헌정사에 그 유례를 찾아볼 수 없는 여야(與野)가 묵인을 하고, '700만 대군이 광장에 운집한 응원 군중' 앞에 8000만 중국공산당과 김정일이 압도되어 겁을 집어먹고 주눅이든 마당에도, 우리 지도층의 좌우 진영이 합작(左右陣營合作)을 해서 1987년 헌정체제로 붙잡아 놓고 있을 뿐이다. 우리의 자랑 'G'세대 '쾌속질주세대'의 숨고르기가 끝이 나고 가속도가 붙어 탄력만 받으면 한반도와 만주-연해주-시베리아를 아울러내 "大한국인 동북아시대" 는 물론 인류 역사상 두 번째의 신대륙(The New Continent)이 될 '우주시대'까지 열어내고야 말 것이다. Wake up Korean! 大-한국인이여 일어나라!

[09]

칭기즈칸 굉음(轟音)이 들려온다(2).

<칭기즈칸은 휴전기간 7년 동안 국가 개·변조공작에 진력했다>

[75살 현증록]-(8)다. 때는 1189년 칭기즈칸 추종자들이 달란 발조트(Dalan Baljonte)의 안다 자모카(Anda Chamuka)진영의 소떼를 습격했을 때, 자모카의 동생이 뜻하지 않게 살해가 됐다. 이 사건으로 발생한 '달란 발조트 전쟁'을 끝냈을 때엔 몽골의 부족사이에는 실력이 엇비슷한 무력집단 셋이 존재하게 됐었다. ① 칭기즈칸이고 나머지는 ② 안다 자모카와 ③ 타이치오트(Taidjuts)계 귀족들 중 대표자는 탈구타이(Targoutai)였다.

미묘한 시기에 기독교의 이단분파 '네스토리우스(Nestorius)교도'였던 케레이트(Karaits)부족지도자 토오릴 옹칸(Toghul Ung Khan)(칭기즈칸의 아버지 '예수게이(Yesukai)'가 살았을 때 권력을 상실할 위기에서 구해 준 부족장)은 칭기즈칸의 대부임을 자처하며, 그(칭기즈칸)에게 도전하는 자들은 죽음만이 기다린다는 의미 있는 경고성 메시지를 각 진영에 보냈다. 그 이듬해 칭기즈칸이 28세가 됐을 때 거짓말처럼 세력의 판도가 서로 물고 물려 누구도 선제공격을 할 수 없는 팽팽한 대립각을 세웠다. 몽골고원엔 7년여 평화가 이어졌다. 칭기즈칸의 추종자들은 몽골에 평화를 몰고 온 사람이 칭기즈칸이란 사실을 全몽골 부족민들과 실크로드(Silk Road)를 오가는 대상(Caravan)들에게 알리는 한편 미래의 영웅이 나타났다는 계산된 언동(심리전)을 이때로부터 스스럼없이 흘리기 시작했다.

필잔 칭기즈칸이 東몽골에서 오합지졸의 부족민을 이 7년의 침묵기간에 ① 개국차원의 사회 개·변조 ② 경제 ③ 정보 ④ 통신 ⑤ 병기·군장 ⑥ 병참 분야의 시스템개발(system development)에 총력을 기우렸던 걸로 추정했다. 그는 진쟁·징치진문가로서의 자질뿐만 아니라 경제·행정 전문가로서의 자질도 풍부했다는 점이다. 이전까지 유목생활(nomadic life)의 본질은 타민족에게 또한 자신들의 부족들 간에도 수가 틀리면 약탈과 침략을 일삼고 살았다.

(1). 칭기즈칸은 사회 개·변조공작으로 ①가정·사회·병영의 위계질서 회복으로부터 시작했다. ②예속민·정복민 처우문제, ③분배문제, ④기회균등의 문제, 성과급제도의 도입을 통해 몽골고원에 분산됐었던 힘을 하나로 묶는데 진력했다. 한 예로 모래알 같았던 부족민을 단단한 바위로 만든 것은 '전쟁 중 전리품(booty)에 손을 대는 병사는 즉결 처분한다.'는 거였다. 유목사회의 관행을

뒤집는 일이다. '칭기즈칸의 〈전리품〉 처리'가 이래서 중요하다. 당시 유목사회의 관행은 전리품은 먼저 취득한 병사의 몫(먼저 본 사람)이 임자였으나, 이때부터 전리품은 후방부대(troops in the rear)에 맡기고, 적을 끝까지 추격·섬멸케 해 후한을 없앴다. 그리고 조직의 기여도에 따라 분배를 하는 성과급제도와 순직한 전사자에겐 3대가 먹고 살 수 있는 재물을 내린 건 '비천하고 배고픈 전사'에겐 과히 천지개벽(the Creation of Heaven &E arth)이란 말과 함께, 그때로부터 전선에 투입된 전사들은 죽음을 무릅쓴 전선구축과 흩어진 부족민·예속민·정복민들을 불러 모으는 단초가 됐다. ⑤신질서의 상징·칭기즈칸의 전투전문가 집단 '너커르' ⑥수직마인드 사회의 위를 보는 '자리'가 아닌, 옆을 보는 수평마인드 경쟁사회-부패를 모르는 개방사회·다민족 다문화사회(multiracial & cultural society)를 추구했던 게다. ⑦ 〈대자사크 36조〉의 준수는 바로 대몽골제국의 체제유지 그 자체였다. 그리고 국가의 안정이 더 이상 몽골사람들만의 문제가 아니라 예속민·정복민의 문제와도 직결된다는 점을 읽었으며, 〈대자사크〉가 일반인들의 삶이나 사회 안정에 관한 사항들을 많이 담고 있었다는 점도 칭기즈칸이 한 집단의 관리자로서 얼마나 뛰어난 자질을 갖추었나를 잘 말해 준다. 바로 이런 점 때문에 몽골부족은 자기들보다 수백 배나 덩치가 큰 세력을 150여 년에 걸쳐 지배할 수 있었다. ⑧유목민식 공부법. 오늘날 미국의 하버드나, 웨스트포인트를 결합시킨 것과 스위스 IMD와 흡사한 '케식텐 아카데미'가 칭기즈칸학교였다. 이 케식텐이 탄생할 수 있었던 것은 모든 부족민을 종래의 씨족이란 굴레에서 벗어나게 한 千戶제 덕분이었다. 千戶제는 종래의 종신 고용형 부족국가를 일종의 계약형 국가로 바꾼 걸로 경제·외교·안보·군사·사회·행정의 시스템원리다. 칭기즈칸은 구시대·구질서의 근간이었던 정착마인드 씨족제의 해체가 필요했다. 여기서 칭기즈칸이 창안해 낸 게 10진법을 기본단위로 하는 십호-백호-천호-만호제로 대체된 국가의 군사-행정시스템이었다.

千戶제 도입 후 엄밀히 말하면 씨족사회(a clan society)가 사라지면서, 사회 안정(치안확보)과 함께 유목 생산성을 극대화시킬 수 있는 아일식 유목을 할 수 있게 됐다. 아일식 유목이란 2-3가구가 한 무리를 지어 광활한 초지를 관리 유목하는 방식이다. 종전의 쿠리엔式유목은 부족전체가 집단으로 이동을 하는 유목방식이다. 이 방식의 유목은 집단적으로 이동하기에 사용할 초지가 한정돼 있었고 또한 초지가 쉽게 황폐화 되는 단점이 있었다.

필자가 글머리에 칭기즈칸의 대부 "네스토리우스(Nestorius)교도인 케레이트(Karaits)부족의 지도자 토오릴 옹칸(Toghul Ung Khan)"의 기독교 분파 부분? 은 이러·이리했을 것으로 사료가 된다.

❖ 필잔 800년 전, 칭기즈칸의 케식텐 연구소를 살피건 데, 그는 이 7년 휴전동안 대상(caravan)들을 앞세워 개혁공작을 벌였다. 필잔 칭기즈칸은 사회안전망 구축에 남다른 탁견을 갖고 사회 안정에 골몰한 걸로 보아 사회계약의 금과옥조(대자사크 36조와 빌리크 30가지)의 준수는 대몽골제국 체제 유지 그 자체로 보고서, 칭기즈칸은 '신구약성경 66권'을 '곤'백번 탐독했을 걸로 추정해야 당시 개혁공작을 이해할 수 있다. 유목민에겐 교회나 수도원이 없었기에 방랑하는 수사들의 역할이 중요했다. 이 수사들은 겔 교회에서 예배를 인도하면서, 신학사상이나 엄격한

신앙보단 성경말씀을 유연하게 해석하면서 일반적 의료사업을 병행했으며. 유목민들은 신약성경의 병자를 고치고 죽음을 이겨낸 '신유의 은사' 부분에 강한 매력을 느꼈다고 전해진다. 또 그들은 죽음에서 승리를 거둔 유일한 부활 예수가 중요했고, 또한 '영험한 샤먼'이라 여겼으며, '십자가 신앙'은 천지사방의 상징으로서 신성하다는 생각을 했을 게다. 초원을 찾아 이동하며 살아가는 유목민들은 목축을 하는 사람들이었기에 구약성경에 나오는 헤브론 부족들의 목축 관습이나 믿음 부분에서도 쉽게 접근할 수 있었고, 어쩌면 채식을 하는 불교도와는 달리 기독교신자는 자신들과 마찬가지로 고기를 먹는다는 점, 또한 먹고 마시는 데 절제하는 무슬림과는 다르게 알코올을 마시는 게 허용됐다는 점도 주효했다고 필잔 보았다. 그리고 필잔 칭기즈칸이 성경 속의 하나님이 사랑한 다윗을 닮으려고 무진장 노력했다는 걸 몽골비사에서 찾아봤다.

칭기즈칸이 세계의 정복지를 향해 역사 속으로 옮겨가는 부족들 간의 통합과정에서 그는 자신의 승리를 건설적으로 이용함으로써 처음부터 탁월한 사고력(思考力)을 보여주었던 것이다. 그는 침략을 당한 예속민(隷屬民)들의 고뇌를 헤아려 자신의 백성으로 맞아주었고 그러한 리더십(leadership)때문에 예속민이 아닌 새로운 사회(다문화가정/New Bland 1등 大韓國人/삼성, 현대의 현지 종업원)에서의 신분취득을 자랑스럽게 여겼기에 조직적인 세력들로 유목사회를 통합해 나갔다. 정복당한 예속민이 이전보다도 향상된 생활이 뒤따를 것이란 확고한 희망(상공업 발전을 유도)까지 심어주면서 푸른 군대의 핵심인 신바람(기마)군단 10만을 현지 조달 형식으로 20만·30만·50만이란 대군을 고무줄처럼 늘였다·줄였다 할 수 있는 호환성(compatibility)이란 표준화의 방도까지 찾아냈다.

(2). 유목민(nomads)의 정보 존중 전통은 오늘날에도 그대로 이

어지고 있다. 그 대표적인 예가 몽골인들이 외지인을 만날 때 건네는 '무슨 새로운 소식 없느냐?'란 뜻의 '소닝 새항 요 벤?'이란 인사말이다. 전쟁이 끊이지 않았던 칭기즈칸 시대에 정보의 수집과 분석이 곧 생존권과 직결됐다는 건 주지의 사실이다. 칭기즈칸의 푸른 군대는 충분하고 다양한 정보가 입수되기 전엔 출정하지 않았다. 몽골군은 상인·정보원·알긴친(본대보다 먼저 출발하는 전위부대, Algincin) 등, 다양한 경로를 통해 정보를 입수했다. 칭기즈칸의 주된 정보원은 중앙아시아와 중원을 오가며 무역에 종사하는 대상(隊商)들이었다. 그들은 칭기즈칸의 몽골고원 통일 과정에서 크나 큰 역할을 했지만 정복전쟁에서도 혁혁한 공을 세웠다. 그들은 모르는 길이 없었다. 차마 고도를 통한 중국으로 들어가는 험산-험로까지도 꿰고 있었고, 교양과 계산이 빨랐기에 상황파악이 잘됐고 무역을 하는 지역의 경제 및 사회 안전망 그리고 정치적 상황에 정통했다. 몽골제국이 존속하는 내내 칸들은 생사가 걸린 사막 길을 오가는 대상들을 보호했고, 그들의 무역로에 항상 안전을 보장해 주었다. 그 대가로 상인들은 칸을 지원했고, 다양한 종류의 정보를 제공해 주었다. 1208년 대상 출신으로 칭기즈칸의 너커르가 된 '자파르 코자(zaparh kozah)'는 금나라 조정에 사신으로 파견됐다. 그는 조정 내 황족·대신들 간의 갈등, 병권을 제대로 장악하지 못하고 우물쭈물하는 황제의 우유부단(irresolution) 등 동정과 구체적인 도면이 첨부된 보고서를 몽골 측에 넘겼다. 1211년 칭기즈칸은 그 야사: Yasa(적진의 정보 분석페이퍼)를 토대로 금나라에 엄청난 규모의 전쟁배상금을 물릴 수 있었다. 천혜의 요새란 거용관을 돌파할 때도 지리적 여건을 꿰고 있었던 대상들과 장인(기술자)들의 사전답사를 통해 공격 루트를 찾아냈기에 오늘의 북경을 넘어 중원을 차지할 수 있었다. 1219년 콰레즘戰에서 대상들은 때론 첩자로 때론 장사꾼으로 실크로드의 여러 도시를 다니며 정보를 수집했다. 기상(氣象) 조건·병력 규모·지휘통제력·軍사기·軍기강·정착인구 및 유동인구·성벽의 특징·재질·비밀통로·무기종류 등을 치밀하게 조사를 해냈다. 칭기즈칸에게 정보를 제공한 또 다른 그룹은 포로 출신인 장인·기술자들이었다. 칭기즈칸은 어떤 기술을 가지고 있던 기술자라면 무조건 살려주고 적재적소에 활용했다. 칭기즈칸은 전쟁이 없거나 한가할 때는 장인(Artisan)들을 하나하나 불러다 그들의 이야기를 들었다. 그들은 각자가 가지고 있는 기술과 정보를 칭기즈칸에게 말했다. 칭기즈칸은 그들을 통해 바깥세상의 문화와 문명을 정확하고 자세하게 알게 됐다. 장인과 기술자는 의사·무기제조·건축·토목·세공·도공·직조공·가수 등 다양했다. 그 중 정보전에 투입된 사람은 주로 건축가와 무기제조기술 보유자들이었다. 그들은 대상(Caravan)들 틈에 끼어 공격대상이 된 성에 잠입, 성벽의 취약한 부분들을 찾아내고 적군의 주요 무기 현황을 알아내 공격 전법을 제시해 주기도 했다. 칭기즈칸이 정보전과 더불어 중요시한 건 심리·외교전이었다. 심리·외교전에도 주로 대상들이 동원됐다. 대상들은 실크로드를 타고 고원 곳곳에 떠돌아다니는 피 같은 존재였다. 칭기즈칸은 그 대상들을 우대하고 조종함으로써 그들이 가는 곳마다 장차 세계를 지배할 영웅이 칭기즈칸이란 소문을 흘리게 하였다. 대상들은 기술을 가진 장인들은 죽을죄를 지어도 살려준다는 대상들의 선전에 넘어가 이후 항복을 주도하는 세력이 되었다. 콰레즘(Kharesm)제국이 전투다운 전투 한 번 해보지 못하고 허무하게 무너진 이면엔 그러한 이중적이고 교묘한 심리전이 그 사회 저변의 곳곳에 깔려 있었다.

(3). 대몽골제국이 서양문명에 강한 충격을 준 원인은 아주 많다. 그 중에 중요한 건 획기적인 시스템 개발이다. 수직정착문명에 사는 사람들의 상상력을 일거에 제압하는 '역참제(驛站制)'야말로 살아있는 증거라고 할 수 있다. 몽골제국 대칸(Kha Khan)의 사신이 칸발리크(khan balrik)를 떠나 도로로 40km정도 전진하면 역로(驛路)의 종점에 도착한다. 그 역로의 종점을 '잠'이라 한다. '잠'은 역참(驛站)이란 뜻으로 여관이 있어 대칸의 사신이 숙박할 때 제공된다. 명주 깔개를 편 침대가 비치돼 있고 필요한 갖가지 물건들이 제공된다. 이 역참엔 또 대칸의 명에 따라 300-400마리 정도의 말이 사육되고 있어 대칸이 어디든 사신을 파견하려 할 때 그 사신들이 타고 가기에 부족함이 없도록 준비돼 있다. 각 지방으로 통하는 주요 도로엔 40-50km마다 이런 역참이 배치돼 있다. 이러한 시설은 대칸의 정령(政令)이 행해지고 있는 모든 지방, 모든 왕국을 통틀어 정비돼 있다. 또 사신이 민가도 여관도 없는 산간 황야를 갈 때에도 미리 그 땅에 역참을 설치해 숙박시설과 마필, 마구에 이르기까지 모든 물건을 갖추어 놓고 있으므로 그야말로 다른 역참들과 다를 바가 없다. 단지 이 경우 역참과 역참의 거리만은 보통보다 길어져 때로는 35-65

km 이상에 이르기도 한다. 대칸은 또 주민을 그곳에 옮겨 농사를 지으며 살도록 하여 역참 근무에 복무시키고 있으므로 주변엔 촌락이 제법 형성되어 있다. 또 역참간의 5km마다 40호 정도의 마을이 있어 그 곳에 대칸 앞으로 보내는 통신 문서를 전달하는 파발이 살고 있다. 파발(express messenger)은 폭이 넓은 띠를 메고, 띠 둘레에 많은 방울을 달아매고 있다. 따라서 이 파발들이 도로를 달려오면 먼데서도 그 방울소리를 들을 수 있다. 그들은 계속 질주하는데, 요컨대 5km만 달리면, 5km 앞에는 다른 파발이 준비하고 기다린다. 방울을 울리며 달려오는 파발의 도착과 함께 전령가방을 받아 쥐면, 그 또한 5km를 달리면 앞의 역참에서 행해진 것과 같은 인수인계가 이뤄진다. 이 같은 방법으로 10일 걸리는 각기 지방의 보고(report)라도 대칸에게 하루만이면 전달이 가능하다. 실제로 이들 파발은 10일이 걸리는 곳에서 생산되는 싱싱한 과일을 하루 만에 대칸에게 전달이 된다는 의미다. 몽골 인들의 정보관리 능력과 노하우는 제국의 범위가 넓어지면서 더욱 발전했다. 오늘날에도 중앙정부가 자국의 영토 안에서 일어나는 모든 사건을 파악하고 대처하기란 매우 어렵다. 천재지변이나 군사적 반란을 생각해 보아라. 당시 역참제도는 대몽골제국(Eke Mongol Ulus)의 핏줄처럼 경제를 활성화시키고 정보를 빨아들이는 역할을 했다. 그들은 릴레이식으로 저 흑해에서 카라코룸(Karakorum)까지 밤낮을 가리지 않고 달렸다. 역참 덕분에 몽골의 카라코롬을 떠난 신바람(기마)군단이 러시아를 공격하는데 걸린 시간은 두 달에 불과했다. 역참 망을 달린 것은 병사만이 아니다. 물자를 달리게 하는 물류수송로 기능도 했다.

(4). 푸른 군대의 경쟁력은 기동성에 있었다. 기동력은 항상 최고로 가벼운 '병장(兵仗)과 병기(兵器)'를 요구한다. 몽골처럼 적은 병력으로 대병력을 격파하는 지름길은 기동성을 극대화시키는 것이었다. 칭기즈칸 그는 속도를 장악하는 쪽이 세계를 제패한다는 사실을 깨닫고서 입증시켰다. 당시 유럽 기사단의 군장 무게는 70kg에 육박했다. 몽골군의 군장은 그와는 비교가 되지 않을 절반 정도였다. 몽골군의 갑옷은 화살이 파고들지 않도록 쇠가죽을 몇 겹 눌러 합친 '쿠데수투 코야크(kudehsutu-koyhakh)'라 불리는 것이 주류를 이뤘다. 접전 시엔 쇠 그물로 엮어 만든 '카탕고델(katdangkodel)'이란 아주 가벼운 갑옷도 사용했다. 몽골군은 세계 최초의 로켓포(rocket)砲인 비화창(飛火槍)을 사용했다. 이 비화창의 사용은 전세를 뒤집는 일에 결정적인 역할을 했었던 것은 분명하다. 다음으로 무기는 칼과 활, 쇠몽둥이가 전부였다. 말안장은 나무로 만들어 무게를 줄였다. 그리고 기마병이 말을 탄 상태에서 일어나 몸을 뒤로 돌리고 활을 쏠 수 있도록 안장과 발걸이를 잇는 끈을 특수 제작했다. 또 푸른 군대는 고탈(군화)의 코를 우리의 버선처럼 치켜세워 그것으로 발걸이를 자유자재로 이용했다. 그들은 이 신발을 사용해 말의 밑이나 옆에 몸을 숨김으로써 적의 칼이나 화살을 이리저리-요리조리 피할 수 있었다. 고탈 덕분에 말에서 내리지 않고 계속 달릴 수 있었던 것이다. 몽골 병사들이 신출귀몰한 마술을 부리면서 말의 뱃바닥에 붙기도 하고, 요리조리·이리저리 몸을 돌리면서 화살을 쏘고, 또 적의 칼

을 피할 수 있었던 것은 신발과 발걸이에 그 비밀이 있었다. 몽골군은 낙타처럼 뛰는 주법을 가진 말들을 전투에 활용했다. 보통의 말들은 앞의 두 다리가 뛰고 이어 뒤의 두 다리가 뛰는 방식으로 달린다. 그러나 몽골 군대의 전투 마들은 오른쪽 두 다리가 뛰고 이어 왼쪽 두 다리가 뛰는 방식으로 달렸다. 전후가 아니라 좌우 주법인 것이다. 이런 주법을 가진 말들을 '조로모리(Juromori)'라고 불렀다. 조로모리에 사용된 말들을 말머리가 낮고 몸집이 작은 경량馬였다. 말 위에서 활을 쏘기 위해선 어떤 말보다도 경량마가 제격이었다. 유럽 말처럼 몸집이 큰 중량 마를 탄 페르시아나 유럽군들은 말의 속도에 신경을 쓰느라 말 위에서는 거의 아무것도 할 수 없었다. 그러나 조로모리는 그 부자연스러운 주법 때문에 쉽게 지치는 단점(fault)이 있었다. 그래서 몽골군은 4-6마리 말들을 함께 끌고 다녔다. 몽골군은 말이 피로한 기미만 보이면, 바로 다른 말로 교체(change)했다. 덕분에 몽골군은 하루 300-400km를 행군하는 엄청난 속도를 낼 수 있었다. 이렇게 기동성의 우위를 확보한 푸른 군대가 적과 육박전을 벌일 때 가장 많이 사용한 무기는 활-쇠몽둥이-칼의 순서였다. 쇠몽둥이는 적의 뒤통수를 가격하는 데 쓰였다. 특히, 갑옷을 입은 적군을 공격하는 데 효율적이었다. 적의 뒤통수를 가격하는 기술은 조로모리를 탄 유목병사만이 가능했다. 몽골군의 활은 시위-살대-깃-오늬 등의 부분에 특수한 나무줄기, 새의 깃털, 짐승의 뿔과 힘줄 등을 다양하게 사용해 만들어서 정확도와 살상력이 높았다. 당시로서는 신소재(new material)였던 셈이다. 몽골군은 화살의 비거리를 크게 늘렸다. 작전 신호용 화살은 최고 200m까지 날아가도록 만들었다. 화살촉도 근접 전투용, 원거리 살상용, 신호용 등으로 용도를 구분해 만들었다. 그래서 전투 병사들은 보통 세 종류의 화살을 들고 다녔다. 그리고 푸른 군대는 종래의 일자(一字)식 칼을 버리고 이슬람에서 수입한 반달형 날이 휘어진 칼을 사용했다. 날이 휘어 있으면 일단 치고 나서 베는 효과를 거둘 수 있었다. 반달형으로 휘어진 칼은 또 적을 찌르거나 베지 않고 슬쩍 긋고만 지나가도 큰 상처를 입혔다.

(5). 푸른 군대는 오늘날 군대를 빰치는 '병참시스템(impedimenta system)'을 자랑했다. 상상을 뛰어넘는 푸른 군대의 기동성은 탁월한 군수 보급(補給)과 병참(兵站)시스템 덕분에 가능했다. 몽골군은 보급이 끊긴 상황에서도 2개월을 버틸 수 있는 전투 식량을 휴대하고 다녔다. 이 전투 식량이 고기를 말려 찧은 '보르츠(Boretsu)'다. 오늘날의 육포(肉脯,jerked beef)에 해당된다. 보르츠는 말안장 밑에 넣고 다녀도 무게를 크게 느끼지 못할 정도로 가벼웠다. 보르츠는 주로 소의 방광에 넣는데, 방광 속에는 잘 건조된 소 한 마리분의 건육이 들어간다. 방광에 넣은 보르츠는 보존기간이 길어 몽골 병사 한 명이 보르츠 한 자루면 1년 반은 버틸 수 있었다. 휴대품으로는 보르츠외에 버터, 미숫가루(powder of roast grain) 정도였다. 살아있는 소와 양 등의 가축을 이용해 무기를 실어 나르고, 그 가축을 식량으로 사용함으로써 두 가지 보급문제를 동시에 해결했다. 가축을 모는 일은 여성이나 목동 같은 비전투 요원들이 맡았다. 더 중요한 군수 물자는 적으로부터 조

달했다. 특히 식량 부분이 그랬다. 병사가 출정할 때 최소한의 식량만 가지고 떠나면 되고 결과적으로 행군의 부담을 줄일 수 있었다. 칭기스칸 군대가 콰레즘을 공격할 때 부유한 성을 목표로 삼았던 이유도 함락 후 그 성에서 식량(rations)을 보급 받으려는 전략 때문이었다. 1196년 칭기즈칸은 7년간의 출정준비를 끝냈을 때, 금나라의 군대가 타타르족의 '메구진(Maekhujin)'을 응징하기 위해 올자하 계곡을 향해 출발했다는 급보를 입수했다. 드디어 칭기즈칸은 아버지 '예수게이(Yesukai)'를 죽인 타타르족을 응징할 기회를 포착한 것이다. 그리고 그는 자신의 아내 '버르테 피젠(Bourtai Fidjen)'를 되찾기 위해 메르키트(Merkits)족과의 전쟁 후 자모카(Chamuka)의 세력에서 뛰쳐나온 키야트(Kyuyati)계의 야심찬 귀족들과 연합정권을 탄생시킬 때 '푸른 호수'에서 맺은 약속을 주르킨(Jhulukin)씨족장 '세체 비키(Scheche Beg)'와 타이초(Thaicho)가 약속 파기만 하면, 그들을 멸할 것을 결심을 했다. 그리고 토오릴(옹칸)(Toghul Ung Khan)에게 통고했다. 주르킨 씨족의 세체 비키에게도 통고하였다. 칭기즈칸의 소식을 전해들은 토오릴(옹칸)은 3일 만에 병력을 이끌고 약속장소에 도착했다. 세체 비키는 6일이나 기다렸으나 오지 않았다. 서약을 위반한 세체비키를 토오릴(옹칸)과 자신의 수하전사들까지 지켜보는 앞에서 성토를 함으로써 충분한 명분축적이 된 뒤, 올자하 계곡을 향했다. 타타르족과의 전쟁에서 대승을 거두어 아버지 '예수게이(Yesukai)'의 원수도 갚고 수많은 재물까지 획득하였다. 칭기즈칸은 대승을 거두고 돌아오자 곧 주르킨 씨족의 세체 비키와 타이초를 생포해 대초원에 던져버려 독수리의 밥이 되게 했다. 또 한편 40년 전 1156년 케레이트 부족장 토오릴(옹칸)의 형제 중 '이난차 빌게'는 원한을 품고 자신의 부족을 떠난 후 나이만 군의 우두머리가 됐다. 토오릴(옹칸)이 칭기즈칸과 함께 타타르(Tatars)전쟁에 출전한 틈을 이용하여 케레이트(Karaits)부족에게 기습공격을 단행해 쑥대밭을 만든바가 있다. 3년이 지난 1199년 나이만의 부족장이 갑자기 죽자 형제간의 권력투쟁으로 번졌다.

이번에는 위기의식을 느낀 토오릴(옹칸)이 자모카와 칭기즈칸에게 연합군을 형성케 하여 나이만(Naimans) 침공에 합류시켰다. 그런데 문제는 회군과정에서 토오릴(옹칸)과 안다 자모카가 연합해 위협적 존재가 된 칭기즈칸을 사지로 몰아넣고 자신들은 쏙 빠지려한 것이, 오히려 자신들이 올가미에 걸려들어 몰락을 자초하고 만다. 결과적으로 칭기즈칸을 배반한 토오릴 옹칸과 그의 외아들 생굼(Seng Guem)까지 처참한 최후를 맞게 된다. 징기스칸의 마지막 경쟁자가 남아 있었다. 바로 자모카였다. 이 자모카의 추종자들은 칭기즈칸의 추종자들처럼 충성적이지를 못했고, 당시 자모카도 충성심을 불러일으킬 만한 감동이나 행동을 보여주지 못했다. 남아 있던 최고위직 측근 참모 5명의 추종자들이 자모카(김정일-김정은)를 잡아 칭기즈칸에게 넘겼다. 자모카는 마지막으로 칭기스칸을 선택한 몽골의 푸른 하늘을 찬양했다. 칭기즈칸은 자모카의 죽음을 확인 한 후 그의 장례를 치러주었다.

드디어 13세기가 열리자 몽골의 칭기즈칸이 지구촌을 하나의 질서 아래로 유인하여 다민족공동체를 이룩한 경제전쟁을 앞두고서, '버르테 치노(Bourtai Chino)'와 '코아 마랄(Kho Ah-Maral)'이 북쪽에 있는 바이칼 호(Lake Baikal)를 건너와 야생동물이 많이 살고 있었던 황금씨족의 발원지 보르칸 칼돈 산에서 세력을 규합해, 1203년 '카라 칼지트'에 모여 봄부터 겨울까지 한 해 내내 케룰렌(Kerulon)강 상류에 위치한 '제르 캅찰'을 오가며 늑대사냥(최종점검 & 출정식)을 벌렸었다.

1204-1205년 2년에 걸쳐 각기 '나이만(Naimans)'과 '서하'를 상대로 새로운 통치시스템을 시험가동 해본 결과 문제점이 없음을 확인했다.

7년의 각고 끝에 영험했던 칭기즈칸 자신이 개발한 각 분야의 시스템이 그 자신도 놀랄 만큼의 경쟁력을 지니고 있었음을 확인했다. 1206년 봄, 성(聖) 스러운 '오논(Onon)강'의 발원지에서 '코릴타(제국의회, kurultai)'가 소집이 되었다. 아버지 예수게이(Yesukai)가 타타르(Tatars)의 적장 테무진 우게를 잡아왔을 때 태어났다고 하여 지어준 '테무진(Temujin)'이란을 이름을, 비로소 이때 떼어내고 '칭기즈칸(Chingkiz Khan)'이란 칭호와 함께 몽골고원의 완전한 주인이 되었다. 시베리아 타이가(Siberia Tiger)지역에서 고비알타이까지, 투르키스탄(Trukistan)의 문턱에서 동쪽 만주벌판까지, 남북으로 1500km, 동서로 3000km에 이르는 광대한 땅덩이에서 원수는 사라졌고, 전사들은 오직 하나의 깃발 아래로 뭉쳤다. 몽골고원은 통일(統一)되었다. 칭기즈칸은 포효(咆哮)했다. 칭기즈칸은 세계경영(世界經營)을 향해 고원의 바깥으로 눈을 돌렸다. '해가 뜨는 곳에서 해가 지는 곳까지 그들의 땅'이라 외쳤다. 기마군단 10만 전사(戰士)들은 말위에 올라탔다. 그들은 세상의 끝까지 '쾌속질주(快速疾走)'를 시작했다. '칸(Khan)의 땅'이란 그의 말은 20년 만에 증명됐다. 21C를 살고 있는 우리는 영험했던 칭기즈칸 그의 힘이 얼마나 강했던지 그가 죽은 후에도 지배력이 150여 년에 이르렀다. 글로벌 'G-20'세대 그대들이여! 칭기즈칸의 경제·정치·사회·정보·행정전반의 시스템방식(system model)을 상상 좀 해 보아라! 사후 150여 년 간의 지배 그리고 육신을 잃고 난 이후의 지배, 그것은 그가 전쟁을 하면서 싸움 말고도 다른 무엇인가를 준비해서 생산하여 남겼다는 것을 의미한다. 사회 구조가 아니면 지배체제라든지, 아니면 '케식텐'의 지도 원리와 같은 그 어떤 제도적 시스템을 완비해 두었음을 의미하는 것일 수가 있다.

[10]

칭기즈칸 굉음(轟音)이 들려온다(3).

<칭기즈칸은 케식텐 아카데미에서 1000명 호위무사를 배출했다>

[75살 현증록]-(9), 필잔 칭기즈칸이 '피'냄새를 맡으며 체득한 그 역사적 진실을 바탕으로 몽골 통일과 세계정복 이야기를 하려고 한다.

800년의 시공을 넘어 채찍을 내리치고 모래먼지를 일으키며 쾌속으로 질주하며 대지를 울리는 요란한 말발굽소리, 이곳 한반도 쪽으로 틀어서 휘몰아치는 "디지털 칭기즈칸 굉음"이 들려온다.

칭기즈칸은 1203년 '카라칼지트'에 모여 봄부터 가을까지 케룰렌 江 상류에 위치한 '제르 캅찰'을 오고가며 전쟁연습(시뮬레이션)을 했었다.

칭기즈칸이 맨 먼저 착수한 게 '제베'와 '슈베에테이'를 시켜 집도 절도 없이 중국 산둥성과 몽골초원을 떠돌던 고아들만 모아 <살육군단과 저승사자군단>을 두 사람에게 조직하게 했다. 중국인들에 대해 철천지원수의 악감을 품게 한 고아(오늘날의 중국과 동남아를, 세계 도처를 떠돌아다니는 우리의 北韓탈북자와 조선족)들에게 '피' 냄새를 뿌려 <천하제일의 요새 만리장성>을 뛰어넘게 한 것이 케식텐 아카데미 설립 20년만에 <중국 금고(金庫)>를 몽골 칸발리크로 통째로 옮겨 갔던 것이다.

칭기즈칸이 통일의 기폭제로 삼은 건, "순전히 중국인이 몽골인 씨를 말리는<정자감소(精子減少)>정책 때문이었다."고 필잔 보았었다.

이러했기에 칭기즈칸은 "중국의 씨 말리기 정책"에 통분해 중원을 넘는 대의명분으로 삼아 '오사보(烏沙堡)와 천혜의 요새 '거용관(居庸關)'을 헌 새끼줄 자르듯 월담해 들어가, 중국최고사령관 완안승유"를 조롱하며, 금병매 연애소설을 유행시키고 독주 고량주로 즐기게 했다.

지금 우리의 북한 핵(核) 위기도 중국이 인도를 견세할 목적으로 파키스탄에 핵(核)기술을 이전해주고 북한이 파키스탄에서 그 기술을 이전받은 것처럼 위장하고 북한核을 중국은 항상 모른다고 잡아 땐다.

필잔 중국인이 우리 역사에서 반만년 동안 우리 민족의 씨를 말리려는 <생식세포 차단 정책> 을 끝도 없이 전개했다고 주장을 했었다.
또 필잔 "중국이 '북한核'을 악용 민족말살을 꾀한다."는 걸 국민 모두가 똑바로 알려고 할 때 '통일의 물꼬가 터진다.'고 보는 사람이다.

그래서 필자가 말끝마다 사용하는 '종자 돈'이란 종자(種子)는 '씨'다 칭기즈칸은 중화인들의 '씨(氣)'에서 세계(경영)정복전쟁을 설계했다. 그가 '초점'을 맞춘 것이, 바로 중국 곳간(穀間)이란 사실을 적시한다.

한편으로 칭기즈칸은 몽골고원 통일과 세계정복을 위해, 1196년 설립한 '케식텐 연구소(아카데미)'에서 7년 동안<다이내믹한 오케스트라 프로그램>을 기획하면서 다양한 유대상인(caravan)과의 1:1미팅을 통해 이스라엘 역사를 철저하게 그 자신의 것으로 소화하려 노력했다.

인류 역사는 신기술의 역사다. 특히 피눈물을 흘렸던 칭기즈칸의 신흥국 몽골 역시 생존을 위해선 정착문명국 '중화문명'과 '이슬람문명'이 가지지 못한 신무기와 신기술이 필요했다. 그리고 필잔 그가 '이론을 바탕에 깔고 있는 사상까지도 절대적으로 필요했다'고 짚어냈다.

필잔 칭기즈칸이 추구했던 기술패권주의 정수를 ① 미사일(飛火槍)개발 ② 정보기술개발 ③ 심리전술개발 ④ (기득권·씨족을 무너뜨리는)10진법을 기초로 십부장·오십부장·백부장·천부장제로 구성되는 국가조직 ⑤ 코릴타(國會)의 도입, ⑥ 새로운 사회계약의 금과옥조(대자사크 36조와 빌리크 30가지) 의 준수는 대몽골제국 체제 유지 그 자체로 보였다.

그래서 앞에서 6가지 대목들을 곰씹고 곰씹은 나머지 필자 어머니가 마지막 유언으로 남겼던 [정치언어]이다. 필자 어머니가 '성경을 매일 읽어라'는 말씀에서 칭기즈칸의 책자 '곤' 백번을 읽으면서 깨우쳤다.

필잔 8세기 전, 이미 칭기즈칸이 사회안전망구축에 남다른 탁견을 가지고 사회 안정에 골몰하는 것을 주목하면서 사회계약의 금과옥조가 성경 말씀 '신구약 성경 66권' 속에 들어 있다는 것을 깨달았다.

그러기에 칭기즈칸이 유대상인들과의 1:1 미팅을 하면서 성경에 달

통한 기반에서 국가 리엔지니어링에 착수한 걸로 판단이 됐다. 그 증거로 그의 막내아들 '톨로이'의 부인 '소르카크타니'가 독실한 기독교 성도였다. 그녀는 '멍케 칸'과 '쿠빌라이 칸'의 어머니였다.

이런 바탕에다 몽골 부족 간의 우익사상통합을 이루면서 몽골의 귀족자재들로 구성된 1000명 동량지재(crossbeam)그룹을 형성시켰다. 이 1000명 호위무사(bodyguard)들이 칭기즈칸 권력의 핵심을 이루었다.

이들 동량(crossbeam)전원을 '케식텐 아카데미(academy)'에서 <너커러(expert)>자격증(석·박사 학위)을 받게 했었다. 그리고 이들을 경제·외교·안보·국방·정치전문가를 전진 배치시켜 칭기즈칸 자신은 이들에 의지해 세계경영에 전념한 나머지 대몽골제국 건설에 성공했던 것이다.

필잔 그래서 경기고등과 미국 MIT의 이태섭 천재박사를 모델로 삼았다. 그리고 그를 뒷바라지하면서 1978년 6월부터 강남8학군 신천지 강남의 자제들을 위해 피 값(전쟁월급)으로 산 통학버스를 교회에 헌납, 3년간 발품을 팔았던 결과가 1970년대 胎生 1000명 호위무사다.

또 필잔 베트남전쟁에서 <한반도통일>을 위해 피 빨래 군복을 입고 "중국과 일본·러시아·미국. 이들 네 나라의 근현대사에 얽히고설킨 아키레스건(Achilles腱)을 '모조리' 다 훔쳐봤다고 해도 과장된 말이 아니다. 한편으로 1860년 9월 23일 중화인의 최대치욕 제2차 '아편전쟁'으로 서양인에게 베이징 함락과 동시에 '중국금고'는 물론 서태후의 '이화원' 보물창고까지 몽땅 털어 대영박물관과 루브르박물관으로 옮겨갔던 역사적 진실을, 필잔 50년 전 가슴에다 품고 귀국선에 올라탔다.

PART-II.

베트남파병과 조국근대화

(1) 베트남파병과 조국근대화 …… 92

(2) 베트남전쟁의 배경…… 102

(3) 베트남파병 32만 전우는 재평가돼야 한다!…… 112

(4) 32만전우의 목숨을 담보로 조성된 산업화 종자돈, 살아 생전에 되돌려 받아야 한다!…… 121

(5) 고엽제(枯葉除)와 전쟁공포증…… 131

(6) 국민영웅! 채명신 장군!…… 137

(7) 얼마나 그렸던가? 무궁화 꽃을 귀국선-1…… 155

(8) 얼마나 외쳤던가? 태극 깃발을 귀국선-2……162

[01]

베트남파병과 조국근대화

필자는 군 입대를 자원하고 자대배치가 된지 2년 후 1968년 1월 3일에야 강원도 화천군 간동면 오음리에서, 신병훈련 땐 없었던 정글 전에 대비한 유격훈련을 비롯해 25일간 전시훈련을 마칠 수 있었다.

오음리란 곳 훈련기간 내내 수은주가 영하 20도 아래로 내려가는 무섭게 추운 곳으로, 그래도 훈련병 낙오자는 없었던 모양이었다.

1968년 여명(黎明)은 밝았다.

프랑스의 장 폴 사르트르·68세대 혁명의 해 1968년 1월 4일의 여명이 밝았다. 밤사이 눈이 엄청나게 많이 내렸다. 길도 얼었다. 춘천역을 향해 방한복으로 껴입은 병사들은 펀치 볼 고갯길을 걸어서 넘었다. 군장을 싣고 앞서 떠났던 군용트럭이 고개아래서 기다리고 있었다.

필자는 눈 덮인 산하를 뒤돌아보며 눈물을 훔치며 박정희 대통령내외와 파독광부와 간호사가 울음을 터뜨렸던 장면이며, 여러분을 담보로 3000만 달러를 구걸하러 왔다는 장면이 주마등처럼 스쳐갔다.

춘천역 광장은 군악대와 함께 무운장도를 비는 환송인파로 가득했다.

자유통일 위해서 조국을 지키시다
조국의 이름으로 님 들은 뽑혔으니 그 이름 장하도다.
맹호(猛虎)부대 용사들아 가시는 곳
월남 땅 하늘은 멀더라도 한결같은 겨레마음 임의 뒤를 따르겠다.

환송인파 속엔 필잘 가장 아끼는 고모 '김분임'이 그 곳에 있었다.

필잔 그 고마운 마음을 가슴에 품고 울먹이며 열차에 몸을 실었다.

필자의 고모는 슬하에 자식이 없다.
필자의 고모는 내가 타고 갈 열차에 올라와
왜 사지를 찾아가느냐고
열차 간 바닥에 펴 대고 앉아서 목 놓아 울어주었다.

그리고 고쟁이 주머니에서 우리 돈을 여비에 쓰라고 손에 쥐어주었다.
언제나 고모는 필자가 필요로 하는 책들을 인사동과 청계천책방을 헤집고 다니며 귀한 책들로 뒷바라지한 어머니와 같은 어른이다.

필자의 전장열병은 대한민국 사랑이었다. 산업화종자돈!

필자가 탄 특별 급행열차의 창문은 가려진채 해질 무렵 부모형제가 필잘 믿고 잠드는 시각 출발한 군용열차는 밤새껏 달려서, 1968년 1월 5일(小寒 날) 동녘에서 해가 뜰 무렵 도착한 곳은 부산항 제3부두였다.

필자가 베트남 나트랑까지 14일간 타고갈 '2만5천 톤급의 타이거스호'를 접안시켜 놓은 제3부두에까지 열차를 밀어 넣고서, 1호 객차 앞쪽 출구 문 하나만 열고 차례차례 내려 헌병들이 양옆으로 도열한 30m전방의 배에 승선해 기거할 선실로 향하게 했다. 필자가 탄 객차는 6호차였다. 6호차에서 승선까지의 시간이 엄청나게 오랜 시간이 소요됐다.

춘천역을 출발 부산항 3부두까지의 여정에서도 헌병의 감시가 엄중했으나 부두에 깔린 헌병들의 태도나 숫자도 다소는 위협적으로 보였다.

베트남으로 떠날 병력이 승선이 완료된 후엔 타이거스 호를 부두에서 100m거리의 바다 가운데로 예인(曳引)하여 놓고 오후 3시에 박정희 대통령 내외분이 참석하는 환송행사를 한다는 안내 방송이 있었다.

필자는 4-6선실을 배정 받았다. 잠시 침상에서 하나님을 향한 묵상기도를 드렸다. 기도 중 베트남은 왜 전쟁을? 베트남과 관련된 나라들? 주변국가들에 대한 의문들이, 필자의 머릿속에 환영되기 시작했다.

필자가 군장 속에 준비해간 "칭기즈칸 이야기책, 러시아·미국·중국·프랑스·일본이야기"책들은 훈련 중 필자의 당고모가 보내준 책자들이다.

필자가 책들을 만져보고 '타이거스호 그랜드 레스토랑'에 갔다. 태어

나서 처음으로 어마어마하게 큰 배안에서 훌륭한 점심식사를 했다.

필자는 4-6선실 베드에 처음으로 누워서 일본의 후쿠자와 유키치가 쓴 대륙침탈론을 스타트로 2시간 정도 읽다가 잠이 들고 말았다. 잠에서 깨어보니 안내방송에서 제주남방 300마일 해상이라고 했다.

필자는 14일의 항해기간 중 4-6선실에서 자고 먹는 시간 외에는 타이거-스 호 갑판 위에 올라 갈매기와 벗 삼아, 후쿠자와 유키치(福澤諭吉)가 태평양을 건너 미국을 오가며 독서괴력을 발휘했던 것처럼, 특히 '일본근대사, 러시아사'에 대해, 그리고 칭기즈칸이야기 속 "자유무역지대와 백두산 생태복원 시장(장마당)경제학"을 집중적으로 탐독하였다.

인류역사는 '전쟁의 역사'다.

우린 수가 틀리면 주먹부터 나간다. 세상의 비밀 속엔 무엇인가에 맞서서 싸우기를 좋아한다. 사람들은 가난에 맞서, 불의에 맞서, 테러리즘에 맞서, 암에 맞서서 싸우지만, 사실 그러면 싸움만 더해질 뿐이다.

필자는 그런 베트남 전장에 자원한 병사로, 특히 전쟁 속에서도 등 따습고 배부른 삶, '먹고사는 문제'를 풀기 위한 전쟁경제를 몸소 체득하여 조국근대화의 초석을 다지기 위함이었다. 전쟁은 어떤 것인가란 물음에는 여러 가지 대답이 나올 수 있다. '전쟁은 악몽 잔인하다.'란 말, '몸서리. 진절머리 난다' 란 부정적인 말과 '전쟁은 돈벌이 수단, 돈벌이 대상, 전쟁특수까지, 전쟁배상금'이란 실리추구의 말까지 할 수 있다.

곧 19C 중후반의 후꾸자와 유키치의 설계에다, 10년 군비확장계획이란 이토우 히로부미가 그린 도면에 미찌노꾸 소고를 통해 받아든 시시각각의 정세분석을 읽어가며, 일본 사람 들은 주도면밀한 색칠을 해내 청일갑오전쟁, 러일전쟁, 조선침탈을 승리로 이끌어낸 바가 있었다.

또 그들은 1차 세계대전 전쟁특수를, 만주사변, 중일전쟁, 6·25한국전쟁특수에 이어, 베트남전쟁특수까지 '이치마다 히사토'는 나침판 없이도 전쟁 설계 도면만 봐도 시시각각의 전황을 꿰뚫고 '60년대 미국의 베트남전쟁 전비 중 동남아시장에 뿌린 미국 달러를 스스럼없이 가마니에 쓸어 담는 전쟁특수경제의 귀재란 사실을 미국은 알고 있었을까?

1950년 6·25 한국전쟁은 서로의 한계를 인지하고 UN군 윌리엄 해리슨 중장과 조선인민군 남 일이 휴전협정에 서명함으로 1953.7.27. 무승부로라도 체면은 구기지 않았던 무적상승 더글러스 맥아더군대였다.

필자는 군산(軍産)이 밀착된 미군과 월맹정규군과 베트콩의 비정규전성격의 정글(유격)전과, 6.25 당시의 마오쩌둥 인해전술을 그려봤다.

그런데 베트남게릴라전은 져 주는 전쟁 같아 안타깝다. 필자는 출발전에 이미 "근검절약의 표상 호치민과 1941.8월 대서양 함상에서의 루즈벨트의 대서양헌장이란 큰 그림"을 읽고 출정에 임했었다. 그래서 필자는 출발도 전에 훗날을 대비할 명분을 찾고 있었는지 모른다.

필자는 세상에서 가장 가난한 나라 국민소득 '100$'에 초점을 맞췄다. 나의 글엔 'GNP 100$'가 꽤 많이 등장한다. 파독 광부와 간호사를 담보로 차관자금을, 파월 장병들이 받는 품삯으로 산업화종자돈에 투자하는 자랑스러운 베트남파병을 기꺼이 자원(自願)했던 게다. 그리고 전장의 진면목을 그때 1·29 구정총공세로부터 전쟁수첩에 깨알같이 담아냈다.

베트남전 32만 전우들이여! 베트남전쟁 파병 당시 우리의 당당했던 모습을 반드시 되찾아야 한다. 어찌된 영문인지 우리의 파병이 역사의 물줄기를 바꿔놓았다는 사실들과 박정희 조국근대화공정과 베트남戰 파병자체가 아예 묻혀버릴 지경으로 내몰리고 있다. 분명한 위기다.

이런 판국에 우리 자리를 우리 스스로 되찾아야 할 이유는 이렇다.

❶ 박정희 대통령이 그토록 열망했던 조국근대화공정의 종착역은 천상열차분야지도 한반도통일임은 물론

❷ 품앗이·품팔이세대가 진정한 길라잡이(求道者)였다는 사실을 입증시켜야 한다. 그래야

❸ 민주화세대들도 자신들의 설자리가 어딘지 정해질 게다.

❹ 오늘날 고집스럽게 북한 체제를 옹위하는 종북 세력들도 자신들의 시시비비를 명료하게 알게 되면서 꼬리를 내릴 것이기 때문이다.

최빈국(GNP100$) 이동원 외무장관은 '스위스용병(IMD)'를 떠올리며, 브라운 주한 미국 대사에게 '베트남 전투부대 파병'을 약속했을 것이다.

당시 박정희 대통령의 용인술, 베트남파병 프로젝트가 얼마나 돋보였는지 모른다. 백골단을 이끈 용장의 피 묻은 잠바를 바꿔 입을 정도로 신뢰를 보낸 게릴라전의 전쟁영웅 채 명신 장군이 있었는가 하면 대내외적 정보와 현지방문을 통한 정보를 획득 취합 판단할 능력이 출중한 합참작전국장 손희선 장군이 있었기에 전투병 파병이 가능했던 일이다.

베트콩은 '남녀노소' 각양각층으로 구성

베트콩들을 요모조모로 살펴보면, 베트콩은 무력하게 보이고 무능하고 좀 모자라는 듯한 사람처럼 행동했다. 그들을 싸움질하는 병사라고 말하기에는 좀 어색한 구석이 있을 정도로 나약해하기 그지없다. 그들의 생긴 외모로는 키가 작달막하고 먹지를 못해 말라빠진 왜소한 체구다. 늘 숨어 다녀야 하고 무더위에 시달리고 제 때에 먹지 못해 굶주림을 다반사로 하는 그들이므로 건강한 체구·체격을 가질 리 만무였을 게다.

그들은 고무풍선 같이 누르면 쑥 눌리고 손을 떼면 다시 일어난다. 또한 그들은 어디에서나 나타나는 반면, 찾아 나서면 사라지고 없어진다. 베트남인들 속에 베트콩이 여기저기 끼어 있다고 보면 틀림이 없다. 지방의 베트콩들은 남녀노소 가릴 것 없이 각양각층으로 구성돼 있었다.

베트콩을 병균으로 이해하면 어렵지 않게 해답이 나온다. 강하고 싱싱한 육체엔 달라붙지 못하다가 약한 틈만 보이면 달라붙는다. 한 번 달라붙은 병균은 치유방법을 빨리 찾지 않는 한 빠른 속도로 퍼지면서 병을 악화시키는 원리다. 그러므로 사주경계가 허술한 병영, 막사라든가 졸고 있는 보초의 초소엔 베트콩이 침투하는 필요충분조건이 된다.

특히 이들 베트콩의 표적은 군수품을 지원하는 군수기지창이다. 그 중에서 탄약과 식음료를 최 일선까지 수송하는 수송단이 제일 표적이다 그래서 전후방이 없는 군수기지의 경계 초병 임무는 막중·막급하다.

여기 무법천지나 다를 바 없었던 베트남을 전쟁영웅 채명신 장군은 캄란과 퀴논 블루비치에 해병여단 병력, 맹호사단 병력을 상륙시킨 2년차에 1번 국도를 개통·평정하여 불가능해 보이던 베트남 정부통령선거를 1967년 9월 3일 치룰 수 있게 했다. 투표율 80%를 웃돌게 했다.

이때 베트남 정부통령 선건 '호치민과 김일성'을 탈출구 없는 위기로 몰았다. 또 공산진영 소련 코시긴을, 중국 모택동을, 동구권을 긴장시키면서 75년을 버틴 공산주의가 막을 내리는 근본동인(根本動因)이 됐다. 그래서 필잔 채명신을 박정희 대통령의 자유통일을 읽어낸 전쟁영웅(국민영웅)으로 부르고 싶다. 필잔 그를 통해 한반도통일을 그려냈다.

왜 필자가 앞장에서의 무도장 애기와 베트콩의 모양새를 필술했느냐고 하면, 박 대통령께서 병사들의 희생을 최소화하기 위해, 의료진, 태권도, 건설 등 심리전단을 앞세웠다는 의미는 '김일성 공산 집단'이 미제국주의자에게서 품삯을 받고서 '청부전쟁'에 투입했다는 말의 허구성, 즉 전쟁의 승패를 떠나 베트남 통일 후의 후환을 없애려 애썼다는 점을 얘기하려는 뜻에서다.

아나도 박정희와 채명신은 미국과 중공이 불원한 장래에 손을 잡는다는 사실까지 짚어냈을 것이다. 그래선지 박정희 대통령과 채명신 사령관은 유별나게 '백 명의 베트콩을 놓치는 한이 있더라도 한 명의 양민을 보호한다는 점'에, '베트남전쟁은 6.25 한국전쟁과는 달리 목숨을 버리면서까지 탈취할 목표는 그 어떤 것도 없다.'고 천명한 대목이다.

왜냐하면 박정희는 6.25전쟁과 마오쩌둥의 칠라이(起來-중국은 다시 일어난다)를 위한 인해 전술과 월맹군 국방장관 보 구엔 지압 장군의 게릴라전을 읽고 있었다. 즉 무적상승군대 맥아더 군과 빈손군대 중공군 간 6.25 한국전쟁에서 승리에 가까운 무승부를 기록했기 때문이다. 그리고 청부전쟁 소리를 들어도 좋다고 할 정도로, 분명 베트남통일 이후의 후한을 없애려 노력했다. 채명신은 몸소 실천하는 전사가 되기도 했었다.

당시 북한의 김일성도 전쟁의 승패를 떠나 전쟁 와중에 한국군 병사를 미제국주의자 앞잡이 용병(품앗이·품팔이)으로 청부전쟁에 투입이 됐다고 주장 한 것은 우리가 듣기엔 불쾌하게 들렸다. 그러나 김일성 그의 '용병(청부전쟁)'이란 말과 행동, 월맹 당국은 이해가 됐을 것이다.

우리는 주한 미군의 한국방어가 첫 번째 목적이었다. 그래서 베트남 파병은 미군을 대신해, 우리 한국군의 '품앗이군대'가 베트남에서 대신해 싸웠다. 또 박 대통령의 조국근대화공정 중 산업화 밑천(종자돈, 외화 획득)을 위한 '품팔이세대'란 말도 스스럼없이 사용했던 것이다.

1964.9.22일부터 1973.3월(8년8개월)까지 32만 참전자 중 5,099명이 목숨을 잃었고, 11,232명이 전상을 당하면서 베트남 1번국도 개통과 평정이, 불과 사흘 만에 상대한 적들의 수중에 떨어졌을 뿐만 아니라 베트남공화국이란 나라자체가 지구촌(gloval village)에서 사라져 버렸다.

우린 승패를 염두에 둔 전쟁이 아니라, "조국근대화의 종자돈 마련을 위한 담보물 제공차원."이란 걸로 선을 긋고 베트남 전쟁에 참전했다.

필자는 박정희 대통령이 열망했던 '조국근대화'의 종착지는 '한반도통일'이었다는 것을 알고 전장에 갔었다.

여기에 선결과제는 베트남전쟁 참전 32만 품앗이·품팔이세대'들의 재평가작업을 통해서 자리매김이 확고할 때만 가능한 일들이다. 우리 품팔이세대들 거개가 70이쪽저쪽이다. 시간이 많이 남지를 않았다. 끝마무리를 잘해야만 "베트남전쟁 32만 참전자"가, 일제 강점 하에서 인도의 시성 타고르가 읊은 《동방의 등불 대한민국》 이 빛을 발할 수 있다.

이와 같은 조국근대화공정을 바르게 정립해 우리 자세를 제대로 다독이면, 필자의 눈엔 천상열차분야지도 한반도통일/동북아르네상스/제2신대륙우주시대로 직행, 1천년 역사의 물꼬까지 틀게 분명해 보였다.

[02]

베트남전쟁(Vietnam War)의 배경

필자가 베트남 땅에 도착한지 열흘 째 되는 1968.1.29.18시를 기해, 월맹 정규군과 베트콩의 1.29구정총공세(舊正總攻勢)가 시작되었다.

필자는 그 이후부터는 103야전공병대대 본부와 콘센트 막사 내 시설과 사무실을 오가며 기지창 초병근무지 벙커와 영내/영외 출장 이외에는 동료 전우들의 배려로 독서삼매경에 빠질 수 있는 기회가 많았다.

필자가 베트남 땅을 밟고 가장 먼저 떠올린 나라는 베트남과 질긴 인연을 가지고 있었던 프랑스이었다. 그 다음으로 미국과 러시아·일본·중국·영국·독일 그리고 대몽골제국의 칭기즈칸 이야기가 손에 잡혔다.

소위 제국주의 열강을 중심으로 탐독했다. 당시 일본은 한국전쟁특수 이후 1965년 생산설비과잉으로 일본경제는 심각한 불황을 맞았으나 베트남전쟁이란 전쟁특수를 기회로 만들 줄 아는 기가 막힌 경제선각자 다카하시 고레키요의 수제자 〈이치마다 히사토〉 때문에 일본을 꼽았다.

그리고 베트남과 프랑스, 중국의 아편 전쟁사를, 베트남 전장과 대별하면서 십자성(十字星)밤하늘 벙커에서 피 빨래 군복을 입고 탐독했다.

베트남전쟁의 도화선은 18C 말엽, 이미 프랑스 침략을 받으면서부터다.

19C 중엽 1840년대 나폴레옹 3세의 프랑스 정부는 금융자본가와 산업자본가들 요구에 따라 극동지역에서 식민정책을 적극적으로 펼칠 때다.

또한 프랑스는 영국과 연합해 중국과의 제2차 아편전쟁을 감행하는 한편 베트남에 대해서 여러 차례 무력침략을 감행하고 있었다.

1858년-1862년에 프랑스는 베트남 남부를 공략 베트남 봉건왕조를 강박해, 전쟁배상금을 챙기는 한편, 영토를 할양받는 조약을 체결하기에 이른다. 프랑스는 베트남 남부의 여러 성들을 유린하고 병탄해 나갔다. 이것이 19C중엽 베트남 사람들의 아픈 역사의 배경이라 할 수 있다.

1870년대엔 베트남 북부로까지 전선을 확대하기 시작한다. 그들은 베트남 전역을 자신들의 식민지로 만들려는 속셈이었을 뿐만 아니라, 베트남을 본거지로 삼아 중국의 서남부지역, 즉 운남성과 광서성으로 들어가는 길목까지 뚫으려고 온갖 방법을 동원해 정탐을 계속해 나갔다.

1866-1868.의 기간, 베트남에 주둔해 있던 프랑스군은 특수첩보정탐

꾼을 결성시켜 중국국경 깊숙이 침투해 공격루트를 정탐키 시작했다.

또 한편 그들은 민간인으로 가장한 탐사단도 사이공을 출발하여 메콩강을 따라 뱃길과 육로를 이용하여 중국 운남성의 사모에 이르렀고, 운남성 동북부의 회택을 경유해 사천성의 의빈에까지 이르렀다. 거기서 장강을 따라 상해에 이른 다음 해로를 이용해 사이공으로 돌아왔었다.

메콩강 상류의 란찬강이 공격루트로 부적합하다는 것을 판단한 그들은 베트남 북부에 있는 홍하를 중국 침략의 루트로 삼으려고 시도했다. 한편으로는 1871년 프랑스 상인 '뒤삐이'가 홍하를 거쳐 회교도 봉기를 탄압하고 있었던 운남성의 '마여룡'에게 군수물자를 제공한 바 있었다.

베트남 북부를 점령하고 홍하의 항해권을 통제키 위해, 또다시 1873년 프랑스군은 하노이와 그 인근지역을 공략하기 시작했다. 그런데 그들은 인근 주민들의 강력한 저항을 받게 됐다. 중국과 베트남 국경에 주둔하고 있었던 중국인 류영복이 지휘하는 흑기군의 저항까지 받게 되자, 1873년 12월 초 흑기군은 하노이 외곽 전투에서 프랑스군에 치명적인 타격을 가해, 프랑스군을 진두지휘하던 '가르니에' 장군이 전사한다.

류영복은 광동성 흠주의 빈농출신이었다. 그가 20세 때 태평천국 봉기가 일어났다. 그는 광서성 남부의 각 지역에서 농민봉기군이 궐기하여 군웅들이 할거 하고 있을 때다. 그 군웅들의 대다수는 천지회계통의 봉기군이었다. 류영복도 농민봉기군의 지방 두목의 부하에 불과하였다.

1865년 태평천국의 수령 홍수전이 사망하고 난 후 그는 200여명을 거느리고 광서성 안덕으로 갔다. 그 지역에서 위세를 떨쳤던 오아충 휘하에서 맹활약하였다. 그로부터 1년 후 오아충과 결별하고 자신을 따르는 병력을 이끌고 베트남 국경을 넘었다. 그의 부대는 일곱 개 별이 박힌 검은 깃발을 사용하였으므로 흑기군이라 불렀었다. 이 흑기군 부대는 태평천국 반란시기에 조직이 되어 주로 청나라 서남부지역으로 흩어졌었으나 1873년 류영복은 프랑스군과 맞서 대승했을 때 그의 휘하 장졸이 2000여명에 달했었다. 프랑스군과의 전투에서 대승을 거둔 후 베트남 구엔(Nguyen) 왕조는 류영복을 삼선부 제독으로 명할 정도가 됐다.

류영복 그의 부대는 투엔광성, 손타이성, 홍호아성에 주둔하고 있으면서, 홍하 상류를 통제하고 있었다. 그러므로 류영복의 부대는 프랑스군이 홍하를 거쳐 중국 서부로 진출함에 있어 크나 큰 장애가 되었다.

프랑스군은 베트남 중부 위에(Hue, 베트남 왕도)를 점령한 후, 베트남이 프랑스의 보호국이 될 것을 승인하는 '프랑스·베트남 위에 조약'에 서명할 것을 강요하였다. 베트남 국왕은 중국 측에 원조를 요청하였다.

프랑스 쥴 페리 정부는 1883년 10월 중국 주재공사 '트리꾸' 에게 청나라 이홍장과의 회담 중지를 일방적으로 선언하게 하였던 바,

1884년 4월 프랑스는 천진 세관 세무사로 있었던 중국 세관 공무원 〈독일인 데트링〉을 통해서 회담재개를 요청하기에 이른다.

한 달 후에 이홍장은 프랑스 전권대표 푸르니에와 천진에서 5개항으로 된 《간략조항》 을 체결하였다. 그 주요내용 중엔 프랑스가 베트남을 〈보호〉할 권한이 있으며 베트남 북부에 주둔한 중국군 국경수비대를 철수시킨다는 등…, 이 간략조항이 베트남인의 기본이익에 배치됐다.

태평양전쟁을 일으켰던 일본제국주의자들은 1940년 당시 프랑스의 비시(Vicy) 정부의 묵인 하에, 인도차이나반도에 재빨리 진주하고 만다.

일본은 한 발 더 나아가 1945.3.9.프랑스군을 무장 해제시킨 후 인도차이나반도를 점령함으로써 베트남은 일본(日本)의 지배를 받게 됐으나 1945.8.15.일본이 연합군에게 항복하자 베트남 주둔일본군의 무장해제를 위해 북위 16도선을 기준으로 북쪽은 중국군이, 남쪽은 영국군이 점령함으로써 베트남은 한국, 독일과 함께 타의에 의해 분단국이 됐다.

한편 제2차 세계대전 종전을 전후해 베트남엔 새로운 사상이 유입되기 시작했다. 수만 명의 베트남인들이 프랑스에 강제 징집되어 유럽전선에서 싸운 후 되돌아 왔던 바, 이들 중 상당수가 자유민주주의와 공산주의 사상에 물들어 있었다.

또한 부유층 젊은이들은 프랑스에 유학해 당시 유행했던 사회주의 사상에 심취했었다. 모스코바유학을 다녀온 호치민(胡志明: Ho Chi Mihn/1892-1969)도 이들 중 한 사람이었다.

이후 호치민은 베트남 공산당의 핵심 인물로 성장하게 됐으며, 호치민이 이끄는 베트남 공산당은 '모든 계층의 혁명세력을 결집해 프랑스식민당국 및 일본군에 대항해 독립을 위한 투쟁을 전개한다.'는 캐치프레이즈로 베트남독립동맹, 약칭 베트민(Viet Mihn), 즉 '월맹'을 결성하였다.

월맹은 중국과 베트남 국경선 산악지대인 카오 방(Cao Bang)과 랑 손(Lang Son)일대를 장악하여 해방구를 설치하였으며, 1944년 12월에 베트남 해방군을 창설하여 북베트남군 즉 월맹군의 모체로 삼았다.

호치민은 해방군의 조직과 해방구의 확대를 위해서 애를 쓴바, 일본이 항복하기 직전인 1945년 8월 초엔 중국과 베트남 국경지대의 6개성을 장악하는데 성공을 했던 것에 이어서 일본의 항복이 임박했다는 사실을 알아차린 호치민은 1945년 8월 3일부터 공산중앙위원회와 월맹 총회를 열어 월맹산하로 총력을 결집해 즉각 행동에 나설 걸 결의했다.

또한 각계 대표 60명으로 인민의회를 구성한 후 하노이를 점령토록 했었다. 이때부터 호치민은 남북베트남인에게 존경과 추앙을 받게 된다.

일본항복과 연합군이 진주하기 직전인 권력공백기를 이용해 하노이를 접수한 월맹은 8월 18일까지 모든 공공기관을 장악하는데 성공한다. 곧이어 호치민은 8월 29일 독립내각을 구성했으며, 마침내 9월 2일엔 하노이에서 수십만의 군중이 참석한 가운데 베트남민주공화국 수립을 선포함에 따라 월맹은 북부지역에서 보다 쉽게 정국을 장악할 수 있었다.

월맹은 남부지역에서 활동하는 기존의 종교단체와 독립단체 등 연합전선에 대해 실력행사로 물러나게 하고 모든 행정기구를 장악했다. 이로써 월맹은 북베트남과 남베트남에서 정국의 주도권을 장악하게 됐다.

제2차 세계대전에서 승리한 연합국은 1945년 7월 포츠담 회담에서, 베트남에 주둔하는 일본군의 무장해제를 위해서 프랑스를 배제하고 북위 16도선을 경계로 북부는 중국군이 남부는 영국군이 점령토록 결정했다.

이에 따라서 북부지역에는 1945년 9월 9일 중국군이 진주하였다. 당시 중국군은 월맹에 대해 대체로 동정적인 생각을 가지고 있었는데, 그 이유로는 월맹을 제외하고는 별다른 대체세력이 없었기 때문이었다.

한편 일본군이 물러간 베트남엔 프랑스가 또다시 주권을 주장하였다.

프랑스는 8월 22일 '케들'을 판무관으로 임명 베트남에 파견한 데 이어, 9월 12일 일본군의 무장해제를 위해 남베트남에 진주하는 영국군 대대는 프랑스군 1개 중대를 포함시켰으며 프랑스는 베트남에서 식민체제를 재구축키 위해, 점령국인 중국 및 영국과 협상을 통해 1946년 양국 군대와 교대한 후 베트남 전 지역을 다시 점령함으로써 베트남은 또다시 프랑스지배를 받게 되었다.

이에 프랑스군은 독립을 주장하며 행정기관을 장악한 월맹과 충돌하게 되면서, 또 두 세력은 전쟁으로 치닫게 되었다.

베트남은 이때 전쟁을 항불 인민해방전쟁(抗佛人民解放戰爭)이라고 부른다. 이것이 이른바 제1차 베트남전쟁, 일명 제1차 인도차이나전쟁이다.

또한 미국은 1949년 10월 중국대륙의 공산화와 1950년 6월 한국마저도 공산군의 침략을 받게 되자, 공산주의 팽창의 도미노(Domino)현상을 우려해서 한국전쟁에 참전하는 한편,

월맹과 전투 중인 프랑스에 36억 달러의 군사원조를 제공하여 인도차이나반도에서 공산주의 팽창을 저지토록 했었다.

그러나 프랑스는 1954년 5월 7일 디엔 비엔 푸(Dien Vien Phu)요새에서 월맹군에게 치욕적인 패배를 당했다. 이에 따라 프랑스는 소련 및 중공의 지원을 받고 있는 호치민 정부와 1954년 7월 20일 제네바에서 휴전회담을 가졌다.

이 회담에서 양측은 북위 17도선을 경계로 이북은 호치민의 월맹이 점령하고 이남은 프랑스군이 점령하며, 2년 후 1956년 7월 중 남북 총선거를 실시해 통일정부를 구성키로 합의하였다.

제네바협정에 의해 북위 17도선으로 분단된 북쪽의 월맹은 호치민(胡志明: Ho Chi Mihn/1892-1969)의 강력한 통제로 정치가 안정되어 갔었다.

또 남부베트남에선 미국의 지원을 받는 자유민주공화국을 수립하는 국민투표에서 고 딘 디엠(Ngo Dinh Diem/1901-1963)이 대통령에 당선돼 1955년 10월 26일 취임함으로써 남쪽 베트남의 운명을 책임지게 되었다.

이때로부터 철수한 프랑스를 대신해 미국이 후원국이 됐으며 베트남전쟁, 제2차 인도차이나전쟁에 개입하는 도화선이 되었던 것이다.

이때 우리 정부는 고 딘 디엠이 대통령에 취임한 다음날인 10월 27일 베트남공화국을 승인하고, 1957년에는 내사급 외교관계를 수립하여 공산침략에 대응하는 자유우방으로서 친선관계를 유지 발전시켰다.

1957년 9월 28일엔 남베트남의 고 딘 디엠 대통령이 한국을 공식방문하고, 1958년 11월 5일엔 이승만 대통령이 남베트남을 답방했다.

남베트남에서 권력의 기반을 구축한 고 딘 디엠 대통령은 1956년으로 예정된 남북총선거를 거부하고 남쪽만의 독자세력을 강화했다. 이에 따라 북베트남 월맹은 남베트남 정부를 비난하며 남부의 공산주의자들에게 테러 및 게릴라 활동을 지시하면서 국민들의 궐기를 선동하였다. 이때 조직된 것이 바로 V·C(Vietnam Community)로 일컫는 베트콩이다.

1960년12월20일 남베트남 민족해방전선(Natioal Front for the Liberation of South Vietnam)이 결성되면서 미국 제국주의 및 고 딘 디엠 정권 타도 그리고 민족통일 등을 내세우고 본격적인 저항 및 투쟁이 시작되었다.

민족해방전선의 결성으로 베트콩의 활동은 급격히 신장됐으며, 그들의 군사조직은 대폭 강화돼 당시 남베트남 국토의 약 58%를 지배했다. 반면 고 딘 디엠 정권은 도시와 일부 평화지대를 장악하는 데 그쳤다.

고 딘 디엠 정부의 무능과 부패로 국민의 불만이 높아지게 되자, 1963년 11월 1일 두옹 반 민(Duong Van Minh) 장군이 주도하는 쿠데타가 발생하여 고 딘 디엠 정부는 전복되고, 고 딘 디엠 일족들은 피살되었다.

쿠데타에 성공한 민 장군은 내정개혁에 착수하였으나, 1964년 1월 30일 구엔 칸(Nguyen Khanh) 장군이 주도하는 쿠데타로 다시 붕괴되었다. 쿠데타의 악순환은 계속 이어졌다. 1964년은 1년 동안에 무려 7번의 정권교체가 있었으나 그 혼란상은 가히 짐작하기 어렵지 않았을 것이다.

미국은 1962년 2월 8일 군사고문단을 대신해서 주월 미 군사원조사령부, 약칭 맥뷔(MAC-V)를 설치하고 하킨스(Paul D.Hakins) 대장을 사령관으로 임명하면서 보다 더 적극적으로 베트남문제에 개입하기 시작하였다.

이런 정세 속에서 1964년 8월 2일/4일 월맹군 어뢰정이 공해상에 정박 중인 미국의 함정을 공격해 '통킹 만 사건'이 발생한다. 이 사건으로 미국 존슨 대통령이 분노하면서 베트남전쟁은 시궁창 속으로 빠져 들게 됐던 것이다. 이른바 제2차 베트남(인도차이나)전쟁이 시작된 것이다.

미국은 베트남의 공산화 저지를 위해 적극 개입한다는 방침을 세우고, 미국의 존슨 대통령은 1964년 5월 9일 대한민국을 포함해서 자유우방 25개국을 향해서 베트남을 적극 지원해 줄 것을 요청하기에 이르렀다.

이에 대해 자유진영 국가 일각에서는 남베트남의 공산화 방지에는 동의하지만 직접 개입은 신중히 대처한다는 입장을 취했다.

그러나 대한민국과 영국, 서독, 오스트레일리아, 타일랜드 등 14개국이 미국의 요청에 호응함으로써 시작된 게 베트남전쟁 배경이다.

[03]

베트남파병 32만 전우는 재평가돼야 한다

왜, 베트남 파병 32만 명 참전자는 재평가 될 수박에 없는가이다.

❶ 박정희 조국근대화공정의 정당성을 확보해,

❷ 천상열차분야지도 한반도통일시대를 열기 위해서다.

필자는 20년이 넘게 IMF 이후, 베트남파병 32만 전우들의 피땀의 대가인 산업화종자돈에 대한 재평가 없이는 한국현대사의 진정한 역사발전과 선진국(GNP 3만 달러)진입이 어렵다는 말을 해 왔다.

곧 베트남파병 32만전우의 재평가야말로 종북집단과 북한 인민들을 옥죄이는 주체사상도 자연스럽게 소멸시킬 것이고 한반도통일로 가는 '800년 전 칭기즈칸의 몽골식 대통합의 길'이 열린다는 게다.

재평가를 할 수밖에 없는 이유가 도대체 뭘까? 그 해답(test paper)은 바로 박정희 대통령께서 '조국근대화' 란 깃발을 들었으나, '가장 늦게 시작한 자본주의 국가 대한민국'에는 없는 것이 더 많았다.

박정희 대통령은 "선발주자 영·미자본주의(Anglo-Saxon economics)국가가 수백 년간 축적한 자본과 기술을 활용해 고도성장을 이룩했다."는 이론을 일본은 잡기장 100권에 베껴 실천한 일본은행 총재 '이치마다 히사토의 전쟁특수경제이론'을 낚아채서 '브라운각서'로 활용하려 했다.

즉 ❶ 광부와 간호사를..., 병정을 담보로 산업화종자돈을 마련했었다.
❷ 베트남 군수용물자는 '한국에서 조달한다는 전제조건'을 붙여,
❸ 베트남 현지에 '단순노무종사자 인력 송출'을 통해 '산업화를 최단시간에 이룩한 나라는 지구촌에서 대한민국'밖에 없었다는 사실이다.

그래서 베트남파병 32만 전우는 하루속히 재평가공작을 마쳐야 한국현대사의 사관(史觀)을 바로 세우고 '800년 전 칭기즈칸의 몽골식상하좌우(십자가)대통합의 길'을 열어 한반도통일로 이어지게 할 수가 있다.

여기 내용은 필자가 필술한 원고를 읽고 충고와 조언을 담은 총명기를 보내준 삼십 명 중 네 명이 '품앗이·품팔이(용병/청부전쟁)세대'란 용어에 대하여 재고를 바란다는 요지를 첨부하여 보내주었음을 밝힌다.

특히 한국안보평론가협회장이었던 전 국방대학 교수 이선호 박사께선

역사적 사실들에 대해 조목조목 예시를 통해 조언을 아끼지 않았다.

부산영락교회 윤영인 장로와 그의 아들 명성교회 윤석진 부목사는 '우리의 소원은 통일'이란 구구절절한 내용이 담긴 총명기를 보내주었다.

원고를 읽은 30명 중 15명이 베트남전쟁 참전전우임을 밝힌다. 그리고 15명 중 4명은 '품앗이·품팔이세대'부분에 대하여 재고를 요청한 반면, 11명은 '품앗이·품팔이세대'부분에 적극적 사고로 찬의를 표하였다.

베트남파병 32만 참전자의 재평가공정에 전제조건으로 '품앗이·품팔이'란 두 가지 용어를 등장시켜야할 이유는 다음과 같은 내용이다.

필자는 박정희 대통령의 1965.1.26. 해외파병 특별담화문에 주목했다.

① 군사적 측면으로는 미군의 한반도 계속주둔과 한국방위보장을 확보와 군의 전투력향상 및 국방력강화 등 국가안보를 다지며, 6·25한국전쟁에 미군 파병에 보답한다는 차원의 '품앗이 성격'을 띄었다.
② 경제적 측면, 한·미·베트남 3국간의 협조로 3각 무역체제를 유기적으로 구축, 외화획득의 좋은 기회가 되고, 국내 생산이 가능한 군수품 수출은 경제적 이익이 된다. 즉 산업화 종자돈을 확보하는 차원의 '품팔이 성격'도 가지는 정치·군사·경제적 의의를 부인해선 안 된다.

1965년 3월 주월 한국군사령관 임명 직전 육군본부 작전참모부장 채명신 소장은 박정희 대통령과 청와대에서 단독대담을 가졌다.

당시 채명신 장군은 대통령과의 단독대담 전 베트남파병을 예상하고 후암동 자택에 베트남 대형지도를 걸어놓고 베트남전쟁 배경과 호치민의 출생에서부터 모스코바 유학생활, 독립투쟁, 사생활일체, 보 구엔 지압 장군의 유격전술, 베트남에 국경을 맞댄 호지명 루트를 파악키 위해 라오스, 캄보디아 등 현지상황까지 정확하게 파악한 때였다.

또 박정희 대통령과 채명신 장군의 대담 중 제1관심사였던 작전지휘권 문제를 두고, 이미 박 대통령께서 브라운 미국대사에게 한국에서처럼 주월 미군사령관의 작전지휘하에 두는 걸로 입장정리를 한 후였으나, 채명신 장군은 자신이 작전지휘권을 행사하겠다고 계속 우겼다.

필자는 채명신 장군의 진정성을 이해하기위하여, '채명신 회고록' 《베트남전쟁과 나》를 10번 정도 숙독한 결과는 박정희 대통령의 '강한 의지와 강한 집념'의 진정성까지도 회고록 숙독 중 알게 되었다.

그 답들 중 그의 진정성은 회고록 41p와 42p에 있었다.

청와대에 함께 올라갔었던 육군참모총장 김용배 장군은 먼저 육군본부로 돌아가게 하고서, 박정희 대통령과 채명신 장군의 단독대담에서 "박 대통령은 담배를 끼운 손가락이 떨릴 정도로 흥분하고 당황하면서 '왜 그래! 채 장군 생각이 틀렸어.'라 말하며 역정"을 냈다고 적었다.

① 6·25한국전쟁 때 우리를 도와 적화통일을 막아 준 미국을 위시한 자유우방의 은혜에 보답하는 의미의 '품앗이' 에다,

② 서독광부와 간호사들의 인건비를 담보로 차관을 받는 차원을 넘어 경제발전의 돌파구는 물론 해외 인력송출의 길까지도 열리는 병력을 담보로 제공하겠단 강한 뉘앙스 청부전쟁·용병(품팔이)이라 적었다.

어쨌든 박 대통령은 당시 일본중앙은행 총재 이치마다 히사토의 전쟁 특수경제학을 읽어낸 그의 정치적 계산법은 요지부동이라 필잔 봤다.

왜냐하면 박정희 대통령의 '강한 의지와 집념'은 '조국근대화 후의 한반도통일'에 초점을 맞춰 야당이, 또 김일성이 비아냥대는 '용병, 청부전쟁' 소리까지 들어가며 국가안보(품앗이)와 경제재건(품팔이)을 위해서는 수용하겠다는 박 대통령의 강한 의지와 집념이 잘 말해 주었다.

한편으로 통킹만 사건이후 미국의 딘 러스크 국무장관과 맥나마라 국방장관은 물밑에서 줄기차게 한국군 전투부대 파병을 촉구하고 있었다.

이러한 시기인 1965년 6월 14일의 베트남에서 일어난 군사정변 이후 곧바로 베트남공화국 수상 구엔 카오 키(Ngun Cao Ky)장군은 우리나라 국무총리 앞으로 전투사단 파병을 정식으로 요청하기에 이르렀다.

대한민국 국방부와 주한 미군사령부 간에 전투사단과 이에 필요한 지원부대를 파병하기 위한 준비절차들이 착착 진행되고 있었다. 이제 전투부대 파병을 위한 우리의 법적 절차만 남아 있었던 상태이었다.

국방부는 전투부대 파병 안을 1965년 7월 2일 국무회의에서 의결하고 국회에 상정할 준비를 서둘렀다. 우리들은 반만년 역사에서 대한민국 보통사람의 집단적 해외나들이는 1964년 10월 22일 베트남 남부 붕타우에 제1이동외과병원과 태권도교관단의 대민봉사로부터 시작되었다.

그로부터 1년 후 1965년 10월 9일 귀신 잡는 해병 청룡여단이 캄란灣에 첫 상륙하였고, 연이어 1965년 10월 22일에는 밤을 호령하는 맹호사단 1연대가 퀴논 블루비치에 상륙함으로써 베트남 평정이 본격화 됐다.

그리고 우리는 서독 광부와 간호사들에 이어, 군 병력과 연계한 우리 역사상 최초로 인력송출을 시작, 단순기능직 노무자일지언정 일자리를 가지게 되면서 한국인에게는 일대 가치관의 변화를 가져왔던 것이다.

필자가 베트남전장에 나타난 1968년 베트남이란 무대에 우리 역사상 최초로 등장한 노무자는 15.571명에다, 베트남 진출 기업체 수가 무려 79개에 달했다. 즉 남성 인력 송출시대가 본격화 됐던 것이다. 베트남 무대에 등장한 한국인 남성은 현역군인이 아니면 군을 갓 제대한 농촌의 중학 정도를 졸업한 보통 한국인 근로자가 주종(主種)을 이뤘다.

지난날 우리 선조들은 80리 밖에 바다가 있어도 80평생바다를 보지 못하고 죽는 노인이 다복(多福)하다 했다. 조선왕조 500년 정착 마인드 집성촌가족주의가 "임진왜란(Japanese invasion of Korea in 1592)"과 "한일합방(the Korea-Japan annexation)"을 불렀다 해도 과언이 아니다.

당시 베트남 땅을 밟은 이들은 비행기나 배를 타고 외국에 가본 적이 없었다. 자기 자신과 외국인을 대상으로 비교해서 생각해 본 경험도 없었다. 이러한 한국인 남자가 연인원 40만 명이 외국 땅을 집단으로 밟았으니 한국인의 가치관에 일대 변화가 일어날 수밖에 없었던 것이다.

그럼 〈한국인들은 다른 나라 사람 외국인들과 비교하여 한국인 수준? 이라는 근본적인 가치기준을 두고 자문자답을 해 보았을 것이다. 그 결과 '한국인은 우수하다'는 확신을 가지게 되었을 것이다.〉, 결론적으로 베트남파병은 우리나라 남성으로 하여금 오랜 열등의식과 피지배의식에서 벗어나 스스로의 자질에 대해 새로운 잣대로 재단하고 자부심과 희망을 가지게 되는 계기가 되었을 것이다. 자주성 확립이란 관점에서 우리 역사상 획기적 전환점을 이루는 대사건이라고 할 수밖에 없었다.

이때로부터 '대한민국의 남성인력시대'가 시작되었던 것이다. 그래서 필자는 우리 역사상 최초로 집단 해외나들이를 다녀와서 반만년 역사의 물줄기 중 고루한 사고와 가치관을 바꿔치기한 '품앗이·품팔이세대는 반드시 재평가가 돼야 한다는 주장을 하고 있는지도 모를 일이다.

이들은 또다시 비즈니스맨으로, 선교사로, 중동 열사의 땅 근로자로 지구촌 곳곳을 누볐다. 또한 YS의 세계화정책에서 다양한 모습의 외국나들이 배낭여행·어학연수·조기유학을 다녀 온 태극전사들, 박사가 유별나게 많은 박학다식한 2030세대를 생각하면 흥분하지 않을 수 없다.

필자는 서구라파의 아리안 인종의 한 지족인 '게르만 민족' 순혈 민족주의, 우리끼리란 수식어자체를 그다지 좋게 생각하지 않는다. 아마도 현재 60세 이상의 대다수 품앗이·품팔이세대는 西구라파의 순혈 민족주의를 좋게 여기지 않을 것이다. 순혈민족주의가 西구라파를 옥죈다.

이들 골수에 사무친 건 투철한[반공·단결·연합주의]다.

솔직히 우리는 프랑스어로 '콜라보(Collabo)'처럼, 일본제국주의자에게 협력한 친일세력을 자신이 알지도 못하는 사이 무의식중에 지지하고 살았는지도 모르는 일이다. 그리고 우리는 친일파 청산을 하지 못했다. 우리는 뭐가 뭔지도 모르는 사이, 할아버지와 아버지세대 주도하에 건국한 나라에서 숨을 쉬면서 살아 왔다.

그러던 중 박 대통령께서 반공을 국시로 조국근대화 깃발을 들면서 우리 품앗이·품팔이세대에게, 당시 지구촌 조류(潮流)였던 68세대혁명의 단초를 제공했다. 우리는 일제하에서 할아버지세대가 이 땅에 살면서 겪은 고초와 부역한 사실들, 부끄러운 역사를 씻어내겠다는 일념에서 베트남전쟁에 참전을 자원했는지도 모를 일이었다.

품앗이·품팔이세대의 맹아(萌芽)의 시점은 6·25한국전쟁이란 위기 앞에서 이승만 건국대통령의 "뭉치면 살고 흩어지면 죽는다."는 말 속에서 맹아의 시점을 찾아야 할 게다. 왜냐면 품앗이·품팔이세대들은 8·15 이후 할아버지와 아버지세대에서 대물림할 수밖에 없었던 '일제에 부역했거나 협력한 사람들이나, 조선사대부 500년 패악'의 뜻이 담긴 지긋지긋한 업보들을 베트남전쟁 참전으로 **'품앗이·품팔이'란 이름으로** 구차하고 부끄러운 역사의 오명과 사슬에서 벗어나고 싶었을지도 모를 사연은 아니었을까?

그리고 이들 품팔이세대의 대의명분은 조국근대화/천상열차분야지도 한반도통일/동북아 르네상스시대/신대륙우주시대가 이들의 목표였다.

이들은 무의식중 '민속수의'란 가치대신, 학교가 같거나/고향이 같거나/무엇이라도 하나만 같으면, 서로 도와야 한다는 말을 자신들만의 행동철학, 미덕으로 생각하고 세상을 재단하며 살았다. 이게 연합주의다.

또 이들은 국가가 동원하면 만사를 제쳐두고 군말하지 않고 참여한다. 심지어 자신이 다니던 기업이 어려워지면 땅문서나 집문서도, IMF란 국난 앞에 돌반지나 결혼패물도 아낌없이 내놓는 품앗이·품팔이세대다.

끝에 가서 이들은 육신의 몸 동아리까지도 나라를 위해 아끼지 않았다. 그리고 남의 나라 전장에 목숨을 담보물로 잡히는 품앗이·품팔이를 자청하는 일들도 마다하지 않고 기꺼이 참여한 세대가 필자의 세대다.

대한민국은 이래도 품앗이·품팔이세대를 외면할 것인지 묻지 않을 수 없다. 대한민국은 '국가유공자'란 이름 하나로 생색내려 해선 안 된다.

필자는 참전유공자증서를 국가보훈처에 반납했다. 쪽방 잠을 청하는 참전유공자가 얼마인지 국가보훈처는 실태조사를 해봤느냐? 이들의 실상은 늙고 병들어 오갈 데 없는 노숙자나 진배없는 삶을 살고 있다.

32만 베트남참전 전우여 재평가의 전재조건은 GNP 100$시절 '품앗이·품팔이'란 단어를 풀어서 헤쳐야만 시원하고 명쾌한 《베트남전쟁 전투수당 배상에 관한 특별법》이란 답을 찾을 수 있다. 막연하게 고상한 말씨로 "평화유지군" 따위의 명예를 앞세우는 말씨름 할 여유가 없다.

우리가 자랑스럽게 여기는 '품앗이·품팔이'란 말 속에 구차하고 부끄러운 역사의 오명과 사슬에서 벗어날 해답(test paper)이 들어 있다.

우리나이 75이 넘었다. 우리의 목숨을 담보로 해서 투자한 산업화 종자돈 우리도 한 번 써보고 죽자, 우리가 살면 얼마를 더 살 것 같으냐?

베트남 파병 32만 참전자는 하루속히 재평가공작이 이루어져야 한다.

그리고 모든 일련의 뒤안길에 숨겨진 사실들을 똑바로 정립할 때 박정희 조국근대화의 종착지 '한반도 통일'은 견실한 열매를 맺게 될 터다.

필잔 칭기즈칸 천지개벽 반드시 이루고 싶다.

[4]

32만전우의 목숨을 담보로 조성된 산업화 종자돈

살아생전에 되돌려 받아야 한다

박정희 대통령은 6.25 한국전쟁 이후 최악의 위기상황에서 우리의 '안보와 경제재건'을 위해, 조국근대화의 기치를 들고 등판했던 것이다.

박 대통령은 안보와 경제 돌파구로 베트남파병에 초점을 맞추었다.

또한 박정희 대통령은 경제 돌파구 외에도 파병 당위성으로는 미군 철수에 따른 안보 공백, 국군현대화 지연, 군사원조 이관에 따른 전투장비의 노후화 등 한 두 가지 문제가 아니었다. 이런 난제들을 한꺼번에 해결할 수 있는 베트남 파병이란 히든카드를 찾아서 빼들었던 것이다.

베트남에 한국군 45000병력 파병은 곧 전투수당으로, 담보물로 이어져 차관자금 등, 이 모두는 산업화 종자돈이 됐다. 또 한편으로 6.25 참전 UN군에 대한 보답으로 품앗이·품팔이세대를 등장시켰던 것이다.

베트남전 32만 품팔이세대의 목숨을 담보로 조국근대화공정의 종자돈을 마련했다. 그리고 필자는 1968.1.5-1969.1.5일까지 1.29구정總공세 속에서 '1908.6.23 안중근 의사의 함경도 경흥 홍의동 전투'와 다를 바 없었던 '전우의 시체를 밟고 넘는' 베트남전장을 경험하고 돌아왔다.

필자가 지금부터 즐겨 사용할 언필칭 요순은 품앗이·품팔이세대다. 그리고 《베트남전쟁 전투수당 배상에 관한 특별법》을 즉각 제정하여 형평에 맞는 국가보훈혜택을 촉구한다. "한국군 품팔이세대는 미군병사와 똑같은 대우(Same base, Same Level)를 받는다."고 미국 정부와 양해가 됐었다. 당시 미군병사가 받았던 급여에서 한국군병사가 받았던 전투수당을 빼면, 누구든 승복하는 가장 합리적인 답이 나올 것이다.

필자는 32만 품팔이세대에게 매월 200만원 위로금지급을 주장한다.

註: 6·25전쟁과 베트남전쟁을 위해 목숨을 담보했던 참전국가 캐나다가 매월 미화 2,000달러/호주가 미화 2,200달러가 지급이 된 반면 우리는 매월 미화 100달러(한화15만원)가 지급되고 있다. 이들 국가는 우리의 20배(매월 2백만 원 이상)를 지원받아왔다. 국가를 위해 목숨을 담보했던 베트남전쟁 참전자들은"100달러 대한민국을2만3천 달러 대한민국"으로 만들어놨는데, 이렇게까지 홀대해도 나라가 바로서기를 바라느냐? "민의의 전당에 대한민국을 전복시키려는 가당치도 않은 의적무리들이 있다" 혼이 빠진 보훈 당국에 묻지 않을 수 없다. 관계당국은 32만 베트남 참전자에게 즉각 사과하라.

삼척동자라도 납득하기 어려운 일들이 지난 15년 동안 벌어졌다. 주지

하다시피 누구나 먹어야(경제=산업화)산다(정치=민주화)는 것처럼, 산업화 없는 민주화는 없다. 대한민국 국가보훈정책이 잘못됐음을 적시한다.

1970년대 후반 남민전(南朝鮮 民族解放戰線)이란 사회주의혁명운동조직이 있었다. 이들 조직원 이학영과 차성환 등 8명이 운동권자금 마련을 위해 1978년 4월 서울시 서초구 반포1동 동아건설 회장 집에 백주 대낮에 침입한 적이 있었다.

이들 강도들은 동아건설 회장 집 경비원을 칼로 찌른 일을 두고 "의로운 행동=의적"으로 묘사했고 옥살이한 대가로 민주화유공자의 이름으로 13억을 보상받아 2012년4·11총선에서 국회의원에 당선이 됐다.

"동아건설 최원석 회장 집을 털었던 이학영 국회의원에 당선되다"가 <중앙일보, 2012.5.21일자>에 보도되었다. 기가 찰 노릇 아닌가?

또한 5·18사건에 대해 전두환 정권 때 이미 보상이 상당한 규모로 이뤄졌다. 또다시 김대중 정권 때 민주유공자란 미명하에 2.100억 원이란 천문학적인 보상금이 일시금과 연금으로 2중 지급된 사실도 있었다.

민주유공자라는 이학영 국회의원 양다리를 묶어 주리를 틀어서라도 보상특별법 하루바삐 만들게 해야 할 것이다.

그래서 우리 국회는 32만 품팔이세대의 마음에 맺힌 응어리를 풀고 황혼기를 마무리하고 편히 눈을 감도록 《베트남전쟁 전투수당 배상에 관한 특별법》을 즉각 제정하여 형평에 맞는 국가보훈혜택을 촉구한다.

국민소득 100$시절 박 대통령이 비행기를 세 번씩이나 갈아타면서 미국에 도착 1961년 11월 15일에서 25일까지 비즈니스행상 같은 여정에서 존 F. 케네디 대통령에게 어떤 수모를 겪었는지, 또 보릿고개에 물배 채우고 송구를 베껴 먹던 가난을 벗어나려 32만 품팔이세대가 어떤 압박과 서러움을 견뎠으며? 전우의 시체를 어떻게 밟고 넘었는지? 적진을 향해 수류탄을 어떻게 까서 던졌는지? 의적 민주유공자들 눈에 닭똥 같은 눈물이 펑펑 쏟아지도록 해 줘야 할 것이다.

32만 품팔이세대가 산업화종자돈마련을 위해 베트남전장에 목숨을 담보로 품팔이를 자원해 보릿고개를 넘게 했더니, 시골의사 박 경철은 2011.9.30일자 중앙시평에 <앙이앙 레짐=구체제, 퇴물집단>으로 몰고서 <퇴로를=노후를 보장해주겠다>는 등 손바닥에 올려놓고 뒷덜미를 잡아챘다. 그리고 청춘을 앞세워 안철수 교수를 부추겼던 것이다.

32만전우들이여, 재향군인 일천만 가족들이여! 우리 목숨을 담보로 조성된 산업화종자돈 살아생전에 되찾자! 우리나이 어느 절에 70을 훌쩍 넘었다! 우리가 살면 얼마를 더 살 것 같으냐!

다음 정권을 우리 품팔이세대가 잡자! 정녕 역사바로세우기와 나라의 틀(frame)을 다시 짜자, 우리가 뿌린 씨 조국근대화공정=한반도통일 우리 손으로 열매를 맺어야 값진 품팔이세대로 기록이 되고, 품까지 팔아서 한반도통일을 이뤘다는 청사에 길이길이 빛날 대역사가 된다.

《베트남전쟁 참전의 역사적 의의와 성과》

❖우리군의 베트남 전쟁 참전배경은 미국의 지원으로 국가안보위기와 어려운 경제현실을 돌파하기 위한 특단의 조치이었다.

우리 정부가 미국의 지원을 유도하기 위해 반대급부<품앗이·품팔이세대>를 활용한 국가 전략차원에서 이루어졌던 것이다.

물론 "6·25한국전쟁 당시 우리나라를 도와준 자유우방국가의 지원에 보답한다."는 <품앗이세대> '국제 신뢰 구축 차원'과 '동남아시아의 공산주의팽창방지에 동참해 세계평화와 한국의 안보에 기여한다.'는 '제2전선론' 등의 명분도 있었으나, 그 근본적인 배경은 '대한민국이익극대화를 위한 국가 전략차원'이었던 것이다.

❖베트남전쟁 참전의 역사적 의의는

❶한국인과 한국기업이 세계무대에 진출하는 교두보 마련에다,

❷우리 경제발전에 초석이 됨은 물론,

❸한국군의 독자적 지휘권과 작전수행능력 및 전술교리의 숙달과 현대 장비 조작 능력 획득을 실현시켰다.

특히 야전군 중·소대단위 매복, 수색, 정찰 등 소부대단위 현장전투체험으로, 이들의 귀국 후 155마일 DMZ 작전과 철책선 경계근무 등의 방어능력 향상에 크게 기여하였다.

❖베트남전쟁 참가 참전자들의 실제적인 성과는 이러하였다.

(1)정치·외교 분야에선 안정적인 정치적 기반인 1차 경제개발5개년 계획 성공과 제2차 경제개발 5개년 계획의 강력추진으로 경제도약의 기반이 구축됐으며, 미국과의 유대강화는 베트남파병을 위한 대미협상을 국익에 부합된 실리외교로 한국 외교사에 새로운 전기가 마련됐다.

한·미관계를 미국이 주도하는 일방적 외교에서 상호 대등한 주권국가 관계로 정립이 돼 갔었다. 또 아·태 각료회의(ASPAC)창설 및 동남아시아 반공국가와 유대가 강화되면서, 미국이 지원하고 한국이 주도한 아시아 태평양 연안 국가 9개국 외무장관 연례회의가 1966년 6월 14일 서울에서 제1차 회의가 개최됐다. 참가국은 한국, 태국, 말레이시아, 필리핀, 남베트남, 대만, 호주, 뉴질랜드(라오스: 옵서버로 참가)등으로, 목적은 아·태지역평화와 자유번영을 위하여 상호 협력하는 일이었다.

(2),안보·국방 분야에선, 미국과 안보동맹 체제를 강화시켜나갔다. 한국군의 베트남 파병으로 주한 미군 2개 사단의 한국 잔류 및 한·미 양국의 군사동맹의 강화와 한국군의 전술전기(戰術戰技)향상을 도모했다.

6·25한국전쟁 전투 경험자 영관장교 이상의 일부 상층부에 한해 극복할 수 있었던 전투력을 베트남에서 정규전과 비정규전이 혼합된 전투 경험을 통해 전술전기를 체득할 수가 있었다.

또 미군이 제공한 최신무기의 운영능력을 배양할 수도 있었다. 베트남의 중대단위 기지전술을 응용한 전방 'GP주둔지 기지화'를 구축하는 한편으로는 한국군 전투부대 파병 시점인 1965년부터 북한의 도발이 크게 증대됐음을 볼 수가 있다.

이 표는 북한의 대남도발 건수다.

구 분	1965년	1966년	1967년	1968년
건 수	88	80	784	985

-<공법단체 대한민국월남참전자회 2011년 자료>-

1968.4.1일 250만 향토예비군의 창설과, 1972년엔 M16 자동소총공장을 건설하였다. 휴전선전역엔 목책에서 철책으로 장애물 보강공정을 완료했다. 1978.4월부터 한국형 전차국산화 성공과 함께 박대통령의 메모쪽지로 시작된 한국형 지대지중거리유도탄(백곰)개발에 성공했었다.

(3),베트남전쟁 참가 참전자들의 소망이었던 경제·사회 분야다. 즉 미국의 경제적 지원과 협력증대의 본격화로,

1956-1964년(파병 이전) 연평균 2억4백만 달러의 군사원조와
1965-1973년(파병기간 중) 연평균 3억6천7백만 달러의 군사원조는
1974-1975년(귀국 후) 연평균 1억5천백만 달러로 연간 2억1천만 달러 이상 삭감 지원되었던 것이다.

참전기간 중의 경제적 효과 금액 (백만$)

무역수지	수 출 용 품	76.3
무역수지	군 납	139.3
무역외 수지	용역 / 건설	232.1
무역외 수지	장 병 송 금	178.3
무역외 수지	기술자 송금	166.2
무역외 수지	파월지원경비	65.3
	미국의 국군현대화*지원	1,500.0
	유/ 무상 차관 도입	4,300.0
합 계		6,657.5

-<공법단체 대한민국월남참전자회 자료>-

파독근로자송금액추이 단위:US달러	總 송금액	11만	579만	659만	1416만	2768만
	1억164만달러	1964	1967	1971	1973	1975

-<조선일보 2013년 1월 1일字 보도>-

베트남전쟁 8년6개월의 참가기간 동안 총 66억5,750만$의 경제적 효과가 발생한 바, 1964년 일본 동경올림픽 당시 우리나라의 GNP가 고작 100$로, 총 외환보유고 1억$, 연간 수출 1억$에 불과했다.

또한 필자가 베트남전쟁 참전에 자극제가 된 파독근로자들의 송금 추이를 살피면 1964년부터 1975년까지 10년에 걸친 총 송금액도 1억164만$에 달하였다.

그리고 장장 14년간의 지루한 교섭 끝에 얻어낸 대일청구권자금은 무상원조 3억$, 재정차관 2억$, 상업차관 3억$ 등 8억$인 점을 감안하면, 베트남전쟁 32만참전자들이 이룬 경제적성과는 재론의 여지가 없다.

반만년 역사에서 초유의 금자탑을 쌓아올린 산업자금 투자이었다. 한가지 예를 들면 경부고속도로 건설의 경우, 총 428km 건설에 428억 원, 즉 1억4700만 달러(1969년 환율 1$=290원)가 소요되었던 것이다.

경부고속도로건설은 물론 포항제철, 울산공단 및 제1차·제2차 경제개발5개년계획의 원동력은 바로 베트남전쟁 32만참전자들의 피땀에다 목숨까지 담보한 결정체임을 천명한다.

그래서 참전 세대를 재조명해야 하는 이유 중 이유임을 정부당국은 고심해야 한다. 산업화와 민주화 종자돈을 마련한 품앗이·품팔이세대들을 반듯한 자리매김을 해야, 민주화세대 그대들이 피 흘려 쟁취한 민주화의 값진 희생이 제대로 자리매김 될 수 있음을 간과해선 안 된다.

그럴 때 비로소 국민총화가 이뤄져, 황장엽이 말하던 종북세력도 김일성 주체사상도 말끔히 정리되면서 한반도통일로 이어질 것이다.

이는 누구도 부인하지 못할 역사적 사실이며, 이는 한반도통일/동북아 르네상스/제2신대륙 우주시대로 가기 위한 전초전/전제조건이다.

❖베트남 전쟁 참전 연병력 & 인명피해 및 고엽제 후유(의)증 환자 발생: 약 10만 명

군별	참전연병력	계	전사	순직	사망	계	전 투	비전투	실종자
계	325,517	5,099	4,601	272	226	11,232	8,380	2,852	4
육군	288,656	3,859	3,476	243	140	8,211	5,567	2,644	4
해병	36,246	1,240	1,125	29	86	3,021	2,813	208	
공군	615								

-<공법단체 대한민국월남참전자회 자료>-

❖한국군 베트남 첫 파병은 베트남 남부에 위치한 '붕타우'에 1964년 9월 22일 제1 이동 외과 병원과 태권도 교관단 선발대로부터 시작됐다. 그 다음이 '디안'에 1965년 3월 16일 비둘기부대와 7월 7일 백구부대(해군 수송전대), 하늘의 제왕 은마가 파견되었나.

파병이 본격화된 것은 1965년 10월20일 사이공(현 호치민)에 駐越 한국군 사령부가 설치되면서부터다.

한국군 맹호1연대(1965.10.20)는 '푸갓'에, 맹호기갑연대(1965.11.1)는 '빈케'에, 맹호26연대(1966.4.15)는 '송카우'에, 맹호사령부는 '퀴논'에 있었다.

한국군 백마사령부(1966.9)와 백마 29연대는 '닌호아'에, 백마 28연대는 '투이호아'에, 백마 30연대는 그 유명한 '캄란'에 주둔해 있었다.

한국군 청룡여단(1965.10.9-1965.12.25)은 '캄란'만 상륙, 청룡1차 주둔

(1965.12.26-1966.9.18)은 '투이호아'에, 청룡2차 주둔(1965.9.19-1968.1.6)은 '추라이', 청룡 3차 주둔(1968.1.7-72.1.29)은 '호이안'에 있었다.

한국군 야전사령부/한국군의 젖줄 100군수사령부(1966.9.19)와 십자성2지원단 102후송병원은 '나트랑'에, 1지원단 106후송병원은 '퀴논'에, 십자성1지원단 11지원 대대는 '다낭'에, 1지원단 12군수지원 대대는 '투이호아'에 주둔하여 군수물자지원과 상이용사와 병사들 질병을 돌보았다.

이제 결구하려 한다. 32만 참전자들이 각심 할 진실은 '앙시앙 레짐'세력으로 몰아가려는 조짐들이 곳곳에서 감지가 되고 있다는 점이다. 32만 전우여 우리 자리가 어딘지 역사에 자리매김을 분명히 할 때다.

특정인을 앞세워 앙시앙 레짐으로 몰아가려는 의도는 "DJ·노무현 정부에서 '그 짓거리도 통하더라.'는 노하우"를 가지고, 호시탐탐 재집권을 노리는 음탐세력이다. 우리나이 70이쪽저쪽이다. 우리의 목숨을 담보로 해서 투자한 산업화 종자돈 우리도 써보고 죽어야 한이 풀릴 것 같다. 우리가 살면 얼마를 더 살까? 기껏 살아야 20년 안팎이다.

노병은 죽지 않고 살아있다. 민주화세대 여러분의 자리를 찾으려면, 일단은 베트남전쟁 참전 32만 품앗이·품팔이세대가 제대로 평가가 된 다음이 순리다. 그럴 때 민주화세대의 자리가 정해질 테니, 32만 참전세대의 마음에 맺힌 응어리를 풀고 편히 눈을 감을 수 있도록 《베트남전 전투근무수당 배상에 관한 특별법》 제정에 최선을 다해야 할 것이다.

[5]

고엽제(枯葉除)와 전쟁공포증

2013.7.12일자 시중 "유력일간지들은 '14년을 죽지 않고 기다렸는데…',

군복을 입은 흰머리 노인이 고갤 떨구고 눈물을 글썽이었다"고, 그래도 주요 언론들이라도 앞 다퉈 대서특필로 보도했다. "7월12일의 '당뇨병 등 10개 질병 고엽제 노출로 발병했다고 단정하지 못한다.'는 대법원의 법난"에, 베트남戰 참전전우들은 참담한 울분을 금할 길이 없다.

그것도 대한민국 최고법원 대법원이란 곳에서, "7년 동안 단 한 번도 심리를 하지 않고 장기간 방치했었던 손해배상 소송사건에 대해 황당한 판결을 내렸다"는 점을 적시한다.

그럼 여기서 고엽제 손해배상 소송일지를 살피면, 지난 1994년 3월 우리 고엽제피해자 35명이 미국 뉴욕 동부지방법원에 다우케미컬 등 미국 고엽제제조회사 7곳을 상대로 손해배상 소송을 제기한 바, 1999년 4월 미국 동부지방법원은 "인과관계가 없다"고 각하 판결한 바 있다.

또다시 1999년 9월 고엽제 피해자 1만6000여명이 다우케미컬과 몬산토를 상대로 5조1618억 원의 손해배상 소송을 제기하였다.

2001년 9월엔 원고들 혈액 내 고엽제 농도측정 결과를 증거로 제출한 바 있다. 2002년 5월 서울중앙지법은 "인과관계가 부족하다"며 원고 패소판결을 했으나, 한편으로 2006년 1월 서울고등법원은 "원고 5227명에게 1인당 600만-4600만원씩 모두 631억 원을 지급하라"며 원고 일부 승소 판결을 내린 바 있었다.

그러나 2013년 7월 12일 오전 10시 대한민국 최고법원 대법원은 "염소성 여드름 피해자 39명에게만 승소를 확정하고, 원고 1만6540명에겐 패소취지로 파기 환송하는 일이 벌어졌다.

32만 참전자 중 절반 가까이가 이미 죽었다. 설마 우리 정부는 고엽제 피해자, 모두가 하루빨리 죽기를 바라지 않을 것이라 믿고 싶다?

우리의 파병역사 생명을 담보한 피 값을 나라가 꿀꺽하면 역사 발전은 기약할 수 없다. 한국역사의 대계만 왜곡되는 게 아니다. 우리 모두 조국근대화공정의 종착지 한반도 통일을 위해 분연히 일어설 때다. 이미 필자의 눈엔 천상열차분야지도 한반도통일의 완성을 위한 지구촌 중심 국가의 기틀이 넘치도록 다져지고 있음이 확연하게 보인다.

우리는 이대로 주저앉을 순 없다. 우리는 링거주사기를 꽂고서라도, 한국사 대계와 베트남 파병역사를 바르게 세워 한반도통일을 완성해 동북아 르네상스시대를 자랑스럽게 열자고 외쳐본다.

한편으로 베트남戰 참전 32만전우들 중엔 전쟁공포증으로 인해 상당수가 정신질환자로 고통 속에서 일평생 불행한 쪽방 삶을 살아가는 눈물겨운 전우가 있다는 소식을 모임에서 접할 때 남의 일 같지 않았다.

더욱 더 안타까운 사실은 2012.12월 말 기준 국가보훈처 자료에 따르면 베트남 참전전우의 나이가 70 이쪽저쪽인 325,517명 중 1/3에 가까운 113,589명이 이미 사망하고, 80중반의 6·25 선배 전우의 생존자가 182,729명에 비해 베트남 참전 전우는 이제 211,928명에 불과하다.

이들의 생존율은 고엽제와 정신질환증세로 6·25선배보다 훨씬 낮아졌음을 적시하지 않을 수 없다. 고엽제후유증과 후유의(疑)증 환자가 10만명에 육박했다는 참담한 현실이다.

이들 참전 전우들의 고엽제 후유 의증 환자 수만 명은 일광과민성 피부염을 비롯한 20가지 고엽제 질병으로 역학조사가 이루어졌다고는 하나, 이들은 전장에서 전술적 목적 하에 살포된 다이옥신이 함유된 고엽제를 흡입·접촉함에 따른 발병이다.

그렇다면 후유증은 뭐고, 후유의(의심)증은 무엇이냐? 그럼에도 고통 중의 참전 전우들은 3-4차례씩 후유의증 등록·신청→검진 결과는 매번 "고엽제법 적용 非대상 결정 통보"와 함께 억울하면 재판하라는 식의 '정부당국(국가보훈처)의 태도다.

❁ 고엽제 후유증 등록신청 때 구비서류

❶ 등록신청서 1부, 동의서(산재보험수혜여부확인용=보훈처 서식) 1부.

❷ 국가유공자증 혹은 병적증명서(참전기간 명시 된 것) 1통

❸ 진단서 혹은 소견서 1통 *악성종양일 경우: 의무기록사본(조직검사지, 수술기록지 등) 첨부(*종합전문요양기관<3차병원>)최종진단서 제출자는 의무기록표사본 1부

❹ 사진(반명함판, 3X4cm) 2매 *유족이 등록 때(*고엽제 후유증 질환으로 사망한 자의 유족만 신청 가능)-사망진단서, 진료기록사본, 제적등본, 병적증명서(참전기간 명시된 것일 것) 각1부.

❁등록처리 절차 *고엽제 법 제4조에 의거

◆일반진단서 제출자 *등록신청서제출(각 시도: 보훈지청)→보훈병원검진(보훈병원<4-5개월 소요)→법적응대 상 결정(질병만 인정자<2-3일 소요>)→결정통지→신체검사(등급판정<1-2개월 소요>보훈병원)→결정통지

❁고엽제 관련 질병 및 지원 사항

◆후유증 질병(18개) *고엽제 법 제5조 1항

❶비호지킨임파선암❷연조직육종암❸염소성여드름❹말초신경병❺만발성피부포르피린증❻호지킨병❼폐암❽후두암❾기관암❿다발성골수종❶전립선암❷버거병❸당뇨병❹만성림프성백혈병❺만성골수성백혈병❻파킨슨병❼허혈성심장질환❽AL아밀로이드증

•지원내용: *고엽제법제6조(후유증환자에 대한 보상 등): 고엽제 후유증 환자로 결정 등록된 자 중 신체검사에서 상이등급 판정을 받은 자.

*상이등급(1-7급): 전·공상군경(국가유공자)등록

*등급기준미달: 진료(보훈병원, 위탁병원 등)

◆후유의증 질병(20개) 고엽제법 제7조 제2항

*피부계❶일광과민성피부염❷심상성건선❸지루성피부염❹만성담마진❺건성습진 *신경계❶중추신경장애❷뇌경색증❸다발성신경마비❹다발성경화증❺근위측성신경측색경화증❻근질환 *내과계❶악성종양❷간질환(B형, C형간염 제외)❸갑상선기능저하증❹고혈압❺뇌출혈❻허혈성심혈질환❼동맥경화증❽무혈성괴사증❾고지혈증.

◆지원내용: 고엽제법 제7조(후유疑症환자 등에 대한 보상 등): 고엽제 후유의증환자로 또는 고엽제 후유증2세환자로 결정 등록된 자중 신체검사에서 장애등급 판정을 받은 자

*장애등급(경도·중등도·고도): 사회 정책적 지원(수당, 취업, 교육지원)

*등급기준미달: 진료(보훈병원, 위탁병원 등).

대 상 별	고도장애	중등도장애	경도장애
후유의증수당	745.000	550.000	361.000
후유증2세환자수당	1.328.000	1.031.000	829.000

필자가 고엽제 후유의증 등록신청 때 구비서류 및 고엽제 관련 질병 및 지원 사항 등을 살펴보면, 전문성을 요하는 부분이 대부분이다.

고엽제후유증을 요약하면, “헬리콥터에서 산야나 정글 속의 베트콩의 은신을 막기 위해 기름으로 정글을 불사르고, 고엽제를 살포한 다이옥신이 함유된 고엽제를 흡입·접촉함에 따른 발병·질병이라고 돼 있다.

일본은 청일·러일·만주사변·중일전쟁·대동아전쟁 후를 대비하여 전쟁을 진행하면서 731부대는 조선·몽골·중국 사람들을 데려다 생사람을 잡아서 생체실험까지 하면서 전쟁 후를 대비하였다.

그래서 우리나라도 미진한 역학조사와 연구를 하루 빨리 끝내서 32만 참전자 전원을 등록신청 절차 없이 판정을 내리는 것이 상식일 것이다.

6·25전쟁 지금도 끝나지 않은 전쟁이다. 남·북이 대치중이다. 동북아에 민족주의 바람이 거세게 불 조짐이다.

박근혜 정부는 80대 6·25참전전우보다 나이가 어린, 70대 베트남전쟁 참전전우가 더 일찍 죽어간다는 현실을 직시해 주기를 바란다.

[6]

국민영웅! 채명신 장군!

6·25한국전쟁에 이어 이데올로기란 이념전쟁으로는 마지막이 될 베트남전쟁은 이렇게 시작되었다.

1954년 7월 제네바협정(Geneva agreement)으로 군사정전 17도선(우리38선)이 확정되었다. 남에는 베트남공화국이, 북에는 공산월맹이 각각 대치하게 돼 한국과 같이 동서냉전의 전진기지로 변해 갔었다.

공산월맹의 지령을 받았던 베트콩의 준동으로 고딘디엠(Ngo Dinh Diem: 1901-1963) 정권에 대한 압박은 날이 갈수록 더해만 갔었다. 고딘디엠 정권의 독재정치와 불교도탄압에 항거하는 데모에다, 폭동은 심각한 정치적 혼란을 가중시켰고 민심의 이반은 극도에 달하였다.

1963년 11월부터 1967년 9월 사이에 10번에 걸친 군사쿠데타가 발생하였다. 집권층은 정권유지에만 급급하였고, 공무원은 무사안일과 부패가 하늘을 찌를 듯 불신만이 증폭이 됐었다. 이들을 처형하고 반공태세를 정비하고 강화한다고는 했으나, 월맹군과 베트콩의 맹렬한 공세로 미국의 직접적인 개입은 불가피해져갔었다.

1961년 이후 베트남전쟁은 미국이 이면 개입한 특수전쟁에서 비롯되었으며, 1965년 전투부대를 전격적으로 대거 투입함으로써 전선은 확대개편될 수밖에 없었다. 그러나 미국 주도의 전쟁을 거쳐 1968년 연초부터 월맹군과 NFL(민족해방전선)공산게릴라의 구정총공세로 베트남化 된 전쟁양상으로 흐름이 바뀌었다.

1968.1.5일, 필자가 부산을 떠나면서, 베트남에 대하여 터득한 상당한 일반상식으로도 군사작전의 성공적 수행이 베트남전쟁을 근본적으로 해결할 수 있다고 볼 수 없었다.

왜냐하면 호치민(胡志明: Ho Chi Mihn/1892-1969)은 프랑스에 맞서 독립투쟁의 선봉에 섰었다. 또 남쪽·북쪽 베트남 국민 모두가 '근검절약의 표상으로 호치민'을 존경하고 있었다.

이미 남쪽의 베트남은 정신적으로 북쪽 베트민에게 패배하고 있었다.

필자는 1968.1.19일 AM 6:00, 100군수사령부가 위치한 나트랑에 상륙하였으며, 제1군수지원단 103공병대로 명을 받고 오후 2시경 나트랑 공항으로 나갔다. 나트랑에서 퀴논으로 가는 군용기에 오르는 순간! "왜, 사지를 찾아가느냐? 며, 소리 내 엉엉 울던 당고모 생각이 났다." 비로소 필자는 전장에 오기는 왔구나하는 긴장감이 감돌기 시작하였다.

필자가 퀴논에 도착한 이틀 후 서울에서는 1·21청와대기습사태에 이어, 다음날 1월 22일에는 동해상에서 미군장교와 수병 등 83명을 태운 美초계함 '푸에블로호'가 납북됐다는 소식<1968.1.24일자 일간지>이었다.

그런 중 필자의 상상력을 키웠던 1968.1.29 pm6시를 기하여 주월 한국군사령부가 위치하고 있었던 사이공(현 호치민시)을 비롯한 베트남 전역에 걸쳐, 특히 한국군이 주둔하고 있었던 13개 지역도 구정총공세가 전후방이 없는 무차별적 전면공격이 가해졌었다.

필자가 소속한 103야전공병대와 이웃하고 있었던 14비행대대는 물론 사이공 탄산 넛 공항도 이착륙이 불가능할 정도로 월맹군과 베트콩의 준동이 맹렬하였다.

당시 일간신문<1968.1.31일자>1면기사 '월맹·베트콩의 최대공세', 나트랑·플레이쿠 한때 함락이라는 소식과, 또<2월1일자>미국대사관이 1968.1.31. Am 3:55분부터 6시간동안 베트남대통령 관저 독립궁과 정부청사도 월맹군에게 점거 당하는 사태가 발생, '베트남 전역에 계엄령 선포와 함께, 사이공 주민들에게는 심각을 당부하는 소개슈이 내려졌다. 탄산 넛 공항과 시내에서는 2월 1일까지 이틀에 걸쳐 시가전이 계속되었다.

그럼 왜 북한은 1·21청와대 기습도발과 1·22 美초계함 '푸에블로호'를 납치하는 등 무모한 도발을 할 수밖에 없었던 절박한 사정이 뭘까.

또한 1월 29일 18시를 기해 월맹과 베트콩 측도 사이공을 비롯해 베트남 전역의 주요항만과 공항, 군사시설에 대한 무모한 도발을 할 수밖에 없었던 절박한 사정이 무엇인지를 풀어헤치는 것이 문제의 열쇠다.

즉 한국군이 베트남전쟁에 참가한 후, 북한과 공산월맹이 급격하게 한 통속이 될 수밖에 없었던 그 때를 정확하게 짚어내면 답이 나온다.

그 답은 베트남17도선 이남의 1번국도 개통과 베트남정부통령 선거다.

밤을 호령하는 맹호 5호, 6호, 백마1호 작전, 두코 전투와 청룡여단의 짜빈동 전투, 오작교작전으로 1번 국도가 개통되면서 17도선 이남이 안정을 되찾기 시작한다.

이런 일련의 충격적 사건들은 북한과 월맹이란 두 집단이 체제위기에 몰렸다는 소식을, 당시 외신들은 앞 다퉈 특파원 발로 보도했다.

북한과 월맹이란 두 집단을 체제위기로 몰았던 사건은 1967.9.3일 실시한 베트남정부통령선거 직전에 있었던 아름다운 매화작전이었다.

월맹 당국은 1961년부터 암약한 지방 민병대를 비롯해 그동안의 베트콩에 대한 꾸준한 군사학습을 실시했었다.

그리고 1967년 6월부터는 정부통령선거 방해공작의 일환으로 베트남 전역의 군·읍·면·마을 리 단위로 지방민병대(게릴라)를 재편성까지 하면서 선거방해공작을 펼쳤다.

그런데 결과는 투표율이 80%를 웃돌았고, 거기다 한국군이 주둔한 중

대전술책임지역내의 투표율은 월등하게 높았다. 대민 밀고가 전례가 없이 급증해 방해책동에 시동이 걸리기도 전에 일망타진 됐었다.

거기에다가 한국군 주둔지역 즉 전술책임지역에선 한 건의 불미스러운 사건이 발생하지 않았다는 대목이다. 특히 단순한 공산주의자가 가장 겁먹는 것 중에는 공화국의 자유·비밀·평등·보통선거와 방해책동에도 불구하고 투표율이다. 이들은 바로 이런 점에 놀랐던 것이다.

그러니 북한과 월맹 두 집단은 '베트남공화국의 보통선거'에 긴장하고 대남도발 100일 작전에 총력을 몰입하는 계기가 되었던 것이다.

한편 구정총공세가 시작된 다음날 1968년 1월30일 17시경 103공병대에도 비상출동 대기령이 떨어졌다. 빈딩성의 성도인 퀴논시에는 빈딩성의 주력 특공대인 월맹군 제3사단 예하 적들이 1968.1.30일 새벽 2시경에 퀴논방송국을 비롯하여 주요 관공서를 기습 점거하기에 이른다.

퀴논 시는 한국군전술책임지역이 아닌 베트남군 관할이었으나 베트남군과 시 당국의 요청으로 "밤에 나타나는 호랑이 맹호사단"은 구원 군이 돼 필자의 소속부대인 103야전공병대대 병력의 일부도 출동하게 됐다. 1군수지원단 창설 후 영외 출동은 처음이라고 귀띔해 주었다.

1968.1.30.Pm 5시, 필자는 베트남 도착 열흘 만에 방탄복에 얼굴과 총구에 검정 칠로 위장한 완전 군장에 수류탄이 박스채로 지급이 됐다.

그런데 필자는 신참이란 이유로 출발 직전 출정 대상에서 제외됐다. 기실은 이곳 군수지원단 영내가 더 엄중했다. 왜냐하면 이곳에는 병참

기자재가 쌓여있는 곳이라 적들 공격 제1타깃이었기 때문이다.

년 중 전후방이 없는 공세는 말로 할 수 없도록 엄중했다. 이때로부터 영내 근무도 모래주머니로 쌓은 보강된 벙커에서 지내게 되었다.

그 당시 퀴논지역 적 소탕작전에 맹호 제1연대 장갑차중대가 예하 중대병력을 헬기에 의한 공중기동작전으로 바탄거리에 투입이 돼 가장 먼저 장갑차와 함께 퀴논 방송국 탈환에 총력을 쏟았다. 당시 시가지 곳곳은 화염에 휩싸이고 시가지는 완전히 무인지대로 변하였다.

1968.1.31일 새벽부터 밤의 호랑이는 장갑차를 앞세워 베트남군의 전술책임지역인 퀴논 방송국을 비롯해 행정기관과 학교시설들을 차례로 점거 14시경엔 월맹·베트콩의 예봉을 꺾는데 성공하였다.

2월1일 16시를 기해 베트남전역에 걸쳐 구정총공세를 펼쳤던 기세가 꺾였으며, 사이공 탄산넛 공항과 베트남 대통령관저 독립궁/미국대사관/주월 미군사령부 등 시설물도 정상을 되찾기 시작하였다.

또 한편으로 필자는 부산항을 출항하면서 4-6선실 베드에 누워서 후쿠자와 유키치의 대륙침탈론 서문과 대영제국의 유태인 재상 벤자민·디즈레일리(Benjamin Disraeli,1804-1881) 평전을 읽다가 잠이 들었다. 잠을 깨니 안내방송에서 제주남방 300마일 해상이라고 했다.

잠에서 깬 필자는<조선일보 1968.1.5일자 68년의 시점에서 70년대를 전망한다.>'당시 조선일보 최석채 주필/김상협 고대 교수, 총장/이용희 서울대 교수' 님의 신춘정담을 골똘하게 읽었다. 정담내용 중'베트남전쟁이 고비'라고 진단하였다. 예감이 영 안 좋았다. 2년 전<조선일보 1966.1.6일자>소련공산당서기 '알렉산드로 셀레핀'이 유도탄부사령관을 대동하고서 하노이를 방문하고서 '3억7천만$'의 군사원조를 약속한 것이 이행되었던 점에 주목을 하고 대폭발을 예고하였다. 어느 의미로 읽어내면? 베트남전쟁은 확전으로, 대폭발로 이어진다는 의미로 읽어낼 수가 있는 대목이었다.

왜 필자가 신문 두 장 가지고 이렇게 장황한 얘기들을 전개하고 있고, 또 했느냐고 한다면, 1968.1.29일 월맹의 구정총공세는 분명 월맹군의 오판이었다. 왜 오판이었는고 하니, 월맹과 베트콩은 구정공세를 통하여 베트남 국민들이 적극적으로 동조하리라 믿었지만, 이와는 정반대로 너무나 냉담한 반응을 보였으며, 지금까지 은폐됐던 조직이 밖으로 노출되는 결과만을 초래하였다.

또한 기대하였던 민중봉기가 불가능할 뿐만 아니라, 죄 없는 수많은 양민들이 생명을 잃고 가옥과 재산의 파괴를 가져오게 함으로써 지금까지 전쟁의 승패와는 무관한 태도를 취해 오던 주민은 물론 그들의 동조자들까지도 전쟁피로감을 가지면서 안정된 사회를 갈구하였다는 대목이다. 그리고 수많은 젊은이들이 전장에서 계속 죽어 가고 인력 충원에도 한계를 느끼기 시작하였던 것이다.

1968년 1월26일 백악관 전략회담 후 미예비병 소집 명령을 내린다. 명분은 북한 김일성의 1·21도발사건과 푸에블로호 납치사건이었으나,

한편 1968.1.31일 베트남 대통령과 군총사령관 및 웨스트 모얼랜드 장군은 사이공이란 도시자체가 프랑스인에 의해 조계지형태로 계획건설

된 식민지잔재를 지워버린다는 각오로 사이공을 포위한 장갑차로 도시 전체를 '러시아의 쿠투조프전법'으로 도시를 밀어버리고 신도시건설계획이 검토될 정도로 심각하고 엄중한 소개(疏開)령이 내려졌던 것이다.

어디까지나 여기 장면은 필자가 1968.1.16일 오전 베트남 출정을 위해 항해 중 바다 가운데 타이거스 호 갑판에서 읽었던 장면이다. 여기 대목은 러시아의 미하일 쿠투조프 장군이 12만 대군을 이끌고, 프랑스의 나폴레옹과 격전을 벌인다. 차이콥스키의 '1812년 서곡'에서 묘사하였듯 전투는 더 없이 처절하였다.

양쪽 모두 3만-4만 명씩 7만여 명이 몰살을 당하였지만 결론은 러시아의 승리였다. 쿠투조프는 모스코바를 몽땅 불사르고 퇴각하는 초토화작전을 폈고, 이로 인하여 나폴레옹은 영하 30도의 혹한과 굶주림 속에서 궤멸됐었다는 장면이 나온다.

1968.1.31일 베트남 전역에 비상계엄을 선포하고, 여기 세 사람 '베트남 대통령과 군총사령관, 그리고 웨스터 모얼랜드 장군'은 사이공 주민에게 엄중한 소개령(疏開令/사이공을 버리고 탈출하라)을 내린다. 그리고 사이공시 외곽에는 미군 기갑사단 전차가 포위한 상태에 들어갔었다.

미국 본토 딘 러스크 국무장관과 맥나마라 국방장관, 상하원 양원은 예비군 긴급동원령<조선일보 2월1일자 워싱턴 특파원發보도>이 내렸었다.

베트남 대통령과 군총사령관 이 두 사람의 머릿속엔 남북 양쪽베트남 국민들의 사랑과 존경, 추앙을 받는 독립투사 '호치민'이 항상 그들을 괴롭혀 왔을 것이다. 당시 호치민도 76세란 나이로 늙었다.

그리고 사이공이란 도시가 프랑스인에 의해 건설 된 식민잔재다. 사이공을 포위한 미군장갑차로 식민잔재의 잔영을 지운다는 각오로 '러시아의 쿠투조프전법'으로 밀어버린다는 전략을 수립했을지도 모를 일이다.

그런데 당시 나트랑 야전사령부에서 구정총공세 전황을 종합해 13개 지역을 총괄 지휘하고 있었던 우리의 전쟁영웅 채명신 장군은 웨스트 모얼랜드 미군사령관의 급보를 받았다.

채명신 사령관은 사이공 탄산 넛 공항을 향하면서 자신의 전용기에서 아래를 내려다보며 미군의 엄청난 장갑차행렬이 사이공을 향해 진격하고 있음을 확인하면서 돌아왔다. 곧바로 주월 한국군사령관 채명신 장군은 주월 미군사령관 웨스트 모얼랜드 장군을 만났다.

필자는 채명신 장군이 사이공시민 소개명령을 단호하게 반대했다고 채명신 회고록 《베트남전쟁과 나》 451P에 기술돼 있음을 확인하였다.

채명신 장군께서 당시 웨스트 모얼랜드 장군에게 이렇게 대답했다고 451P에 적고 있다. 웨스트 모얼랜드 장군에게 거두절미하고 "대뜸 사이공의 인구 밀집지역에 미군 기갑부대 투입은 위험천만한 모험입니다.

저 전차가 어떻게 숨어 있는 적병을, 만일 전투가 벌어져 사격전이 전개된다면 건물 및, 주변 민간인의 피해를 어떻게 감당할 겁니까.

만에 하나 초토화 작전이 전개된다면 미군의 문제가 아니라, 지구촌 '반전주의자'에게 빌미를 줄 겁니다. 제가 말씀드리고 싶은 건 기갑부대는 사이공 외곽을 포위해 철벽같은 포위망을 구축해 적 퇴로 차단과 빠져 나오는 적을 포착 섬멸하는 역할만 맡고, 시가지 수색작전은 베트남군을 투입해야 성과를 볼 것입니다.", 채명신 말이 끝나기가 무섭게 웨스트 모얼랜드의 눈빛은 걱정스러워지는 표정으로 변했다. 이미 '대통령과 베트남군총사령관과 합의를 본 사항인데 어떻게 하면 좋겠소?'

다시 '독립궁에 3자가 모여 기갑부대 투입은 미군뿐만 아니라 베트남군과 베트남정부 당국에 큰 부담이 될 것이라고 말해 계획을 변경하면 될 거 아닙니까.'라고 적고 있었다.

당시 베트남대통령과 군총사령관, 그리고 웨스터 모얼랜드 미군사령관이 의기투합이 됐다면 '사이공이란 도시는 깨끗하게 청소작업'을 끝냈을 것이다. 그리고선 '신도시 프로젝트에 의한 우리 건설업체'들이 떼를 지어 몰려갈 수도 있었다.

채명신 장군은 베트남전쟁의 최후승리를 목전에 두고 있었다. 홍익인간주의(인도주의/인류공영)란 대의 앞에 무릎을 꿇는 일 아무나 할 수 있는 선택이 아니다. 그의 냉엄한 사상의 언저리에는 '아가페 사랑'만 있을 뿐 파당을 만들지 못하는 사람이라고 필자의 땀방울로 얼룩진 전쟁수첩 속에 메모로 남겼다.

그는 승리를 눈앞에 둔 전장에서 패장을 자초한 사람으로, 성웅 이순신에 비견될 찰나를 선택한 전쟁영웅이다. 전쟁은 순간이고 선택이다.

당시 채명신과 웨스트 모얼랜드 장군, 이 두 사람은 1968년 1.29구정總공세 이후 11월에 치러야 할 미국 대통령선거에서 "이슈화 될 평화를 위한 새로운 전략[중국과의 화해] 1969.7.29 닉슨의 '괌 독트린'을, 미리 읽었을는지도 모를 찰나의 선택"을 한 명장들임에 틀림이 없다.

채명신, 웨스트 모얼랜드 장군이야말로 노벨평화상을 받아야 할 군인이다. 우리는 이 두 사람이 있었기에 한반도통일로 가는 길목에 당도할 수 있게 돼 행복하다. 국민영웅 한사람 정도는 만들 때도 됐다.

---[채명신 회고록 『베트남전쟁과 나』 --[우리는 채명신을 제대로 알아야 한다]---

대한민국 국민이면 여기 전투 장면만은 꼭 일념(一念)해서 대한민국을 보위하는 국토방위군의 건재를 알리고 싶은 마음에서, 필자가 읽고 또 읽어도, 감동되고 감동되어 많은 독자와 공유하고 싶었다. 그래서 우리 곁의 영원한 벗 국민영웅 채명신 장군의 무용담 일부를 간추려 옮겨 담았다. 내용 중 실명(실제 이름)은 생략을 했다. 채명신 장군은 미군배속에서 벗어나는 한국군의 독자적 작전지휘권 획득/수행에 공로가 크다.

---[박정희 대통령과 게릴라전 전쟁영웅 채명신 장군의 합작품]---

주월 한국군사령관이 지시한 작전지침에 따른···을 1967년1월25일 확정하고 D-Day를 1월29일로 정했었다. 작전지역에는 칸호이성(省-우리나라 道에 해당)의 베트콩 부대의 월맹 정규군 제188연대의 예하 부대들이다. 베트콩과 월맹군의 싱(省)본부는 높은 고지와 능선으로 둘러싸인 카오(Kao) 계곡에 있는 것으로, 닌호아에 주둔하고 있었던 백마사단의 공격에 대비하기 위해 성본부가 있는 모토아산에는 월맹군 8대대가 중화기로 증강/배치하고··· 백마사단은 제1단계 작전에서 칸호아성 베트콩 본부를 타격하기 위해서 제29연대로 하여금 카오 계곡 북단을 포위 수색케 하고, 제30연대로 하여금 카오 계곡 남방을 포위케 하여 협공하도록 했었다. D-5일인 1월24일 작전지역 내의 적병을 교란하기 위하여 미 제7공군에 요청하여 F-100전폭기에 의한 폭격을 시작했었으며, 이 폭격은 D-Day 전날인 1월28일까지 연(도합)89대가 폭격을 계속했었다. ···1967년1월29일, 공격개시 전인 06시30분부터 미공군의 B-52 폭격기 12대가 카오 계곡 상공에 출격하여 17분간 무려 52만2천2백 파운드의 폭탄을 투하하여 폭 1km, 길이 3km의 지역을 초토화하는, 이른바 융단폭격(Arc Light Bombing)을 실시했었다. 맹호사단 초기 작전과는 전혀 다른 대대적인 미 공군의 지원이 실시된 것이었다. 뒤이어

7시부터 57분간에 걸쳐 105mm곡사포 20문, 155mm곡사포 12문, 175mm 평사포 2문, 8인치 곡사포 2문 등 도합 36문의 야포가 사전에 계획된 목표에 3671발을 강타하여 카오 계곡 일대를 "현대전의 초토화" 묵사발/쑥대밭으로 만든 후 공격을 단행했었다. <여기 현대전(現代戰)의 진짜 모습이 전개 된다.>···작전에 투입될 모든 병사들은 미군이 지원한 수백 대(460대)의 헬기에 탑승, 6·25한국전쟁에선 상상도 못할 대규모 공중기동작전으로 목표지역에 착륙, 짧은 시간 내에 포위망을 형성했었다.

··· 제1진 보병 전투 병력은 4개 대대로서 착륙장만 14개소가 필요했었다. 460대의 헬기가 하늘을 새까맣게 덮어 가며 백마 장병들을 실어 나르는 굉장한 광경은 6·25전쟁 당시 전쟁과는 비교가 되지를 않았었다. 이렇게 우리 한국군이 현대전을 터득·익숙해지기 위해서라도 베트남전 참전은 한반도의 백년대계를 위해서도 정말로 다행이 아닐 수 없다. 아마 백마 1호 작전 때의 F-100전폭기 폭격, B-52중폭격기의 융단 폭격, 포병사격, 공중기동작전 등 그 대규모의 현대전 실전 경험은 대한민국 국군=육·해·공군의 壹천년대계를 향한 일대 서광이었음을 잊어선 안 될 대사건이었다.

[암석지대 동굴 수색작전]

··· 주월 한국군 사령관 채명신 장군은 제29연대 제1대대장이 지휘 포위망을 구축한 카오 계곡에 헬기로 착륙했었다. 헬기 착륙장에서 바라본 천혜의 요새 "카오 계곡"은 하늘 높이 치솟은 원시림에다 웅장한 암석으로 치장된 절벽, 절경은 예술이고/요새였었다고 했다.···제30연대 제3대대는 연대 주공격대대로 포위망을 형성한 후, 각 중대는 대대장의 통제 하에 정밀 수색에 들어갔다. ···작전이 개시된 지 나흘째인 1967년2월1일 제29연대 제1대대는 카오 계곡을 향하여 진격 중 각 중대들이 똑같이 동굴 수색에서 전과를 올리고 있었다. 특히 제3중대는 680고지 북서쪽의 톰(Tom)계곡 암석층 동굴 수색 중 적이 다급했었든지 버리고 간 중화기인 82mm박격포 1문과 57mm 무반동총 2정 그리고 기관총 2정을 노획하는 전과를 올렸었다. 백마사단 최초의 중화기 노획으로 기록 ···제2단계 작전은 ···2월7일부터 또다시 시작이 ···,

제29연대가 적의 퇴로를 차단한 가운데, 제30연대로 하여금 목표지역을 수색케 했었으나, 적은 이미 도주해 버려 제3단계 작전까지 연장하여 정밀 수색을 3월5일까지 연장 실시했었으나, 소수 병력 외의 적 주력은 이미 자취를 감춘 후였다. 백마1호 작전을 통하여 닌호아와 나트랑 지역의 한국군은 물론, 미군과 베트남 국민에게 계속적인 위협을 가하던 칸호아성의 베트콩과 월맹군 제188연대에게 커다란 타격을 가한 것은 중요한 의의가 있다. 왜냐하면 백마사단이 상륙한지 불과 3개월 만에 사단급 작전을 성공적으로 완수하여 적에게 백마사단의 위력을 보여 주었었기 때문이다. 앞으로 적이 백마사단을 함부로 넘보지 않게 됐었다는 것은 그만큼 자위(自衛)를 위해 보탬이 될 수 있었다. 이번 작전에서 사단은 적 393명 사살, 포로 31명, 소화기 271정, 공용화기 33정을 비롯한 수없이 많은 군수품을 노획하는 전과를 올렸다. 적병의 군수품 획득은 곧 바로 베트콩의 전력약화로 이어진다는 점이다. 아군피해는 전사자 19명, 전상자 35명을 냈었고, 작전기간 중 비전투 손실 76명(질병)이 발생하였다.

…, 전 화력을 총동원하여 집중적으로 포격을 했음에도 불구하고 적의 피해가 크지 않았다는 대목에 주목하지 않을 수가 없었다. 작전 종료 후 포로 심문을 통해서 살피면, 적의 피해가 크지 않았었던

❶ 이유는 전폭기나 폭격기가 나타나면 폭격 직전에 즉각 암석 사이사이의 천연동굴에 숨어버리기 때문이고,
❷ 이유는 폭격에 대한 정보누설로 판단됐었다. 폭격 전에 반드시 베트남 행정당국에 알려주게 되어 있는데, 그곳에서 정보가 누설된다는 분석이었다.
❸ 이유는 천연동굴의 안정성 때문인 것은 당시 미군이 보유한 폭탄으론 암석관통력이 약하다는 데 있었다. 그리고 지금까지 사용된 벙커 버스터는 관통력이 약 7미터에 불과하나, 연구가 마무리된 신형 벙커 버스터(Bunker Buster)는 약 35m까지 관통할 수 있다고 한다. 신형무기의 발달이 날을 더할수록 가공할 정도이니 앞으로의 전쟁이 정말 무서운 세상이 될 것 같아 우려가 되지 않을 수 없다.

------------------------------[대한국인이여!]------[해병의 신화 짜빈동 전투를]------[상기하라]
1,결전의 그날을 위해… 경험 없이 첫 전투부터 잘 싸울 수는 없다. 많은 시행착오를 진정한 교훈으로 삼았을 때 그 실책은 되풀이되지 않지만, 시행착오를 무시해 버린다면 그 군대는 결코 강해질 수가 없다. 우리 해병 청룡여단은 1965년10월9일 중부베트남의 군항 캄란만에 상륙했다. 중부의 투이호아 지역에서 작전을 마치고 새로운

작전임무를 받아, 또 다시 1966년9월19일엔 '추라이'로 주둔지를 옮겨가는 우여곡절을 겪었다. 추라이는 투이호아에서 해안선을 따라 북방으로 약 160km떨어져 있었고, 베트남정부의 행정력이 미치지 못하는 베트콩 통치 구역이었다. 우리 해병 청룡여단은 초기 전투에서 많은 대가를 치루면서 그 대가를 바탕에 깔고서 새로운 용트림으로 베트남 땅 '짜빈동'에 세계 전사에 길이길이 빛날 신화를 남겼다. 오로지 우리 해병 청용은 "베트남전쟁은 한국전쟁과는 달리 목숨을 버리면서까지 탈취할 목표는 그 어떤 가치도 없었음" 에도 불구하고 자유의 십자군으로, 전우를 위해 목숨을 초개 같이 산화한 …두 병사도 있었다. 검정색 파자마같이 헐렁한 옷을 입고 자동차 타이어로 만든 샌들을 신고 있는 베트콩을 보면 한 주먹으로 때려잡아도 힘이 남아돌 거란 생각이 들 정도로 빈약하기 그지없는 체구다. 귀신 잡는 해병이란 자긍심에 가득 찬 우리 해병이 그런 베트콩은 확고한 이념이 있고 지리에 밝아 정글을 헤쳐 나가는 데는 우리보다 훨씬 더 날쌨다. 그리고 지난 세월 동안 수많은 나라의 외세와 싸워 약을 대로 약아진 그들이다. 오로지 잔꾀로 자라고 잔꾀로 살아간 베트콩이고 보면, 그들을 무서워해서도 안 되지만 깔보아도 안 된다. 이제 우리 해병도 그 원리를 터득했다.

…필자는 잠시 패전을 거듭하던 미국의 남북전쟁 당시 그랜트 장군이 1862.2.16일 남군을 공격하여 테네시 주 도넬슨 요새(Fort Donelson)를 점령하면서 1만4000명 포로를 사로잡았다는 소식에 접한 링컨 대통령의 만면의 미소를 엉뚱하게 그려봤다.

맹호·백마·청룡 어디를 가나, 걱정거리가 하나 있었다. 어느 땐가는 우리 한국군에게 당한 수모를 설욕하기 위해 두코 전투와 같은, 아니 그보다 더 강력한 군사력으로 한국군 기지를 유린할 것이라는 생각 때문이었다. 최강의 방어진지라고 자랑하던 프랑스군의 디엔 비엔 푸 요새 공격과 같은 형태의 대규모 기습공격이 있을 것이라는 예감이 내 머리를 떠나지 않았던 것이다.

17도선 남방 280km지점에 위치하고 있는 청룡부대 전술책임지역 460㎢ 베트남군 제1군단 지역과 미해병 상륙군 지역 내에 있었다. 청룡의 제11중대 전술기지는 여단본부에서 약 6km 떨어진 짜빈동(Tra Binh Dong)에 위치하고 있었다. 월맹군 제2사단 예하의 정예부대인 제1연대의 병력 2,000여 명과 베트콩 지방군 부대 등 2개 연대 규모의 병력이 1967.2.14일 밤, 인해전술로 제11중대 전술기지를 유린하고, 여단본부까지 공략할 목적으로 공격을 감행해 왔었다. 당시 한국군의 중대전술기지는 야간에 적의 공격을 받을 경우, 외부의 증원과 재보급이 불가능하므로 자체 방어가 가능하도록 견고한 사주방어를 편성하고, 각종 장애물과 지뢰 등으로 보강되며, 포병화력과 조명 등을 지원받아 연대급 이상의 적 공격을 48시간 이상 방어할 수 있는 탄약과 식량, 그리고 물을 비축하도록 규정하고 있었다. 이 같은 짜빈둥 전투 직전, 당시 제2해병여단장은 여단지역 내에서 적 병력과 활동이 증가되고 활발해 짐에 따라 적의 공격이 예상되는 제11중대 '중대전술기지'에 각별한 경계와 관심을 가지고 병력과 화력을 보강하며 수색과 경계강화를 지시하였다. 이에 따라 청룡부대는 2월9일, 구정 휴전이 되었음에도 지역 내의 적 활동이 계속 격화되고 있음을 감안하여 경계를 강화하고, 이어서 2월17일부터는 한·미·월 연합작전을 전개하기 위해 작전준비에 전념하고 있었던 터이다.

2,새 해병의 신화 창조···, 1967년2월14일 밤10시경부터 안개가 끼고 부슬비가 내리기 시작하면서 시계(視界)가 불량하였다. 밤 11시가지나 적 1개 소대가 접근하는 것을 아군 초병이 발견하여 제3소대장에게 보고하고, 소대장의 보고를 받은 중대장은 즉각 중대의 전투배치를 완료하였으며, 조명탄으로 적의 접근을 확인하면서 청음초 병력을 기지 내로 철수시키고, 포병지원 등의 모든 조치를 취하였다. 그리고 침투를 위해 접근하는 적에게 최초 사격을 가하자 적은 1구의 시체를 유기하고 고성으로 노래하며 조기에 퇴각했다. 그러나 중대장은 적의 大부대 공격을 예감하고, 전부대의 전투비상배치와 함께 지원포 사격준비 등 만반의 조치를 강구하고 있었다. 이어서 2월15일04시경 제3소대장으로부터 "적의 은밀한 침투가 개시됐다"는 보고에 포병의 조명지원으로 적이 개미 떼 같이 접근해 오는 것을 확인하고, 모든 화력을 집중하기 시작했다. 이때 적은 막대한 사상자를 내면서도 3개 대대 이상의 규모가 포병의 지원을 받으며, 인해전술로 파상공격을 감행해 왔었다. 특히 제3소대 정면에 적의 공격이 극심하여, 소대 방어지역 일부에 적이 침입하자, 소대원들은 육박전으로 싸우면서 희생자도 발생하기 시작했다. 그리고 04시30분경, 적의 공격병력은 더욱 증가되자 아군은 삽과 곡괭이까지 들고 육박전을 치르면서 침투한 적과 맞섰다. 적의 지원사격도 더욱 거세어졌었다. 이때 여단장은 일부 병력을 헬리콥터로 긴급 투입해 제11중대를 지원하려고 했으나, 중대장은 이를 거절했다. 지원부대가 투입되는 동안 아군 포사격이 중지되면, 적 공격부대가 일제히 진내에 돌입해올 것이 명확하기 때문이었다. 이 같은 판단에

따라 중대장은 계속 아군 포사격을 유도하며 파괴된 장애물을 돌파구로 하여 개미 떼처럼 밀려드는 적에게 정확한 포병화력을 집중하자 적들이 무더기로 쓰러졌었다. 그리고 제1소대장은 소대원 전원에게 돌파구를 향해 집중 사격을 가하게하고서 달려드는 적을 교통호 전방 20m까지 유인해 강한 크레모아 지뢰를 폭발시켜 수많은 적을 섬멸했었다. ··· 적은 화염방사기 4문과 파괴 통, 수류탄을 장비한 특공조로 하여금 중대본부를 습격하기 위해 돌진해 왔었다. 제1소대장은 적에게 접근, 수류탄과 소화기 사격으로 화염방사기 사수를 사살하고, 소련제 화염방사기 2문을 노획하였다. 그리고 중대를 지원하고 있었던 4.2인치 중박격포소대와 106mm 무반동총 사수들도 이미 진내에 침투한 적에 대하여 사격할 수 없게 되자, 모두 소총을 들고 진내에 침입한 적들과 육박전으로 격투를 벌렸었다.··· 2.15일 05시50분경, 제2소대장은 소대원의 사격을 지원하던 중 제3소대에서 진내 육박전이 전개되고 있음을 알고, 일부병력을 지휘하여 진입한 적을 사살하고 부상자를 구출하였다. 이어서 06시20분경 적이 아군 진지 철조망 50m 전방에 있는 바위 뒤에 대전차 유단포를 설치하여 중대지휘소에 대한 사격을 계속하자 제1소대장은 특공대로 이를 제압할 것을 결심하고, 소대원 전원의 엄호사격하에 적에게 포복 접근하여 수류탄으로 적을 몰살하고, 3문의 유단포를 노획하여 모든 장병의 사기를 드높였다. 그리고 1967년2월15일 오전 06시30분경 중대장은 과감한 역습으로 침입한 적을 소탕하기 시작하여 잔존한 적을 모두 소탕하였다. 이 결과 새벽 04시부터 08시까지 4시간여 동안의 처절한 전투를 통하여 적 사살 246명, 추정사살 60명, 포로 2명, 소총 12정, 권총 1정, 등 수많은 수류탄, 포탄, 소총탄을 노획하였다. 그러나 이때 아군도 전사 15명, 부상 33명의 고귀한 희생이 있었다.

··· 청룡 제11중대는 중대병력만으로 수십 배에 달하는 월맹군 제2사단 제1연대 병력의 발악적인 야간 기습공격을 맞아 일부 진지가 돌파되고 적의 일부가 진지에 돌입하는 등 필사적인 침입이 있었으나, 제11중대장의 용맹 과감하고 시의적절한 판단력과 필승의 투지로 지휘했고, 제1소대장을 위시한 장교와 하사관 및 분대원이 혼연일체가 되어 용전분투한 것은 베트남 전쟁사뿐만 아니라 세계전쟁사의 전투장면 중에서도 그 유례가 없는 혈전이었다.··· 대한민국 해병대의 용맹과 전한국군의 명성이 이름만 들어도 유명한 통신사들에 의해 전세계를 향해 앞 다투어 타전했었다.

도대체 전쟁이 어떤 것이기에 거기에 노다지가 있다는 것일까? 란 질문에 여러 종류의 대답이 나올 수가 있다. 전쟁을 통해 먹고사는 살길, 신작로가 뚫린다는 말이 있을 수 있다.

대몽골제국의 칭기즈칸은 중원 정복과 과레즘제국을 돌파해 전리품으로 몽골 10만 정병 너커러가 전사하면 일가의 3대가 먹고 살 수 있는 은전을 주자, 만백성은 천지개벽을 이루었다고 탄성을 질렀다.

칭기즈칸 그는 어떤 전쟁에서도 이슈와 명분이 없는 전쟁은 하지 않았다. 그는 전쟁을 통해 세계연방을 이뤄나갔다. 항상 그는 크라이막스를 향한 전쟁을 극대화시켰다. 그 같은 상황 속에서도 그는 전쟁을 환영(幻影)하면서 '케식텐 국부론' 경제학을 창안해, 유라시아 대륙에 동서양을 연결하는 '자유무역지대(FTA)'를 설치했던 것이다.

대영제국도 인도를 비롯하여 중국과의 추악한 아편전쟁(19C 영국 재상 글래드스턴의 의회연설에서 '파 머스턴 경'은 유니온 잭을 더럽히는 추잡한 아편전쟁을 중단하라)에서 승리함으로써 인도와 중국 땅 수 억 만금의 황금 보화를 획득하여 산업혁명과 세계화, 제국주의 열강의 반열에 올라 200년 영화를 누렸다.

또한 대일본제국마저도 '청일갑오전쟁의 승리'로 어마어마한 전쟁배상금은 물론 265년을 이어온 청 왕조의 조대를 바꿔치기해 버렸다.

일반적으로 전쟁의 원인은

❶, 경제적 원인: 인구급증, 빈부격차, 자원 확보, 무역역조현상이다.

❷, 정치적 원인: 영토 확장, 권력 쟁탈, 명예 회복을 들 수 있다.

❸, 정신적 원인: 종교·민족 간 분쟁 & 이데올로기 대립 등이다.

20C 이전의 전쟁양상이 ❶·❷번이었다면, 앞으로 이어질 전쟁양상은 이데올로기 대립은 한국전쟁과 베트남(인도차이나)전쟁을 끝으로 종교와 종족 간의 테러형태로 이어질 것이다.

20C에 접어들면서 1차·2차 양차세계대전을 통하여 핵시대의 도래와 전쟁기술의 다양화와 최신무기의 시험장·전시장처럼 되어, 그 피해와 잔학상은 피아가 공멸을 의식한 나머지 무차별적 전쟁관이 붕괴됐다.

특히 19C 말·20C 초의 일본이 전쟁의 설계와 도면을 완성하는 기술이 뛰어나다고 자부했었으나, 전쟁 막판에 원자폭탄 한방에 인간의 한계, 신의 섭리를 깨달았었다.

그러나 패전 총리 '스즈끼·간따로'가 형장의 이슬로 사라지면서, 또 겁없이 '과학기술 때문에 대동아전쟁에서 졌다'는 유언이 마음에 걸린다.

전후복구 작업을 전쟁특수경제학의 대가 '이치마다 히사또'가 달라붙어 한국전쟁과 베트남전쟁특수 그림까지 멋지게 그려서 실천에 옮겼으나 일본의 한계가 거기까지였다.

앞으로 세계를 위기로 몰고 가려는 독일계 유태인(골드만삭스와 로스차일드家의 JP모간)이 문제다. 이들은 일명 곡물시장과 원자재시장을 놓고, 에너지시장을 놓고 심각한 쟁탈전을 벌이면서 호시탐탐 기회를 엿보고 있다.

실제 이들이 1차·2차 세계대전을 엄밀하게 주도한 집단이라 말한다. 지금의 동북아민족주의/중동지역 극단주의/아프리카 소수민족의 반목과 위기를 조장하고 부추기는 세력이 이들이라고 지구촌은 주목한다.

[7]

얼마나 그렸던가! 무궁화 꽃을…, 귀국선 뱃머리에 희망을 담아 돌아오네!

귀국선-(1)

인류의 역사는 전쟁의 역사다. 불퇴선의 선생이란 원칙을 깨고 "더 큰 덩어리를, 보다 더 희망찬 미래를 향해 아름다운 미국인들은 이긴 전쟁을 져주기도 하는 멋진 전쟁"을 필자는 몸소 체득하고서 돌아간다.

미국<아름다운 나라>은 칭기즈칸전쟁을 할 수도 있었건만, "공산주의 깃발을 내리게 할 중국이란 덩어리와 손 잡기위한 져주는 전쟁"을 했다.

미국은 영원하리! 1941.8.15 루즈벨트의 '대서양헌장'을 읽었는지도 모를 찰나의 선택"을 결행한 웨스트 모얼랜드 장군은 영원-영원 하라!

하늘나라에 계신 베트남 전장에서 산화(散華)하신 고귀한 영령들이시여! 애도를 표합니다. 전상을 당한 전우들 그대들에게도 경의를 표합니다!

머나먼 타국 땅 낯 설고 물 설은 베트남 땅 하늘은 멀더라도, 전장에서의 품삯은 조국 대한민국을 위한 산업화 종자돈에 투자를 하고서…,

필자는 1968.12.9일, 강원도 평창 산골마을 초등학교 2학년생 이승복 군을 무자비하게 살해했다는 소식을 듣고, "어린 것이 숨넘어가면서도 '공산당이 싫다'고 했을까?"를 곱씹으며 무거운 마음으로‥,

고국산천 조국 대한을 향해, 얼마나 그렸던가, 무궁화 꽃을 얼마나 외쳤던가, 태극 깃발을 나의 조국 부산 갈매기야 웃어라! 오륙 도의 파도야 춤춰라! 귀국선 뱃머리에 희망을 담아 조국 대한민국으로 돌아오네!

이미 선실 안엔 베트남 최북단 17도(우리의38도)선 가까이 주둔하고 있었던 호이안·다낭 병력이 먼저 승선해 있었다.

1968년 12월 23일 오후2시 퀴논 부두에 접안시킨 타이거스 호에 올랐다. 귀국하는 14일간의 긴 여정, 항해 중 기거할 곳으로 3-4선실이 배정됐다. 해안선을 따라 귀국병력을 승선시키는 이곳의 병력은 빈케·푸캇·퀴논·송카우 주둔 병력이, 다음은 투이호아·닌호아·나트랑·캄란 주둔 병력이, 끝으로 사이공·붕타우·디안 주둔 병력이 차례로 타고 길고 긴 항해가 시작 될 것이다.

필자는 3-4선실에 들어서면서 호이안에서 승선한 해병전우와 또 옆엔 지금 막 함께 승선한 송카우 주둔 맹호부대 전우와도 동시다발적으로 눈길이 마주쳐졌다. 너무 생생하고 순간적인 일이라 어떻게 표현/어떤 말을 해야 할지 모를 정도로 당혹스러웠다.

사람에겐 느낌=휠이란 것이 있다. 이 두 사람의 눈동자는 남다르게 충혈돼 있었다. 한마디로 여 뉘 사람의 눈동자와는 달랐다. 여기까지 말하고 필자가 하고 싶은 말의 진의는 이 글 끝자락에서 할 요량이다.

필자는 갑판 위에서 격동의 1968년을 뒤 돌아보는 동안, 선박은 어느듯 다음 병력을 태울 나트랑 항에 곧 입항한다는 안내방송이 나왔다.

그러나 필자는 베트남전쟁의 Climax '1·29 구정總공세'란 격전을 경험하고, 그 격전장의 불꽃 속에서 아름다운 나의 고국산천의 내일의 희망을 그려서 돌아가니 감회가 깊을 따름이다. 그런데 필자는 100군수 십자성부대에 근무한 병사였음에도 350일 동안에 다른 사람들은 모두가 베트남 땅 밤하늘의 십자성을 여러 번 보았다고 했다. 그러나 필자는 오늘 캄란 만을 통과하는 귀국선 갑판 위에서 처음으로 바라본다.

필자가 1968.1.19 베트남에 도착하자마자, 곧 구정공세가 시작됐다. 베트남체류동안 더욱 우울하게 만들었던 것은, 국내에서 1968.1. 21일 북한군 특수부대의 청와대 기습사건부터, 1968.1.22일 美해군 정보함 푸에블로(Pueblo)호 납치사건, 1968.11월 울진·삼척 무장공비사건=1968.12.9일 이승복사건이 발생하였다는 것은 최후의 발악과 같은 소식이었다.

이런 일련의 사태는 북한과 월맹이 연계한 사전 조율에 의한 발악으로 밖에 볼 수가 없었다. 1968년 1월 29일 일몰 후부터 보름여에 걸쳐 이미 17도선이남 남베트남지역에 월맹군 14만 병력이 침투되어 베트콩과 연합하여, 베트남 전역에 걸쳐 무차별적 총공세가 감행됐었다.

1968년은 정말 특별한 해였다. 월맹군과 베트콩의 구정총공세의 여파는 결과적으로 프랑스와 미국사회에 이 한 해 동안 지대한 영향을 미치게 되었다. "미국의 베트남공습"에 항의한 사건은 미국 반전단체는 물론 프랑스 사르트르세대의 '68세대', '68혁명'으로 이어졌던 것이다.

필자는 칭기즈칸 이야기를 비롯한 수많은 전쟁 얘기 속의 전쟁은 기필코 이겨야 한다는 약육강식의 전쟁이었지, 인도주의의 앞뒤 살펴가면서, 속도를 조절하며 하는 전쟁은 인류역사를 통틀어 보아도 없었다.

칭기즈칸 전쟁은 정복전쟁이었다. 그는 전쟁을 통해 세계연방을 이루어 갔다. 항상 그는 클라이막스를 향한 전쟁을 극대화시켜나갔다.

그래서 필자는 미국의 베트남전쟁은 실패한 전쟁이 아니라 '인류의 미래를 위한 멋진 미국인(美國=아름다운 나라)만의 전쟁'이라 부르고 싶다.

그 이유론 ❶더 큰 게임 공산주의 깃발을 내리기 위한 최첨단 무기로 무장된 군대와 아마추어 빈손군대와의 계산된 전쟁을 하고 있었다.

❷전시 및 시험·실습차원의 최첨단 무기와 원시적 재래식 무기의 대결장으로 치달렸다면 결과는 뻔했지만 미국은 전술은 몰라도 전략은 고집하지 않았다.

❸미군은 전쟁 중 남베트남의 국경선을 넘지 않았다.

❹필자가 특별하게 주목한 부분 베트남 대통령과 군총사령관이 주장한 '쿠투초프 전법'에 의한 사이공 초토화 작전을 '웨스트 모얼랜드' 장군은 무산시키고 패장 쪽을 선택했다.

❺어떤 경우에도 미국은 핵무기에 의한 선제공격을 안 했다.

❻이 전쟁은 특수성을 고려해야 한다고는 하나, 미국의 개입 목적과 국지적인 정치 군사적 여건을 기정사실로 인정하면서도, 만일 국가전략자체의 오류와 전략수행상의 잘못을 피할 수 있었다면 다른 결과를 가져옴으로써 미국의 개입목적을 달성할 수 있었을 게다.

이젠 필자가 글 끝자락에서 말하고 싶다던 진의(眞意)는 이렇다. 우리 대한민국의 누군가가 베트남전쟁 참전자들에 의해 베트남 양민학살 운운하는 소리를 두고, 국내에선 조작된 '주장이다·아니다'로 여론이 상충되고 있는 듯 했었다.

그래서 귀국하면서 베트남전쟁 참전 전우들과의 나눈 현장의 목소리가 얼마나 도움이 될지는 미지수다. 호이안 청룡 11대대 해병 전우와 송카우 맹호 26연대 전우와 필자는 3-4선실에 들어서면서 동시에 눈길이 마주쳤다고 했었고, 또한 서로가 당혹스러워 했다고도 했었다.

필자가 청룡부대와 맹호부대 용사를 여기 등장시킨 이유부터 설명하면, 베트남 사람들은 이 두 부대의 병사들을 두고 용감무쌍하다고 소문이 나 있었기 때문이다.

베트남 전장에서 뿐만 아니라 국내에서도 해병대하면 귀신 잡는 용맹무쌍한 해병이라 정평이 나 있었다.

그리고 맹호부대용사하면 부대마크부터 호랑이다. 그 이름자체부터가 주월 한국군 대표사단이다. 부대마크만 봐도 베트남 사람들은 두려움을 느끼는 것 같았었다.

필자가 대민지원봉사를 나갈 때 십자성 마크를 달고 가면 마을 주민들은 맹호부대 예하 소속 병참 부대인줄로 알고 있었다.

필자의 느낌이란 보통사람들은 최악의, 죽음의 상황에 처할 때 환장한 사람 같이 변한다고들 말한다.

환장(換腸)이란 시쳇 말로 '간 띠가 부었다', '간이 배 밖으로 나왔다'고들 한다. 그래서 사람을 죽인 사람은 눈을 보면 안다고 했다. 사람을 죽인 사람은 눈이 뒤집어진다고들 했었다.

바로 필자와 동시에 해병·맹호부대 전우와 눈길이 마주쳤을 때, 우회적으로 질문한 것이 아니라 단도직입적으로 물었다.

전장에서 도대체 베트콩 몇 명이나 죽였습니까? 질문을 하니, 공교롭게도 두 사람 모두 필자를 주시하며 어떻게 알았느냐고 되받아쳤다.

눈동자 보고 알았다고 하자, 그 다음부터는 시원시원하게 대답해 주었다. 베트남전쟁에서 병사들은 누구나 스스로의 안위를 지킬 목적이었지, 더구나 미국인의 앞잡이로 적개심을 앞세우진 않았으며, 그리고 임의로 마을을 수색·정탐한 적은 단 한 번도 없다고 실토했었다.

마을 내에 은닉한 물품이나 집단의 존재 유무를 마을책임자의 신고나 의뢰 없인 공격이 불가했다고 말했다.

신고나 의뢰가 있어도 미군의 지상 및 공중 지원 포격이 충분하게 이루어진 다음에, 잔당 수색작전을 펼치다가 옆 전우가 베트콩·월맹군 공격으로부터 전상(戰傷)하거나 사망(死亡)에 이르면, 그때로부터는 제정신이 아니라 눈이 "뒤집어진다고, 환장한다."는 것이었다.

이들 스스로 실토했다. 결코 양민학살만은 없었다고 말해 주었다.

그런데 일부 선생님이 "고등학교 학생들에게 베트남 참가 참전세대들은 미군에게 일당 받고 무고한 베트남양민학살에 동원된 미군 앞잡이다"라고 날조된 교육을 하고 있다는 말을 정훈교육을 통해 알았다.

그리고 고등학생들을 시켜 베트남 사람들에게 '참전세대들은 미국 놈의 앞잡이 사냥개.'라고 편지질 하도록 부추기는 선생님이 있었던 모양이다. 필자는 이런 불순하고 지각없는 선생님은 대명천지에 한사람도 없을 줄로 믿고 싶다.

만약 파병용사들에게 이런 편지가 발견됐다면 요절을 냈을 것이다.

여기서 필자가 또 짚고 넘을 대목이 있다. 유엔은 1954년 7월 제네바협정(Geneva agreement)으로 군사정전 17도선이 확정돼 남쪽엔 베트남공화국(Vietnam 共和國)이, 북쪽엔 월맹·베트민이 각각 대치하게 됐다고 했다.

그래서 필자는 '월남 전쟁'이라고 부르지 않고 '베트남전쟁'이라 했다.

그리고 베트남파병 전우들 중 '용병·품팔이'이란 용어에 거부감을 가지고 있다는 점도 알고 있다. 거부감의 이유론 미제국주의자들 앞잡이로 한국인을 전투수당 주고 데려와 청부전쟁에 투입했다는 북한 김일성의 선전·선동과 국가주의정책에 말려들어선 결단코 안 될 일이다.

필자는 회고한다. 1968년은 한반도전쟁·6,25전쟁 이후 북한의 김일성이 발악을 한 해이었다. 1,21 청와대 침투기도사건, 1.22일 미푸에블로 호 정보함정 납치사건, 11월의 울진·삼척 무장공비 침투사건을 반추해 보면, 북한이 월맹군과 베트콩을 돕는다는 차원보다는 양민학살을 국제 이슈화해 인도주의를 앞세우는 양키 놈을 궁지로 몰 요량으로 밖에 봐 줄 수가 없었다.

그런 연장선상에서 국내에 잠입한 극좌세력에 부화뇌동한 순진한 선생님들의 판단착오로 보면 정확할 것이다.

그리고 이들 선생님들은 반드시 1955.12.28일부터 김일성이 자신의 목소리를 내기 시작한 '김일성 주체사상에 대해 확실하게 짚어내야 할 것이 있다. 김일성 스스로 스탈린주의란 엑기스를 뽑아내고 자주와 주체를 외치게 된 동인을 먼저 알아야 한다. 그 다음 선생님들은 그 사상이 풍기는 향기 '인간중심철학'을 떠올리면 말문이 저절로 막힐 것이다.

필자는 출항할 때처럼 공교롭게도 또 동녘에서 해가 솟아오르는 오륙도 가까이에 닻을 내렸다. 떠날 때처럼 타이거스 호 그랜드 레스토랑에서 근사한 아침식사를 하니 예인선은 3부두로 접안시켜 놓았었다.

[8]

얼마나 외쳤던가! 태극 깃발을! 귀국선 뱃머리에 희망을 담아 돌아오네,

귀국선-(2)

필자는 <귀국선-2>뱃머리에 희망을 담아 놀아오면서, 베트남 체류 350일 중 긴 시간의 독서에서 천상열차분야지도 한반도통일의 과제로 '독일외교와 칭기즈칸의 몽골 통합'에서 찾으려 했다.

1차 세계대전에서 패한 이후 바이마르공화국이 탄생한 1919-1923년까지 베르사유조약이행에 따른 지독한 혼란기를 거치면서 1923-1929년까지의 회복 시기를 "구스타프 슈트레제만이 '수상과 외무장관'을 겸직"하면서, 라팔로조약체결과 1926년 국제연맹가입·베를린조약을 체결하

여 '라팔로조약'의 범위를 확대발전시켜 나갔었다.

그리고 베르사유조약에 따라 독일정부는 연합국의 통제를 받고 있어 독자적으로 군사재건, 특히 공군과 해군을 보유할 수가 없었다.

그럼에도 장교단은 독일을 통일하고 강한 국가가 된 프로이센 군대의 정신과 전통이 어떠한 형태로든 다음세대에 이어져야 한다고 믿고 있었다. 이 이념을 실행에 옮긴 사람은 1919년 7월 3일 육군참모총장에 취임한 젝크(H.V.Seeck)였다. 젝크의 뒤엔 구스타프 슈트레제만이 있었다.

한편 독일은 소련과 군사비밀조약을 체결함으로써 베르사유 조약에서 금지된 공군양성·화학 무기·탱크 같은 현대전에 필요한 무기를, 독일 영토 내에서 중화학 무기를 생산하는 것이 아니라, 소련에서 생산하여 실험도 할 수 있었고, 군사기술을 개발할 수 있는 무기생산 체제를 갖추게 됐었다. 이 모두가 슈트레제만의 외교적 성과물이었다.

또한 제2차 세계대전을 일으킨 전범국가의 패전국 총리 '아데나워' 초대 수상 얘기다. 전범국가 아데나워 수상은 1951.4.11일부터 1967.4.25일까지 16년간 미국 방문 10차례에, 프랑스를 무려 26차에 걸쳐 공식 방문했다. 아데나워 수상은 프랑스의 드골대통령의 골롱베 별장을 15차례나 방문을 하고 100시간이 넘게 단독대좌를 가졌다. 또한 프랑스와 40여 차례에 걸쳐 국가 간 친서도 교환했다. 비록 전범 국가 패전국 총리로 출발했으나, 그의 독일통일을 향한 불퇴전의 노력은 불가능을 가능으로 이끌어낸 희대의 낭보를 대한민국도 모본으로 삼아야할 것이다.

앞부분 어디서 필자는 일본과 독일은 상충하는 점도 있지만, 닮은 점은 너무 빼닮으려 한다고 했었다. 이치마다 히사또의 전쟁특수경제학에 지대한 영향을 끼친 사람으로 할마르 샤흐트와 구스타프 슈트레제만이 있었다라고 말한 적이 있다.

독일이 제1차 세계대전에서 패망하자 연합국에 의해 일방적으로 체결된 베르사유 조약은 독일에서 좌·우파 할 것 없이 모든 정치 세력들의 비난의 대상이었다. 바이마르 공화국의 외교 목적은 연합국이 부과한 부담을 단계적으로 덜어나가는 것이었다.

1922년 프랑스는 브리앙 내각이 물러나고 '포앙카레'가 등장하여 1921년 런던 회의에서 결정된 전쟁 배상금을 성실히 수행하라고 독일을 압박하기 시작했다. 프랑스의 부당한 요구에 이를 수행할 능력이 없는 페렌바히(K.Fehrenbach)내각은 총사퇴했다.

뒤를 이어 같은 중앙당 소속의 비르트(K.J.Wirth)가 취임하여 프랑스의 조건을 이행하기 시작했다. 이행 정책을 통해 독일은 조약에서 제시한 배상금을 충실히 수행하여 성실성을 보여주고 신뢰를 회복하는 동시에 조약에서 부과한 불합리하고 불가능한 내용을 수정하고자 했다.

강압적인 프랑스 정부와는 달리 영국의 조지(L.George)는 전쟁 배상금 지불이 독일 경제를 위협하고 있었고, 만약의 경우에 독일 경제가 파탄의 위기에 빠지거나 사회주의화될 가능성이 있음을 우려를 표하며 1922년 1월 칸느 회의와 제노아 회의를 개최하여 독일의 배상금 지불 방법을 다시 검토하자고 했다.

그러나 프랑스는 조약이 '원안'대로 이행돼야 한다는 주장을 폈었다.

그런 중 1923년 수상에 오른 외교 귀재 '구스타프 슈트레제만' 내각에서 무제한 발권, 한마디로 배 째라식=화폐가치추락(1922년 1월 1달러는 200마르크였으나, 1923년 1월엔 1만8000마르크로 폭락했다)으로 독일 경제가 마비 상태에 빠지면서 연합국에게 전쟁 배상비를 지불치 못하는 상황이 되고 말았다.

당시 슈트레제만은 연합국 상호간의 불협화음을 읽어냈다. 급기야 독일은 연합국에게 채무 불이행을 선언하기에 이른다.

이에 프랑스 군대는 독일의 루르지방을 점령해 전쟁 배상비 대신 석탄을 가져가고자 했다. 전쟁 배상금 문제를 논의하기 위해 제노아 회담이 개최되고 있는 가운데 독일은 '라팔로 조약'을 체결하여 러시아에 밀착 접근하고 있었던 것이다.

그 일은 곧 서방국가들을 예민하게 자극하는 결과를 가져오게 되었다.

1923년 할마르 샤흐트는 슈트레제만 내각에서 '통화청장'에 올랐다. 그는 금융가의 은행원으로 잔뼈가 굵은 '금융통화정책'의 귀재로 유명하다. 그는 살인적인 인플레이션을 진정시켰다. 그는 통화청장에 이어 '라이히스뱅크'총재와 1933년부터는 '경제부장관'을 겸임한다. 1923년 살인적인 인플레이션을 잡아내면서, 1920년대 후반부에 도래한 디플레이션 대비책으로 새로운 마르크화를 발행해 달러화와 페그제를 실시했다.

1934년 그는 대공황 탈출을 위한 원인 분석을 끝내고 '네오 플란' 법제화에 성공한다. 그리해 그는 미국보다 먼저 대공황 탈출에 성공했다.

한편 그는 히틀러가 제2차 세계대전에 도전할 수 있는 경제적 기반을 다지는 일에 일조를 했으나, 1937년 늦은 가을 경제부장관을 괴링에게 넘겨주었고, 1939년 초엔 라이히스뱅크 총재 자리까지도 풍크에게 넘겨주고 히틀러와 결별했던 것이다.

정치독재자 아돌프 히틀러와 경제독재자 할마르 샤흐트는 서로 물고 물리며 이용하고, 서로가 이용했다. 왜냐하면 할마르 샤흐트에게는 히틀러의 강압적인 리더십이 위기의 해결책이라 보았기 때문이었다.

2차 세계대전이 끝나자 뉘른베르크 전범재판에 회부가 됐으나, 그는 무죄판결을 받았다. 할마르 샤흐트의 회고록으로 《돈의 마술(The Magic of Money)》이 있다. 2013년 1월의 일본의 아베 정권의 뒤에 숨은 아소 다로가 시도하고 있는 무제한 엔화 발권을 주시해야만 할 것이다.

필자는 귀국선-2 뱃머리에 희망을 담아 돌아오면서,

베트남 체류 350일 중 100일 독서에서 '천상열차분야지도 한반도통일'을 향한 해법을 귀국선 14일 항행기간 중 남지나해를 빠져나오면서…

망망대해…, 우측 방으로는 필리핀의 산 페르난도를 바라보면서…,

좌측 방으로는 타이완의 타이난을 그려보면서…,

'한반도통일'에 대한 밑그림을 독일의 슈트레제만과 아데나워, 그리고 할마르 샤흐트에게서 찾아서 정리하는 기회로 삼기는 했으나,

우리가 추구하는 한반도통일은 두 번씩이나 지구촌을 흔들어 놓은 전범국이었던 독일통일방식과는 분명히 여러 가지 측면에서 다를 수밖에 없고, 어느 면에선 분명히 밑줄을 긋고 달리 해야만 할 것이다.

35년 전 강남 8학군 1000명의 미래세대를 위해 발품을 팔았다.

한국교회 최초로 선교통학용 버스를 서울 남문교회에 헌납했다.

---

❶필자는 1978.5월 "선교통학용 45인승 버스"를 현대차 울산공장에 1600만원을 지불하고 인수, 상공부 차량 과와 문공부 종무실 허가를 득해, 서초구 잠원동 소재 남문교회(現늘푸른교회)에 헌납한바 있다. 제3한강교 개통 직후 동대문 종합터미널이 강남고속터미널로 이전하려고 가건물 공사가 한창일 때, 全강남의 버스노선이 66번·83번에 불과했다. 1978.6월부터 중·고등학생을 태운 통학버스는 강남 신사동 주유소 앞을 출발하여-도산대로-영동고-경기중고-휘문중고-진선여중고-은광여중고-영동중-상문-세화여-반포중고-강남8학군의 1000명의 미래세대를 3년에 걸쳐서 통학을 시킨바 있다. 이들은 1960-1970년생으로 40/50대가 되었다. 이들은 MIT·하버드·스텐포드 등 유학후, 대한민국 최고의 엘리트들로 안철수 교수가 말했던 사회적 인프라가 형성되지 않은 "대한민국에서는 빌게이츠도 성공하기 어렵다"는 소프트웨어 벤처산업분야, 대덕과학비즈네스벨트, 인문·사회·자연과학·경제"분야 석박사들, 즉 21C 오케스트라경영의 주역들로 성장했다. 필자는 21C 세계경영의 동량들을 위한 지난 일을 돌이켜 보면, 강남의 많은 땅 부자들이 실천하지 못한 1000명의 미래세대를 위해 필자가 베트남전쟁의 몸값을 아껴 발품을 팔았다는 게 큰 보람이다.

❷필잔 1988.12.20 충현 새 예배당 봉헌식에서 건축위원으로 감사패 받았다. 서울시에서 “가사용승인”을 받아내, 충무로시댈끝내고1985.4.3부활주일 역삼동새 성전시댈 열었다.

❸1978.6월 삼척시 원덕면 임원항의 임원교회 땅800여 평을 가로막고 있었던 대로변 통로 땅 50평을 헌납한바, 대한감리회 동부연회 임순목 감독으로부터 감사패를 전해 받았다.

1968.1.29.18시를 기해서 월맹군과 베트콩의 구정總공세 당시 1968.2.19일 베트남 퀴논 주둔 제1군수 1지원단 군수기지창 바운더리 내의 美 제14비행단에 야간 기동을 위해 비상대기 중인 많은 헬리콥터를 배경으로 찍은 기념사진이다. 필자는 "수백 대의 헬기가 하늘을 새까맣게 덮어가며 수많은 병력을 동시에 목표지역에 착륙시켜, 짧은 시간에 포위망을 압축하는 굉장한 공중기동작전"을 펼친 비행단이 신기했다.

1968.1.21 청와대기습사건, 1.22美정보함 프에블레호 납치사건에 이어서 1968.1.29.18시를 기해서 월맹군과 베트콩의 구정總공세 당시 1968.2.19일 베트남 퀴논 주둔 제1군수 1지원단 군수기지창의 밤을 지키는 필자의 모습이다.

2018년 6월 13일부터 2018년 7월 10일까지
大月 金正太 28일 금식기도 르포르타주

필자가 태어난 생가터에 세워진 표지석

국가원로회 장경순 의장과 필자 김정태

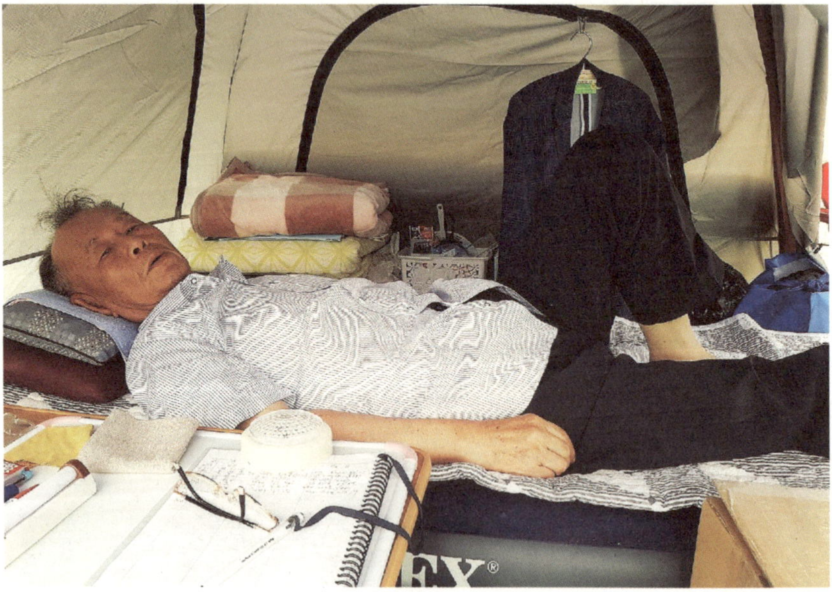

누워있는 모습

2016년 11월 15일부터 2018년 5월까지
大月 金正太의 태극기운동 르포르타주

KTX로 경산집회를 위해 동대구역에 도착한 모습

동대구역에서 경산시외버스터미널로….

경산터미널, 시장통을 행진하며….

2017년 6월 25일 경북 구미시 고 박정희대통령 생가 방문

2017년 6월 25일 경북 칠곡군 가산면 다부동 6.25격전지 방문

국가원로회 장경순의장님과 필자가 함께 광화문 동화면세점 집회 참석

거리행진중 명동과 남대문시장 사이에서

PART-III.

조국근대화와 한반도통일

(1) 대박(bonanza)통일의 참 의미……182

(2) 지난 반세기동안 일본의 3배, 중국의 4배로 국력을 신장시키기 위해 불철주야 앞만 보고 달려왔다.…193

(3) 한반도 통일예행 연습일지…… 199

(4) 햇볕정책은 북한을 깨운 절묘한 통일예행연습이었다.……205

(5) 이승만·김일성·박정희·YS·DJ·김정일이 있었기에 한반도통일이 가능하다……210

[1]

조국근대화와 한반도통일

대박(bonanza)통일의 참 의미

"6.25참전세대와, '파독광부+파독간호사+베트남전참전자'=품팔이세대"는 <박정희 조국근대화 프로젝트>를 위해 피와 땀과 눈물로 젊음을 바쳤다. 그 대가로 '경제성장의 기반구축'과 '국군현대화'를 이루었다.

<박정희 계산법>에 따라 '베트남전파병'으로 벌어들인 막대한 외화를 밑천 삼아, 한강의 기적이라 불리는 '지구촌 10대 경제대국'이 됐다. 드디어 "받던 나라에서 베푸는 지구촌 중심국가"로 도약 하였다.

그 중심에<파독광부+파독간호사=2만>,〈베트남참전자 32만> 총 34만 품팔이세대가 있었다는 것, 어느 누구도 부인하지 못할 사실이다.

2013년 박근혜 정부의 최대 과제는 '저성장·양극화의 늪'에서 빠져나올 비상구를 찾는 일, 그 어떤 일보다도 시급하다. '저성장·양극화의 터널을 빠져나올 비상 탈출구는 한반도통일이다. 자유통일은 남·북한 경제는 물론이고 동북아경제권 전반이 동반 비상하게 된다.

그런데도 우리 국민 대다수는 통일비용과 후유증을 염려하고 있다.

동북아지역으로 힘의 균형추가 이동 중이란 셈법 중, 한반도통일을 두고 월街를 대표하는 국제신용평가사 스탠더드앤드푸어스(S&P)와 세계적 투자은행 모건스탠리, 도이치증권, 크레디트스위스의 전문가들은 힘의 균형추가 동북아로 넘어오는 시점은 10년 후쯤, 2030년 정점을 찍으며 요동칠 걸로 본다. 한반도통일은 통일비용을 지불하고도 남는 장사에다가 동북아공영시대까지 열린다는 손익계산서를 내 놨다.

(1) 대박(bonanza)통일의 진의는 투자대상지역이 "북한과 만주·연해주·시베리아"로 이어지는 경제영토가 확장되면서 "생산자본과 유통자본이 돈다. 즉 기업과 가계 간 돈이 원활하게 유통된다."는 의미다.

우리 경제의 최대 걸림돌인 '저성장'과 '양극화'를 벗어날 기회로《김정태의 먹고사는 생태복원 발효경제》에서 기업(生産者)과 가계(消費者)사이의 관계는 떼려야 뗄 수 없는 '순환적 관계'다. 생산물자는 기업에서 가계로, 생산요소는 가계에서 기업으로 흐르며, 그 대가인 돈(資本)은 그 반대 방향으로 흐르는 모양새가 된다.

그런데 경제활동은 물처럼 흐르고, 또 계속 흘러야 한다. 흐르더라도 강물처럼 한 방향으로 흐르는 것이 아니라 돈은 돌고 돌아야 한다. 그래서 순환적 흐름(circular flow)이 중요하다는 것이다. '돈이 돌고 돈다.'는 말은 이 순환 때문이다.

기업이 줄어들면 가계의 소득이 줄어들고, 가계소득이 줄어들면 기업도 줄어든다. 기업이 줄면 국고가 말라붙어 국력이 쇠퇴하여 연금도 복지혜택도 중단된다. 따라서 국가·국민·기업·가계는 서로 떼려야 뗄 수 없는 "돌고 도는 순환관계"에 있어야한다.

그래서《김정태가 꿈꾼 천상열차분야지도 한반도통일》은 우리 곁으로 다가오는 새로운 천년 역사의 물꼬를 트는 대박통일이라 이름하고 싶다. 필자는 한반도통일이 경제영토의 확장으로 이어지면서 '동북아공영 르네상스시대'를 꽃 피우게 될 것으로 확신한다.

(2) 통일비용을 걱정하는 코리언 80%를 향해, 필자는 한반도통일이야말로 투자와 소비, 수요가 일거에 폭발하는 지구촌 최대 경제영토=동북아공영권시대가 열린다는 대승적 의미를 상기시켜주고 싶다.

먼저 투자재원부터 말하면,

①미국과 유럽연합, 일본이 찍어낸 달러·유러화·엔화가 국제외환시장에 넘쳐나고 있다. 지식정보화시대에 금융자산=금융 자본가들은 금융시장을 기웃거리다가 투자처를 찾지 못해, CEO들을 동원해 '돈놀이'하다가 이자는커녕 원금마저 날리는 악순환의 연속선상에 있다.

②우리나라부자=금융 자산가들도 마땅한 투자처가 없어 수백 조원에 달하는 5만 원 권 뭉치와 CD다발, 포대자루에 담은 채권 등, 금(괴)덩어리를 합쳐 1000조원 가까운 돈이 안방금고에 잠을 자고 있다.

③세계적 투자전문가 '짐 로저스'는 자신의 전 재산을 한반도통일투자에 솔선하겠다고 공언해 놓은 상태다.

④김 용 세계은행 총재도 "북핵 문제를 포함한 정치적 돌파구(political breakthrough)가 열리면 북한을 도울 만반의 준비가 돼 있다"고 밝혔다.

⑤통일의 징후만 포착되면 한반도통일준비금 700조원은 눈 깜빡할 사이 조성될 터이다.

⑥삼성경제연구원은 한반도통일이 '코리아 프리미엄'으로 이어져 최상의 국가신용 등급을 올리는 것은 물론 국가 브랜드 가치까지 높일 것이며, 또 코리아디스카운트가 사라지면서 외채(外債) 상환 이자율까지도 0.2%포인트 감소할 것이라 하였다.

⑦월街의 '마크 파버'는 "한반도통일 다음날 우리나라 증권시장, 전세계 투자자들이 몰려 와 급상승할 것"이라고 예상하였다.

⑧통일평화연구원과 아세아문제연구소는 한반도통일 때 대륙과 연결된 6000조원 자원강국이 된다. 북한의 철광석·아연·구리 등 천연자원이 풍부해 공급이 안정되고 수송비가 줄어든다. 남한의 기술과 자본이 투입돼 북한 광공업도 급격하게 성장할 것이라고 했다.

⑨모건스탠리의 루치르 샤르마 대표는 "한반도가 통일이 될 경우 한국경제는 평화배당금(국방비 투자를 줄임으로써 절약되는 비용)이란 보너스를 얻는다.", 그리고 "통일비용보다 이익금(利益金)이 훨씬 더 많다"고 말했다.

⑩필자는 단언컨대 "한반도통일은 '제1·제2차 세계대전'을 일으킨 전

범국이었던 독일 통일"과는 그 의미와 가치가 명백히 다르다.

우리 정부 수립 후, 특히 DJ햇볕정책은 남북한 간 분야별로 상하좌우 양파껍질 벗기듯 그것도 각 지역의 밑바닥 정서까지 흔들어도 보고 요모조모 따져 보면서 기막힌 통일예행연습을 했다고 자부한다.

(3)10여 년 째 묶인 GDP 2만 달러를 졸업하고, 3만 달러를 돌파할 절호의 기회가 될 것이다.

(4)북한과 만주·연해주·시베리아의 에너지보고 야쿠트까지 투자할 곳이 확대된다.

(5)저렴한 물류비용은 물론 경쟁력 있는 IT 융합 공산품을 생산·판매할 어마어마한 지역으로 시장이 확장된다.

(6)청년일자리, 특히 중간일자리가 늘어나면서 비정규직문제가 해결되면서 미국 역사상 대통령을 4번씩이나 하면서 추구한 루즈벨트式 중산층시대가 열린다. 왜냐하면 800년 전 13C 초, 유라 시아대륙에 "칭기즈칸이 먹고사는 삶을 위해 설치했던 장마당=자유무역지대(FTA=Free Trade Area)" 거기에는 '엄청난 내수시장과 일자리'가 있다.

(7)이미 우리나라엔 글로벌내수시장을 만들어 낼 필요하고 충분한 조건이 존재하고 있다. 바로 인천국제공항이며, 7년 연속 경쟁력 세계 1등 공항이다. 인천공항반경 2000km의 원(圓)을 그리면 그 안에 100만 명이 사는 큰 도시 43개가 있다. 소비인구 30억 중 "3억 명에 주목하면, 코리아특구·내수시장개설"이 절대 가능하다는 사실을 알게 된다.

우리 대한민국은 "역발상 코리아특구=내수시장이 살아나면" 당장 창업 붐이 불같이 일어날 게다. "수많은 중간일자리"가 만들어진다.

우리의 '88만원=3포(연애·결혼·출산포기)세대를 벼랑 끝에서 구해낼 방책, '코리아 특구·내수 시장 개설'이 88만원(3포)세대의 비상탈출구다.

2030세대여! 우리 대한민국은 정말로 운이 좋은 때를 만났다.

우리가 주목해야할 것은 이웃한 13억 중국의 소비대폭발은 대한민국 5000년 역사상 우발적 요인에 의한 예상 밖의 수출호황기를 만났다는 사실이다.

앞으로 2050년까지 중국이 '소비대폭발'의 조건 GDP 4000$·소비 비중 50%·도시화율 50%의 타이밍이다.

중국의 베이비 붐 세대가 40-50대가 됐다. 엄청난 구매력을 가진 '小황제·小황녀'들, 내구소비재를 대량으로 구매하는 중국大人들의 통 큰 싹쓸이 쇼핑 단으로 변모했다는 거 아니겠는가?

이 같은 '21C 지식창조 시대'를 맞이한 우리의 자랑 4060세대들이 오케스트라경영을 할 때가 5000년 만에 찾아왔다. 이런 우발적 타이밍 놓치면 바보천치=멍텅구리 조상이란 소리 듣는다.

(8)2060세대여! 박근혜 정부는 2018평창 겨울올림픽을 앞에 두고 관광대국=관광객 3천만 명 시대를 반드시 앞당겨 내고야 말 거다.

(9)필자는 DMZ 평화공원조성 등으로부터 압록강·두만강 경계에 이

르기까지, 북한 지역의 낙후된 인프라, "도로·철도·항만·주택 건설·하천·산림 등에 활발한 투자가 이루어질 것"이다.

(10)끝으로 조선일보가 북한 이탈주민지원재단의 협조 아래 미디어리서치에 의뢰해 실시한 2013년 말 탈북자 설문조사에서,

탈북자 50%이상이 자본주의체제로 통일이 돼야 한다고 외친다. 왜, '탈북자 엘리트층 대다수가 자본주의시장경제를 선호'하는 걸까?

이들 탈북자 중 엘리트층은 '과학적 사회주의'를 주창한 마르크스(Karl Marx,1818-1883)가 엉터리 예언자란 사실을 터득하고 사선을 넘어 대한민국 자유민주주의 시장경제체제를 선택했는지도 모른다.

이들 탈북자들의 산업화=산업혁명이란 것은 처음부터 마르크스가 말한 착취가 아니라 물질적 수단의 개선을 의미하는 것과 변화의 속도가 너무 빨라서 큰 충격을 초래했을 뿐, '프롤레타리아(노동계급, proletarian)'는-마르크스가 만든 용어로-'소외', 프롤레타리아(노동자, 농민)의 소외는 불가피하게 착취로 이어진다고 마르크스가 예언했다.

왜냐하면 그들은 주민의 생존을 전적으로 부르주아(bourgeoisie)들이 소유하고 통제하는 '생산수단'에 의존하기 때문이라 보았다.

또한 마르크스는 자본주의(capitalism)가 소수의 자본가들에게 소유권을 집중시킨 나머지(부익부·빈익빈 현상), 힘없는 프롤레타리아(노동자)를 착취한 자본가는 힘에 부쳐서 저절로 무너질 것이고, 몇 남지 않은 부르주아(자본가)들마저도, 프롤레타리아(노동자, 농민)로부터 타도된다

고 믿었기 때문일 것이다.

그리고 이들 “탈북자들은 ‘과학적 사회주의’를 주창한 마르크스의 예언이 빗나가게 된 근본은 ‘생산성혁명’이라 믿기 시작한데 기인한다. 생산성혁명을 일으킨 사람은 1881년 지식을 노동공작의 연구와 분석에 적용한 미국인 테일러(Frederick W. Taylor, 1856-1915)다.

지식이란 의미의 첫 단계 변화의 국면은 1750년 이후 100년 동안 지식은 작업도구와 제조공정·제품에 적용된다. 이것이 1760년 영국의 산업혁명을 불렀으나, 그것은 마르크스가 말하는 ‘소외’와 새로운 계급과의 투쟁 끝에 공산주의를 잉태하고 말았다.

공산주의는 1881년부터 제2차 세계대전까지 최 절정기를 맞는다.

지식이란 의미의 제2단계 국면은 새로운 의미의 지식, 테일러에 의해 작업=노동공작 그 자체에 적용이 되면서, 생산성혁명으로 연결됐고, 그 후 75년 만에 생산혁명은 프롤레타리아(노동자)들의 소득이 자본가와 맞먹는 중산층 부르주아로 변모시켜놓았다.

이런 과정을 거치면서 생산성혁명은 ‘중산층’이 등장한다. 곧 “중산층의 등장은 계급투쟁과 공산주의를 퇴장”시키고 만다.

지식이란 의미의 제3단계 국면은 제2차 세계대전 이후다. 지식(知識)이 지식공작 그 자체에 적용되었다. 바로 이 경영혁명(經營革命)이 중산층시대를 열면서 제24회 88서울올림픽 후 1989년 고르바초프가 소련(Soviet)의 깃발을 내릴 수밖에 없게 된 근본적 동인이 되었다.

只今의 지식은 엄청난 속도로 자본과 노동이 공작해 하나의 생산수단이 돼 지구촌을 하루가 다르게 지식정보화 4.0사회로 변모시키고 있다. 바로 4.0사회가 한반도통일시대로 이어지게 한다.

한편으로 이승만의 윌슨주의=시장경제는 국민들이 바라는 것을 가장 신속하게 생산·공급해 주는 제도란 사실을, 이들 탈북자지식인층은 체제적응 과정에서 뼛속 깊이 터득했을지 모른다.

이들이 파악한 바는 "주민이 바라는 다양한 新제품을 가급적 많이 그것도 싼값에 제때 생산·공급한다. 거래당사자 중 어느 쪽도 손해를 보지 않게 한다. 생산·소비자 모두 이익이 되게 한다.

신기술을 개발하고 경제발전을 촉발하는 것까지도, 또 새로운 상품, 새로운 기업, 새로운 생산 방법 등을 끊임없이 창출함으로 창의력 발휘에 정말 좋은 제도로 여긴다.

채소류 배추 등 어느 품목·어떤 제품이라도 수급 불균형이 발생하면, 즉각적으로 수많은 생산자와 소비자들이 달려들어서, 먹고사는 문제를 자발적으로 해결한다.

어떠한 변화가 발생하더라도 그 영향을 직접 받는 사람들이 스스로 알아서 그 대책들을 강구토록 하는 제도다.

정부의 기능 중 안보·국방·외교 차원의 기밀 외엔 정직·정확한 통계자료들을 모든 국민이 공유할 수 있게 한다는 사실. 통계자료(table of statistics)는 생산자인 기업은 물론 소비자인 가계 등 각 개인간 물가안정과 국가의 체제안정에 크게 도움을 준다.

심지어 채소류의 파종에서 수확까지 각종 농산물·공산품 수급을 정직하고 간편한 통계가 조정·조절해 준다는 것, 국민들로 하여금 경제적 자유를 더 많이 누리게 함으로서, 경제적 자유는 정치적 자유의 전제조건이 된다는 사실도 알았을 것이다.

자본주의시장경제는 경쟁을 치열하게 유도하는 무한경쟁 원리라는 사실, 시민사회공동체(市民社會共同體)로 하여금 경쟁에 지지 않게 노력하도록 해야 한다. 각종 재화나 서비스를 생산·관리하는 사람들이 제공하게 하고 잘 만들게 하는 원리다.

동물의 세계에서도 가장 힘이 센 수컷이 암컷을 차지해 자손을 퍼뜨리게 하는 것에 비유할 수 있다"는 사실을 북한 이탈주민지원 교육프로그램을 통해서 배웠을 것이다.

이탈주민지원재단의 학습을 통해서였는지는 몰라도,

'탈북자의 91%가 동일은 내게 이익'이 되고, 또 71.5%는 '통일 이익이 통일에 들어가는 비용보다 더 크고 많다'고 답하였다.
한편 '통일 비용이 이익보다 더 크다'고 답한 사람은 11.5%에 그쳤다.

2013년 말 탈북자들은 경제·고용문제가 호전될 것으로 본 반면, 남한 사람들 47%안팎이 정치·사회적 혼란을 우려하고 있다는 점을 들 수가 있다. 이는 탈북자 대다수가 경제학습에 탄력이 붙었음을 방증한다.

2013.10.10일, 필자가 "대박(jackpot)통일論"을 꺼내 든? 이유라면,

❶북한 핵과 미사일개발, 김일성·김정일·김정은 3대 세습, 북한인민의 생지옥 같은 인권유린, 막가파 대남도발,

❷우리 내부의 심각한 低출산·고령화, 남·남 갈등에다 빈부갈등과 성장 동력저하의 돌파구와,

❸중국의 군사대국화가 빠르게 진행이 되면서, 일본도 이에 질세라 집단적 자위권행사를 빌미로 군국주의를 서두르는 등 역동적 동북아정세 속에서 한국인의 활로를 모색해야 한다는 발상에서다.

박정희 대통령이 꿈꾼 한반도통일을 위해, 필자는 동양3국과 러시아가 참여하는 동북아공영시대가 열려야 중국의 '군사대국화'와 일본의 '재무장'을 상쇄시킬 수 있다. 또한 동북아에 드리워진 민족주의=국가주의란 먹구름을 걷어내고 평화와 안정을 다지는 계기가 될 수 있다고 봤다.

[2]

조국근대화와 한반도통일

지난 반세기동안 일본의 3배, 중국의 4배로 국력을 신장시키기 위해 불철주야 앞만 보고 달려왔다.

박정희 조국근대화공정=한반도통일을 향해 '칭기즈칸(1162-1227)'이 모래알 같았던 몽골부족민들의 통합과정, 즉 1189년 칭기즈칸 추종자들이 달란 발조트의 '안다 자모카(Anda Jamuka,1162-1204)'진영의 소떼 습격사건 후 7년간 몽골통일공정, 우리 大한국인의 기억 속에 되살렸으면 좋겠다.

지금 우리가 처한 시대적 상황은 1930년대 제1차·제2차 세계대전 사이 14년간 이어진 바이마르공화국시대와 매우 흡사하다. 1929년 대공황 당시 경기침체가 장기간 지속이 되면서 자본주의 시장경제 발상지 구라파 대륙 역내 국가들의 사회복지주의와 북미 시장자본주의가 부뒷치면서 국민의 고통을 완화하기 위해 환율의 경쟁적 절하와 수입 장벽강화로 '근린궁핍화정책'을 앞세운 것이, 또다시 제2차 세계대전으로 이어졌음을 상기해 본다.

이런 일은 美國남북전쟁 후, 1867년 영국의 산업생산량을 미국이 추월하면서, 힘의 균형추가 북미지역으로 이동하면서 일어난 현상이다.

지금도 100년 전과 같이 미국연방 준비제도이사회가, 유럽연합 중앙은행이, 일본의 중앙은행이 무진장 찍어낸 달러화·유러화·엔화, 이 모두가 중국의 '속이 빈' 과다한 외환보유고 현상 때문이다.

요즘 중국의 국가(權貴)자본주의와 국유기업이 부실하다는 전언이다.

그런데도 힘의 균형추가 동북아 지역으로 이동 중이란 것을 두고 월가(街)를 대표하는 국제신용평가사인 스탠더드앤드푸어스(S&P)와 세계적 투자 은행인 모건스탠리, 도이치증권, 크레디트스위스가, 동북아상공에 '민족주의=국가주의'란 먹구름이 드리우고 있다지만, 전문가들 중 대다수는 힘의 균형추가 동북아로 넘어오는 시점은, 20년 후(2030년) 쯤 정점(climax)을 찍으면서 요동을 칠 것으로 전망을 한다.

여하튼 지금은 아니다. 우리고, 일본이고, 중국이고 간에, 동양 3국 모두가 안정을 더 다져나가야 할 때로 보고 있는 것 같다.

필자는 우리 근현대사의 갑오년에 대해, 남다른 역동적 기억을 하고 있다. 120년 전 1894년 갑오경장이 미완인 것처럼 비쳐졌다. 60년 후 1954 갑오년 이승만 정부가 경부선에 통일호열차로 길을 열었다. 곧 이어 박정희 정부는 '조국근대화=한반도통일'이란 대장정에 돌입했다.

베트남파병 50주년에 맞춰, 박근혜 정부는 한반도신뢰프로세서를 지렛대로 '2014 갑오경장'에서 자유통일로 가는 문을 연다면 종북세력은 물론 2500만 북녘동포들을 옭아맨 주체사상까지도 돌파하여 "《 한반도 통일》을 넘어, 동북아 르네상스시대"로 가는 신작로가 뚫릴 게다.

우리는 지난 반세기 동안 시민각자의 능력을 ★일본의 3배, ★중국의 4배로 국력을 신장시켜 선진일류국가로의 도약을 위해 불철주야 앞만 보고 "국력신장(國力伸張)=국부창출(國富創出)"이란 외길을 달려왔다.

만주 군관학교시절 박정희의 원대한 포부였던 "조국근대화(祖國 近代化)=한반도통일"이라는 대명제 앞에, 우리 大韓國人은

①서독광부와 서독간호사로,

②베트남파병으로 벌어들인 산업화 밑천(종자돈)을 마련하는 과정, 반만년 역사상 최초로 외국 물맛을 보면서 처음으로 받아 쥔 품삯이, 우리 돈이 아닌 달러=외화의 소중함을 깨달으면서 기지개를 켰다.

당시 우리 大한국인의 사고가 180도 달라지면서 "새마을 운동을 시작으로 '우리도 하면 된다.'는 '근면·자조·협동'이란 자신감"을 앞세웠다. 외화가 소중하다는 사실을 알게 된, 이들은 또 가방하나 들고 비즈니스맨으로, 열사의 땅 중동근로자로, 선교사로, 또다시 YS의 세계화정책으로 배낭여행, 어학연수, 조기유학을 오대양 육대주로 다녀온 후 각기 분야별로 다양한 '오케스트라 인재군상(人才群像)'을 형성하기에 이른다.

1998년의 막다른 골목 'IMF라는 외환위기'는 미완성(未完成)의 영재군상

(英才群像)들을 일거에 '분야별로 체계화된 박사=전문가집단'으로 재구성시켰다. 이 같은 '한강의 기적'을 지켜본 버락 오바마 미국 대통령은 '우리 교육의 우수성'을 노래 불러주었다.

이런 바탕에다가 우리는,

❶지구촌 제일의 초고속 인터넷망을 깔았다.

❷2030세대 90%가 인터넷접속과 스마트폰조작에 능수능란하다.

❸의료시스템 전산망은 가히 세계최고다.

❹우리 국민 대다수가 휴대폰을 가졌다.

❺2013년 수출액 중 우리 소재·부품분야가 2616억 달러로 전체 수출액 5600억 달러의 절반에 가깝다. 특히 주목해야 될 대목은 합성수지분야가 아닌, 메모리 반도체분야가 선진국들의 핵심부품 80%를 수출했다는 것이다. 지난해 우리 수출이 중국시장에서 일본을 추월했다.

미국 보잉사가 제작하는 에어버스나, 독일의 벤츠·BMW나, 일본의 자랑 Sony·Toyota·일본의 조선 산업 등, 중국의 조선 산업·항공모함·우주선 등 선진국들 전략 물자에 우리나라의 핵심부품 없인, 앞으로 시간이 가면 갈수록 1류 완제품을 생산해 낼 수 없게 됐다는 사실이다.

❻향후 세계시장은 로봇·우주산업이 주도하게 될 게다. 우리 아들딸들은 중위 연령대(38.43세)다. 이들은 '마징가 제트·로봇 태권 V·신비의 나라 안드로메다로 가는 은하철도 999호'를 입에 달고 살았었다.

필자는 앞에서 2030세대 90%가 스마트 폰 조작에 능수능란하고, 우리 국민 대다수가 휴대폰을 가졌다고, 또 로봇·우주산업을 선도적 산업으로 이끌 향도가 될 사람들이 즐비하다고 했다. 지금은 정상적인 직장이 없어 PC방에서 날밤 새우는 처지지만 우리 손자손녀들 대기상태다.

한편 로봇의 지능이 줄기세포를 이용한 인간복제와 같다. 로봇에 들어갈 우리의 최고 부품 '신경망칩'을 만들어, 우리 아들딸들은 지구촌시장을 석권해낼 게다. 제2신대륙 우주공간까지 석권해낼 걸로 확신한다.

❼1964년 연간 수출액이 1억 달러를 넘어선 후 47년 만에 우리나라 수출액이 5000억 달러로 5000배로 증가했다. 이제는 지구촌 그 어떤 나라도 함부로 넘볼 수 없을 정도로 우리나라의 GDP 대비 R&D 투자 비중이 4.03%로, 지난해 이스라엘에 이어 세계2위가 대한민국이다.

우리가 조금만 더 분발하면, 오매불망 학수고대하던 일본의 3배, 중국의 4배란 국력신장·국부창출의 고지가 보인다.

21세기의 문이 열리자 말자 기다린 듯 김대중 대통령은 평양을 찾아가 2000년 6월15일 6·15남북공동선언문을 작성, 겨레와 민족·우리 끼리를 앞세우는 DJ式 남북 간 한민족, 한겨레통일 의지를 담아낸다.

그로부터 2년 후, 전 세계인의 축제이었던 2002한일월드컵에서 우리 축구대표팀이 16강을 돌파하자, 이때로부터 대한민국 '大'자 국호에 거부감을 가졌던 사람들까지도 전통적 4박자, 즉 2박자의 배수 안에서 그것을 3박자로, 2박자로 만드는 (짝짝짝 짝짝…,에 취하고 또 취했다)재간을 부렸던 것이다. 스페인과의 8강전이 무승부로 끝이 났다.

승부차기의 마지막 순간 홍명보의 슛이 골의 그물을 흔들자! 광화문과 서울시청 앞 광장에서, 난곡과 봉천동의 달동네에서, 압구정 로데오에서, 최남단 마라도에까지 백발이 성성한 노인에서 걸음마를 땐 어린아이까지, 뭇 대중 700만 붉은악마(太極戰士)들은 하늘을 향하여 고함(鼓喊)을 두들기고 외쳐댔다.

이들의 하나 된 고함(鼓喊)을 지켜본 8000만 중국공산당이 기겁한다.

급기야 중국공산당 중앙당교가 사태의 심각성을 읽어내고서 남한과 북한의 최고책임자에게 SOS를 쳤다. 결과는 '700만 광장궐기문화'가 '김정일의 핵개발을 도와 고려연방제란 DJ式 민족통일의지를 담아낸 '6·15남북공동선언문'을 휴지조각으로 만들고 말았던 것이다.

그래서 우리는 동북아공영을 대의명분으로 삼아 한반도통일시대를 열려는 것이다. 그리고 진정성이 담긴 다문화·다민족=동북아 공영체제를 위해서는 한겨레·한민족통일의 민족(民族)이란 정착민=국가주의 이미지를 철저하게 배제시킨 '시민사회공동체'이라야 할 것이다.

훗날에 닥칠 인종차별=인종폭동 등의 후유증을 없앨 수 있고, 우리는 '한민족, 다물인'을 배격하는 '안중근의 大한국인'으로 살아가는 것이 "박정희의 조국근대화는 거류민중심의 시민공동체"일 것이다.

[3]

조국근대화와 한반도통일

한반도 통일예행 연습일지

왜, 필자가 조국근대화=한반도통일을 줄기차게 베트남전장을 연결고리로 삼으려 하는지 그 이유인즉 아래와 같다.

①첫째 베트남전장에서의 17도선이남 1번국도 개통에 있다. 밤에 나타나는 맹호 5호·6호작전과 백마1호작전, 그리고 두코 전투와 청룡여단의 짜빈동 전투·오작교작전으로 17도선이남 1번 국도가 개통된다.

②둘째 1967.9.3일 실시한 베트남 정부통령선거를 앞둔 주월 한국군의 매화작전성공은 북한과 월맹집단을 최악의 체제위기로 몰아갔다.

월맹 당국은 1961년부터 암약한 지방 민병대를 비롯해 그동안의 베트콩에 대한 꾸준한 군사학습을 실시하였다. 그리고 1967년 6월부터는 베트남 정부통령선거 방해공작의 일환으로 베트남의 군·읍·면·마을 단위로 지방 민병대(게릴라)를 재편성까지 하면서 선거를 방해하려 했다.

그런데 결과는 투표율이 80%를 웃돌았고, 거기다 한국군이 주둔한 전술책임지역내의 투표율은 월등하게 높았다. 대민 밀고가 전례가 없이 급증하여 방해책동에 시동이 걸리기도 전에 일망타진 됐다. 또 거기다가 한국군 주둔지역 즉 전술책임지역에서는 한 건의 불미스러운 일이 없이 안전하게 선거를 치룰 수 있었다는 대목에 주목해야 한다.

③1968.1.29 구정총공세다. 이들 전체주의·공산주의에 길들여진 북한과 월맹이란 두 집단이 가장 겁먹는 것 중엔 공화국의 자유·비밀·평등·보통선거란 점이다. 이들 중 76세란 고령의 호치민은 극도의 위기의식과 함께 김일성과 연계한 비상탈출구 찾기에 몰입한다.

그 탈출구가 '호치민 1.29 구정 총공세와 김일성 100일 작전'이다.

김일성 스스로 구체화시킨 전략 강화 지침에 따라

❶청와대 무장공비침투 사건(1968.1.21)
❷美초계함 '푸에블로호' 납치사건(1968.1.22)
❸1968.11월 울진·삼척 무장공비침투 사건
❹KAL여객기납치사건(1969.12) 등 대남무력도발을 증가시켰다.

필자는 45년 전 지구촌 마지막 이념 전쟁이었던 베트남 전장의 불꽃속에서, "박정희 조국근대화공정=한반도는 이래서 통일된다는 결론"

을 내릴 수 있었다. 당시 북한 대남혁명 전략에서 통일전선전술전개 과정 중, 김일성은 1964년 2월 조선노동당 중앙위원회 제4기 제8차 전원회의에서 '3대혁명 역량 강화' 노선을 내세워 대남 혁명 전략을 구체화시켰다. 한편 중국의 마오쩌둥(毛澤東)은 김일성을 부추겼다. 마오쩌둥은 남한에서도 "베트남의 베트콩식 무력해방(1965.9.3. 인민일보가 보도),을 '월맹의 지압장군'처럼 실시하라는 대남 테러 전"의 엄명을 내린다.

1966년 10월에는 '3대혁명노선'을 재확인하면서, 김일성은 "기다리고만 있으면 혁명 역량이 축적되는 것이 아니므로, 정세 흐름에 맞게 정치·경제투쟁, 폭력·비폭력투쟁, 합법·비합법투쟁을 적절하고도 부단하게 투쟁을 전개해야 한다."고 역설하기 시작했다.

그리고 ①무력 不행사 협정체결제의(1962.6)

②남북 간 평화협정체결제의(1963.12)

③남북의 정당 및 사회단체 연석회의 소집 제의(1966.9)

④남북 자유왕래제의(1968.9) 등,

통일 전술 차원의 위장 평화공세도 지속적으로 전개하여 나갔던 사실들도 첨언한다.

1970-1980년대는 대결 구도 속에서 제한된 유화전략을 병행해 나갔다. 1970년대 들어서면서 북한은 동서긴장완화 등 국제정세의 변화에 따라 남북대화를 추진하는 한편, 남조선혁명투쟁을 지속하는 양면 전략을 구사했다.

북한은 1971년 4월 주한 미군철수 및 감군, 연방제실시, 정치협상회의 개최 등 8개항의 대남평화 제안을 했으며, 남북적십자 회담과 정치적 대화를 위한 비밀접촉에 응해 오는 등 분단 4반세기 만에, 남한과의 공식적인 대화를 시작했다.

아울러 1973년 6월 '고려연방공화국' 을 포함한 '조국통일 5대 원칙'을 발표 '大민족회의' 소집을 제의(1974.8)하는 등 다양한 평화공세를 전개시켜나가게 된다.

1972년 7월 4일 '조국통일 3대 원칙'을 포함한 '남북공동성명'이 발표됐고, 남북조절위원회와 남북 적십자 회담이 서울과 평양을 오가면서 진행되는 등 남북 관계가 '대화 없는 대결'의 시대에서 '대화 있는 대결'의 시대로 전환돼 갔다.

그러나 닉슨 독트린에 따라 미군이 한반도를 포함한 아시아·태평양 지역으로부터 철수하기 시작하고, 월남이 패망하는 등 국제 혁명역량이 강화되자 북한은 또다시 대남 강경노선으로 바뀌었다.

1974년부터 비무장지대에서 발견되기 시작한 남침용 땅굴, 1974년 8월 15일 오전 10시 23분 조총련 문세광의 박정희 대통령 저격 미수 사건과 육영수 여사 저격 피살사건, 1976년 8월 판문점 도끼만행 사건 등은 북한의 대남 강경 노선을 행동으로 노출시킨 만행(蠻行)의 극치이었다.

또 한편으로 북한은 1979년 10.26 사건 이후 남한에서의 정치적 혼란을 틈타, 1980년 2월 8일 남북 총리회담을 위한 실무 대표 접촉을 통해 남한 정세에 대한 탐색을 시도하기 시작한다.

드디어 1980년 10월 제6차 조선노동당대회에서 김일성은 더 이상 과도 체제적 성격을 갖지 않는 완전한 통일 형태로서의 '고려민주연방공화국 방안'을 제시하는 통일 공세를 취하였다.

이후 북한은 남한 사회가 안정을 찾아가는 것을 막고 사회 혼란을 지속시키기 위하여, 1983년 10월 9일 '버마 아웅산 폭탄테러'와 1983년 12월 부산 다대포 무장간첩 침투 등, 또다시 대남도발을 자행한다.

이런 도발 행위로 서방국가로부터 '테러국가 이미지'와 외교적 고립에서 탈피하기 위하여, 남북관계개선에 나서는 모양새를 취한다.

1984년 9월 수재민 돕기 물자전달을 계기로 남북적십자회담, 이산가족고향방문단교환, 체육 및 경제회담 등 각종 대화와 교류의 물꼬를 트는 모습을 보이기 시작한다. 그러나 남한의 급격한 경제발전과 북방정책의 성공으로 사회주의권 국가들과의 관계 진전이 급속하게 이루어져 나가자, 이를 저지하고 88서울올림픽을 방해할 목적으로 1986년 9월 김포공항테러사건, 1987년 11월의 KAL기폭파사건 등 폭력도발을 자행하기 시작했다. 여기 사건들 모두 남북 간 체제유지를 위한 몸부림이었다.

그와 같았던 북한은 1988년 제24회 서울 올림픽 개최와 함께 시작된 외교적 파장은 심각할 정도이었다. 특히 주목할 것은 1990년 10월 독일통일이 서독 주도로 실현됨으로써 대한민국 주도하에 북한 흡수통일에 대하여, 북한 당국은 심각한 고민에 빠져들게 되었던 것이다.

1990-2000년대에 들면서, 북한은 체제 유지 차원의 방어적 대남전략을 본격적으로 구사하기 시작한다.

88서울올림픽 이후 1989년 말부터 동유럽 사회주의 국가들이 줄줄이 붕괴되고, 1990.10.3일 독일 통일이 실현되자, 생존전략 차원에서 체제 유지를 위한 조치를 강구하지 않을 수 없게 됐다.

김일성은 1991년 신년사에서 기존의 고려민주연방제 통일방안을 수정하여 1민족, 1국가, 2제도, 2정부에 기초한 연방제를 제시해 남측으로부터 흡수통일의 가능성을 배제하려고 시도하였다. 또다시 김일성은 1993년 4월 발표한 조국통일을 위한 全민족 대단결 10대 강령을 통해 '공존, 공영, 공리 도모와 승공과 적화 배제'를 주장하기에 이른다.

이런 인식을 바탕으로 드디어 그동안 반대로만 일관해오던 남북한 UN동시가입(1991.9.17)을 선택한데 이어 남북고위급회담을 통해 '남북간의 화해와 불가침 및 교류 협력에 관한 합의서'와, '한반도 비핵화 공동선언'을 채택, 1992.2.19일에 발효시켰던 것 자체가 말장난에 불과하다는 김일성답지 않은 모순을 또다시 범하고 말았던 것이다.

당시 북한은 내부적으로 '우리式사회주의'를 앞세워 주민의 사상통제를 강화하고 체제수호 차원에서 미사일과 핵무기개발에 박차를 가해 나갔던 것이다.

체제유지차원에서 비롯된 방어적 성격의 대남전략은 김일성 사후 체제위기가 더욱 심화되면서 보다 강화시켰다. 당국 차원의 남북관계는 1994년 7월 김일성 사망으로 남북정상회담이 무산된 후 중단된 상태가 지속되었던 것이다. 그 후로는 DJ의 햇볕정책으로 이어졌던 것이다.

[4]

조국근대화와 한반도통일

햇볕정책은 북한을 깨운 절묘한 통일예행연습이었다.

1998년 2월 김대중 정부가 출범 하려던 정권인수위 시절, 대북 비료지원문제를 놓고, 1998년 4월 베이징 남북한 당국자대표회담이 개최되는 등 당국 차원의 남북 관계가 새로운 국면을 맞았다.

그러나 북한은 일방적 시혜만을 주장하다가 경색국면을 맞는 듯 했으나, 민간 기업들과의 경협에 대해 적극적 태도를 보이면서 실리적 이득을 챙겨 가기 시작했다.

1996년 8월 대우남포공장의 본격가동과 함께 남한 기업과의 경협사업은 식량난을 비롯한 경제난이 악화되면서 상당히 활발하게 진행되었다.

1998년 6월 정주영 현대그룹 명예회장의 '소떼 500마리 방북사건'이 계기가 되어 '금강산관광사업' 으로 이어졌던 것이다.

이 같이 DJ 정부의 대북화해협력 차원의 퍼주기 햇볕정책의 시행으로 민간차원의 교류와 경협사업은 순풍에 돛 단 듯 더욱 활기를 뛰었다.

2000년 새천년시작 초부터, 북한은 정치·경제적 실리 챙기기 및 군사적 도발을 본격화하기 시작한다. 그래선지 북한은 2000년 남북정상회담으로 6·15남북공동선언문 채택을 시작으로 남북대화, 경협 및 민간 차원의 교류와 협력에 적극적으로 호응하는 태도를 보이기 시작했다.

이는 기본적으로 기존의 정치 이념과 체제를 고수하면서도 실리추구 정책 기조를 실현하기 위함이었다.

2001년 북한 노동당 기관지 신년 공동 사설에서 "새 시대에 맞게 모든 문제를 새로운 관점과 새로운 눈높이에서 풀어갈 것"을 강조하였다.

또한 "사회주의 경제 관리에서 실리 보장은 무엇보다도 사회주의 경제 제도의 우월성을 높이 찬양하기 위한 근본적 담보"라고 주장함으로써 '우리式사회주의'의 필승불패 의지를 견지한 것이었다.

그리고 북한은 2000년 남북정상회담 후 장관급회담을 비롯해 경제, 군사, 적십자, 체육 등 여러 분야 회담에서 적극적이었다.

경의선, 동해선 철도, 도로연결 사업을 추진해 2003년 6월 14일 철도

궤도연결식을 거쳐 2007년 5월 17일 남북철도 시험운행이 실시됐다.

개성공단사업은 2003년 6월 30일 착공식을 가진 이래 2009년 6월 현재 40.000여 명의 북한 근로자가 근무하고 있다.

또 1998년 11월에 시작된 금강산 관광의 관광객은 2008년 7월 우리 측 관광객 피살 사건으로 중단될 때까지 2백만 명이 다녀왔다.

금강산 관광은 남한관광객 1인당 100달러의 외화만을 전제해도, 이 기간 중에 무려 2억 달러에 가까운 외화를 퍼 준 꼴이 됐다.

또한 투자 보장, 청산결제, 이중과세방지, 상사분쟁 해결 등의 합의서를 포함한 13개의 경협 합의서가 발효되어 남북 간 경제협력을 안정적으로 추진해 나가기 위한 제도적 장치도 마련하였다.

북한도 남북 경제 협력의 활성화를 위해 2005년 6월 내각에 '민족경제협력위원회'를 신설하고, 대남 경협 담당 기구를 확대 개편하는 한편, 2005년 7월에는 '북남경제협력 법'을 제정하였다.

북한은 이산가족문제 해결에도 호응, 2000년 8월 이후 15차례에 걸쳐 19,960명의 이산가족이 상봉하였으며, 44.835명의 생사를 확인하였다.

북한은 언론·예술·종교·학술 등 민간 차원의 다양한 교류 협력에도 적극적인 태도를 취하였다.

2000년 8월 언론과 방송 분야의 교류가 지속적으로 이루어졌으나, "남한의 모든 언론들은 고려 연방제의 나팔수가 되겠다."고 당시 문공부

박지원 장관이 인솔한 언론사장단의 김정일 앞에서 행한 엄숙한 맹세는 남쪽 언론인의 좌경화를 가속화시키려 했으나, 남쪽의 언론인들 모두가 부화뇌동하지는 않았다.

그리고 다양한 문화·예술행사들도 개최된바, 종교분야에선 매년 부활절, 개천절을 맞아 관련된 종단, 교단별로 공동기념행사들이 진행되었고, 교육과 학술분야에선 공동토론회와 공동실태조사 사업이 진행됐다.

특히 체육 분야에서도 국제행사 남북선수단공동입장, 남북통일축구대회 개최 등 교류가 진행되어 남북 간 화해협력분위기조성에 크게 기여했다. 필자는 일련의 모든 사건들을 한반도통일예행연습쯤으로 봤다.

결과적으로 우리 국민의 안보의식마비와 국군의 주적개념상실로 이어져 오늘의 종북세력 발호(跋扈)를 위한 밑바탕이 된 꼴이라고 개탄하고 있다. 그리고 북한은 이런 교류와 협력을 통해 발생한 엄청난 외화 획득으로 군사력을 증강, 핵과 미사일 개발에 박차를 가했던 건 사실이다.

한편으로 한일월드컵 행사를 방해할 목적의 그 첫 시험대가 됐던 2002년 6월의 연평 해전이다. 이 해상도발은 지구촌 마지막 분단국의 태극전사(붉은악마)들을 자극한 결과는 6월 29일의 월드컵 3-4위전에서 700만 명이란 엄청난 군중을 거리로·광장으로 쏟아져 나오게 하고 말았다.

그리고 태극전사(붉은악마)들에 의한 이 '700만 광장문화'는 대한민국을 세계 속 우리 경제영토를 넓히게 했고 김대중·김정일·중국 8000만 공산당원과 중앙당교를 속박해 2000년 6·15남북공동선언문을 휴지조각으로 만들어 적화통일을 막아내면서, 자유통일=한반도통일의 물꼬를 텄다.

여기 '700만 광장궐기문화'는 동북아 르네상스시대·제2신대륙 우주시대까지 영원토록 기념할 <대한민국 700만 광장문화의 날>행사로 이어져야할 대역사적 사건이 됐다.

그렇다면《김정태가 꿈꾸는 한반도통일》의 진정한 의미와 가치는 'DJ式 남북통일공정'에서 찾아야 한다는 게다. 필자는 지금까지 사건들은 밑 빠진 독에 물 길어다 부은 밑진 장사가 아니다. 북한 안팎을 흔들어 깨운 절묘한 통일예행 연습쯤으로 남는 장사였다고 확신한다.

[5]

조국근대화와 한반도통일

이승만·김일성·박정희·YS·DJ·김정일이 있었기에 한반도통일 가능하다.

김대중 전 대통령은 노벨평화상을 앞세워 국제사회, 특히 중국에다 《DJ式남북통일》 의지를 밀어붙여보려고 애를 많이 썼다.

김대중 대통령의 노벨평화상 수상이란 이미지는 8000만 중국공산당 핵심부 중앙당교, 북한 지도부와 북한주민 2500만에게 "거지천국 대한민국은 경제 산업화와 정치 민주화를 실현한 지구촌 10대 경제대국=중심국가"란 이미지를 각인시켜 준 꼴이 되고 말았다.

또 한편 대한민국 김대중 대통령의 노벨상 수상은 "중국공산당

정세판단가와 북한 김정일 국방위원장"에게 '공산주의는 이미 망하고 없다'는 것과, '자본주의 시장경제체제'가 '거류민 다중이 행복한 삶을 영위할 수 있다'는 사실을 확실하게 일깨워 줬다.

한편으로 국군통수권자 DJ는 무모할 정도로 '자신의 휘하병졸에게 주적개념'을 없애고, 무장을 해제시키는 우를 범했다.

그 대표적 예가 북한의 통일전선부의 책임자가 2002년 추석명절에 묘향산 송이상자를 들고 내려와 전국 방방곡곡을 휘젓고 다니며 자신들의 세포조직 지하조직망 점검의 계기로 삼게 하였다.

또 부산 앞바다에는 만경봉호를 띄워놓고 부산아시아올림픽 참가 선수단·응원단·심지어 첩보수집團이 무시로 들락날락하며 뭘 보고, 뭘 찍고, 무엇을 가져갔는지 누구도 모를 일을 저질렀다.

응원단을 구실로 삼아 그들은 대한민국 정부 수립 전 1947년 아버지 안석주 작사 아들 안병원 작곡 8분의 6박자 내림마장조의 '우리의 소원은 통일'이라고 고함(鼓喊)을 치며 선전·선동까지 서슴지 않고 갔다.

이때부터 우리국민들에게 북한에 퍼주기 햇볕정책, 한겨레·한민족 통일은 '한반도 통일'에 걸림돌이라는 사실을 터득하기 시작한다.

그리고 DJ와 김정일이 함께 서명한 《6·15남북공동선언》은 "북한 엘리트층과 평양을 제외한 지방의 장마당 장사꾼들에게 실현이 절대로 불가능하다"는 사실을 확실하게 확인시키는 결과만을 초래했다.

이러한 사실들은 한반도통일로 가는 통일예행연습쯤으로 북한

주민에게 이해가 되었다면, 분명히 손해 가는 장사는 아니었다.

<YS의 세계화와 인사 청문·금융실명제·부동산실명制度>

한편으로 YS는 DJ 정부가 IMF경제위기를 빌미로 국정을 농단하도록 원인을 제공한 장본인이다.

YS가 고뇌에 찬 금융 실명제를 단행하면서 '우선적으로 고려를 했어야 할 것은 화폐개혁'의 단행이었다.

왜냐하면 ❶인사 청문제도, ❷금융실명제, ❸부동산실명제란 3가지를 한 해에 그것도 예고 없는 전격적 단행은 계엄령을 3번 선포해도 본전치기가 어려운 국가적 대사건이었다.

우리 헌정 60년사에, 5.16군사혁명보다 더 엄중한 3가지 종류의 '명예와 돈과 재산'을 국가가 빼앗아가는 혁명적사건이었다.

박정희의 5·16 군사혁명과 전두환의 12·12사건은 국민들을 상대로 잘 살게 "해주겠다. 베풀겠다."는 약속이었고,

YS의 인사 청문·금융실명·부동산실명제는 국민의 '명예·돈·재산'을 국가가 "찬탈하겠다. 빼앗겠다."는 5000년 역사초유의 사건이었다.

박대통령의 18년 체크리스트·관료경제는 경제의 파이를 키우기 위한 실물 경제였다. 동대문 포목상이나, 남대문도깨비시장의 환전상, 전국의 부자들이 타인명의로 수백 개의 예금통장과 인감을 한 손에 거머쥐고 있었던 수십만 명을 놓고 그려보면? 그 답이 금방 나올 것이다.

문민 대통령을 자청한 YS는 15대 대통령선거보다 더 다급한 국가적 대사가 있어도 화폐개혁부터 단행했어야 옳았다.

아니면 후속 조처로 계엄령을 선포하고, 전국 수십만 호에 달하는 안방을 개조한 안방금고들을 압수수색했으면 또 모를 일이다.

YS가 정치 9단이 아니고 정치 3단 정도였다면, 계엄령부터 선포 하고 3가지 종류의 막중한 대사를 집행했을 것이다. 필자의 생각으로 YS 스스로 문민정부란 점을 지나치게 과신한 면이 없지를 않았다.

대한민국은 이승만·박정희·김대중·김영삼 대통령을 똑같은 선상에 올릴 때 한반도통일의 진정한 의미와 가치를 짚어낼 수 있다.

이승만 건국대통령은 조선왕조 500년 패악, 즉 조선사대부가 철저하게 무너진 바탕 위에다 건국의 초석을 다져나갔다.

❶6.25 발발 3개월 전, 1950년 3월 제1차 토지개혁(agrarian reform, 토지채권을 발행, 소작농-머슴들에 농토분배)을 단행해 공산화를 막아냈다.

❷박정희 대통령은 조선사대부가 무너진 자리에다, 다시 고개를 내밀려던 친일파세력들을 '김일성이 6·25사변이란 무기'로 이들(기득권층) 싹을 잘라 버렸고, 또 비상대권을 발동 8·3조처를 단행했기에 조국근대화공정을 진척시켜 나갈 수 있었던 것이다.

❸한편으로 YS는 한반도통일·동북아·우주시대에다, 새천년 역사의 물꼬까지 틀 수 있는 무모할 정도의 세계화정책을 꺼내들었던 것이다. 이 세계화란 서구라파 해양국가 제국주의자들 중 유별나게 골드만삭스나 로스차일드家의 전유물로 여겼던 용어다.

100년 전 일본의 후쿠자와 유키치가, 800년 전엔 칭기즈칸이 세계경영의 경제영토 확장을 위해 꺼내들었던 시대적 상황이 YS의 눈에도 번쩍했던 것이 바로 세계화이었다.

❹DJ도 역시나 무모할 정도로 국군통수권자로서 '자신의 휘하 병졸에게 주적개념'을 없애고, 무장을 해제시키는 모습을 서슴지 않았다. 그리고 그는 햇볕정책을 밀어붙여 재벌은 물론 국고까지도 북한 퍼주기를 다반사로 여겨 북한의 강성대군을 도왔던 것을 두고,

한편으로 YS의 세계화와 인사 청문제도, 그리고 금융·부동산실명제가 DJ의 '6·15 남북공동성명'을 물거품으로 만들었는가 하면,

또 다른 측면은 북한주민 2500만 저변을 뚫어내는 한반도통일 예행연습쯤으로 치부하게도 했다.

YS세계화정책은 DJ를 요지부동으로 묶었다

YS세계화는 배낭여행·어학연수·조기유학으로 이어졌다. 지구촌 곳곳의 물맛을 본 박학다식한 2030세대를 통한 '700만 광장문화'는 DJ와 김정일, 중국공산당 중앙당교를 요지부동으로 묶어버렸다.

이들 '700만 광장문화'가 없었으면 한반도는 베트남式통일로 이어지면서, 박정희 조국근대화의 의미가 살아질 뻔 했었다.

60년대 품앗이세대는 베트남전장을 다녀오면서 바깥세상을 알게 됐다.

이들 품팔이세대 중엔 또 가방하나 들고 선교사로, 비즈니스맨으로,

열사의 중동 땅·아프리카로·동유럽국가들 속으로 들어가 달러를 모아서 산업화를 이루었기에 민주화와 세계화정책을 가능하게 했다.

그리고 젊은이들은 2002월드컵에서 '700만 광장문화'를 만들어 단숨에 지구촌을 석권하게 된다. 이들의 자신감은 천상열차분야지도 한반도통일을 넘어 안중근의 대동아공영·제2신대륙 우주시대로 이어진다.

YS의 인사 청문 제도는 DJ의 국정전횡을 막았다.

YS의 인사 청문제도는 공교롭게도 YS 다음의 DJ 정부에서 엄청나게 곤욕을 치렀던 건 사실이다. 일부는 선의의 피해를 입었을 게다.

YS 인사 청문제도가 없었다면, DJ 중심의 철 밥통 인사들로 포진시켜 6·15 남북공동선언을 무지막지하게 밀어붙였을지도 모를 일이다.

또한 고위공직자재산등록제도가 없었다면, 대한민국의 공산화는 물론 오늘날 부패공화국 3류 국가로 전락했을지도 모를 일일 것이다.

여하튼 DJ와 정글자본주의자, 여야좌우 모두가 주눅이든 것은 붉은악마·태극전사들의 '700만 광장문화'와 YS의 인사 청문제도, 고위공직자재산등록제도이었음을 적시하지 않을 수가 없다.

-<김형문이 쓴, 金大中 그는 누구인가>에서-

金大中 통일은 북한의 고려연방제도 수용할 수 있다고 했다.

김대중 대통령의 남북통일정책은 공화국연방·1국 2독립정부체제라 했다. 김대중 선생 "그 분은 곧 역사다"라고 말한 김형문의 책 《金大中 그는 누구인가》에서, 김대중 대통령은 '나의 조국 나의 포부'에서 분명히 '한반도통일'이란 말보다는 "남북통일·공화국연방제·1연방2독립정부"를 즐겨 사용했다.

그리고 공존과 교류를 하면서 남북 상호간의 신뢰와 이해의 조정이 증진되면 그 권한을 중앙정부로 점차 이관하여 완전한 남북 간의 통일정부를 구성할 수 있다고 하였다.

그래서였는지는 몰라도 필자에게 북한의 고려연방제도 고려할 수 있다(금문당, 김형문 저 360page에 기술)고 한 점은 '베트남방식 통일로도 이어질 수 있다'는 점을 떠올리지 않을 수 없었다.

DJ는 특유의 "김대중 노믹스·서민경제"를 외쳤다

DJ는 <대통령 후보 유세 4만리>에서, 1971년 4월 27일 제7대 대통령 후보 김대중의 경제정책은… 특권경제에서 '김대중의 서민대중을 위한 대중·서민경제'를 외치게 된다.

❶기본경제정책 중엔 자유경제의 원리 아래 생산증대·물가의 안정·소비자 이익의 향상, 민족체제 확립과 중소기업의 민족자본 육성, 외국자본에 의한 국민경제의 지배와 매판화를 억제, 외국차관의 국가관리 추진, 외국자본과 합작투자에서 산업별 지주비율의 제한, 내포적 공업화에 의한 민족경제의 자립,

❷농민 정책 중엔 농업의 협업화를 통한 근대화 성취, 농업단체의 민주화, 농수산업의 부활을 위해 투융자를 대폭 증가하여 민족농업경제의 토대를 확립, 책임매상제도의 실시,

❸재정금융정책 중엔 보조금정책의 지양, 은행의 민영화단행,

❹외환무역정책 중엔 수출의 양적확대보다는 가득율과 고용효과 위주의 질적 개선 치중,

❺세제정책 중엔 세율의 전면적 인하, 부유세, 특별행위세의 신설, 소비의 억제와 건전성 유도 등이었다.

필자는 김대중 공약집 속의 경제공약의 근간은 국리민복과 서민대중을 위하는 서민·대중경제를 표방하고 있었음을 알 수 있었다.

제7대대통령선거 후 경제공약집에도 기본 틀은 변함없이 유지가 됐다.

공약집을 살피건 데, DJ 대중경제의 기본 틀은 철저하게 특권층을 배제시킨 시장경제체제아래 내포적 공업화에 의한 민족진영체제, 중소기업의 민족자본개념, 국가관리, 매판, 외국자본, 민족 농업경제, 보조금정책의 지양, 양적 확대보다 가득률과 고용효과 위주, 세제정책 중에 소비억제와 건전성 유도 등을 전면에 내세우는 전형적 김대중 서민·대중경제의 진면목이 보였다는 점을 꼽을 수가 있다.

그런 DJ는 집권에 성공하자 IMF경제위기를 빌미로, 자신이 외치던 김대중 노믹스·서민경제는 내팽개치고 '신자유주의 경제'로 돌변한다.

❶은행카드의 무제한 발급,

❷다단계 판매와 조직폭력단,

❸인력대행업을 앞세운 무차별 비정규직화,

❹연공서열제의 파괴,

❺알바시장,

❻1315 노동시장,

❼1318 마케팅시장,

❽대형할인매장의 횡포,

❾프렌차이징의 전면화,

❿대기업의 편의점 확대로 인한 서민경제의 뿌리인 골목상권과 전통시장을 초토화시키는 등 10대 이판사판·자충경제로 몰아붙이다가 10대청소년들과 2030세대들의 외면을 가속화시켰던 것이다.

註: 여기서 '자충'이란 단어의 의미를 되새긴다. 그 단어의 의미란 '바둑에서 자신에게 유리할 줄로 알고 둔 바둑알'이, 오히려 '그 바둑알이 상대에게 유리한 국면'을 만든다는 말이 '자충(自充)'이다. 그래서 필자는 DJ의 이판사판 자충경제란 용어를 등장시켰다. 필자가 우리나라 대·중소기업가·재래시장 장사꾼들에게 꼭하고 싶은 말은 "잠깐 기업/장사 한탕하고 때려치울 것"이 아닐 바에는 사람의 도리 예절과 예법, 즉 장사꾼 도리 '상도(商道)'를 지킬 때, 비로소 자본주의하는 맛이 이런 것이었구나 하고 감탄사를 연발할 것이다. 지금 대기업 창업주들도 난전/보따리 장사꾼으로 출발했다. 개구리 올챙이시절을 잊으면 씨가 말라 죽는다. 우리나라 全대기업의 창업주 절반이상 골목장사꾼임을 알아야 한다. 골목장사꾼이 타격을 받으면 눈총은 대기업 쪽을 향한다는 사실 왜 모르는지? 시장에는 돈이 돌고 돌아야 하듯, 장사란 것도 크고 작은 좌판들이 서로 물고 물려 제대로 돌아가야 탈이 나지 않는 법이라고 옛날의 보따리 장사꾼들도 알고 있다. 21C 세계 10위권 경제대국의 장사꾼들! 제발 즉 슨 그 옛날의 보따리장사꾼만도 못하다는 소리만은 듣지 말아야 할 것이다. 대기업-중견기업그룹 모두! 포식한 공룡 '티라노 사우르스'의 멸종하는 모습을 그려보면! 끔찍할 것이다. 여기 모습이 오늘 우리 자화상이 아닌가 싶다. 그래서 장사꾼에겐 商道가 있다.

DJ의 이판사판·자충경제가 2030세대를 분노케 했다.

2030세대는"시궁창 자본주의"를 경험하면서 깨어났다. 그때부터 빨난

'붉은악마'로 700만 광장문화의 주인공으로 돌변한다. 이들은 자본(돈) 중심의 '저울추경제=경제정의·경제형평'을 외치기 시작한다.

또 이들은 이때부터 남녀평등보다 남녀 유별한 형평원칙을 고집하기 시작한다. 그래서 이들은 군 가산점제도를 새롭게 꺼냈던 것이다.

이들은 2002월드컵 때 여야좌우가 한 통속이 돼 여야대선 판에 일회용으로 사용하고 태클을 걸어 놓았다. 그리고 반신불구로 만들 요량으로,

❶백화점고객 사모님들 장바구니 들어다주는
❷주차안내나 하는
❸창고 물품 정리나 하는
❹고객을 감시나 하는 88만원 덩어리세대로 만들어 운신의 폭을 가로 막아 '88만원 창고'에다 가두었던, 바로 그 태극전사들이다.

이들 붉은악마·태극전사들은 불원한 내일 무서운 태풍의 눈으로 거듭 태어날 '♪아! 대·한민국 시장경제 4.0시대' 조짐이 분명하다.

여기 다섯 분 이승민·김일성·박정희·YS·DJ가 물고 물리는 힘겨루기 덕분에, 한반도통일=대동아르네상스시대가 열릴 수밖에 없게 됐다.

이승만 건국 대통령은 조선사대부를 무너뜨렸고, 이승만이 활용한 친일파세력의 싹은 '김일성이 6·25사변이란 무기'로 기득권 세력을 철저하게 초토화시켜 버렸다. 그리고 1954년 갑오년엔 경부선에 통일호 열차 길을 열어 조국근대화공정=자유통일을 가능하게 했다.

박정희 전 대통령은 김영삼·김대중 전 대통령에게 민주화의 빌미를 제

공했다. 김영삼 전 대통령의 세계화와 인사 청문·공직자재산등록제도는 김대중 전 대통령의 꿈 '6·15 남북공동선언문'을 휴지조각으로 만들었다. 국정전횡을 막았기에 조국근대화공정이 제구실을 할 수 있었다.

김대중 전 대통령의 햇볕정책은 박정희 전 대통령의 계산법 중 조국근대화=한반도통일로 가기 위한 '통일예행연습' 쯤의 의미가 제격이다.

PART-Ⅳ.

70년 분단체제=국가주의 '틀'을 부수면 한반도는 통일된다.

(1) 안중근《동양평화론》의 다중·시민 속에 그 답이 있다····222

(2) 2차 대전 후, 루즈벨트는 신질서(국제연합)를 준비했다··227

(3) 전쟁문화의 한반도상륙과 38도선의 의미를 되짚어야! ··234

(4) 美군정사령관 하지의 등장은 국가주의의 고착화에 있었다. ··239

(5) 루즈벨트가 죽고 나자! 스탈린 시나리오가 구체화 되다! ··244

(6) 낙동강전선 사령관 김책은 몸소 대구함락을 진두지휘했다··252

(7) 스탈린은 북한군을 마오쩌둥은 미군의 뒷덜미를 잡아챘다··256

(8) 중국 최초로 對서양전쟁에서 승리에 가까운 무승부를 기록··261

(9) 한반도통일의 희망의 끈은, 곧 문명의식=홍익인간이다··265

(10) 美·蘇는 견원지간 수법으로 분단체제=국가주의를 고착화··270

(11) 안중근의의《동양평화론》이 분단체제=국가주의를 부순다. ··273

(12) 2500만 북녘동포를 향한 '강강수월래' 희망가를 읊는다.··280

[1]

국가주의 '틀'을 부수면 한반도는 통일된다

안중근《동양평화론》의 다중·시민 속에 그 답이 있다

필자는 조선민주주의인민공화국 김정은 제1국방위원장과 지도층인사, 그리고 2500만 북녘동포들에게 아래 노랫말들을 읊어주고 싶었다.

◆Ah, 6.25: 필자의 8살 나이 6.25목격담 속에 70년 남북분단체제와 국가지상주의 틀(frame)을 부술 수 있는 신작로가 보였다.

필자는 "1950년 6.25 한국전쟁을 어머니를 따라 외가가 있던 곳 경상북도 고령군 고령읍 고아동(古衙洞)에서 겪었다"고 했다.

고령이란 곳은 1950.8.15를 남한해방 D-day로 잡고 곡창지대 호남을 평정한 조선인민군 제6사단과 가야산 야산대(註: 1946년 대구10.1폭동사건을 진압하는 군정경찰과 폭도들 사이에 일어난 소요는 이틀 만에 진압됐으나 그 여파는 전국으로 확산됐다. 이때 수배를 받게 된 동조자들이 가야산-지리산 등 산악에 숨어들어 '야산대'활동을 시작한다. 이들은 경찰의 눈을 피해 야간엔 마을로 내려와 식량조달과 주간엔 1948.5.10선거 유세장에서의 야유와 방해, 그리고 경찰관서-지서 습격대가 됐다.)가 연합해 달성군 현풍과 창녕, 진주를 경유 부산으로 직행할 조선인민군 일선사령관 김 책이 진두지휘한 다부동 숫대미산 328고지·동명전투 못지않은 낙동강 현풍전투의 전략요충이며, 옛 가야국발상지다.

필자는 추석명절(1950.9.26)을 사흘 앞두고 고아동 외갓집이 폭격으로 잿더미가 됐으나, '장독대에 간장이 있다'는 어머니와 외할머니께서 나누는 이야기를 들었다. 그리고 피난해 있었던 '썩은 덤 촌락'에서 30여리 밖 고아동에서 간장을 댓 병에 담아 돌아오는 황금 들녘엔 쌕쌕이 폭격으로 큰 웅덩이가 패여 있었는가 하면, 누렇게 익은 나락 논엔 인민군들, 야산대원들의 시체가 즐비했었다.

필자가 썩은 덤 가까이 왔을 때 금산재에서 불꽃이 번뜩번뜩하는 것을 목격했다. 엉겁결에 엄청나게 높은 고목나무 꼭대기에 올랐었다. 그런 중 동수나무 꼭대기에 올라앉았던 필자는 오도/가도···, 그런데 장뚝산 제방 뒤에 숨은 미군과 떡곡 재 너머 지산 새터 인민군들 간의 교전은 없었다. 왜냐, 당시 김일성이 스탈린에게 뒷들미를 잡혀 보급통로=신작로가 끊겨 오도가도 못 하는 독안에든 쥐 꼴이 됐다.···, 한편 인천상륙작전으로 급전직하 된 소문으로···, 쫓기는 처지여서인지 총알마저 떨어져 싱거운 교전 끝에 가야산 쪽으로 숨어들었다.

왜냐: 수복이 된 후도 가야산공비들이 밤에 내려와 고령경찰서가 습격을 당하고 고령읍과 성주군 수륜면 일대가 해방구란 얘기를 들으며 자랐다. 당시 인민해방군과 야산대의 의기투합은 물거품이 됐었다. 바로 그 신작로의 엇박자인 8.15 남한해방 축하연을 눈앞에 두고 분단체제와 국가주의의 고착화로 이어졌다는 말을 하고 싶어서다.

필자의 나이 8살 6.25전쟁 목격담 속, 그리고 1943.11월 카이로선언 이후의 얄타회담, 포츠담선언 내용에서 한 땀 한 땀 뜯어내면, 남북한 70년 분단체제=국가주의 틀을 부술 답이 나올 것이기 때문이다.

◆카이로·얄타·포츠담회담: 카이로선언(Cairo Declaration)은 1943.11.22-27일, 미·영·중 연합국이 카이로에서 발표한 공동선언이다. 5일간 회담엔 루즈벨트·처칠·장제스가 대표로 참가했다. 이 선언에서 연합국은 제2차 세계대전 발발 후 처음으로 일본에 대한 전후문제를 토의하였다. 이 회담에서 일본이 1차 대전 이후 다른 나라로부터 강탈한 영토를 반환할 것을 촉구하는 내용을 담았다. 특히 카이로선언은 "적당한 절차를 밟아 한반도를 독립시킨다."는 연합국 결의를 명시했다.

얄타회담(Yalta Conference)은 1945.2.4-2.11 소련 흑해 연안의 크림반도 얄타에서 미국 대통령 프랭크린 루즈벨트(Franklin D. Roosevelt: 1882-1945.4.12), 소련 수상 이오시프 스탈린(Iosif V. Stalin 1878-1953.3.5), 영국 총리 윈스턴 처칠(Winston LS. Churchill:.1874-1965)이 모여 제2차 세계대전이 막바지로 치닫자 연합국의 지도자들이 나치 독일을 패배시키고 그 이후를 논의했다.

포츠담선언(Potsdam Declaration)은 1945.7.26일 미국, 영국, 중국, 소련 정

상이 독일 포츠담에서 2차 대전 후의 독일 전후처리와 일본항복문제를 다뤘다. 루즈벨트 대통령은 1945.2월 얄타회담 후 시름시름 앓다, 두 달 후 4.12일의 서거(逝去)로 대통령직을 부통령 투르만이 승계한 첫 참석이었다. 이때로부터 스탈린이 세계정세 전반에 걸쳐 이슈가 될 민감한 사안들마다 본격적으로 간여를 넘어 주도하기 시작했다.

모스코바 협정(1945.12.)과 미·소 공동위원회 구성, 미·소 공동위 회의의 결렬, 한국 독립문제의 유엔총회이관, 1947년 11월 유엔총회결의 제112호 채택과 유엔한국임시위원단설치, UNTCOK의 선거관리와 감시에 의한 민주총선(1948.5.10)과 제헌국회구성, 헌법제정 및 공포, 정부수립에 따른 대한민국 건국, 유엔총회결의 제195호(1948.12.12)에 따른 대한민국정부 승인 등을 다뤘다. 38선 이남에서 이뤄진 대한민국 건국은 당시 상황에선 불가피한 선택이었다. 김일성이 1948.1월 UNTCOK 방북 허용 및 유엔결의이행을 거부함으로써 북한 지역의 총선이 좌절됐다. 이에 따라 UN의 의사와는 달리 남북한은 분단체제=국가주의, 즉 우리는 '美蘇 두 대국의 우리(roost)'에 갇힌 견원지간(犬猿之間)이 돼 대립각을 세우다가 결국에는 남북형제가 총부리를 겨누었던 것이다.

우리 비극의 원죄는 38선 이전에, 1905.7월의 '일본 총리 가쓰라 다로'와 '미국 육군 장관 윌리엄 태프트' 간의 '가쓰라-태프트 밀약'에서 찾아야 한다. 이 밀약에서 출발한 1905.11.17일 을사늑약=정미7조약이다.

이 을사늑약의 원흉을 처단한 안중근 의사는 '일본의 히라이시 관동도독부 고등법원장이 '사형집행날짜를 한 달 남짓 연기해 주겠다.'는 약속을 믿었다. 그의 약속을 믿고 상고를 포기《동양평화론》을 집필하기 시작했다. 그는 상부지시를 핑계로 사형집행날짜를 앞당겼다. 안중근 의사는《동양평화론》의 서문과 전감을 마치고 더 이상 집필치 못했다.

안중근 의사의《동양평화론》은 간략한 '서문'에 불과하다. 그러나 필자는 그의 재판과정의 진술내용과 그의 일대기를 살펴 볼 때, 특히 북만주 얀치헤에서의 역사인식 중 홍익인간에 기초한 '시민중심사회=공존공영사상'의 순수성을 참고하면, 오늘의 '일본 재무장'과 '중국의 군사대국화'를 상쇄시켜 동북아공영시대를 열 수 있다고 확신했다.

안중근 의사는 안응칠 역사 속 "내가 동양의 대세를 염려해 정성을 다한 방책《동양평화론》이 끝내 허사로 돌아가는 것" 같아 보이나, 가까운 장래 "일본의 4000만 거류민이 '안중근의 날'을 크게 외칠 날이 반드시 올것"이라고 말했다. 필자는 안중근의사의 옥중서신《동양평화론》이 "우리 한반도통일의 길을 열어나갈 것"을 확신한다.

한반도통일은 "70년 분단체제=국가주의"틀을 부숴야 한다. 한겨레·민족통일은 절대 불가하나 "안중근 동양평화論의 다중·거류민"속에 답이 있다. 왜냐하면, "오늘날 지구촌 질서는 다극화시대로 접어들면서 심각한 도전에 직면해 있다 또 세계화로 경제의 국경이 무너지며 각국에서 기존의 통치체제가 한계를 맞고 있다. 정치와 정부는 국민국가, 주권국가란 국경에 갇혀 있다. 정책과제는 이미 세계화돼 있다. 어느 나라도 국가 간 협력 없이는 이들 과제들을 풀어갈 수 없다. 정치는 국내문제에 얽매여 있다. 이런 중 국제경제, 외교에서 점점 WTO·유엔 등 다자체제가 외면 받고 FTA 등 양자체제와 양자외교로의 의존이 늘고 있다" 대-한국인의 중지를 묶어 낼, 필자 나이 70살 현증록(顯證錄)이다.

[2]

국가주의 '틀'을 부수면 한반도는 통일된다

2차 대전 후, 루즈벨트는 신질서(국제연합)를 준비했다

오늘날 세계질서는 다극화시대로 접어들면서, 우리 사회가 심각한 도전에 직면했다. 그리고 세계화로 경제의 국경이 무너지며, 각국에서 기존의 통치체제가 한계를 맞았다. 정치와 정부는 국민국가, 주권국가란 국경에 갇혔다. 이런 세계질서 속에 우리가 소원하는 한반도통일을 위해선 분단체제=국가주의 '틀(frame)'을 반드시 부숴야 하기 때문이다.

대한인은 2차 대전 후의 신질서(UN)와 공산주의를 무너뜨릴 신작로를 예비한 국제주의자 프랭크린 D. 루즈벨트를 찾아 살펴야 국가주의를 허물 수 있는 길이 보인다. 그는 1930년대 대공황이란 위기를 넘기면서 '생산성향상과 경영혁명'을 유도해 '75%중산층시대'를 열었다. 필자는 칼 막스(Karl Marx, 1818-1883)는 공산주의를 만든 사람, 루즈벨트(Franklin D. Roosevelt:1882-1945)는 공산주의를 무너뜨릴 신작로를 뚫은 사람으로 봤다.

◆루즈벨트家와 한반도의 惡緣: 일본인 가네코 겐타로(金子堅太郞)는 러일 전쟁 발발 후 1904.2월 미국에 특사로 파견됐었다. 그는 후쿠오카(福岡) 사무라이 집안 출신으로 메이지 신정부의 최초 해외 유학생으로 뽑혀 하버드 대학에서 법학공부를 했다. 가네코와 같은 학교에서 공부한 시어도어 루스벨트 (Theodore Roosevelt)란 학생은 졸업 후 23년 만에 미국 대통령이 돼 재직하고 있었다. 동창생을 만나기 위해 태평양을 건넌 가네코는 유창한 영어솜씨와 세련된 행동, 백인들의 마음에 쏙 드는 논리로 단번에 미국 정가와 시중여론을 휘어잡아나갔다. 그는 "일본이 미국 문명의 숭고한 대의를 위해서 러시아와 싸우고 있다. 만일 일본이 러시아를 이기지 못하면 아메리카미합중국의 문명은 결코 아시아에 뿌리내리지 못할 것이다"고 말해 박수갈채를 받았다.

아시아인 최초 로비스트이었던 그는 일본을 '미국문명의 집행자'로 선전해 시어도어 루스벨트의 마음을 얻는데 성공했다. 그 후 백악관을 제집 드나들 듯 하던 가네코의 로비는 1905.7월 일본총리 가쓰라 다로와 미국 육군 장관 윌리엄 태프트간의 비밀협약으로 이어졌다. 세계를 감쪽같이 속인 '가쓰라-태프트 밀약'은, 훗날 역사가 말하듯, 미·영·일 3국 동맹 위에서 미국은 필리핀, 일본은 한반도를 점령하는 것을 상호 인정 한 것으로, 한국인에게 모진 세월을 안겨주었다.

돌이켜 보면 이 '가쓰라-태프트 밀약'은 한 세기 전 초강대국으로 부상한 미국이 '일본'을 아시아 전략의 파트너로 선택한 역사적 결정이었다. 두 나라 호전주의자들이 만들어놓은 이 구도는 지금까지 바뀌지 않고 있다. 밀약(1905) 체결 36년 후 미국은 믿었던 동맹국 일본으로부터 뒤통수를 얻어맞았다.

그리고 프랭크린 D. 루스벨트는 1943.11.22-27일까지 이집트 카이로회담에서 장제스가 한반도를 점령하겠다는 말을 듣고 일언지하에 거절했다. 그리고 그 다음날 28일 이란의 수도 테헤란으로 장소를 옮겨 루즈벨트는 장제스를 빼버리고, 처칠·스탈린과의 테헤란회담에서 "한반도는 완전한 독립을 얻기 전에 '40년의 수습기간이 필요하다'며 신탁통치의지를 보였다. 그래서 필자는 "루즈벨트家와 한반도의 기가 막히는 기연(奇緣:strange fate)"이라는 이름을 붙였다.

◆루즈벨트의 대서양헌장: 1941.8.9-12일까지 대서양상의 뉴펀들랜드 오고스타만 함상회담에서 루즈벨트와 처칠은 '대서양헌장 8개항'에 합의했다. 전후처리를 위해 루즈벨트 서거 "여섯 달 12일째 되던 1945.10.24일에 출범시킨 국제연합의 참 의미를" 필자는 곰곰이 풀어서 생각해봤다. 즉 "국제주의자 루즈벨트(63세를 살았다) 대통령이 처칠(91세를 살았다)은 고사하고, 스탈린(75세를 살았다) 만큼만 살아 있었어도, 대전 후 지구촌의 판도는 많이도 달라졌을 것이다. 특히 우리 한반도가 두 동강쯤은 나지 않았을 것"으로 보았다.

◆루즈벨트와 얄타회담: 필자는 카이로 회담에 이어, 7박8일의 얄타회담을 읽어가면서 굉장한 게임의 서막이 올랐음을 느낄 수 있었다.

알타회담(Yalta Conference)은 1945.2.4-2.11일까지 소련 흑해연안의 휴양 도시 알타(현 우크라이나)에서 열렸다. 이미 알타의 비화가 알려진 일이기는 하지만 미국의 '프랭크린 루즈벨트' 대통령은 회담장소를 제공한 측에서 대접하는 음료수를 마시고 귀국한 뒤, 두 달 만인 1945.4.12일에 서거했다는 말들이 돌고 돌아다녔다.

우리 지구촌의 全인류는 특히 우리 大韓國人은 정말로 아까운 인물을 잃었다. 바로 그는 미국의 제37-40대 프랭크린 D. 루즈벨트 대통령이다. 그는 미국 역사상 4번에 걸쳐 대통령직에 있었다. 그에겐 2차 대전 이후의 신세계 구상(New World Plan)이 있었다. 그 첫 타깃이 全인류의 공적인 공산주의 깃발을 확실하게 내리게 할 복안이 있었다.

그는 대공황이란 만난을 돌파해낸 경험으로 그의 재임기간 10여 년간 경제학자 못지않은 생산성향상과 경영혁신분야에 상당한 수준의 경제지식을 터득했다. 그리고 그는 공산주의깃발을 내릴 방도로 '생산성향상과 경영혁명'을 유도하여 '중산층시대'를 확실하게 열었다.

◆국제주의자 루즈벨트와 민족주의자 투르만: 1945.4.12일 루즈벨트의 재직 중 서거로, 우연찮게 투르만은 대통령 자리에 올랐었다. 만약 루즈벨트가 죽지 않고 살았더라면 우리의 38선도, 6.25도 없었다. 2차 대전 이후의 역사도 전혀 딴판 세상이었을 것이다.

6.25 한국전쟁의 기원을 쓴 커밍스는 그들 간의 차이를 '보다 폭넓고 세련된 국제주의자(Internationalist)로서의 루즈벨트'와 '비교적 편협한 시골풍의 국가주의자(Nationalist)로서의 투르만'이란 두 가지 형으로 가른다. 전후의 세계에서 미국의 패권이나 지도적 입장을 바라는 데선 그

들은 공통했을 것이다. 그러나 그런 목표에 이르는 과정, 특히 소련과의 관계를 보는데서 그들 간의 차이는 컸다. 루즈벨트의 경우, 그는 전후문제처리에서 소련을 국제기구나 다국적 관계의 일원으로 묶어둠으로써 그들이 국제적으로 온건하고 책임성 있게 행동하길 바랐다.

경쟁자를 견제하는 수단엔 여러 가지가 있다. 루즈벨트는 유연하면서 타산에 빠른 주주처럼 지분 51%로도 만족할 줄 알았다. 그러나 용기는 있어도 사리의 분별에선 한계를 가졌던 잡화상 출신의 트루먼에 있어선 달랐다. 그에게 있어선 주를 갖자면 85% 이상은 돼야 안심이었다. 그런 그들 간의 차이가 미·소 관계에서의 비등한 변화를 가져왔던 건 당연했다. 국제주의적인 유연성은 전통적 민족주의-국가주의적인 대결로 바뀌게 됐다. 그런 변화가 우리 한반도에 적용된 건 물론이었다.

◆루즈벨트 사후에 결성된 UN을 통해, 그는 새로운 세상을 꿈꿨다: 여기 그림은 1968.1.28일부터 시작된 베트남전장의 구정總공세 당시 헬리콥터로 네이팜탄을 쏘아대고, 하루 100드럼의 휘발유를 산야에 뿌려 정글을 태워 전선의 밤을 밝힌 불꽃 속에 나타난 붉은 깃발이다. 20년 후 88서울올림픽을 치룬 후, 신기하게도 1989년 공산주의 종주국 소비에트연방공화국의 붉은 깃발 하강式을 보여준 대목이다. 2500만 북녘동포여 전장의 찰나를 겪어보지 않고는 필자 나이 70현증록(顯證錄)은 없었다.

미국의 루스벨트 대통령은 경제와 정치의 순리를 역행하지 않았다. 그는 거시경제학을 태동시킨 존 케인즈(John M. Keynes, 1883-1946)의 강론을 열심히 들어주면서 대공황이란 경제위기를 그 나름의 의도하는 대로 생산성혁명에다, 경영혁명을 통해서 中産層시대를 열었다. 그러고 그는 共産主義를 작살낼 신작로를 준비했다. 또한 51% 경제의 전문가, 국제주의자 루즈벨트가 살았다면 '국제연합'을 통한 세계질서는 전혀 다른 모양새로 새로운 세상이 전개되었을 것이다.

1943.11.22-27일까지 카이로회담에서 "장제스가 루즈벨트에게 한반도를 자신의 중국이 점령하겠다는 얘기를 꺼냈다"가 그랬는지, 어째서인지 장제스는 대만으로 밀렸다. 그리고 마오쩌둥의 국공합작은 성공했었다. 여기 일련의 사건들 전혀 우연이 아니다. 루즈벨트 그는 마오쩌둥과 장제스를 두고서도 마오쩌둥의 등을 긁어주었던 것이다.

루즈벨트는 이집트 카이로에서 회담한 후, 곧 이어서 28일 이란의 테헤란으로 장소를 옮겨 루즈벨트와 처칠은 장제스를 빼버리고, 이오시프 스탈린과 3자회담을 가지게 된다. 루즈벨트·처칠과 스탈린과의 테헤란 회담에서 한반도는 완전한 독립을 얻기 전에 수습기간이 필요하다는 의지를 보였다. 2차 대전 승리의 '전승국의 주역'은 '처칠'이었으나, 그 전공(戰功)을 처칠에게 돌리지 않고, 그 전승국의 공(功)을 "스탈린에게 공산진영권이란 제국的판도"까지도 서슴지 않고 넘겼다.

당시 루즈벨트의 '대서양헌장 8개항'의 '신질서 구상'을 듣고, 제국的판도까지 거머쥔 스탈린은 뭐인가를 느꼈을 테고 당혹했을 것이다.

루즈벨트는 스탈린이 지독한 독재자란 사실, 즉 스탈린 주변의 유력인사 2천만 가까운 사람을 숙청하고, 2백만의 측근 고급관료를 처형한 강철 인간을 자처한 사실 모를 리가 없었을 것이다.

물론 루즈벨트는 처칠에게 응분의 양해를 구했을 터다.

한편으로 루즈벨트는 마오쩌둥의 중국공산당 참모습을 읽고 있었다. 주은래 등의 중국공산당은 겉모양만 공산당이었지 스탈린 교조주의=국제공산당과 사사건건 마찰을 빚는 점도 알고 있었을 것이다.

그리고 루즈벨트는 중국공산당 밑바탕의 중화사상을 보았다. 또 마오쩌둥의 공산혁명성공 이후의 팔로군과 국부군의 혼숙이 불가하다는 점, 그리고 중국 사람이 돈=현찰을 좋아한다는 사실까지 알고 있었다. 그러기에 중국의 시장자본주의화도 시간문제란 점을 꿰고 있었다.

그래서 필자는 루즈벨트가 살았더라면 이후 세상은 국제연합(UN)을 통해 전혀 다른 세상일 수밖에 없었을 것이라 전망해 보았다.

어떤 지도자이고 간에 만물박사가 될 수는 없다. 기본적으로 먹고(經濟)사는(政治) 혜안만은 반드시 열려야 한다. 이것을 구분하지 못하는 사람은 지도자가 돼선 안 된다. 바로 루즈벨트가 88서울올림픽 후 1989년 레닌의 교조주의=공산주의 깃발을 내리게 한 장본인이다.

그래서 루즈벨트나 칭기즈칸은 미래의 사안=정책 결단을 정확히 판단할 줄 알았다. 그들 두 지도자는 출발선상에서의 정책, 다른 사람들 눈에는 시답잖게=실현불가능으로 보였으나 그들은 매사 엄중했다.

[3]

국가주의 '틀'을 부수면 한반도는 통일된다

전쟁문화의 한반도상륙과 38도선의 의미를 되짚어야!

우리는 분단체제=국가주의를 부수기 위해서, 먼저 구한말 전쟁문화의 한반도 상륙에서부터, 大韓國人 비극의 '原罪'와 남북 분단의 신호탄이 었던 38도선의 의미를 되짚어 보는 것이 우선일 것이다.

◆구한말에 전쟁문화가 상륙: 1592년 일어난 임진년 난리를, 우리는 '임진왜란'이라 불렀지 '임진년전쟁'이라 부르지는 않는다. 구한말 일본군이 '동학 난'에 개입하면서 '동학농민전쟁'이라 부르기 시작했다. 우리나라나, 중국, 일본은 전쟁문화를 모르고 살았다.

우리나라에 상륙한 서구의 전쟁문화란 '전쟁에 의한, 전쟁을 위한, 전쟁의 문화'였다는 것이다. 우리에게는 이런 말이 흔하게 사용되지 않았고 지금도 사용하기를 꺼린다. 그 까닭은 서양인에게 전쟁을 한다는 것은 일상적이고 당연한 것으로 받아들여지고 있기 때문이다.

유럽은 전쟁의 먹구름이 걷힐 날이 거의 없었다. 왜냐하면 구라파대륙은 워낙 이질성이 많은 사람들이 우글대며 살다가 수틀리면 주먹=총알이 나갔다. 중국의 전쟁문화 상륙은 아편전쟁 이후다. 일본은 페리호사건과 메이지유신(후꾸자와 유키치가 저술한 탈아입구론〈脫亞入歐論〉) 이후다.

유럽 사람들은 '먹고 산다'는 자체가 경쟁 논리=전쟁 사고다. 영국 여왕 빅토리아(Victoria : 1819-1901)는 64년 재위동안, 전쟁을 안 하고 지낸 해란 거의 한 해도 없었다. 그래서인지 20세기를 역사학자들은 흔히 '학살의 세기(The Century of Genocide)'라고 한다. 그 정확한 숫자를 헤아리기는 어렵다. 수천만의 사람들이 서양에서 시작된 전쟁으로 죽었을 것이다. 떼죽음=집단학살(genocide)이라는 말은 우리에는 생소한 말이다.

서양의 전쟁사는 천년의 세월을, 아메리카 대륙의 발견부터 꼽아도 5백여 년, 그 개척사도 에누리 없는 전쟁사였다. 그러다가 불란서혁명으로 '국민국가'가, 국가주의가 등장하면서부터 전쟁은 나라를 털어서 하는 총합적인 것이 됐다. 그래서 국가기능이란 것 역시 그런 전쟁에 견디고 살아남게 하는 데 포커스가 맞춰진 것은 너무나 당연하였다.

민족주의나 국가주의, 그리고 그것을 지상의 것으로 여기는 소위 '내셔널리즘' 이란 게 거의 종교적 신앙의 대상이 되기까지에 이른 19C에

와선 서양에서의 '국가전략이란 군사력'이란 것쯤의 것으로 알게 되었다. 군대란 게 다른 어떤 것보다 국가를 대표하는 자리를 차지하게 했다. 그에 따라 국민을 교육하는 데도 그 포커스를 그들을 육체적으로나 정신적으로 전쟁을 수행하는 데 알맞도록 단련시키는 것에 맞춰 졌었다. 그것은 '적자생존'이란 '다윈적 확신'때문만이 아니었다. 전쟁은 인류를 보다 높은 차원으로 발전시키는 가치 있는 일로 믿기도 했다.

전쟁문화의 특징으로 우리는 그 격렬성과 과격성이라는 것을 들 수가 있다. 죽기 아니면 살기, 견적필살=흑백논리=군복개념이 전쟁이기에, 사람이 선택할 수 있는 선택의 여지란 적다. 살아남기 위해서는 수단과 방법을 가리지를 않는다. 사느냐 죽느냐가 달려 있는 판에 그런 여유가 있을 리 만무하다. 통상적 규범 따위도 거기에서는 별로 힘을 못 쓴다. 하여간 그러한 전쟁문화를 배경으로 한 전사(戰士,Warrior)들로써 우리 땅 한반도에 찾아든 불청객이, 미국과 소련이라는 두 서양 대국이었다.

그들이 큰 바다와 대륙을 건너 우리 땅 38선에서 대면하기까지에 이른 역정(歷程)은 험난한 길이었다. 그들이 펼쳐온 개척지의 변경을 그들은 그들 말로 '프런티어(Frontier)' 라 이름 하였다.

그것은 전쟁터, 진영(camp)이란 의미다. 8.15 해방 후에 우리 땅의 38도선이 바로 그들의 그와 같은 새 전선으로 획정되었다. 8.15후 지구촌에서 제일 가난했었던 대한민국과 조선민주주의인민공화국이라는 두 나라가 살아남은 것은 거의 '경이적=기적이라 할 만큼 쇼킹한 일'이다.

◆원한의 38도선은 우리 비극의 원죄다: 대-한국인 비극의 진짜 '원죄'

란 말의 근원은 1905.7월의 "가스라-태프트" 밀약부터다. 즉 메이지유신 최초 일본인 유학생이며 로비스트인 '가네코 겐타로'와 미국의 제29-30대 대통령 '시어도어 루즈벨트'간 하버드의 학연으로 시작된다.

그리고 8.15 해방 후 남북한 70년 분단체제의 프레임을 형성하는 과정이다. 저 원한의 38도선을 경계로 우리 땅이 두 동강 났었다, 남북으로 갈라졌다는 사실은 어느 누구도 부인하지 못한다. 그래서 한 맺힌 원한의 38도선은 우리 비극의 원죄(original sin)로 보면 틀림이 없다.

이 사건은 루즈벨트의 사망 이후의 두 사람 민족주의자=국가주의자 투르만과 스탈린의 작품이다. 루즈벨트 신세계구상 속 한반도란 공산주의 깃발을 내리기 위한 교두보이었기에 38도선은 없었을 것이다.

투르만·스탈린 양대 진영논리에 의해 두 동강 난 사건은 우리가 들여다보면 볼수록 기가 마히고 억장이 무너실 일들이 수 없이 많다.

1945.8.6일 히로시마에, 8.9일 나가사키에 원자탄이 떨어진 다음날 1945.8.10일, 미국에선 국무성과 육해군 합동 조정위원회가 열렸다. 우리는 그 회의에서 두 명의 미군 대령 본스틸(Col. Charles Bonesteel)과 러스크(Col. Dean Rusk)가 막대기로 지도 위의 38도선을 가리키며 "이 선으로 하면 되지 않겠습니까?"라고 브리핑을 했다. 그 선을 경계로 미국과 소련이 우리 땅을 갈라 점령하면 되겠다는 것이었다. 이에 그곳의 위원들은 이의를 제기하지 않았다. 38선 분할 안을 획정(劃定)하여 그들 두 대령에게 건네준 '준장 조지 링컨(Brig. Gen. George Lincoln)'은 그 플랜을 생각하는데 걸린 시간이 '10초에 불과했다.'고 했다. 그렇게 마련된 안

을 제의 받은 소련의 이오시프 스탈린(1878-1953.3.5)도 "그게 좋겠다."고 해서 저 원한의 38선은 우리와 세계사 위에 등장하게 됐던 것이다.

◆38선은 진영을 나누는 경계였다: 미·소 두 대국들에겐 세계에서 제일로 가난했던 대한민국이나 조선민주주의인민공화국 따위는 일개 거류민(resident)들의 땅을 갈라놓는 정도에 불과했다.

그것은 세계를 분할하기 위한 2개의 진영(camp)을 나누는 선(line)이고 경계(boundary)였다. 무릇 경계란 지켜진다는 데에 그 의미가 있다. 진영으로서의 안정도 거기에 목줄을 맨다.

따라서 그것을 만든 대국들이 자신도 아닌 국외자(outsider)가 그것에 감히 도전(challenge)할 일이 아니라고 보았던 것이다. 38선을 두고 그걸 신성불가촉(神聖不可觸)의 것으로 보는 것부터가 그렇다.

그것은 그걸 만들어 놓은 대국들의 자의(恣意)와 편의(便宜)란 입장에서만 할 수 있는 말이다.

그런 것과 애초부터 무관했던 대한민국이나 조선민주주의인민공화국 사람들로서는 그것은 강자에 의한 타의의 일방적 강요 외엔 다른 것일 수가 없었다. 즉 분단체제=국가주의의 고착화에 있었다. 순전히 38선은 투르만·스탈린 두 사람의 진영논리에 의해서만 가능했었다.

[4]

국가주의 '틀'을 부수면 한반도는 통일된다

美군정사령관 하지의 등장은 국가주의의 고착화에 있었다.

◆**美군정사령관 하지의 등장은 분단체제 고착화:** 하지의 등장은 얄타회담 후 1945.4.12일 루즈벨트가 사망하면서, "루즈벨트의 신세계구상"은 변질이 되고 말았다. 그해 7.26일 포츠담에서부터 '스탈린 시나리오'에 따라 '세계질서 기본구도'가 바뀌면서부터다.

1945.9.2일 더글러스 맥아더 유엔군사령관은 일본 히로히토의 항복을 수용하고, 1945.9.8일 존 R. 하지(John R. Hodge)중장 휘하의 미 제24군단을 배편으로 인천에 상륙시켰다. 38선이남 땅에 진주한 미군이, 저쪽 북

녘 땅에서 절대로 하지 못할 일이 하나 있었다. 그것은 "그 땅이 공산당 차지가 되는 걸 그대로 방치하는 일이었다." 까닭이야 뻔하다. 그 땅은 공산주의 세력을 봉쇄하는 미국의 세계적 사업에서 큰 임무를 수행해야 할 전략적 보루였으므로 지켜져야만 하는 것이었다.

그런 대사업을 맞게 되는 게 결국에서는 우리 땅의 역사를 주름잡게 되는 '존 리드 하지' 중장이었다. 그 일이 그의 손에 돌아가는 것은 당시 그가 우리 땅 한반도에서 美군정청을 책임진 자리에 있었기(1945-1948) 때문이다. 그는 군정을 책임진 것뿐만 아니라, 그 자리에 있었던 3년 간 '전쟁' 을 지휘했고, 그 전쟁은 그 이후 한반도 남쪽에서의 삶이나 정치가 자리할 초석 같은 것을 마련하는 것이기도 하였다.

여기서 전쟁이란 느닷없이 나온 말이 아니다. 우리 땅에서 전쟁이란 말이 공식 문서상으로 씌워진 것도 하지 중장의 경우가 처음이다. 그는 이 전쟁이란 말을 1945.11.25일자 그의 상관인 극동군 사령관 맥아더에게 보낸 서신에서 처음으로 사용했다. 그는 미국 점령지역에 걸쳐 현지인 정부를 자처하고 있던 '인민공화국'이라는 북녘 땅의 조직을 인정하지 않기로 한 자신의 의사를 전하면서 그러한 그의 불인정 선언은 공산주의자들에게 '전쟁을 포고하는 효과'를 가질 것이라고 했다.

맥아더는 하지에게 어떤 결정도 전적으로 지지할 것이라 했다. 그것은 하지에 대한 백지위임장과 같았다. 이에 따라 하지는 인민공화국을 불법집단으로 규정 그날부터 그 현지인 정치기구는 미군정의 공적이 되어버렸다. 이로써 하지의 전쟁엔 시작에의 공식신호가 오른 셈이다.

왜 하지는 자기나 미국이 수세에 몰려있고 거기서의 탈출을 전쟁이라는 극렬 수단이라는 데서 찾게 되었을까. 우선 하지는 무엇이기에 앞서 맹렬한 반공주의자(Vehemently anti- communist)였었다. 그 점에서 그는 '캐넌, 트루먼, 맥아더'와 더불어 당시의 對공산정책의 기틀(fram)을 잡고 있던 미국의 '반공 사인방(四人幇)'의 하나였었다.

◆텃밭으로만 보면, 이남에 소련군이? 이북엔 미군이?: 美제24군단을 이끌고 입성한 미군정사령관 하지를 비롯한 당국자들은 "한반도 남쪽을 공산주의자들로부터 지키기란 매우 어려울 것"으로 내다보았다.

비관론의 몇 가지를 살피면, 그 대표적인 사람이 2차 세계대전 이후, 38선 획정 다음의 미국 대외정책기조를 완성한 소위 대공봉쇄정책의 창안자 '캐넌(George Kennan)이다. 당시의 제반 사정에 비춰서 볼 때 그는 북한이 아닌 소련이 한반도를 통쌔로 석권할 걸로 전망했다. 주한미국 대사 무쵸(John J. Muccio)도 1948.11월 같은 내용을 본국 정부에 공식 보고했었다. 또한 워싱턴 정가마저도 비관적인 견해가 있었다. 美상원외교위원장 코널리(Tom Connally)가 시사 잡지 '유에스 뉴스 & 월드리포트에 쓴 기고문에서 "한반도를 공산주의자로부터 지키기란 매우 어렵다"고 말했다. 이유는 다음과 같다. 비관적인 전망의 밑바탕엔 구라파의 나치, 파시스트, 일본의 군국주의 등 우파적 정치세력의 패망에 따른 좌파세력의 준동은 2차 대전 후 세계적인 흐름이었다.

그래서 필자는 38이북엔 미군이, 38이남엔 소련군이 진주하는 게 더 좋은 텃밭으로 봤다. 필자는 1968년 베트남파병 전후 간 주변국과 우리 현대사와, 그리고 파리와 모스코바 유학을 다녀온 호치민(Ho Chi Mihn/1892- 1969)과 보 구엔 지압 장군을 공부하면서, 우리나라이남 땅에서 상당한 토지를 소유하고 지주층 지식인그룹 박헌영, 이현상, 이강국, 이주하, 김달산 등을 깊숙이 들여다봤다. 그리고 그들의 진면목을 보면서부터 이북보다는 이남이 공산주의 텃밭으로 제격이라 봤다.

이남과는 정반대로 소련군 점령지 이북은 계급적 모순도 적었고, 구한말 개화 이후 근대민주주의의 개화자강사상과 특히 이북에는 개신교가 왕성했다. 차라리 미군이 해방군이 되는 것이 좋았을 것이다.

왜냐하면, 북조선 인민들 숭앙의 상징인 조만식 선생을 중심으로 평안남도 건국준비위원회가 1945.8.17일 해방 이틀 만에 결성될 정도로 순전한 시민 속에 지지기반을 두고 있었다. '건준' '행정자치위원회'란 주민자치 행정기구와 정당이 자연적으로 조직된 점을 들 수 있다.

◆하지의 궁여지책은 반공역량강화: 한반도에서의 공산세력이나 좌파세력들에 의한 일체의 정치적 움직임들이 전적으로 크렘린이 짜내는 원본(master plan)에 따른 것이었다. 그 같은 좌파의 도전이 과격하면 과격할수록 부동의 것이 됐고, 실제 좌파의 도전은 그로 하여금 전쟁하는 자세로 대응하게 하기에도 충분했다. '대구 10.1폭동사건'과 '여·순반란사건', 그리고 '제주 4·3사건'에서만도 수만 명의 사람들이 떼죽음(genocide)을 당하는 것을, 지나간 역사에서 우리는 똑똑히 보았다. 당시 좌파세력들이 부르던 전가(戰歌) '빨지산의 노래'는 '총을 메고 출전'하는 '빨지산이 영을 내린다, 원수를 찾아 영을 내린다.'란 식으로 나갔

다. 정말 빨지산에게도 그들의 투쟁은 이미 전쟁이었고 그들을 쳐부수러 나선 하지에게도 그것은 전쟁 외에 다른 것이 아니었다.

이미 소개한 미 대사관 핸더슨이 그의 책에서 이런 좌우파 충돌 통에 재판 없이 죽음을 당한 인원만도 10여 만에 달했다는 믿기 어려운 통계이고 보면 그 파란상이 얼마나 끔찍했던가는 상상이 되고도 남는다.

그런 시점에서 하지나 美당국이 궁지에 몰렸던 것으로 본 까닭도 이해가 된다. 그건 엄청난 좌파도전에 대응할 현지인 세력의 규합이 그들에겐 쉽지 않다는 것을 뜻한다. '하지 중장의 궁여지책' 으로 쓰게 된 게 바로 우리가 두고두고 씹어볼 만한 역사적 일화다. 그것은 그가 그의 반공 역량을 구축하는 데서 그 당시 흔히 쓰인 말로 '친일파 민족반역자'들을 그 중심축=대들보로 삼았다는 것이다. 그걸 그의 '궁여지책(the last resort)'이라고 하는 것은 그러는 것만이 그때 그에게 남겨져 있던 선택이었다는 뜻에서 하는 말이다. 그에게 그 밖의 도리란 없었다.

'전쟁터에선 법이 뒷걸음질 친다.'는 건 벌써 기원전의 사람 마르쿠스 키케르 (Marcus Cicero: 106-43)가 한 말이다. 전장에서 궁해지면 수단 방법을 가리지 않는다. 총알이 떨어지면 돌이라도 집어던진다. 하지에게 부일 협력자(Collarborator)들은 그런 돌덩어리였다. 실제 그가 급거 반공 무력으로 만든 국방군과 경찰의 골격과 기간조직은 일제 강점기에 그들 경찰과 군대에 복무한 자들로 이루어졌던 것이다. 그게 일제 사슬에서 갓 해방된 나라에서의 일이었다는 건 아이러니다. 바로 분단체제 고착화 논리다. 그것이 얼마나 절망적 몸부림이었는가는 설명이 필요 없다.

[5]

국가주의 '틀'을 부수면 한반도는 통일된다

루즈벨트가 죽고 나자! 스탈린 시나리오가 구체화되다!

◆스탈린 계산에 따라 붉은 군대 평양입성: 루즈벨트가 대서양함상에서 '대서양헌장'을 1941.8.14일 발표한다. 얄타회담 후 1945.4.12일 그가 죽자마자 "루즈벨트 신세계구상"은 휴지조각이 되고 만다. 그해 7.26일 포츠담회담부터 '스탈린시나리오'에 따라 '지구촌기본구도'가 바뀌면서 '루즈벨트 신질서구상'은 어깃장을 놓게 된다.

만약에 미국의 민족주의자 투르만이 아니고 국제주의자 루즈벨트가 살았다면 스탈린 시나리오에 따른 붉은 군대의 평양입성은 없었다.

소련이 일본에 선전포고를 한 1945.8.9일은 8월 6일 히로시마에, 나가사키에 원자폭탄이 떨어졌던 날이다. 그리고 그 다음날 8월 10일 美국무성에서 군사조정위원가 열려 38도선이 획정(劃定)이 되는 날이다. 당시 지구촌은 숨을 죽이는 날들의 연속이라고 해도 과장은 아니다.

루즈벨트가 살아생전에 '스탈린과 마오쩌둥'을 저울질하며 인정한 공산진영권이란 제국的판도까지 꿰찬 스탈린은 KGB의 눈부신 활약으로 지구촌판도를 주름잡고 있었다. 그런 중 1945.8.9일 개시한 소련의 대 일본 전 선전포고는 세계전쟁사에서 그 유례를 찾아 볼 수 없을 만큼 최단기간에 벌어진 전쟁이다. 소련군은 전쟁초기 나진, 청진 등에서 일본군과 전투를 벌였을 뿐 북한전역점령은 '식은 죽 먹기'였다.

스탈린은 자신의 위상을 확인하고 철저한 계산 하에 일본군을 초전에 박살을 내고 평양에 입성했다. 일본군은 총 한 방 쏘지 못하고 무기를 반납하거나 무장해제를 당하고 全지휘관이 포로 신세가 됐었다.

소련 국방성 비밀문서에 1945.8.31일 일본군 사망자(장교와 병사)는 1만2295명, 포로 13만8687명, 이에 반해 소련군 전사자는 1446명(장교 143명, 하사관 527명, 병사 776명)으로 일본군 전사자의 12.9%에 불과했다. 소련군은 평양수비대 사령관 다케나토 중장 등 북한지역 주둔 일본군 장성 27명을 포로로 붙잡았다. 이들 장성들을 포함한 일본군 포로는 대부분 시베리아 등지로 압송돼 소련의 군사 재판에서 사형을 받았거나 실형을 받아 형무소나 집단 농장에서 강제노역을 하다가 일부만 일본으로 송환되고 대다수는 그곳에서 최후를 마친 것으로 알려질 뿐이었다.

◆88정찰여단 대대장 김일성은 원산항을 통해 극비입북: 소련군정과 지역위수사령부 설치계획은 소련군 평양입성 후가 아니고, 對일본전쟁 개시 1개월 전인 1945.7.6일 하바롭스크에 있는 소련군 극동사령부 사령관 바실레프스키 원수의 사전준비에 의한 것이다.

바실레프스키에 의해 훈련된 88여단대대장 김일성 대위는 해방 35일째인 1945.9.19일 소련군함으로 원산항을 통해 극비입북 했다. 당시 일행은 소련군극동사령부 직속 조선인 대원, 고려인 등 그들 부인을 포함 약 50명이었다.

당시 바실레프스키의 계획은 제88여단의 대대장 김일성 대위를 비롯해, 빨지산 출신 조선 병사들을 북한 주둔 각 지역 위수사령부 부사령관으로 활용키로 돼 있었다. 제1정치대대장 대위 김일성을 평양시 부사령관, 제2정치부대장 대위 김책을 함흥시 부사령관, 제2대대장 강건을 청진시 부사령관으로 임명하라 지시하고 있었던 것이다.

우리가 여기서 눈여겨볼 대목은 소련군은 북한에서 일본군을 몰아내는 것 이상으로, 점령군으로 남아 김일성을 비롯해 88여단 소속 빨지산 출신 조선인을 활용해 북한지역을 소련의 위성국이자, '해양진출 교두보'로 삼으려는 의도가 깔렸음을 읽어 낼 수 있었을 것이다.

◆소련군정 통제관 로마낸코 소장을 임명: 1945.10월 소련공산당 중앙위원회는 북한을 체계 있는 소비에트化의 실현을 위해 군정 내에 민정담당으로 로마낸코 소장을 임명했다. 그리고 소련군에서 경제 분야, 공업, 농업, 수송, 재정, 통신 등 전문가와 교육, 문화, 보건, 사법 전

문가를 입북시켜 로마낸코가 지휘하는 민정관리국에 배치하게 했다.

외형상으로는 북한 인민대표들로 구성된 임시인민위원회를 두어 행정총국을 관장하는 것처럼 하고, 실제론 이남에 진주한 미군정사령관 '하지'중장과 같이 소련군정사령부가 통제하도록 하였다.

소련군정도 인민위원회 체제에서 공산당이 인민위원회를 지배하는 소련식 스탈린체제를 갖추게 됐다. 또 소련공산당 중앙위원회는 재무인민위원회와 소련국립은행 대표로 구성된 전문가를 평양에 급파 조선 중앙은행을 창설, 이 은행에 차관을 제공하는 전권을 부여했다.

소련군정은 한마디로 '고문관정치'였다. 평양의 군정사령부는 물론 각 지역의 위수사령부까지 소련으로부터 급파된 각 분야 전문가들로 구성된 고문들이 포진됐다. 군정사령부 군사회의(일명 정치사령부)에는 이른바 정치장교들로 짜여 있었고 정치 고문회의는 국방성 외무성 등 소속으로 위장한 정보기관 정치 장교들로 구성됐었다.

소련공산당은 평양에 군정을 실시하면서 소련전역에 살고 있는 고려인 2-3세 가운데 대학교육을 받은 정치, 군사, 경제, 정보, 교육, 기술 문화 등 분야별 전문가 428명을 다섯 차례에 걸쳐 북한에 급파했다.

이들은 초기에 군정 사령부와 정치사령부 민정사령부 각 지역 위수사령부 조선공산당 북조선 분국 임시인민위원회 군 간부학교 대학, 언론, 문화단체 등 각 분야에 파견, 북한 정세를 파악해서 소비에트化 전략수행 등 핵심적인 역할을 담당하게 했다.

그리고 소련은 북한정권을 창설하면서 이들을 당과 정부의 부 책임자로 앉혀 소련을 대신해 사실상 위성정권을 관리토록 했던 것이다.

◆북한정권 창출의 주역 스티코프 상장의 등장: 평양에 소련 군정사령부가 설치된 지 한 달여 된 시점에 모스코바 당에서 여운형에게 깊은 관심을 기울이고 있었다는 사실은 주목할 만한 대목이다. 북한 정권 창출의 주역 소련군 극동총사령부 제1극동전선 군사위원 스티코프 상장이 미, 소 공동위원회가 열리고 있던 중에 느닷없이 여운형을 수상으로 하는 통일 임시정부내각명단을 작성해서 모스코바의 당 중앙위에 긴급 보고하는 등 북한 정권 창출 과정에서 김일성과 소련군정이 여운형과 깊이 대화하고 있었던 사실과 무관하지 않았다.

한편 1945.10.5일 서울 주재 소련총영사 폴리안스키는 "여운형신상에 대해 긴급 보고하라"는 소련공산당 중앙위 긴급전문을 받고, 평양의 소련군정을 통해 여운형의 신상정보와 정치적 성향 등을 상세하게 보고한다. 이 보고서는 극동군총사령관을 비롯해 소련군 고위지도부를 거친다. 1945.12.17일 소련군정은 북조선공산당 조직국 제3차 확대집행위원회를 열도록 해 김일성을 제1비서로 선출한다. 이를 전후해 소련군정은 북조선공산당의 조직을 정비하고 당원들의 사상, 정치교육을 실시하고 간부를 양성하며 공산당 주위에 '민주개혁 단체'를 결속시키고 각 도의 인민위원회를 강화하는 사업에 박차를 가하게 됐다.

◆모스코바 3상회의: 이 모스코바 3상회의는 '스탈린 플랜=스탈린 시나리오'를 구체화시키는 첫 단추가 끼워지는 공작이었다.

제2차 세계대전이 끝이 난 후 모스코바에서 美국무장관 '제임스 번즈', 영국외상 '어니스트 베빈', 소련외무장관 '뱌체슬라프 몰로토프' 3국 외상이 1945.12.16-26일까지 열흘간 3국 외상회의를 가졌다.

이들 외상들이 서명한 문서2항에 일본에 대한 극동위원회와 일본군정위원회, 그리고 3항엔 한반도문제에서 미국과 소련은 한반도에 단일정부를 구성하기 위해 공동위원회를 설치하며, 가장 중요한 건 4개국 열강에 의한 5년간 신탁통치가 필요하다는 것이 눈에 뛰었다.

◆스탈린은 마오쩌둥의 고민을 읽고 있었다. 스탈린은 1949.3.5 모스코바를 방문한 김일성의 '남침계획 당위성'을 듣고 일언지하에 거절했다. 그는 남침당위성으로 '중국 마오쩌둥의 공산혁명성공'을 앞세워 스탈린을 설득했으나 실패한다. 그 후도 김일성은 48차례나 특사·측근을 통해 스탈린을 설득하려했으나 실패했었다.

한편 스탈린은 김일성의 '남한해방 당위성'에서 '마오쩌둥의 고민을 읽었다'는 것이다. 즉 마오쩌둥은 국공합작을 통해 공산혁명을 성공했다. 중국의 미래를 향한 칠라이(起來)도 급했다. 또한 팔로군과 국부군의 정체성확보를 위해 국부군을 속아내는 것도 급했다고, 1989년 소련 깃발을 내린 후의 극비 문서는 전한다.

당시 스탈린은 미국과의 군사적 충돌을 원치 않았다. 그 까닭은 2차 대전 당시 소련은 "과다 출혈한 그들의 국력이 최하선(最下線)이었고, 미국은 최고선에 있었다."는 것을 스탈린은 알고 있었다.

소련은 2차 대전 덕분에 '공산권=공산진영'이란 제국的판도를 횡재로 챙길 수 있었다. 스탈린은 '권역=진영'을 챙기기 위해선, 자신들의 국력신장과 그에 대한 시간을 버는 것이 급선무였다.

◆스탈린이 김일성 군대를 外面한 이유인즉: 말할 것도 없이 우리 역사상 6.25전쟁보다 더 큰 비극은 없다. 그것은 앞으로 자손만대에 두고두고 기억되고 얘기가 될 것이기 때문이다. 남쪽에 포커스를 맞춘 조선인민군에 관해서도 그렇다. 6.25 때의 인민군이라면 Ppsh-41 따발총, T-34/85 소련제탱크를 앞세우고 당당하게 서울에 입성한 모습을 연상하게 되는 것이 보통이다. 그런 영상에서 생긴 그 6.25를 '소련을 필두로 한 국제공산주의침략'으로 보는 것이 일반적인 견해다.

그러나 우리가 상식적으로 가져온 6.25 초 조선인민군의 영상과는 다른 모양새라는 것도 있다. 그들이 맥아더군의 인천상륙작전을 계기로 잡히거나 도망치다가 몰살당하다시피 한 것도 뜻밖의 일은 아니었다.

어째서 그 같은 급격한 변화가 일어난 것인가. 스탈린이 김일성을 실제적으로 외면한 이유인즉, 미국이 제2차 세계대전을 치루는 과정에서 과잉생산한 전략물자와 공산품, 잉여농산물 처리를 고민하던 루즈벨트 때문이었다. 1943.11.25 카이로회담에 이어서 열린 11.28 테헤란회담에서 스탈린은 루즈벨트의 큰 그림을 읽었다. 그리고 스탈린이 주도했던 1945.2월=얄타회담'과 1945.7월=포츠담회담을 준비했다는 점이다. 그 이유론 "경제를 아는 스탈린은 1949.3.5일 모스크바를 방문한 김일성에게 '남침계획'의 당위성을 일언지하에 거절했다. 김일성은 남침 당위성으로 '마오쩌둥의 공산혁명성공'을 앞세웠으나, 설득에 실패했다. 여기서 스탈린은 김일성에게서 '마오쩌둥의 공산혁명성공과 팔로군과 장개석군대 혼숙불가'란 지혜를 얻었다. 이때로부터 스탈린 자신은 6.25남침에서 자유로워지고 대신 마오쩌둥의 고민을 염려하는 척 했던 것이다. 그러나 김일성은 스탈린의 진면목을 보지 못하고 측근들을 통해 "48차에 걸쳐 스탈린을 설득하려했으나 번번이 실패했다"고 필자가 앞에서 말한바 있다.

◆스탈린은 김일성의 뒷덜미를 잡아챘다: 군세를 몰고 38이남 땅으로 내려온 김일성의 군사적 도발을 못마땅하게 여긴 스탈린이 김일성에 대한 원조일체를 거부하였고, 위기에 처한 김일성 군대를 방치한데에 있었다는 사실이다. 여기서 우리는 또 하나의 상식이 무너지는 것을 본다. 우리는 이남 땅에서의 인민군의 몰살=떼죽음을 맥아더의 인천상륙으로 치는 것이 보통의 상식이다. 그러나 거기서 김일성의 인민군을 죽인 것은 맥아더이기에 앞서 '스탈린'이었다는 사실이다.

필자는 그 후에 그것을 확인하는 사료(史料)들과 함께 필자의 경험을 통해 알게 됐다. 거기서 끌려나오는 또 하나의 진실도 우리의 상식적인 눈으론 쉽게 띄는 것이 아니다. 스탈린이 이끌었고 김일성이 소속했던 공산 '진영' 할 때의 '진영'이란 것의 실체다. 그 말에 대한 우리의 일반적 이해가 무엇이건, 그리고 그런 실상이 어떤 것이었건 다툴 수 없는 또 하나의 진실은, 그게 진영의 수령이면 진영 내의 작은 지도자 김일성쯤 죽이고 살리고 하는 생사여탈지권(生死與奪之權)을 가지고 행사하는 것마저도 그런 질서이기도 하다. 엄청난 일이었다고 할 수밖에 없다.

1945.2월 얄타회담 이후, 우리는 스탈린의 공작시스템=시나리오가 얼마나 철두철미하고 엄중했는가를 알았을 것이다. 필자는 이 모두가 분단을 고착화 하는 과정이었다는 사실을 일깨우기 위하여 적시했다.

[6]

국가주의 '틀'을 부수면 한반도는 통일된다

낙동강전선 사령관 김책은 몸소 대구함락을 진두지휘했다

◆Ah 6.25! 미8군사령관 워커 중장의 한반도상륙 첫날: 6.25가 발발하자, 1950.7.8일 한반도 전선에 긴급 투입된 "8군사령관 월튼 워커 중장의 첫날, '천안전투'에서 美24사단34연대장 '로버트 마틴 대령'이 북한군 T-34/85탱크의 일격을 받아 전사하고, 부대가 와해돼 천안이 함락되는 시련"을 맞았다. 워커는 패튼 대장 휘하 속도전 맹장이다.

그리고 그는 7.13일 대구에다 미8군사령부를 설치하였다. 곧바로 엎친 데 덮친 격으로 7.20일에는 전략요충지인 대전을 사수하고자 고군

분투했지만, 대전함락은 물론 주민의 밀고로 美제24사단장 '딘 소장'까지 북한군에게 포로로 잡히는 수모를 겪어야 했었다.

대전전투의 참패로 북한군 제6사단의 곡창지대 전라도 석권으로 인하여, 결국 한국군과 국제연합 결의에 따라 파견된 UN군은 최후의 방어선 낙동강에서 배수진을 치게 됐던 것이다.

당시 전황의 역전을 위해 인천상륙작전을 계획하던 맥아더는 사태의 심각성을 느끼고 미8군사령부를 전격방문, 워커에게 '뒹게르크·바탄 같은 후퇴는 안 된다'고 못을 박고 '낙동강 사수'를 지시하였다.

◆제1사단장 백선엽 준장의 전멸을 각오한 다부동 전투: 낙동강방어선이 구축된 1950.8월 초순부터 9월 중순까지 40여일, 전열을 재정비한 한국군 제1사단 '전진부대'와 제6사단 '청성부대', 그리고 북한군이 사활을 건 대규모 격전을 벌이던 시기다.

8.12일 한국군이 대구로 퇴각하자 북한군 낙동강 현지지도 일선사령관 김책은 8월15일까지 남한해방을 완수하자고 북한군 일선사단장들에게 서둘러 대구를 함락시킬 걸 독려했던 게다. 이에 따라 낙동강전선의 여러 지역 중에서도 대구로 접근하기가 용이한 다부동-태전교 통로가 뜨거운 감자로 부각됐던 게다.

북한군은 이곳을 사수하고 있던 한국군 제1사단의 방어선을 돌파하기 위해 개전 이래 숱한 실전을 겪으며 활약한 북한군 정예부대인 제1, 제13, 제15사단을 투입했다. 이로써 다부동 전투는 미8군사령관 워커 중장이 보다 융통성 있는 방어 작전을 위해 전선을 축소 조정한 후 제1사단이 칠곡군 인동면 다부동으로 철수한 다음 날 8.13-29일까지 무려 16일간이나 지속됐다.

제1사단장 백선엽 준장은 다부동 전면의 험준한 유학산 839고지, 좌측의 숫대미산 518고지와 328고지, 그리고 우측 신주막-대구 도로의 방어임무를 부여받았다. 한국군 제1사단 좌측 지경선 너머 왜관엔 美 제1기병사단이 낙동강 중류의 방어를 담당하고 있었고, 동쪽으로 군위와 신녕, 안강과 영천을 방어하는 제6사단 "청성부대"가 연접하고 있었지만 이 사단은 '자신들의 코가 석자'였기에 쉽사리 지원부대를 보내주기가 어려웠다. 한국군 제1사단은 '미8군 워커 사령관의 전폭적인 병참지원아래 나 홀로 북한군 3개 사단 제1, 13, 15사단을 상대해야 했었다.

또 한편으로 한국군 제1보병 사단의 방어선을 단숨에 붕괴시키고 대구를 장악하고자 했던 북한군 제15사단은 한국군 제1사단-15연대 최영희 대령이 사수하고 있던 숫데미산과 328고지를, 북한군 제1사단은 제1보병-12연대 박기병 대령이 사수하고 있던 중앙의 유학산 정상 고지 돌파를 기도했었으나 좌절한다. 동쪽의 계곡 접근로에서 북한군 제13사단은 제1보병-11연대 김동빈 대령이 방어선을 구축하고 있던 신주막-다부동-동명-칠곡-태전교-팔달교 대구 간 도로를 이용하여 남하하려 했었다.

이를 저지하기 위해 미8군 워커 사령관은 즉각 김동빈 대령의 11보병연대 방어선 후방에 美제2사단 23연대, M26 "퍼싱" 중전차를 장비한 제73전차대대 C중대와 포병 2개 대대를 증원부대로 배치했다.

그리고 8월초부터는 수송선이 확보되면서 부산항을 통해 대한민국정부 수립 후 일본으로 철수했던 병력이동이 가능해지면서 일본 주둔 미군이 도착하면서 다소 숨통이 트이기 시작했다.

또한 한반도로 투입된 F-86 "세이버 전투기까지 투입이 되면서 전쟁 기간 중 美공군은 한반도 전역에서 완벽에 가까울 정도로 제공권을 장악함으로써 북한군의 병력과 장비와 탄약의 주간 이동과 공격을 철저하게 차단해 타격을 입혔던 것이다.

북한군은 8월 한 달간 美공군의 맹렬한 폭격에 의해 후방보급선이 차단당함으로써 보급사정이 급격하게 악화돼 8월 중순부터 9월 중순까지 병사들은 하루 1, 2끼의 급식을 제공받을 수 있었다. 전차와 자주포, 야포 수송차량 등에, 포탄과 경유, 휘발유 공급이 끊겨 가동 불능상태에 빠져들면서부터다. 9월15일 인천상륙이 결행되면서 전황은 급전직하를 맞게 됐다고 전한다.

그러나 우리가 접한 숫한 사료들은 김일성의 인민군을 죽인 건 맥아더이기에 앞서 '스탈린이었다.'고 전한다. 우리는 6.25하면 Ppsh-41, T-34/85 소련제 탱크를 앞세우고 남침한 것을 연상하게 된다. 그러나 '스탈린은 김일성의 뒷덜미를 잡아챘다'는 것이다. 그래서인지 김일성의 잠꼬대, 이제는 죽어도 자주고 주체란 말을 앞세우게 된 것이다.

[7]

국가주의 '틀'을 부수면 한반도는 통일된다

스탈린은 북한군을, 마오쩌둥은 미군의 뒷덜미를 잡아챘다.

◆6.25전쟁 발발 이후 미국의 즉각적 반응: 6.25전쟁이 발발한 이후 미국이 즉각적으로 반응을 보인 것은 김일성이 38선이라는 경계선을 침범한 죄과를 다스리는데 있었다. UN(國際聯合)도 김일성의 對 한국 군사개입을 '경찰 행위(Police action)'라 불렀다. 이런 행위를 풀어서 말하면 범죄 행위를 벌하고 그로 인해 잘못된 일을 바로잡는다는 것이었다. 월경을 했다는 것이 죄이고 조선인민군이 남쪽 땅을 점령했다는 것이 잘못된 일이었으면, 보기에 따라서는 UN의 경찰행위는 9.28 수복 후 인민군이 다시 북쪽으로 내쫓긴 때 일단락을 봤다고도 할 일이었다.

그러나 인천상륙 성공에 취했는지 맥아더와 트루먼은 이왕 내친김에 북쪽으로 밀고 올라갔었고 한·만 국경에 다다랐다, 결국에는 중공군을 불러들여 전쟁은 질적으로 달라지고 3년을 더 끌 수밖에 없었다.

맥아더군의 38선 월경을, 그에 앞선 6.25일 김일성 군대의 월경과 그 위법성에서 다르다고 볼 근거는 얼핏 보아서는 없다. 그러나 미국으로서는 이참에 공산정권을 박살(撲殺)낸다는 것은 그들의 침략을 응징하는, 유엔이 말한 '벌' 쯤이 된다고 여겼을 것이다. 그 끈에 이끌려 월북한 미군도 남으로 내려왔던 조선인민군들처럼 작살이 나긴 마찬가지였다.

◆마오쩌둥의 바닷물 쏟아내는 인해전술: 마오쩌둥이 6.25전쟁에 참전한 시점은 중국이 내전에서 승리한 지 1년이 못 돼 서였다. 수십 년간 내란과 외침으로 피폐화된 중국은 미래가 없었다. 한 가지 있었다면 그건 인구=사람뿐이었다. 6.25 당시 마오쩌둥의 전략을 대표한 소위 인해전술(人海戰術)이라는 말도 병사들을 바닷물처럼 쏟아낸다는 뜻일 뿐 아니라 가진 것이라고는 인구밖에는 없었다는 뜻으로 새겨 읽을 일이다.

국공합작을 통해 공산혁명은 성공을 했으나, 마오쩌둥(毛澤東)의 고민은 깊어만 갔다. 마오쩌둥의 팔로군과 장제스의 국부군의 혼숙 속의 '국부군'을 속아내고 중화문명에 기초한 제대로 된 해방군의 정체성을 바로 세워 중화인민공화국의 칠라이(起來)가 급선무였다.

필자는 6.25전쟁참전 종군기자의 체험담을 읽은 적이 있다. "중국은 6.25가 남아돌아가는 인구를 밀어내는 전쟁이었다면, 미국 6.25는 2차대전 중 과잉 생산된 전략물자를 밀어내기 위한 전쟁이었다."는 얘기다.

6.25전쟁 중 밀어내기式 중공군의 전사자는 약 90만 명, 그건 미군(37.000명)의 25배에 달한다. 이러한 일방적인 과다 출혈을 무한정 감내할 수 있는 군대란 이 세상 어디에도 없다. 6.25에서 인민지원군을 총괄 지휘한 펑더화이(彭德懷)는 이런 말을 했다. 19C 아편전쟁 등 '서방국가의 해적수법인 함포 몇 방으로 중국 해안포대에 퍼붓고 그것으로 동방을 정복할 수 있었던 일들은 이제부터 더 이상은 없다. 그리고 그는 중국의 칠라이(起來)를 위해 인해전술(바닷물처럼 쏟아낸다.)이란 말을 거침없이 쏟아냈다.

◆빈손의 중공군이 백기투항, 대만으로 보내 달라: 서울 근교까지 내려온 국부군 부상병을 돌봐 준 주민 목격담이다. 그들은 전쟁을 하려온 군대가 아니? 란 의문부터 들었다. 실제 중공군은 거의 빈손 군대였다. "소총이라도 가진 병사는 열이면 둘 정도로 팔로군 정치군관"이라고 한다. 그런데 떼를 지어 몰려온 귀순병들을 통역하던 사람의 말인즉 "그들은 포로로 잡힌 것이 아니라 저들 스스로 백기를 들고 투항해 왔으며, 출신이 국부군이었다는 것이고 그것을 증명하는 것이라고 팔에 새겨진 문신 같은 것을 내보이면서 입에 침까지 튀기며 말을 이어갔다. 그들은 대만으로 가기 위하여 제 발로 걸어온 것이지 잡힌 것이 아니라고 주장하는 광경을 연출했다"고 말한다. 그래서 "그들을 유심히 살펴본 바로는 총도 M1, 칼빈 소총, 그밖에 눈에 띈 일본의 38식, 99식 고물들, 그 나머지는 무기라야 나무 손목 달린 수류탄, 나팔·피리·호루라기·작대기를 가진 사람이 대부분이었다."고 말하였다.

6.25 때 종군기자로 있었던 한 미국인 군사전문가도 그의 저서에서 이상의 사실을 확인이나 하듯 거의 같은 내용을 얘기한다. 그에 의하면

"수많은 중공군들 중에 소총을 가진 사람이 다섯에 하나 나머진 적을 죽이고 그들의 총을 뺏어 쓰라는 명령을 받고 있었다."는 게다. 당시 중공군을 본질적으로 '19C 농민군'으로 본 그는 식량이 부족해 병사들은 살아남기 위해 양식을 찾아다녀야할 정도의 '빈손 군대'라 정의했다.

그 '빈손군대'는 중국부흥에 장애가 되는 거품을 걷어내고 中華文明에 기초한 整風運動을 통해 칠라이(起來)에 성공했다고 말한다.

반면에 공산주의 종주국 소련은 지구촌에서 흔적 없이 사라졌다.

◆중공군 개입과 맥아더 군대, 걸음아 날 살려라 대 패주: 맥아더는 막무가내로 월경을 해 북쪽으로 쳐들어갔다. 한만 국경까지 쳐들어갔던 미군이 뜻밖의 중공군 반격 앞에 걸음아 날 살려라 하는 꼴 볼견의 패주(敗走)를 한 꼴도 이미 보았던 터다. 그것은 무적상승이란 맥아더 군대의 전통을 무참히 짓밟은 것이었다. 그런 나라로서의 체면 손상만도 그 양으로 환산할 수 있는 일이었다. 그것이 무엇보다 맥아더의 오만의 탓이었음은 부인하기 어렵다. 그건 그의 '북쪽에서의 고배'에 관해서 대개의 史書들이 기록해 놓은 하나의 일화로써도 역력하고, 하나의 교훈으로 삼아둘 만한 일이기도 하다. 루즈벨트가 봤으면 피를 토할 일이었다.

중공군이 한·만 국경 너머로 쏟아져 내려오기 시작한 1950.10.26일 밤, 국경에서 남쪽으로 얼마간 떨어진 지점에서 그들은 꽹과리와 북을 치며, 나팔을 불고, 노래를 부르며, 괴성을 지르면서 맥아더 군대에 기습을 가해 왔었다. 그것으로 혼비백산 혼란에 빠진 맥아더 군대 몇 개 연대는 그 자리에서 거의 떼죽음을 당했었다. 그 다음 1950.11.01일, 중공군은 그 부대와 가까이 있었던 美제8기갑연대도 산산조각을 내 버렸다.

그런데 그 직후 중공군은 어째서인지 갑자기 전투를 멈추고 후퇴해 버렸다. 곧바로 맥아더 사령부가 내린 판단이 '꿈보다 좋은 해몽'이었다. 그들은 그것을 중공군이 유엔군과의 접전에서 큰 피해를 받아 대열의 재정비와 보강이 필요하게 된 때문이라고 보았다. 중공군에 관한 그들의 기존의 관념에 비추어선 그런 판단 외에 다른 판단을 내리기가 어려웠을 터다. 그렇다면 그것은 중공군에게 결정타를 가하기에 좋은 기회다. 그래서 맥아더는 그 휘하 부대로 압록강을 향해 대거 추격해 갔다.

이미 미군의 반응이 그럴 줄을 알고 유인작전을 펼친 중공군사령관 펑더화이 대부대는 미군이 그들 함정 속에 빠져드는 것을 지켜보고 있다가 1950.11.27일 적기를 포착, 대부대로 그들을 포위해 결정타를 날렸다. 그 속에서 맥아더 군대가 피비린내 나는 패주를 면할 길은 없었다.

[8]

국가주의 '틀'을 부수면 한반도는 통일된다

중국 최초로 對서양전쟁에서 승리에 가까운 무승부를 기록

◆맥아더는 원자폭탄으로 중국을 때려 부술 생각을 했다. 우리 대한민국에 사람이 살고 있다는 건 우리나라 애국가 가사에 '하나님이 보우하사 우리나라 만세'란 구절이 있다. 하마터면 大韓國人의 터전=대한민국 땅은 쥐새끼 한 마리 살아남기 어려울 뻔했다. 그건 맥아더가 '원자탄 사용하자'는 제안 때문이었다. 大韓民國은 정말 하나님이 보호하사다. 1951.4월 맥아더는 중국을 원자폭탄으로 때려 부술 생각을 했었다. 뒤늦게 윈스턴 처칠을 통해 루즈벨트의 진정성을 알게 된 투르먼은 맥아더의 제의에 따르기보다는 맥아더의 목을 쳐버렸던 것이다.

1950.11.27일 결음아 날 살려라 꼴 볼견의 패주=줄행랑 이후 12.24일 맥아더는 본국에 올린 품의서에서 중공군을 패퇴시키기 위해선 원자탄, 그것도 26개를 사용하자고 품신했었다. 그 중 넷은 북한에 있는 공산군을, 또 다른 넷은 적의 공군 시설 집중 지역을, 그리고 그 나머지는 적의 일반 군사 및 산업시설 등을 대상으로 사용하자는 것이었다. 또 한편으로 맥아더는 동해에서 황해에 이르는 국경지대에 방사성 코발트 지대(A belt of radioactive)를 마련해 적의 접근을 막을 방책도 가지고 있었다. 코발트 60은 그 방사성 성능에서 라듐보다 3백 배 이상 강해 일단 뿌려만 놓기만 해도 그 효과는 60년에서 120년까지 간다고 한다.

물론 커밍스가 말한 그대로라면 '미치광이의 넋두리' 쯤으로 들린다. 또 그때에도 그렇게 본 사람들은 많이 있었을 것이다. 트루먼도 그 중의 하나였는지 모르지만 그가 맥아더의 목을 친 것이 결과적으론 그 같은 모험주의가 발붙일 여지를 없앤 것이다. 실제 당시의 미 행정부 고위층이 원자탄 사용을 심각히 고려했다는 사실은 여러 공식기록을 담은 자료들이 밝힌다. 중공군 참전 직전, 연합참모본부의 한 위원회는 공산군의 침공을 차단하는 수단으로 한·만 국경에 방사성 방역선(Cordon Sanitaire)을 설치하는 문제를 검토했었고<참고자료: Jon Halliday & Bruce Cummings, 'Korea: The Unknown War, 'Penguin Books, London, 1988. p.128>, 1953년 2월, 아이젠하워 시대의 국가안전보장회의에서도 대통령과 그의 국무장관 덜레스(Dulles)는 미국으로선 핵무기 사용을 금기(禁忌, Taboo)시할 필요가 없다는 것에 의견을 같이했었던 것으로 전해진다.<참고자료: US National Archive, minutes of the NSE meeting, 11.2.1953. Hastings, 같은 책. p392에서 인용>

미국은 일본의 두 도시에 실제로 원자탄 폭격을 한 경력을 가진 나라다. 그때의 대통령이었던 투르먼은 한국에서도 원폭 사용의 가능성을 배제하지 않는다는 것을 1950.11.23일에 있었던 기자회견에서 밝힌 바가 있었다. 말하자면 원폭사용이 생각 못할 일은 아니라는 점이었다.

◆결국 중국도 1953.7.27일 휴전협정에 응하기로 했다: 지난 오백 년간 우리가 사는 지구촌은 서양인들이 지배해온 세상이었다. 그들의 세력을 엄청난 규모로 확대한 서양의 해적들은 지구촌 구석구석을 자기들 식민지배방식으로 바꿔놓았다. 그것은 사람을 자기 형상과 같이 창조했다는 하나님 힘에 가까운 것이었다 해도 지나친 말은 아니다.

중국의 6.25참전은 서양세력의 그런 힘이 神에 가까운 것처럼 무한한 게 아니란 걸 처음으로 세상에 보여주었다. 그게 천년의 반(500년)만에 일어난 일이었다고 한다면 그 뜻의 엄청난 것은 알 만하고도 남는다.

놀라운 건 변화의 폭만 아니라 그 속노다. 역사적 '서양 세세'에의 길을 연 탐험가인 '바스쿠 다 가마(Vasco da Gama)'의 조국인 포르투갈이 중국 땅에 마카오란 식민지를 가졌던 것이 역사적인 시간으로 따져선 엊그제였다(1887년). 중국이란 황소 같은 크기에 비하면 포르투갈은 에누리를 좀 보태면 벼룩정도에 지나지 않는다. 그런 나라의 압력에 못 이겨 중국 땅 속의 한 덩어리를 포르투갈의 속령(屬領)으로 내주어야 했었다.

그런 꼴을 보고 알고 있었던 맥아더가 중국 군대를 '가부장적 멸시'의 눈으로 보면서 그들이 감히 맥아더의 상승군대에 덤벼든다는 것은 꿈에 상상도 못할 것으로 본 것은 무리가 아니다. 그런 중국군 손에 만주 땅으로 들어갔던 미군이 묵사발이 되는 꼴을 당했으면 맥아더가 6.25나 중국을 두고 '이것은 새로운 전쟁이다'하게 된 것은 놀라운 일이다.

김일성의 뒷덜미를 잡아챘던 스탈린이 1953.3.5일 죽었다. 그 일 후 전선이 38선에서 교착되면서, 비로소 1943년 미국 루즈벨트 대통령이 카이로회담 후 장제스를 빼버리고 장소를 테헤란으로 옮겨 스탈린을 참석시켰던 의미를 꿰고 있었던 유일한 생존자인 윈스턴 처칠(Winston I.S. Churchil)을 통해 투르만은 뒤늦게나마 그 진정성을 알게 됐던 것이다.

미소 양진영은 남북 양쪽을 견원지간으로 만들어 앞세웠다. 즉 남쪽 군대는 공산주의를 반대한다는 '反共의 군복'을 걸치게 하고, 그리고 북쪽 군대는 제국주의를 반대한다는 '反帝의 군복'을 걸치게 하여 3년을 더 싸운 6.25 한국전쟁, 비로소 미국과 중국은 이길 생각을 접었다. 결국 중국도 1953.7.27 휴전협정에 응하기로 나선 것은 그들의 처지에서 무엇을 할 수 있고 무엇을 할 수 없는가의 한계를 인식한 데 있었다.

물론 그것 즉 '휴전협정에 응하기'란 미국의 경우에서도 마찬가지였다.

중국은 19C 아편전쟁 후 최초의 승리에 가까운 무승부로 끝을 보았다.

필자는 베트남전장을 향해 부산 3부두를 떠나 제주 남방 300마일 해상에서 조선일보 1968.01.01日字신춘정담기사를 5-6번 반복해 읽었다.

맥아더의 무적상승군대가 마오쩌둥의 인해전술 앞에서의 묵사발이 되는 형국을 떠올리면서, 장제스가 밀려난 남중국해 타이완의 타이난으로 빨려들면서다. 프랭크린 루즈벨트가 조금만 더 살았으면, 한반도가 두동강나는 일도, 필자가 전장으로 향하지 않아도 될 터인데? 말이다.

필자의 결국은 분단체제=국가주의를 여하히 돌파해내느냐 여부였다.

[9]

국가주의 '틀'을 부수면 한반도는 통일된다

한반도통일의 희망의 끈은, 바로 문명의식=홍익인간이다

◆김일성의 잠꼬대, 이제는 죽어도 자주고 주체다: 김일성이 주체사상의 깃발을 들게 된 건 소련의 스탈린이 남쪽으로 내려간 김일성의 '뒷덜미를 잡아챈 것'에 있었다. 경계 침범이란 것이 두 대국들에겐 별 볼일 없는 여느 나라들 사이의 것이었다면 미국이나 소련의 반응이나 조처가 그렇게 즉각적이지 않았을 것이다.

여기서 불가피하게 나오게 되는 말이 대국들 위주의 독선이고 일방성이다. 우리는 하나의 분명한 사실에 마주치게 된다. 그건 같은 사물이라도 동맹국의 처지라도 대국이나 강대국은 그들대로, 상대적 약소국도 그들 나름대로 다르게 본다는 것이다. 또 하나는 대국들은 적이면서도 곧잘 같은 대국으로서의 입장에서 그들 상호 간의 연대를 약소한 동맹국 동지들과의 의리보다 더 치부하기도 한다는 사실이다.

그래서 국제 문제에서 김일성·이승만이 다루어야 했던 문제는 이념의 左右, 東西만의 문제가 아니었다. 그것보다도 나라의 大小, 그에 따른 자리의 上下란 문제가 더 얄궂고 더 컸다. 그리고 그런 일을 다루는 과정에서 그들이 마셔야만 했던 고배의 잔은 대단히 크고도 썼었다.

전후 조선민주주의인민공화국의 특이한 정치현상으로 김일성의 소위 주체사상이란 것에 관해 우리는 많이 들어왔다. 그것은 소련 스탈린에게 의지하고 살 일은 아니라는 사상이라 해도 틀리지 않는다. 사회고 국가고 제 자신의 운명을 개척해 나가는 데 주인답게 주체적이어야 한다는 것이다. 우리로선 그런 발상의 정확한 연원(淵源)까진 모른다.

그가 사상적 동지이자 믿을 만한 후견자로 숭앙(崇仰)까지 해 온 소련의 스탈린이 '6.25 당시 낙동강까지 밀고 내려간' 그를 패망의 구렁텅이로 몰아넣었을 때 김일성의 절망은 말로 형용할 수 없었을 것이다.

만약 그 같은 입장이었더라면 너나 할 것 없이 정말 자다가도 잠꼬대로 '이제부터는 죽어도 自主고 主體다!'라고 할만도 했을 것이다.
形式主義 敎條主義

◆김일성주체사상의 바탕엔 홍익문명: 김일성 주체사상은 스탈린의 배신행위 때문에 나왔다. 김일성 주체사상에 대해 大韓國人 상당수, 특

히 종북사상을 가진 세력들이 잘못알고 오해하고 있는 부분이 있다.

1955.12.28일, 김일성이 꺼냈던 주체사상은 "사상 사업에서 '교조주의'와 '형식주의'를 타파하고 북한식 주체를 세우자"는데 있었다. 주체사상의 바탕은 "황장엽의 인간중심철학에 근거한 홍익사상"이라 했다.

주체사상이란 주체를 세운다는 것이다. 한마디로 다른 사람을 무조건 따르고 모방하는 형식주의=교조주의를 반대하자는 것이었다. 교조주의가 어디서부터 나왔는가? 레닌이 조직한 국제공산당에서부터 나왔다. 레닌은 세계의 당을 하나로 묶어야 한다고 주장했다. 그래서 모스코바에 중심이 있고 그 중심에 국제공산당의 모든 나라의 당은 모두 국제공산당의 지부가 돼야 한다는 것이었다. 그러기 때문에 국제공산당에서 지시하는 대로 일사불란하게 움직여야 한다는 것이었다.

◆1955.12.28, 김일성은 자신의 목소리를 내기 시작했다: 1945.8.7일 소련이 일본에 대해 선전포고를 하고, 스탈린의 지시에 따라 88정찰여단 사람들은 소련군이 점령한 지방에 가서 점령지역의 사업을 도와주는 일들을 하라는 지시가 내려졌었다. 김일성은 8.15 해방 35일 만인 9월 17일에야 뒤늦게 원산항을 통해서 입국했다. 김일성을 내세울 것은 순전히 소련 군대이었다. 그래서 북한지역에 조직기반이 전무했던 김일성 세력으로서는 어떤 권한이나 영향력이 있을 수가 없었다.

그러다가 6.25전쟁이 발발하면서 김일성은 최고사령관이 됐다. 비로소 군권을 장악한다. 거기다가 전쟁 때 소련군 군수지원은 일체 없었고 중국의 팔로군이 주축이 돼 나왔다. 중공군은 단순한 지원군이 아니었다. 전쟁 후에는 진짜 목소리를 내는 중국의 전형적인 군대였다.

1953.3.5일엔 스탈린이 죽었다. 그 후 김일성이 스탈린의 예속에서 벗어나 자신의 목소리를 낼 채비를 했다. 처음에는 1955.12.28일 김일성 주체사상은 "사상 사업에 '교조주의'와 '형식주의'를 타파하고 북한식 주체를 세우자"는데 있었다. 막스 레닌주의를 조선의 현실에 맞게 창조적으로 적용해야 된다는 것이 주체사상이었다. 그 후 김일성은 스탈린 만세를 김일성 만세로 바꾸어 부르면서 독자노선을 걸었다.

이렇게 자주적인 입장에서 막스. 레닌주의를 창조적으로 적용해야 된다고 하던 데서, 사상에서 주체를 세우고 김일성당의 사상을 가져야 한다는 데로 발전시켰다. 말하자면 교조주의, 형식주의를 배격 김일성 수령을 숭배하는 주체사상과 결합시켜야 한다는 것이었다. 그리고 경제는 자립경제, 국방은 자위노선의 견지, 정치는 다른 나라에 예속되지 않는 자주적 김일성 정치를 해야 한다는 것이었다. 그래서 사상에서도 교조주의가 철저하게 배제된 北韓式 主體로 바뀐 것이다.

◆필자는 분단체제돌파를 "스탈린과 마오쩌둥의 티격태격"에서 찾았다. 왜냐면 루즈벨트도 공산주의종말을 이 대목에서 찾았기 때문이다. 공산당의 활동을 국제공산당 본부 모스코바에서 지시하다보니 손해를 많이 본 것이 중국공산당이었다. 중국은 당시 해방 투쟁을 할 때였다. 모스코바에서 중국공산당에 일방적으로 지시를 하다 보니 손해를 가장 많이 보았다. 2차 대전 종전을 앞둔 1943년? 국제공산당이 해체됐었다. 각 나라 공산당끼리 자유롭게 혁명을 진행하고 있을 때였다.

레닌이 죽고 난 후 스탈린 때 형식상으로는 해체해놓고 스탈린이 틀어쥐고 계속 간섭하려들었다. 한편 동구권 공산주의자들은 스탈린의 지시는 국제주의에 부합한다. 그러니까 복종해야 된다고 생각했었다. 여기에 대해 불만을 가장 많이 가졌던 사람이 중국 마오쩌둥이었다.

스탈린이 국제공산당 명분이랍시고 지시하고 간섭을 해서 마오쩌둥은 반대 의견을 제시하고 논리적 투쟁을 전개했었다. 바로 그것이 중화문명(中華文明)에 기초한 정풍운동(中國共産黨整風運動)이라는 것이다. 이것을 통해서 중국공산당의 전략전술에서 주체사상을 세워나갔던 것이다.

필자는 이런 대목이 중국공산당이 장개석 국민당과의 투쟁에서 이겼고, 그리고 오늘날까지도 중국공산당이 버텨온 요인이라고 보았다.

한편으로 소련과 동구권은 망하고 없지만, 황장엽을 통한 김일성 주체사상도 인간중심철학에 기초한 숭고한 '弘益文明'에서 출발했기 때문에 북한이 지금까지도 어렵사리 버텨내는 동인이라고 보고 있다.

필자가 희망의 끈을 놓지 않는 이유는 동양 3국의 문명 의식이다. 그리고 '안중근의 동양평화론'을 앞세워 한반도통일의 고개를 넘어서려는 것이다. 그리만 되면 '동북아공영시대'의 도래까지도 확신한다.

[10]

국가주의 '틀'을 부수면 한반도는 통일된다

美·蘇는 견원지간 수법으로 분단체제=국가주의를 고착화시켰다.

◆ **'미제 ·소제' 란 銃砲와 '반공·반제'란 理念이 밀물처럼:** 8.15 해방이 되면서부터 우리나라 땅 한반도는 온통 군복, 총기, 군용차량 등 대부분이 미제 아니면 소련제, 서방 쪽에서 온 군수품이 홍수를 이루었다.

무기란 쓰기 위해 있다. 아니나 다를까, 얼마 안 가서 한반도에는 전쟁이 일어나 그런 무기들로 사람들이 떼죽음을 당하는 참화를 겪었다.

외국제였던 게 어디 무기뿐인가. 좁은 땅에 정부나 국가란 것, 남북으로 둘씩이나 쪼개 생긴 것, 기층민들이 봐선 아무 작에도 쓸데없는 자신들을 괴롭히는 도구로 생각했다. 사람을 죽이는 게 전쟁이다. 그래서 이남은 이북사람을, 이북은 이남사람을 죽였다. 거기에 중간이란 건 없었다. 있었으면 그건 이남에선 빨갱이일 거라는 혐의로, 북에선 미 제국주의 앞잡이일 거라는 혐의로 잡히고 밟히면서 씨를 말렸던 것이다.

물론 거기엔 국가가 내걸었던 '진영논리'란 대의명분도 있었다. 공산주의, 자유민주주의, 반공, 반제(反帝) 등 기층민들로선 미처 그 뜻까지도 잘 이해하지 못한 이념이다 사상이다 하는 것들도 총포들처럼 서방측에서 우리의 뜻과 상관없이 밀물처럼 밀려온 것들이다.

大韓國人(안중근 의사는 '市民多衆'의 나라사람 의미로 즐겨 썼다)은 느닷없이 밀어닥친 6.25 전쟁 통에 목숨부터 잃고 봐야 했다. 그들 중 대한민국이 내건 명분을 알고 '내 한 목숨 바쳐도 좋다'고 죽은 사람은 한 사람도 없다.

필자는 주적개념이 분명했던 견적필살의 베트남전장에서도 '산업화 종자돈'을 벌기위한 용병이었으니까? 전우의 시체를 밟고 넘었었다.

모름지기 6.25전장에선 남북형제들을 사이즈가 안 맞는 反共, 反帝의 군복을 입혀서 사상이란 마약을 먹여 美蘇대리전을 치르게 하였다.

◆美·蘇는 견원지간 수법으로 분단체제와 국가주의를 고착화시켰다. 6.25 때 사용된 무기가 전량 미제 아니면 소련제였던 것도 되풀이 할 것 없이 大韓國人(대한국인)이면 다 알고 있었던 사실들이다.

그런데도 김일성이 남침을 했고 이승만이 북침을 했으니 코리언이 일으킨 전쟁이지 무엇인가란 말도 우리는 심심치 않게 듣고 지냈다.

그에 관해 군사전략 지식에 해박한 영국인 홉스의 말을 빌리면 "코리안 땅에 발을 디딘 미국과 소련이 이곳 한반도에서의 적대적 자세는 남북한 간에 싹을 틔우는 유사한 적대성을 폭발하게 하는 근본적 틀(frame)을 마련했다"는 것이다. 그것을 풀어 말하면 그들 미국과 소련의 전략적 편의에 따라 국토를 분단 점거하고, 거기에 자기들과 동류의 각기 적대적인 국가와 정권을 만들어 놓았을 때 그것은 언젠가는 그들이 충돌하게 되는 것을 구조적으로 피하기 어렵게 만든다는 것이다.

그의 판단에 대한 설명은 '강철로 된 우리(roost)를 만들다'가 거기에 '개와 원숭이를 잡아다' 넣는다. 견원지간(犬猿之間)이라 그들은 얼마 되지 않아, 으르렁대다가 물어뜯으면서 싸우는 것은 예정된 일이다.

제국주의시대 식민제국들이 '미개지'로 식민지를 넓혀 가는 동안 잘 쓰던 소위 '디바이드 앤드 룰(Divide and Rule)' 즉 '분할통치'란 말이다. 원주민들이 서로 갈려서 싸우는 지경에 이르는 것, 즉 '구조적'으로 불가피하게 만들어 놓은 장본인이 따로 있다는 것까지엔 머리가 잘 돌아가지 않는 '원주민'들은 서로를 미워하며 멱살을 잡고 싸웠다. 그 틈으로 식민제국은 그들에 대한 지배란 어부지리(漁父之利)를 어렵지 않게 얻었다.

그들은 개나 원숭이 어느 한쪽이 싸움을 시작했다는 '엄연한 사실'을 가리키며 그것을 원주민들의 싸움으로 치부해 놓고 자신들은 시치미를 떼고 발을 뺄 수 있었다. 남의 지배를 받는 것만도 서러운 일인데 원주민들은 그렇게 된 죄까지 뒤집어쓴 꼴이 이남이고 이북인 셈이다.

[11]

국가주의 '틀'을 부수면 한반도는 통일된다

안중근의 《동양평화론》이 분단체제=국가주의를 부순다.

◆국경이란 '국가적 울타리 저쪽은 적이란 인식'이 확산: 우리가 국민국가라 이름하고 산 게 언제부터인가? 8.15 해방 이후다. 우리는 국가라는 것을 가지기보다는 그와 같은 것 안 가지고 산 세월이 더 길다. 사실 그런 것 없이 살아온 게 가지고 살아온 세월보다 더 길다는 말이다. 그런 것을 보더라도 사람 생각이란 길들이기 나름이라는 말이 옳다. 그런 것이 없었던 게 엇그제인데도 그런 거 없이 지낸다는 것이 마치 황당무계하고 정신이 어떻게 된 사람처럼 취급받는 세상이라서 하는 말이다.

국민국가=국가주의란 걸 만들어 낸 구라파의 경우, 중세기까지만 해도 유럽 대륙에 지금과 같은 국경이라는 것이 없었다. 그래서 사람들도 새나 짐승들처럼 어디든지 자유롭게 들고날 수 있었다. 그런 호시절에 종지부를 찍은 건 프랑스 혁명을 이끈 로베스 피에르(Maximillien de Robespierre, 1758-1794)와 그의 시민군 탓이었다 해도 틀린 말은 아니다.

1789년 로베스 피에르와 시민군은 바스티유감옥을 박살내고 프랑스혁명을 성공시켰다. 그들은 혁명의 혜택을 자기들만 누릴 일이 아니라고 여겼다. 그래서 이웃인 독일 사람들에게도 전해주기로 했다. 그런데 그 복음을 전할 방법을 찾던 중 나폴레옹의 결론이 조금은 주제넘었다. 그는 우선 독일 땅을 그의 대군으로 점령하기로 했다. 그러면 앙시앙 레짐(舊秩序: Liang Xiang regime)의 질곡 속에서 신음하는 독일 사람들을 '해방시켜 준' 나폴레옹 군대를 환영해 줄 줄로 믿었다는 것이다.

그러나 그건 제멋대로의 꿈이지 독일 사람들이 나폴레옹 군대의 침략을 반길 이유가 없었다. '해방군' 이란 어디다 대고 하는 잡소리냐면서 독일 사람들은 나폴레옹 군대에 일제히 들고 일어나 항거하였다.

독일뿐인가, 스페인, 저 멀리까지 찾아갔던 러시아도 들고일어나 나폴레옹의 '해방군'을 침략군으로 맞아 싸웠다. 그런 난리가 떼죽음(genocide)을 수반해 번지면서 사람들은 자연적으로 각기 자기나라 땅의 경계선이라는 것을 의식하게 되고, 국경이란 지키고 지켜져야 하는 것이기에 눈에 줄불을 켜기 시작했다. 그리고 그 같은 분쟁이 계속되면서 국경이라는 '국가적 울타리 저쪽은 적 이라는 인식이 확산되어 갔었다.

사람이 사람을 죽이면 살인죄다. 상응한 죄 값도 받아야 한다. 그러나 국가주의=내셔널리즘으로 저질러질 땐 그건 전공(戰功)이 된다. 프랑스혁명이 가져온 국민국가란 국가가 국민의 것 일뿐 아니라 국민이 국가를 지키는 병력의무를 수행해야 하는 것이기도 하다. 그런 국가들이 무력 충돌을 하면서 이르게 된 막다른 골목, 즉 국가는 중무장한 '특허된 살인자'가 될 수 있었다. 프랑스혁명 후 그런 국가들 간의 전쟁 통에 죽은 사람은 그 수를 헤아리기 어려울 정도로 천문학적 숫자에 이른다.

어디서이건 전쟁의 주체가 되는 것이 국가다. 그렇다면 그 국가란 무엇인가라는 것이 그럴만한 사람들의 관심을 끌어온 것은 당연하다. 누구보다도 전쟁을 많이 했고, 전쟁의 화를 많이 경험해 본 구라파인들 사이에서 더 그랬다는 것도 이상하지를 않다. 그리고 그와 같은 것을 골똘히 생각해 본 끝에 그들 스스로 가지고 나온 생각의 하나가 '나라라는 것 갖지 말자' 라는 것이었다는 것 역시 그럴 듯하게 보인다.

◆국가주의를 부수기 위한 '유럽연합=안중근의《동양평화론》' 지난 세계대전 이후 구라파 바닥에 생겨난 소위 유럽(歐洲)연합이란 것에 관해 우리가 잘 안다. 그런 것이 생겨난 바탕에 깔렸던 것이 그들이 만들어 낸 국민국가, 국가주의란 것을 없애거나 적어도 다시 생각해 봐야겠다는 것이다. 그와 같은 것을 갖게 된 동기가 그들이 두 번에 걸쳐 치른 1차, 2차 세계대전에 있었음은 물론이다. 수천만의 사람이 떼죽음을 당한 그 참화의 주범이라고 할 게 그런 국민국가였던 것으로 쳐선 그들이 그것을 재조명하게 된 것이 무리는 아니라는 것이다.

그런 저런 연유로 그들이 느꼈던 바가 컸을 것이다. 그동안 그들은 그와 같은 이상을 실제적으로 펴 나가는 데서의 진전도 있었다.

독립해서 사는 국가의 상징으로 손꼽힐 것 중 가장 큰 게 그 나라의 화폐다. 그것은 그 나라의 국기나 군복처럼, 나라를 나타내는 징표 구실을 한다. 그런 걸 EU 소속 국들은 영국만 빼놓곤 거의 다 없애버리고 유로란 공통의 화폐를 쓰고 살게 됐다. 구라파 땅 전체를 대표하는 구주의회(European Paliament)란 것도 있고 그 활동도 활발하다. 그만큼 그들은 적어도 종전까지의 형태론 '나라를 갖지 않기로' 해온 셈이기도 하다.

잠시잠깐 사는 한 세상, 편한 삶이 좋다. 그렇게 넓지 않은 바닥에서 화폐를 사용함에 있어 국경마다 환전을 해야 하는 것 번거롭다. 그리고 그 국경이라는 것으로 그 끔찍한 전쟁을 수도 없이 치렀던 처지라, 그들은 '그 같은 국경이 꼭 있어야 하는 것이냐?' 는 반문이었다.

이것이 다 긴 세월 서로를 같은 나라 사람이라고 여기지 않고 살아온 이질의 벽이 높은 구라파사람들 사이에 일어나고 있는 일이다. 그렇다면 오랜 세월 서로가 동족이라 여기고 살아온 남북한동포 사이에도 그 국가라는 것을 다시 생각해 보는 기풍이 생긴다고 해서 그것을 이상하다 할 일은 아니고 아니어야 한다.

사람을 위해 국가가 하는 일은 얼마든지 많다. 그 국가란 앞으로도 오랫동안 없어지지 않고 존재할 것이다. 더 무한한 것은 인간이라는 불변의 것이다. 그렇다면 모든 사물을 보고 판단하는 것을 꼭 국가란 입장에서만 할 것이 아니다. 그보다는 인간이라는 보다 넓고 큰 틀 속에서 한다는 것이 자연스럽기도 하고 바람직 한 일이기도 하다.

안중근 의사는 안응칠 역사 속 "내가 동양의 대세를 염려하여 정성을 다한 방책《동양평화론》이 끝내 허사로 돌아가는 것" 같아 보이나, 가까운 장래 "일본국 4000만 국민이 '안중근의 날'을 크게 외칠 날이 반드시 올 것"이라 말했다. 우리의 내일을 밝힐 안응칠 역사를 꽃피우자.

◆분단체제=국가주의 틀을 부수면, 한반도는 통일된다: 8.15해방을 맞은 우리 땅에서 가장 중요한 일은 무엇이었나? "그건 자유민주주의와 그 반대인 공산주의, 그 하나를 고르는 것이다"라고 하면 그건 진영논리이고 대국들이 내세우는 분단체제고, 국가주의다.

지금까지 남쪽의 미군정과 북쪽의 소련 군정 모두는 분단체제=국가주의를 극대화 시켰다. 남쪽 정권이 반공자세에서 격렬할수록 북쪽 인민은 그들 정권에 심리적으로 기대는 일에 열중했음을 보았다.

그레고리 헨더슨(Gregory Henderson)이 우리 땅 정치사를 쓴《한국, 소용돌이의 정치(Korea, the Politics of the Vortex)》로 그의 이름이 귀에 꽤 익은 사람들이 더러는 아직도 있을 것이다. 그는 해방 후부터 6.25전쟁까지 서울의 미국 대사관 부(附)외교관으로 근무해서 당시 우리 사정에 밝았다.

그가 쓴 글은 충격적이라 할 만 하다. 그는 이렇게 썼다. 좌나 우이길 거부한 이들의 멸종을 가져온 거의 무차별하고 무시무시한 집단학살=떼죽음(genocide)은 나치 독일에서 유태인들이 당한 비참한 운명만큼이나 대단했다고 기술했다. 그의 글 중 한 가지 명백한 건, 해방 후 우리 땅 남북한을 통해 사물을 남의 식대로가 아닌, 자신의 땅에 발을 디뎌 놓고 사는 사람으로서 자기 나름대로 생각하고 살려던 사람들이 많았다는 것이다. 그런데도 그들의 목소리는 온데간데없이 사라진 것은 왜였을까. 그것은 "공산 아니면 반공이라는 둘 중 하나의 흑백논리가 지배하는 사회가 그들의 존재를 깡그리 문질러 없앴기 때문이라" 봤다. 그러한 사고는 6.25란 상잔劇을 통해서 굳혀졌다고나 해야 할까? 다.

그런 식의 사고나 그것을 대표한 체제가 이남에서건 이북에서건 70년을 버텨온 것은 세계적 기록으로 칠 만하다. 그렇다는 걸 우리는 지금까지 장수(長壽)하고 있는 분단체제의 비밀 속에서 보고 있다. 그것은 아주 묘한 것이지만 그곳에 있는 이치는 아주 간단하다. 그 묘하다는 건 다른 말이 아니다. 그건 상대편이 적대적이면 적대적일수록 이쪽저쪽의 통치권자의 권좌(權座)는 더욱 더 든든해=튼튼해=탄탄해진다는 거다.

남북 양측 간 적대적인 자세가 계속되는 한 현 체제가 바뀌거나 없어질 위험요소는 적다. 남쪽 정권이 반공자세에서 격렬하면 격렬할수록 북쪽 인민은 그들 정권에 심리적으로 기댄다.

우리가 6.25 때에 경험한 '적의 두려움=무서움' 때문이다. 알다시피 6.25전쟁 통에 양쪽의 군대는 번갈아 상대 쪽인 敵地를 점령했었다.

그리고 그들이 그 땅을 떠난 다음 이들의 깃발을 들고 나온 사람들에게 불가피하게 찾아왔던 참화 이상 가는 비극도 생각하기 어렵지 않다. 전쟁 때 적을 환영하고 그들에 협력한 자는 어디서건 부역자고 반역자다. 그들에게 돌아가는 처벌이란 무참을 넘어 慘禍=참극에 이른다.

양쪽에서 다 그랬다. 거기다가 그들을 동정하는 사람조차 없었다.

그것이 그들이 범한 죗값을 하는 거라면 또 모르지만 대개의 경우 그들 '반역자'의 실상이란 그런 것과는 크게 달랐다. 그들이 들고 나왔던 인공기나 태극기는 고작 '백기(白旗)'였다고 하는 게 진실에 가깝다.

그것은 그들 앞에 마물(魔物)처럼 다가선 미지의 힘에 넋을 잃은 기층민들이 그들의 역사를 통해 언제나 그랬던 것처럼 '살려 주십사.'하는 애탄의 몸짓이었을 뿐이다. 그들 대개는 벌 받아 마땅한 '빨갱이'이거나 '인민의 적' 이전에 전쟁이 낳은 불행한 희생물=집단학살자였다.

'좌는 우에게, 우는 좌에게, 중간은 저쪽일거라는 혐의 아래 좌와 우에게 아주 손쉽게' 집단적 학살을 당했었다. 그런 비극이란 세계 어디서나 언제나 있어 왔었다. 앞으로도 그럴 것이다. 그것을 뒤집어 놓은 역(逆)도 진(眞)이다. 북쪽이 공산주의적이면 그럴수록 말만 들어도 벌벌 떠는 남쪽 사람들은 자기 쪽의 반공 정부 지지로 기울 수밖에 없었다.

결국 한쪽이 좌면 좌일수록 그것은 다른 쪽의 우의 밑천=프레임이 되고, 이쪽이 우면 우일수록 저쪽 좌의 세력이나 정권에 득이 된다. 거기서 좌우(左右)간에 철저한 상생(相生)관계가 발생하고 그것은 그들 간의 대립이 과격하면 과격할수록 더욱 더 탄탄해신다는 국가주의 논리다.

사실 김일성과 이승만, 소련과 미국은 적이었을 뿐 아니라 서로가 대단히 쓸모 있고 없어서는 안 될 편리한 버팀목이기도 했었다. 뭐든 쓸모 있는 것이면 그것이 오래 가길 바라는 건 자연스럽다. 그래서 그들이 추구한 분단체제나 국가주의는 오래 갈 수밖에 없었다는 것이다.

2500만 북녘동포여 답은 하나다. "반공 아니면 반제란 분단체제=국가주의 틀을 부수면 '한반도에 통일이 온다.'는 진리를 터득"했을 게다.

[12]

국가주의 '틀'을 부수면 한반도는 통일된다.

2500만 북녘동포를 향해 '강강수월래' 희망가를 읊조린다.

베트남전쟁의 정곡(the fixed point) 최첨단 전장을 경험한 필자는 겨레, 민족을 앞세우는 분단체제=국가주의, 베트남방식통일의 상흔(傷痕)은 남기지 말아야겠다는 생각은 45년 전이나 지금이나 같다.

토모다 세키(友田錫) 《배반당한 베트남 혁명》의 시사점, 베트콩이 세운 공은 사라지고, 그들 협력자 등 많은 사람들이 떼죽음=집단학살을 당했다는 점에 주목하지 않을 수 없었다. 또 망망대해를 떠돌다 수장도 되고, 구조도 된 보트피플이란 전철도 밟지 않겠다는 각오 없인 DJ식 한민족통일은 불가하다는 것도 유념하였다.

필자는 통일의 상흔을 남기지 않겠다는 각오로 흡수통일을 넘는 《동양평화론》 속 "천상열차분야지도 한반도통일/다민족다문화=동북아공영시대의 '일개 시민'으로 거듭나자"란 말을 하고 있다.

그리고 45년 전 베트남전장에서 분단체제 고착화와 국가주의 프레임을 부수어, 남•북한 어느 체제에도 구애됨이 없이 제3지대 연해주 지역에 100년 임대가 되었던, 영구임대가 되었던 200만호의 신도시를 개발해 남•북한 동포가 어우러지는 자유무역지대(FTA)를 꿈꾸며 7천만 동포를 향해 강강수월래 희망가를 읊조리고 있다.

또한 그 공동체 속 통일예행연습장이 될 800년 전 몽골 칭기즈칸의 케식텐 국부론에다 우리체질에 맞는 먹고사는 '호호막막(浩浩漠漠)호호탕탕(浩浩蕩蕩)모델 •백두산 생태복원 장마당(싯김경제=발효)경제'를 익히며 다듬은 '중산층 주축의 호호모델'도 터득하였다.

지금의 러시아 블라디미르 푸틴 대통령은 시베리아개발에 엄청난 기대를 걸고 있나. 그는 자신이 그린 그림대로 극동 시베리아 개발을 성공시킬 파트너를 찾고 있다. 러시아 푸틴 대통령의 ❶기대에 부응하기 위해서도, 또 ❷우리의 '천상열차분야지도 한반도통일'을 위해서 연해주지역 200만호 신도시개발은 필수적이다.

지난날 제정 러시아의 차르 대제는 미국의 산업생산량이 대영제국을 추월할 당시 미국의 서부개발 노하우가 절실했다. 그래서였는지 1867년 러시아 '차르 대제'는 미국 제16대 링컨 대통령의 러

닝메이트나 진배가 없었던, 8년차 국무장관 '씨워드'에게 시베리아 개발을 위해 전략 요충지 '알라스카'를 720만 달러(면적: 151만㎢, 인구:68만, 1741년 러시아 표트르 1세 의뢰를 받아 덴마크 탐험가 '비투스 조나센 베링'이 발견했다)란 헐값에 넘겨준 것이다. 영국의 '러시아 남하정책을 막겠다.'는 암초 앞에 러시아의 극동개발프로젝트가 무산되고 말았던 것이다.

작금의 푸틴 대통령은 중견국가이면서 지구촌개발노하우가 풍부한 안성맞춤의 대한민국이 절대적으로 필요할 것이다. 한편 그는 분명히 우리가 '동양평화=동북아공영=다문화다민족체제' 속 일개 시민으로 거듭나자는 모습을 읽어냈을 것이다. 그리고 그는 그 옛날 우리 조상이 살았던 '고조선 역사'를 모를 턱이 없을 것이다.

그럼에도 불구하고 푸틴 대통령은 '❶가스관 남북관통 ❷북방시베리아철도(TSR)연결 ❸천상열차분야지도 한반도통일'이란 대모험의 애드벌룬을 띄웠음을 바보천치가 아니면 간과해선 안 된다.

한편 2013.5.15 오전 스웨덴 키루나에서 열린 제8차 북극이사회각료회의에서 대한민국이 북극연구 변방에서 중심부 진입에 성공했다.

이 모든 현재진행형의 사건 특정국가의 입김 없인 불가능한 일이다.

대한민국 국군통수권자 김대중 대통령과 조선민주주의인민공화국 김정일 국방위원장은 평양에서 2000.6.15 남북공동선언문을 채택했었다.

김대중 대통령의 파란만장한 삶 중에 "최고의 가치 남북통일성업을 위해 진력한 일"을 살피려 한다. "대한민국 김대중 대통령은 'DJ 5대 악정으로 이름 붙인<일장춘몽 정치사기 쇼 6·15남북공동선언>'이란 소리를 들으면서까지, 그는 일평생을 조선민주주의인민공화국 김일성 주석과 김정일 국방위원장과 함께, 남북통일성업완수에 매달렸는지도 모를 수수께끼 같은 삶을 살았다"고, 필자의 기억 속에 새겨서 담고 있다.

김대중 대통령의 통일정책은 공화국연방·1국 2독립 정부체제였다.

한편으로 김대중 대통령은 공존과 교류를 활발히 하면서 남북 상호간의 신뢰와 이해의 조정이 증진이 되면 그 권한을 중앙정부로 점차 이관하여 완전한 남북 간의 통일 정부를 구성할 수도 있다는 논리를 폈었다. 즉 최종 단계의 통일은 "북한의 고려연방제도 수용할 수 있다"고 김형문 선생이 쓴 책《김대중 그는 누구인가》에서 기술해 놓고 있다.

자유민주주의 시장경제체제의 발전적 보강을 위한 YS세계화정책 중
❶ 인사 청문제도
❷ 해외여행자유화 조치가 없었더라면,

김대중 대통령 중심의 칠 밥통 인사들로 포진시켜, 국제적 스포츠행사이었던 2002년 6월 한일월드컵과 9.29부산아시안게임 후, 2000년에 약속했었던 6·15남북공동선언을 실천에 옮겼을지도 모를 일이었다.

(1) YS의 인사 청문제도는 공교롭게 YS 정부 다음 DJ 정부에서 제대로 위력을 발휘했다. 일부인사는 선의의 피해를 입었을 것이나, YS의 인사 청문제도란 장치가 없었다면, DJ 중심의 칠 밥통 인사들로 포진시켜 50년 헌정사에 전무후무한 국정전횡이 현실이 될 수도 있었다.

(2) YS의 세계화정책 중 해외여행자유화는 배낭여행·어학연수·조기유학으로 이어졌었고, 이들의 첨단 사고는 DJ를 속박해 나갔다.

1964년 베트남파병이 우리역사상 최초로 기층민이 외국 물맛을 보고 일대 가치관의 변화를 가져왔듯, 우리 손자손녀 2030세대도 지구촌 곳곳을 현장답사, 역시나 2002 월드컵대회에서 인류역사에 유례가 없는 '700만 광장문화'를 만들어 단숨에 지구촌을 석권하고 말았다. 필자는 21C 문이 열리자마자, 2002년의 700만 광장문화는 주변강대국들로부터 대한민국이 1000년을 버텨내고 지켜갈 '강강수월래사건'으로 그렸다.

바로 그 첫 사건으로 '700만 광장문화'는 DJ가 '6·15남북공동선언실천'이란 후속타를 날리려는 기막힐 순간 '强羌水越來'위력을 발휘했다. 여기 붉은악마·태극전사들이 DJ의 최대 복병으로 등장, 대한민국 김대중 대통령, 조선민주주의인민공화국 김정일 국방위원장, 8000만 중국공산당 중앙당교를 속박 '6·15남북공동선언문'을 휴지조각으로 만들었다.

그래서 필자는 유럽연합처럼 동양3국과 러시아가 연합할 때 '천상열차분야지도 한반도통일=동북아공영=다문화공동체시대'가 열릴 걸 확신했다. 45년 전 베트남전장에서 땀에 젖어 얼룩진 전쟁수첩 속에서 "북한과 월맹이란 두 집단을 당혹스럽게 만든 결정적 사건 즉 1967.9.3일 실시한 베트남 정부통령선거에 즈음 한국군의 오작교 작전 이후 아름다운 매화작전이 있었다."는 사실에 주목 했다.

그리고 중화인민공화국 마오쩌둥(毛澤東)주석이 조선민주주의인민공화국 김일성 주석에게 '베트남의 베트콩式무력해방을 남한에서 실시하라는 엄명'을 내려, 제2 베트남게릴라전을 강요(1965.9.3일자. 중국의 인민일보 보도)한다. 필자의 전쟁수첩(戰爭手帖)에는 1964.7.18 파병 이후의 일들을 비교·나열·분석하며 일기로 남기는 일을 게을리 하지 않았다.

전쟁수첩 속엔 단연 중국의 아픈 역사 백련교도의 난리·아편전쟁·태평천국농민반란·양무운동·신해혁명 등을 집중 탐독한 흔적이 빼곡했다. 손자병법에 '백번 싸워 백번 이긴다고 한들 최상은 아니라고 적었다, 싸우지 않고 이기는 방법을 찾겠다.'는 것이었다.

그래서였는지 필자는 끝나지 않은 동족상잔의 비극·죽고 죽이는 핍박·박해·피난·凍寒·굶주림 등, 6·25한국전쟁을 한순간도 잊을 수 없었다. 베트남전 참전은 '등 따습고 배부른 방법'을 찾아갔던 것이다.

그런 중에 중국의 마오쩌둥은, 왜 북한 김일성에게 베트남式 게릴라전을 남한에서도 펼치라는 엄명을 내렸을까? 이었다.

1967.9.3 베트남정부통령 선거 직후, 1968.1·21 김신조외 30명의 특수요원이 빨지산 루트를 타고 떼거지로 청와대를 기습 도발한 사건, 1·22 미초계함 '푸에블로호'를 납치하는 등 무모한 도발을 할 수밖에 없었던 절박한 사정과, 한편 1968.1.29일 18시를 기해 월맹과 베트콩 측도 사이공을 비롯하여 베트남 전역의 주요항만과 공항, 군사시설에 대한 무모한 도발을 할 수밖에 없었던 절박한 사정이 무엇이었을까? 이었다.

그리하여 우선 우리 한국군이 베트남 파병 이후, 북조선과 공산 월맹이 급격하게 한통속이 되기 시작한 때를 살펴보아야 했다. 당시 베트남에 파병된 주월 한국군은 밤에 나타나는 맹호 5호·6호작전과 백마1호

작전 그리고 두코 전투와 청룡여단의 짜빈동 전투·오작교 작전·베트남 정부통령선거를 앞둔 매화작전의 성공은 북한과 월맹이라는 두 집단을 최악의 위기상황으로 몰아갔었던 것이다.

이때로부터 북한은 남조선해방이란 미명 하에 땅굴을 파기 시작했고, 한편으로는 지금의 핵과 미사일개발에 눈을 뜨게 된 것이다.

월맹 당국은 1961년부터 암약한 지방 민병대를 비롯해 그동안의 베트콩에 대한 꾸준한 군사학습을 실시하고 있었다. 그리고 1967년 6월부터는 선거 방해공작의 일환으로 베트남 전역의 군·읍·면·마을 리 단위로 지방 민병대(게릴라)를 재편성까지 하면서 선거를 방해하려 했다. 그런데 결과는 투표율이 80%를 웃돌았고, 거기다 한국군이 주둔한 전술책임지역내의 투표율은 월등하게 높았다.

17도선 이남의 1번국도 개통 후, 정국이 안정되자 대민 밀고가 전례가 없이 급증해 방해책동에 시동이 걸리기도 전에 일망타진 됐다. 또 거기다가 한국군 주둔지역 즉 전술책임지역에선 한 건의 불미스러운 일이 없이 안전하게 선거를 치룰 수 있었다는 대목에 있다. 특히 집단·집체·전체주의자가 가장 겁먹는 것 중엔 공화국의 자유·비밀·평등·보통선거란 점이다. 이들은 곧 이 점에 놀랐던 것이다.
그러니 북한과 월맹 두 집단은 '베트남공화국의 보통선거'에 긴장하고 대남도발 100일 작전에 총력을 몰입하는 계기가 됐던 것이다.

필자는 박정희대통령 경제2수석비서관을 지내며 한국경제의 아픈 곳을 짚어낼 수 있는 산증인이며 경제전문가 오원철 著 《박정희는 어떻게 경제 강국 만들었나.》 에서 그 내용을 찾아 그대로 기술한다.

우리 민족은 13세기에 원(元, 몽골)나라에게 패하여 속국이 됐다. 중국의 왕조가 명나라, 청나라로 변했지만 속국 신세에서 면할 수 없었다.

그 후로 이어지는 일본의 식민지 시대, 해방 후는 미국의 원조시대, 우리 민족은 오랜 기간 타민족을 상전으로 모시고 살아왔다. 그 결과 우리 민족은 외국인에 대해 열등의식을 가지고 살았다. 이러한 大韓國人 중에서도 기층민이 역사상 최초로 해외로 나가 외국 물맛을 봤다.

…북한은 휴전 후 경제재건에 총력을 경주 한 나머지 큰 성과를 올렸다. 북한 인민의 의식주 문제를 해결하였고, 모든 산업분야에서 남한을 앞서고 있었다. 군사 면에선 군 장비를 현대화하고, 대부분의 병기, 장비, 탄약종류를 자급자족했다. 모든 전쟁준비를 끝냈다.

이에 빈해 우리 한국군은 6.25전쟁 때 쓰던 구식병기를 그대로 사용하고 있는 형편으로, 미국의 도움이 없인 도저히 나라를 방어할 수 없었다. 주한 미군만큼은 붙들어 놓아야 했다. 그 방책으로 주한 미군에 상응하는 전투 병력을, 1965.1.8일 베트남에 파견하기로 결론을 냈다.

이런 중에 …결론적으로 주한 미군이 한국을 방위해 주는 대신, 베트남파병은 미군을 대신하여 베트남에서 싸웠다.
그 임무는 곧 '조국방어'이었다.…미국 군인과 같은 기준에서 똑같은 대우〈Same Base, Same Level〉를 받기로 하고 베트남 파병을 결행한다.

-<북한의 인민경제발전 7개년 계획(1961-67년)>-

특히<푸른 낙원의 꿈: 북한 인민경제발전 7개년계획>, 남한에서 5·16군사혁명이 일어난 지 4개월 뒤인 1961년 9월 11일, 북한의 김일성은 '인민경제발전

7개년계획(1961-67)'을 발표하면서 "향후 7년간은 사회주의 건설의 결정적인 시기가 될 것이다. 공업생산의 연평균 성장률은 18%로서 7개년계획이 완성되면 공업생산은 60년 대비 3.2배에 달해 일본 수준을 추월할 것이다. 7개년계획 달성으로 우리는 全인민의 수요를 충분히 공급할 수 있는 사회주의 공업을 갖게 될 것이다. 국토를 대규모로 개조해서 매년 대풍작을 거둘 것이다. 도시와 농촌은 더한층 아름답게 건설되어 전인민의 생활은 윤택하고 문화적이고 더욱 즐겁게 될 것이다." 라며 '푸른 낙원'의 도래를 약속했다. 아울러 북한 당국은 "앞으로 3-4년 뒤엔 북한 인민의 물질적·문화적 생활에 일대 변화가 일어나게 된다."고 했다.

<북한의 김일성은 푸른 낙원의 꿈이 무산되자 : 군비강화 쪽으로 급선회>

7개년계획의 목표연도 1967년 북한은 경제발전 얘긴 빼버리고 군사비로 30%를 지출한다는 발표를 하면서 '전인민의 무장화', 전국토의 요새화 '땅굴파기가 시작됐다', '산업시설 및 군사시설의 지하화', '평양의 인구제한, 긴급대피호 건설'의 4개 노선을 지시했다. 그 계획은 '푸른 낙원'에 대한 건설이었으나, '군비강화' 쪽으로 방향을 틀었다. 특징은 "땅굴파기와 군사시설 지하요새화"다. 남한의 경제발전을 좌시할 수 없었으며, 방해공작으로 남한에 대한 불안 조성이었다.

이런 점을 감안하지 않고서는 1967년과 68년에 유난히 격화된 남침 게릴라사건 68년1·21 청와대기습사건, 68.1·22 미 푸에블로호 납치사건, 68.11월의 삼척·울진 무장공비침투사건의 본질을 설명할 길이 없다.

소련 공산당 깃발을 내리게 한 장본인 '미하일 고르바초프 전 대통령'은 1992년 5월 '미국 미주리주 퓰턴시, 45분 연설'에서

❶미국은 다른 나라를 경멸치 않는다.

❷미국 민주주의의 기본 가치와 제도는 자유·평등·박애의 국시와 전통을 바로 세우기 위해 사리사욕을 버린다.

❸미국 중소기업, 중산층, 기업주들의 사회공헌철학과 공헌활동은 베풀면 결과적으로 그에 합당한 이익이 발생 기업주에게 되돌아온다는 '페이백(pay back)'정신에서 출발한다는 점에 감탄한다 했다.

그래서 나(고르바초프)는 '소비에트연방'이란 깃발을 내려놓을 수밖에 없었다. "내가 권력을 붙잡고 발버둥을 치면 칠수록 인민은 더욱 더 곤궁에 처한다."고 고백하였다.

필자는 이런 점에 유념해야 할 필요가 있다고 봤다. 우리는 5000년 역사에서 1988년 제24회 서울올림픽 세계 4위와, 2002 한일월드컵 4강을 달성 '하늘이 쩡 열리고 땅이 쿵하고 울렸넌 기적'이 일어났있다. 그리고 남한 동포 모두 기꺼이 한 마음으로 장엄한 공연을 펼쳐낸 '700만 광장문화'를 목도하고서, 남쪽의 정계·학계·언론계·재계 등 사회지도층 모두가 한 목소리로 당장 무슨 묘안들을 쏟아낼 듯 감동했다. 그런 여야 대선후보들이 은근슬쩍 유사이래니·붉은악마 등의 감언이설(soft & seductive language)로 이들을 부추겨 2002.12.19 대통령선거에 이용하고 내팽개치고 은근슬쩍 깔아뭉갠 사연이 있다.

이들 태극전사들은 분명히 민족주의와 햇볕정책(sunbeam policy)을 배격했다. 1% 정글자본주의자 타도를 외쳤다. 여야좌우가 합작해 이들 조직의 예봉(sharp point)을 꺾어놓았다. 이들의 의기투합을 우려한 나머지, DJ는 신자유주의자(新自由主義者)로, 신종북주의자(新從北主義者)로 철저하게 편을 갈라놓았다. 그렇게 대립각을 세워도 이들 2030세대들은 "어느 절엔가 초록은 동색이라고 하나 둘 모여 애국과 형평, 그리고 합리주의자로 거듭났다"는 점에 주목을 해야 한다.

2500만 북녘동포는 한반도통일 프로젝트란 의미를 새겨들어야 한다.

2030세대는 YS개방화·세계화정책(박세일 프로젝트〈배낭여행-여행자유화〉)으로 배낭하나 메고 어학연수에 조기유학 길에서 외국 물맛 중 외화의 소중함을 제대로 알고 일하는 멋진 신세대들로 거듭났다.

이들 머릿속의 북한과 남한을 하나로 묶는 통일공정은 이렇다.

이들 2030세대들은 오케스트라기업 20개를 발흥시켜 천년역사의 물꼬를 트기 위한 국민소득 7-9만 달러를 돌파해, 우리 조상의 뼈가 묻힌 고조선의 경계(frontier) '만주·연해주·시베리아'를 국부(national wealth)의 절반을 지불하고서라도 경제영토를 넓혀, 동북아 공영시대와 제2신대륙(new continent)이 될 우주시대를 열겠다는 의지를 담고 있음을 북녘동포는 기억해야 할 것이다.

이들 2030세대들이 40대 중후반이 될 2020-2030년경엔 지구촌 그 누구도 예상(expectation)하지 못한 안중근의 동양평화론 속 중국의 군사대국화와 일본의 재무장을 상쇄시킬 유럽연합처럼 다문화다민족체제의 ①동북아공영시대와 ②인류역사상 제2신대륙 별천지(another world)우주시대'를 열어가는 일까지도 마다하지 않고 성취해 낼 것이다.

이는 21C 시대적 흐름이고 대세인 만큼 그 누구도 역류(flowing backward)

시키지를 못할 것이다. 2002.6월 한일월드컵 당시, 필자는 너무 황당무계한 일들이 벌어지기에 '살아계신 하나님의 뜻'을 좇아 베트남전장에서 귀중한 실전에서의 최후 일순간의 판단능력, 또 전쟁을 하지 않고 이기는 법, 특히 통일의 상흔을 남기지 않기 위해 흡수통일을 초월하는 '천상열차분야지도 한반도통일'을 터득하고 돌아온 1969년 1월 5일 이른 아침에 부산항 제3부두를 밟았던 기억을 되살려 보았다.

한일월드컵 후 그렇게 무덥던 여름은 가고 어느 절에 2002.9월 중추절을 맞았다. 김대중 대통령 서민의 정부 말기의 유명 백화점에 100만원을 호가하는 한우세트, 500만 원짜리 양주가 등장했다. 또한 백화점 상품권이 전례가 없이 불티나게 팔려나갔다는 소문이 정치권에 돌았다.

이런 판국에 북한 대남공작책임자가 '묘향산 송이상자'를 들고 내려와, 청와대에서·신라호텔로비에서·산골의 지방토호들에까지, 김정일 국방위원장의 추석선물전달을 빌미로 전국 방방곡곡을 휘젓고 다니면서 사전선거운동 냄새를 풍기고 돌아갔다는 말 조금은 과장된 듯했다.

또 9.29-10.14일까지 부산아시안게임 북한선수단을 위해 내려온 북한 응원단은 DJ식 민족통일이 이뤄질 것처럼, 대한민국정부 수립 전 1947년 아버지 안석주 작사 아들 안병원 작곡 8분의 6박자 내림마장조의 '우리의 소원은 통일'이란 베트콩의 심리전적 노래를 부르고 돌아갔다.

2천5백만 북녘동포들이여 대한민국 국군통수권자 김대중 대통령의 주도면밀한 에스코드를 받고도 'DJ식 고려연방제통일'은 절대 불가능하다는 사실이 명명백백하게 증명이 된 마당에 무얼 더 주저할 것인가?

2013년 말 우리는 북한 김일성·김정일·김정은 3대 왕조의 폭력적·야만적 실체를 목격했다. 40년 2인자란 북한의 실세가 그 파벌과 함께 공개 처형이 됐다. 기관총으로 신체를 산산조각 낸 소식 말이다.

서른 살 김정은 독재체제 앞에서 '건성건성 박수 친 죄'가 사형 죄목에 포함되는 것 말이다. 이런 공포정치로 북한사람들이 당분간은 김정은 독재체제 앞에 떨며 머리를 조아릴 수밖에 없을 것이다. 앞으로 누구든지 기관총구 앞에 제물로 설 수 있다는 불안감은 북한의 권력내부에 무거운 연기처럼 퍼져나갈 수밖에 없게 됐다는 점이다. 북한에 휘몰아친 숙청바람은 돈 때문이었다. 수산물 이권을 놓고 장성택파와 군부가 총격전을 벌인 것이 사태의 발단이란 소식이다.

우리가 이번 북한 사태에서 바르고 주의 깊게 지켜봐야 할 것은 지금 북한 땅에서 중요한 건 이념도, 명분도 아니며 오로지 달러란 사실이다. 돈을 놓고 권력층 내부가 친족끼리도 갈라져 총격전을 벌인다는 것은 북한 체제의 건강성이 땅바닥까지 추락했다는 증거다.

필자는 북한정권이 지금까지 버텨내는 요인으로 인간중심철학의 '홍익인간'이라 짚었다. 이와 같은 징후는 북한체제의 지속 가능성이 소진됐다는 뜻이며 앞으로 북한 체제가 어떤 기복을 보이고 얼마를 더 존속하든, 큰 관점에서 종말단계로 봐야 한다는 의미이기도 하다.

그래서 지금의 남한사회도 자살률 세계 1위, 40·50대 가장의 속절없는 쪽방·옥탑 방으로 내몰리는 신세타령, 생계에 시달리는 기층민과 고령자들의 비탄하는 사회를 방치하지 말라는 의미와 빼지도 박지도 못하고서 헐 벋고 굶주린 북녘동포들을 촌각을 다툴 정도로 혈육의 정으로 보듬어 안으라는 준엄한 명령이다.

여기 비상구가 곧 대박(bonanza)통일이란 말이 나온다. 노름꾼에게 잭 팟(jackpot)이 터지 듯 이념을 초월해서 구휼하란 의미다.

대륙 한 복판 만주 200만호 신도시에 함께 모여 경제영토를 넓히면서 통일예행연습까지 거쳐 '천상열차분야지도 한반도통일' 로 가다보면, 어린이가 빵긋빵긋 웃으며 손짓하는 쪽문이 열리게 돼 있다.

끝으로 북조선 김정은 제1위원장은 꼭 새겨서 들어야 할 것이다.

지금부터 필자가 말하려는 본말은 '대한사람들은 역사의 중요한 고비(the climax)에서마다 폭발적인 공동체에너지(community energy)를 발산한다.'는 점이다. 남·북 동포 모두가 하나같이 유별나게 튄다는 점이다.

지구촌이 공산주의를 포기한 마당에도 조선민주주의인민공화국과 중국, 베트남은 건재하고 있다. 이들 모두 모양새만 레닌의 교조주의와 형식주의이었지, "공산주의가 아니라 공생주의란 독특한 문화가 똬리를 틀고 있었다. 그래서 국제공산주의 본부와 지부가 티격태격했던 것이다.

남한 동포 역시도 1998년 IMF와 2008년 미국 발 리먼 브르더스 사태를 맞아 국가부도위기 앞에서 서구(the West)의 그리스·아일랜드·스페인·포르투갈에서는 재정긴축에 반발하는 폭동이 끝없이 이어졌었으나, 우리 大韓國人은 원수처럼 여기고 싸우다가도 국가적 위기(6·25/베트남전쟁 중 미군철수/IMF)앞엔 전쟁도 마다하지 않고 몸을 던지는 2.8청춘 16살 꽃다운 나이에 학도병(student soldier)/베트남참전에 돌 반지-금반지(gold ring) 땅문서까지 들고 나와 나라에 바치는 공생애를 발휘한다는 점이다.

'옳다'는 시민공감대가 형성이 되면 만사를 제쳐두고 700만이 광장으로 모여드는 유별나고 기가 막히는 大韓國人들이다. 결코 힘자랑하고 겁주려는 의도가 아니니, 필자의 본말을 북녘동포는 새겨들어야 한다.

필자는 북한과 중국, 그리고 베트남을 버텨주는 동력은 '공생주의문화'로 봤다.

한반도통일/동북아 르네상스시대는 어느 새벽에 숙명처럼 찾아온다.

필자는 조선민주주의인민공화국 국방위원회 김정은 제1위원장과 지도층, 2천5백만 북한 동포가 합심하여 '인민행복추구의 걸림돌인 핵과 미사일'을 내려놓는 중대한 결단이 있길 살아서 역사하시는 하나님께 두 손 모은 간절한 기도를 쉼 없이 드리고 있다는 말을 전하고 싶다.

PART-V.

한반도는 이래서 통일된다!

(1) 안중근의《동양평화론》을 한반도통일의 지렛대로 삼는다.··· 296
(2) 이젠 국제공론의 장에서, 우리가 빠진 통일 논의는 없다.··· 304
(3) 북한 안팎이 요동을 친다.····· 308
(4) 북한 핵 폐기 중국이 선봉에 선다.····· 315
(5) 북한 핵 폐기, 한국과 일본이 협력해 푼다.····· 325
(6) 북한 핵 폐기, 남북한·러시아 3각외교로 푼다.····· 331
(7) 북한 핵 폐기, 미국의 결단이 엄중하다.····· 340
(8) 한미우호·군사동맹, 재정비 강화해야 한다.····· 344

[1]

한반도는 이래서 통일된다

안중근의《동양평화론》을 한반도통일의 지렛대로 삼는다.

"안중근 의사는 '안응칠 역사' 속 '내가 동양의 대세'를 염려하여 정성을 다해 세운 방책《동양평화론》이 끝내 허사로 돌아가는 것" 같아 보이나, 멀지않은 장래 "일본국 4000만 국민이 '안중근의 날'을 크게 외칠 날이 올 것"이라 했다. 작금 필자에게 새롭게 와 닿았다.

안중근 의사는 '히라이시 관동도독부 고등법원장이 '사형집행날짜를 한 달 남짓 연기해 주겠다.'고 한 약속을 믿었다. 히라이시의 약속을 믿고 상고를 포기하고《동양평화론》을 집필하기 시작 했다. 히라이

시는 상부지시를 핑계로 사형 집행일을 앞당겼다. 안중근 의사는《동양평화론》의 서문과 전감을 마치고 더 이상 집필하지 못했다.

안중근 의사의《동양평화론》은 간략한 '서문'에 불과하다. 그러나 필자는 그의 재판과정의 진술내용과 그의 일대기를 살펴 볼 때, 특히 연해주 얀치헤에서의 역사인식 중 홍익인간에 기초한 '시민중심사회=공존공영사상'을 참고하면, 오늘의 '일본 재무장'과 '중국의 군사대국화'를 충분히 상쇄시켜 동북아공영시대를 열 수 있다고 봤다.

(1) 6·15남북공동선언은 북한주민과 엘리트층을 깨웠다. 필자에게 이 사건은 안중근 의사의 '안응칠 역사 속 동양평화론'의 재발견이었다.

그래서 필자는 일본의 동북아공영의 의미 중 군국주의=민족주의=국가지상주의를 빼버리고, 좋은 의미만을 살려서 '한반도통일의 대의명분'으로 삼을 요량이다. 여기 '동북아공영은 동양3국 간 화해와 용서, 공동번영'외엔 다른 수식어가 붙어서는 안될 것이다.

안중근과 이토 히로부미 두 사람을 천상에서 손잡는 것(和解) 이상도 이하의 가식이 없어야 할 것이다. 오로지 한·중·일이 주축이 되는 호혜평등의 동북아공영시대를 열기 위함이다.

지난 반세기동안 우리의 통일정책은, 특히 1989년 남북기본합의서체결로 한껏 고조되었던 '한민족공동체통일방안(韓民族共同體統一方案)'은 말로만 통일이었지 '분단관리'였고, 오히려 '분단고착화'에 있었다.

그런 가운데 작금 필자의 머리를 흔들어 깨운 것은,

① 북한 핵과 미사일개발, 3대 세습, 인권유린, 막가파 대남도발에,
② 남한의 低출산·고령화, 남·남 갈등, 빈부갈등에, 성장 동력저하,

그리고
③ 중국의 군사대국화가 빠르게 진행되면서, 일본도 이에 질세라 집단적 자위권행사를 빌미로 군국주의를 서두르는 등 역동적 동북아 정세 속에서 동양3국과 러시아의 활로를 찾아야 한다는 발상에서다.

그래서 필자는 "동양3국과 러시아가 참여하는 동북아공영체제가 열려야만 "중국의 '군사대국화(軍事大國化)'와 일본의 '재무장(再武裝)'을 상쇄시켜 동북아시아에 진정한 평화와 안정을 기할 수 있다"고 보았다.

(2) 필자는 "동북아 르네상스시대를 열기 위해 '싯김=발효외교'를 펼쳐낼 것<註:"싯김과 발효란 인간문화재 천리안이 칼날 위를 춤추는 영험한 싯김, 김장독 속 배추와 양념·젓갈이 어우러지듯 선악이분법을 뛰어넘는 성숙된 '발효'의 의미다.>"을 주장해 본다.

❶ 우리 정부는 우리조상과 안중근의사의 뼈가 묻힌 만주 땅, 뤼순 감옥서를 상기할 때다. 또한 '안중근의사의 안응칠 역사 속 동양평화론'은 동북아의 진정한 평화와 안정을 기할 요체라는 사실과 북한 2500만 주민과 세계를 감동·열광시킬 통일외교를 펼쳐야 할 것이다.

한반도통일외교는 한·미 군사우호동맹을 바탕에 두고, 우선적으로 '일본의 재무장(再武裝)'과 '중국의 군사대국화(軍事大國化)'사이에서 동북아 공영을 대의명분으로 삼아 통일외교를 구체화시켜야 한다는 말이다.

❷ "중국의 동북3성과 러시아의 연해주와 시베리아는 제반 여건으로

만 볼 때 경제적으로 낙후될 지역이 아니란 점이다." 즉 동북3성과 러시아의 연해주, 시베리아는 지구촌에서 가장 역동적인 경제 파트너 한국·중국·일본·러시아가 버티고 있는 허허벌판 공터(open space)다.

그럼에도 불구하고 "가장 낙후된 황무지라는 오명은 불가사의"하다.

이 불가사의한 이유를 말하기에 앞서, "全세계인, 특히 중국·일본·러시아인에게 '우리의 통일된 한반도'는 군사강국을 지향하지 않고 지정학이 한국에 부여하는 운명적-강대국에 둘러싸인 한반도의 상황을 수용해서 문화강국, 지구촌 경영을 통한 경제 강국, 과학기술강국을 지향한다(대한민국 헌법 제5조1항의 준수)."는 점을 전제해야 한다.

첫 번째 불가사의한 이유는 중국 동북3성과 러시아의 극동개발 연결통로를 북한이 가로막고 있다는 점이다. 그래서 우리는 북한 핵과 미사일을 폐기시켜, 한반도가 통일돼야 한다는 절박한 이유로 꼽는다.
두 번째 불가사의한 이유로 물류운반수단, "중국의 동북3성은 제2차 아편전쟁을 마무리하면서, 러시아 뻔자진 외교로 '1860년 북경조약'에 의해 빼앗긴 '연해주'에 가로막혀 태평양으로 나갈 수가 없다"는 점.
세 번째 불가사의한 이유는 러시아 연해주 개발을 부동항이 가로막고 있다. 그리고 시베리아는 황무지나 다를 바 없다. 극동시베리아개발이 지지부진하다. 그래서 날밤세고나면 연해주·시베리아 인구가 줄 수밖에 없다. 중국과 러시아의 극동지역 평화와 안정은 개발뿐이다.

이곳의 물류운반수단 신작로가 뚫리기로 들면, 북방 악천후를 극복할 개발노하우를 가진 한국과 풍부한 자금을 동원할 일본이 달라붙어 중국 동북3성과 극동러시아 경제 활성화는 식은 죽 먹기일 것이다.

오늘의 한국과 일본의 低성장·양극화·低출산·고령화문제는 심각하다. 이참에 일본 아베 노믹스의 초점을 "동북아공영을 지렛대로 삼아 한반도통일을 꿈꾸는 한국 측 입장에 맞추는 것"이 비상구일 것이다.

그리고 한·중·일·러시아 모두가 '120년 전의 잘못된 과거사'를 훌훌 털어내고, 21C 초반부 새로운 출발의 계기로 삼아야 한다. 그러고서 우리 정부는 정성을 다하는 '싯김=발효외교'를 펼쳐야 할 것이다.

❸ 국제기구 수장 반기문 유엔사무총장과 김 용 세계은행총재에게도 도움을 요청하는 세계를 감동시키는 어깨동무외교,

❹ 500만 실향민을 관장하는 '이북5도민회'와 탈북 민 2만5천명, 그리고 중국, 만주, 연해주, 중앙아시아 등지에서 품 팔려고 와서 대한민국 체제를 체험한 조선족과 고려인 동포 60만 명도 소중한 외교적 자산으로 적극 활용해야 할 것이다.

이들을 통해 "2500만 북녘동포들이 한반도는 반드시 통일된다는 확신을 갖도록 자다가도 벌떡벌떡 일어나게 하는 통일프로젝트"말이다.

❺ 탈북민 '2만5천명'에게 몽골통일과정에서 일당백을 자청한 '너커러 전사'들로 거듭나게 하는 '통일전위대교육'을 해야 할 것이다.

❻ 또 100여 개국에서 시집·장가온 며느리·사위들을 비롯하여,

❼ 코리언드림을 안고 찾아온 외국인근로자들까지도 가슴으로 보듬어 안아, 주재국 대사들을 통한 선린우호외교를 펴야 할 것이며,

❽ 한해에 우리나라를 찾는 관광객 1200만 시대에 특히 중국인 관광

객이 500만 명에다 일본인들도 다소 줄기는 했어도 250만 명에 이른다. 한반도통일을 디딤돌로 삼아 동북아공영시대를 앞당기기 위해 "이들 관광객을 활용 '안정과 평화분위기 조성'이 필요할 것이다.

(3) 우리 정부는 2500만 북녘 동포들이 공감하고 감동하는 통일정책들도 개발해야 한다. 2012년 4월 개원한 외교안보연구원과 국가정보원이 중심이 돼, 이제 우리도 "일본의 '이토 히로부미(伊藤博文)'와 청나라 '이홍장(李鴻章)'이 1884년 4월 천진회담 후, 청일·러일전쟁을 앞두고 이토가 준비한 10년 군비확장계획"을 능가하는 "한반도통일=동북아공영 프로젝트를 구체화시켜나가야 한다."는 말을 해두고 싶다.

필자는 이 프로젝트에 북측 급변사태를 가상한 800년 전 칭기즈칸의 몽골통일=다문화·다민족공동체시나리오(몽골인·예속민·정복민)를 중심에 세우면 후유증을 최소화 할 수 있을 것이라고 내나보았다.

❶ 흡수통일 사태로 급격하게 나타날 北주민 지원 대책과 남·북·다민족 사이의 갈등에다,
❷ 北주민들이 체제적응에 어려움을 겪는 시나리오에다,
❸ 흡수통일반대운동이나, 사회통합실패를 가상한 시나리오나,
❹ 인종폭동 등의 면밀한 대비책까지도 마련되어야 할 것이다.
❺ 北주민의 남한으로의 대규모 이동에도 대비,

제1안으로 DMZ 평화공원 인접지역에 신도시건설,
제2안으로 시베리아개발 인력 확보 차원의 연해주지역 신도시건설,
제3안 대동아공영체제=자유무역시장 차원의 신도시건설 등의 프로

젝트도 주도면밀하게 세워 놓아야 할 것이다.

(4) 가치통일(價値統一)을 추구해야 한다. 그동안 우리가 추구해온 '민족·한민족·한겨레통일·우리끼리 남북통일' 등을 초월해야 한다.

이것을 초월해야 남과 북, 재외동포 간(칭기즈칸式십자가질서 상의) 화해와 통합(註: 징기즈칸을 자극시키고, 전의를 불태운 평생의 적이자 친구 '자모카'와 양아버지 '토오릴 옹칸'에게서 찾아낸 십자가질서란 상하좌우, 수직定着<인간의 정서·정신면>마인드와 수평移動<인간의 생활·경제면>마인드)"을 이룰 수 있다. 통일한반도는 '특수계층의 이익추구통일'이 아닌 '남북 동포=다민족=다문화 공동체가 소유할 가치통일'이어야 철(凸)에서 요(凹)로 변곡점을 찍을 수 있다.

(5) 북한 스스로 핵·미사일을 포기케 하는 방법의 개발도 중요하다.
김대중 대통령은 집권하자말자 통일을 앞세워, "국군통수권자로서 우리 군대의 주적 개념"을 없애려고 애섰다.

2002한일월드컵이 끝난 2002.9.15, "추석명절엔 통일전선부 책임자가 묘향산 송이상자를 들고 내려와 남녘 땅 방방곡곡 '쪽방 촌'까지 헤집고 다니며 자신들의 세포조직원들에게 추석선물"을 나눠주게 했다.

부산아시안게임 땐 선수단·응원단·첩보수집단이 어우러져, 정부 수립 전"1947년 아버지 안석주 작사 아들 안병원 작곡 8분의 6박자 내림마장조의 '우리의 소원은 통일'이라 고함"을 지르고 돌아가게 했다.

한편 "DJ는 북한의 핵과 미사일 개발을 위해 수억 달러를 북측에 건네주며, 고려연방제를 수용하고 김정일에게 바통을 넘길지도 모를 석연치 않은 일"들도 서슴지를 않았다는 점이다. 이렇게까지 하면서 대한민국을 통째로 넘겨주려고 했어도, 우리의 "산업화와 민주화에 이어 엄청나게 축적된 국력신장과 국부창출이란 잠재력"과, "700만 광장문화와 신 한류"에 세계인이 놀라는 모습을 지켜본 바,

북한 김정일 스스로 이익추구 통일은 불가라는 점과, 남북주민이 공유할 가치통일(價値統一)임을 깨닫고 포기할 수밖에 없게 됐다는 사실이다. 한편으로 이를 내밀하게 분석을 해낸 "중국공산당 중앙당교가 '김대중=김정일의 꿈'을 무산시켰다"는 대목들을 일깨울 필요가 있다.

그래서 북한 김정은 제1위원장, 지도층, 북한주민 스스로 핵과 미사일을 포기할 수밖에 없게 하게하고, 안중근 의사의《동양평화론》을 한반도통일의 지렛대로 삼게 해야 할 것이다.

[2]

한반도는 이래서 통일된다

이젠 국제공론의 장에서, 우리가 빠진 통일 논의는 없다.

세계의 석학(碩學)으로 불리는 위르겐 하버마스(Habermas·85) 독일 프랑크푸르트 대학 명예교수는 1996년 한국을 찾아 서울대학교를 비롯해 대구, 광주 등지에서 7차례 공개강연과 토론을 한바 있었던 학자다.

그런 그가 지난해 2013.11.23. 자신의 독일 슈타른베르크 자택에서 한상진(69)서울대 명예교수와 장장 8시간에 걸친 대담을 가졌다고 조선일보는 석남준 현지 특파원 발 '신년 기획특집'으로 보도 했다.

하버마스 명예교수는 "대한민국은 군사적 대응을 넘어 시민사회의 선도력(先導力)을 바탕으로, 갈등이 고조되고 있는 동북아시아의 미래를 생각하는 눈으로 한반도통일문제를 바라볼 필요가 있다"고 했다.

그러면서 "대한민국은 역동적 시민사회가 형성이 돼있고, 역사에 대한 자기성찰이 활발한 나라라며, 20C의 낡은 정치의 틀을 허물고 동북아시아의 갈등을 씻어내는 외교력을 발휘할 때"라고 역설했다.

또 한편 한반도 통일을 바라보는 8000만 중국 공산당 중앙당교의 시각이 2012년부터 변화의 조짐이 감지(感知)되더니, 급기야 2014년 새해 벽두 상상할 수 없는 주장들이 거침없이 쏟아지는 형국이 됐다.

중국 사회과학원은 작년 말 발간한 '2014년 아시아·태평양 지구 발전 보고서'에서 5-10년 사이에 한반도에서 일어날 수 있는 세 가지 시나리오로

①한반도통일

②한반도 긴장상태 유지

③(국지적) 군사 충돌을 꼽았다.

이 보고서는 "3가지 시나리오 중에서 '한반도통일 이슈'가, 향후 남북 관계의 핵심이 될 것"에 초점을 맞췄다. 특히 "중국이 어떤 상황에서도 북한을 포기하지 않을 것이라는 오판(誤判)을 불식해야 한다."는 점도 강조했다.

중국의 사회과학원은 우리나라의 내각에 해당하는 국무원(國務院) 직속인 중국 최대 싱크탱크다. 이 보고서의 주된 기조는 대체로 북한 붕괴보다는 한반도의 평화와 화해 협력에 맞춰져 있지만, 중국 국책 연

구 기관 보고서에 '북한을 포기할 수도 있다'는 내용이 포함된 것 자체가 놀라운 변화가 아닐 수 없다.

중국 공산당과 정부, 군, 그리고 학계의 소장파는 북한을 '전략적 자산'으로 간주하는 중국 공산당의 기존 입장과 달리 북한은 중국을 끊임없이 곤혹스럽게 만드는 '부담스러운 존재'라 생각하고 있다. 중국 고위관리들까지도 한국의 지도자들과 나눈 비공개 대화에서 한반도통일에 대해 큰 관심을 보이고 있는 것으로 알려지고 있다.

또한 한반도통일을 바라보는 존 케리 美 국무장관도 2014년 2월 1일 독일에서 열린 국제 안보회의에서 "2월 중에 중국을 방문하여 한반도통일을 비롯한 북한이슈에 대하여 논의하겠다."며 "한국·일본과도 통일 등 북한이슈에 대해 적극적으로 협의 중"이라고 했다. 미국 외교책임자 입에서 이와 같은 발언이 나온 것은 매우 이례적이고 드문 일이다. 미국은 그간 중국과 막후 외교 채널에서 북한 급변 사태 등을 논의했으나, 이런 사실들은 철저하게 함구로 일관해 왔었다.

아직 북한의 의도와 실태가 불투명한 만큼 한반도 정세는 여전히 불확실하다고는 하나. 분단 69년 동안 통일의 주변 여건이 이 정도까지 발전하고 확대 조성된 것은 처음 있는 일이다.

지금의 이 기회를 흘려보내지 않으려면 한·미·중 3국간 한반도 통일을 포함한 전략 대화의 틀을 만들어 나가는 것이 대단히 중요하다. 지금까지 한반도문제는 미국과 중국이 우리 대한민국이란 존재가 빠진 자신들의 국익만을 위한 전략적 대화의 마당이었다.

미국의회조사국은 올해 초 발간한 보고서에서 "김정일 북한국방위원장의 건강이 악화된 2009년도엔 미국과 중국 쌍방이 북한 급변사태 가능성에 대해 논의했다"고 밝힌 적도 있다.

한반도통일 국제공론(國際公論)의 장에서 우리도 그 중심에 설 수 있느냐는 것은 통일의 방향만이 아니라 통일의 실현가능성까지를 결정하는 관건이 될 수 있다는 점이다. 이제는 대한민국이 빠진 한반도논의는 생각하기 어렵게 돼가고 있다.

중국 사회과학원 보고서는 그런 현실을 반영한 것으로 볼 수 있다.

우리는 이미 한반도통일이 카운트다운에 돌입했다는 경각심이 절실한 상황이란 점이다. 그래서 필자가 바라본 2014년은 미국과 중국이 북한 문제의 근본적 해법을 놓고 본격적인 전략대화를 시작하는 첫해가 될 가능성이 대단히 높아졌다는 사실을 적시하지 않을 수가 없다.

그래서 한반도통일의 물꼬를 트는 것은 물론, 동북아평화·중동문제·발칸문제를 풀기 위해선, "70년 전 루즈벨트가 구상한 신질서 책략" 속 "미국과 중국이 손잡는 것"외엔 달리 뾰족한 묘수가 없다고 봤다.

[3]

한반도는 이래서 통일된다

북한 안팎이 요동을 친다.

북한 사회주의체제가 한계를 드러내고 있는 지금 북한을 둘러싼 외부 환경도 빠르게 바뀌고 있다. 중국은 그동안 북한을 동북아에서 미국의 세력 확장을 막을 수 있는 지정학적 자산(資産)으로 여겨왔다. 그런 중국의 눈에도 이제 북한은 갈수록 정치·외교·경제적 부채(負債)에 불과한 것으로 비쳐지기 시작했다는 점이다.

지난해 중국의 거듭된 만류에도 불구하고 북한이 3차 핵실험을 강행한 후 중국의 시각변화는 우리도 체감할 수 있을 정도로 분명해지고 있다. 우리는 그 모든 도전에 앞서 북한 땅을 먼저 바라보게 된다.

2013년 말 우리는 북한 김일성·김정일·김정은 3대 왕조의 폭력적이고 야만적 실체를 목격했다. 40년 2인자란 북한의 실세가 그 파벌과 함께 공개 처형됐다. 기관총으로 신체를 산산조각 낸 소식도 들었다. 서른 살 독재자 앞에서 '건성건성 박수 친 죄'가 사형 죄목에 포함되는 것도 봤다. 이런 공포정치로 북한사람들이 당분간은 김정은 권력 앞에 떨며 머리를 조아릴 것이다.

앞으로 누구든지 기관총구 앞에 제물로 설 수 있다는 불안감은 북의 권력 내부에 무거운 연기처럼 퍼져갈 수밖에 없게 됐다는 사실이다. 북한에 휘몰아친 숙청바람은 돈 때문이었다. 수산물 이권을 놓고 장성택 파와 군부가 총격전을 벌인 것이 사태의 발단이었다. 지금 북한의 사정은 얼마 되지도 않는 '돈=달러'를 놓고 파벌끼리 피비린내 나는 전쟁을 벌일 정도로 악화돼 있다.

우리가 이번 북한 사태에서 주의 깊게 봐야 할 대목은 지금 북한 땅에서 중요한 것은, 필자가 누누이 말해오는 이념 속의 양념정도인 김일성 주체사상도, 대의명분들도 아니며 오로지 달러란 사실이다. 이제 북한은 돈을 놓고 권력 내부가 친족끼리도 갈라져 총격전을 벌인다는 것은 북한체제의 건강성이 땅바닥까지 추락했다는 증좌다.

지금까지 억지춘양으로 버텨준 김일성주체사상의 늪에서 물질의 노예로 돌변했다. 이미 북한 지도부 엘리트층 중심의 돈맛=물질주의=장마당경제에 길들여진 기득권층=자본계층이 형성됐다는 사실이다.

이 같은 징후는 북한체제의 지속 가능성이 소진됐다는 뜻이며 앞으로 북한체제가 어떤 기복을 보이고 얼마를 더 존속을 하든, 지금부터는 큰 관점에서 종말단계로 봐야 한다는 의미이기도 하다.

우리는 북한의 처절한 상황을 지켜만 볼 게 아니다.

이런 때 우리도 국론을 하나로 결집하기 위한 동기부여가 필요하다."는 것쯤 어느 누구를 막론하고 감이 잡혔을 것이다.

'칭기즈칸의 국가보훈정책'

1196년 몽골제국의 '칭기즈칸(Chingkiz Khan,1162-1227)'이 모래알과 같았던 몽골 부족민들의 통합과 통일로 유도하는 과정, 1189년 칭기즈칸 추종자들이 달란 발조트의 '안다 자모카(Anda Chamuka,1161-1204)'진영의 소떼를 습격하면서 시작된 7년간의 몽골평원 평정 준비기간을 기억에 되살렸으면, 정말로 좋겠다는 생각을 해 보았다.

800년 전 칭기즈칸은 조직의 기여도에 따라 분배를 하는 성과급 제도와 순직한 전사자에게 "3대가 먹고 살 수 있는 국가보훈정책을 꺼내 들었다. '비천하고 배고팠던 너커러 전사'들에겐 과히 천지개벽(the Creation of Heaven & Earth)"이란 말과 함께, 그때로부터 전선에 투입된 너커러 전사들은 죽음을 무릅쓴 전선돌파와 흩어진 부족민-예속민-정복민-다국적군을 불러 모으는 동기유발이 됐다.

이들은 서역상인들 장사꾼정보=야사(Yasa)를 활용 난공불락의 요새 오사보와 거용관을, 이슬람 '콰레즘'제국도 단숨에 넘었다.

바로 그게 우리도 한반도통일로 가기 전에 1960년대 박정희 대통령의 조국근대화공정에 종자돈을 보탠 베트남 참전 32만 품팔이세대에 대해 어떤 형태가 됐던 반드시 짚고 넘어야할 산 《베트남전쟁 전투근무수당 배상에 관한 특별법》 제정과 같은 공작일 것이다.

한반도통일=대박통일을 맞게 될 박근혜 정부는 "1965년 5월16-27일의, 미국방문에서 박정희 대통령과 존슨 대통령과의 베트남전파병 협상과정 중 세계인권선언의 인류평등원칙에 따라 "한국군 병사는 미군 병사와 똑같은 대우(Same base, Same Level)를 받는다."고 양해가 됐었다.

그랬다면 박근혜 정부는 어떤 국사보다도 우선적으로 《베트남전쟁 전투근무수당 배상에 관한 특별법》 제정을 서둘러야 할 것으로 봤다. 이번 정부에서는 지난날의 정부에서처럼 특별법제정을 두고 밀고 당기는 억측부리는 치사한 말장난은 절대로 삼가야 할 것이다. 당시 미국 정부와 양해가 됐던 "Same Base, Same Level" 잣대에 맞추면, 누구든지 이해가 되는 가장 합리적인 답을 찾아낼 수 있을 것이다.

필자는 13세기가 열리자 대몽골제국의 칭기즈칸이 지구촌을 하나의 질서 아래로 유인하여 다민족 공동체를 이룩한 경제전쟁을 앞두고서, '버르테 치노(Bourtai Chino)'와 '코아 마랄(Kho Ah-Maral)'이 북쪽의 바이칼 호수(Lake Baikal)를 건너와 야생동물이 많이 살고 있었던 황금씨족의 발원지 보르칸 칼돈 산에서 세력을 규합하여, 1203년 '카라 칼지트'에 모여 봄부터 겨울까지 한 해 내내 케룰렌(Kerulon)강 상류에 위치한 '제르 캅찰'을 오가며 늑대사냥(최종점검 & 출정식)을 벌렸다.

1204-1205년에 걸쳐서는 '나이만(Naimans)'과 '서하'를 상대로 새로운 통치시스템을 시험 가동 해 본 결과 문제점이 없음을 확인했다. 장장 7년의 각고 끝에 영험했던 칭기즈칸이 개발한 각 분야별 시스템, 그 자신도 놀랄 만큼의 경쟁력을 지니고 있음을 확인하였다.

1206년 봄, 성스러운 '오논(Onon)강'의 발원지에서 '코릴타(제국의회, kurultai)'가 소집됐다. 아버지 예수게이(Yesukai)가 타타르(Tatars)의 적장 테무진 우게를 잡아왔을 때 태어났다고 하여 지어준 '테무진(Temujin)'이란 이름을 떼어내고, 비로소 '칭기즈칸(Chingkiz Khan)'이란 칭호와 함께 몽골고원의 완전한 주인이 됐다.

시베리아 타이가(Siberia Tiger)지역에서 고비알타이까지, 투르키스탄(Trukistan)의 문턱에서 동쪽 만주벌판까지, 남북으로 1500km, 동서 3000km에 이르는 광대한 땅덩이에서 원수는 사라졌고, 전사들은 오직 하나의 깃발 아래로 뭉쳤다.

칭기즈칸은 대몽골의 대박통일을 향하여 포효(咆哮)했다. 그리고 칭기즈칸은 경제영토 확장을 향해 고원의 바깥으로 눈을 돌렸다. '해가 뜨는 곳에서 해가 지는 곳까지 그들의 땅'이라 외쳤다. 기마군단 10만 '너커러' 전사들은 말위에 올라탔다. 그들은 세상의 끝까지 '쾌속질주(快速疾走)'를 시작하였다. '칸(Khan)의 땅'이란 그의 말(世界經營)은 20년 만에 증명이 되었다.

21C를 살고 있는 우리는 칭기즈칸의 힘이 얼마나 강했던지 그가 죽은 후에도 그의 지배력이 150년에 이르렀다. 이 모두는 칭

기즈칸 몽골통일공정의 종자돈을 벌어들인 기마군단 10만 '너커러'전사들이 있었기에 가능했다.

대몽골제국의 칭기즈칸은 '10만 너커러 전사'들에게 '3대가 먹고 살 수 있는 대몽골제국의 국가보훈정책'으로 화답했다.

박근혜 정부도 한반도통일=대박통일을 철두철미하게 준비를 해서 2018평창 동계올림픽에서 남북한 '동반출전·동시입장'으로 세계인 앞에 '무궁화 꽃이 피었습니다.'로 화답해야 할 것이다.

미합중국 제37-40대 프랭클린 D. 루즈벨트 대통령의 대서양헌장 정신에 따른 중산층시대가, 88서울올림픽 후 75년 역사 '레닌이 시작한 교조주의=소련공산당깃발'을 끌어내렸음을 상기한다.

1968년 12월 9일, "공산당이 싫다"고 절규했던 이승복의 '지구촌 교육장' 평창으로 세계인의 이목과 기운이 몰려온다. 결단코 우리는 9살 어린이 이승복의 절규를 간단하게 치부해선 안 된다. 당시 시대적 상황, 미소 양진영의 분단체제=국가주의가 얼마나 엄중했으면, 초등학생 2학년이 온 가족이 몰살을 당하는 처절한 상황이었을까를 세계인의 기(氣)가 몰려올 때를 100% 활용해야 한다. 이런 절체절명의 기회 놓치면 바보 등신 천치소리 듣는 조상이 된다.

박근혜 정부는 더 이상 북한공산주의를 의식할 필요가 없다. 왜냐하면 오늘날 북한이 버티는 근본은 1955.12.28 스탈린 교조주의와 결별하고 '김일성 자신의 목소리를 내기 시작한 주체사상에 있다. 김일성주체사상이란 황장엽이 말한 '인간중심철학=홍익사상'에 바탕을 두었다. 중국공산당 바탕에도 마오쩌둥이 대장정을 하면서 소련 공산당 교조주의=형식주의를 탈색시키는 정풍운동 속에 中華思想이 바탕에 깔렸기 때문에 장개석을 대만으로 밀어내고 칠라이(起來)에 성공했다. 지금도 여전히 사회주의 표상이란 북한, 중국, 베트남은 겉모양만 레닌주의=형식주의=사회 주의지, 속속들이 시장 자본주의 =장마당경제 체제로 바뀌었다.

그래서 북한의 안팎이 요동을 치는 것을 지켜만 볼 것이 아니라, "올 코트 프레싱(All court precinct) 통일외교"를 펼쳐야 할 것이다.

우리는 세계인의 氣가 한반도로 몰려오는 2018평창겨울올림픽을 한반도통일의 D-day로 잡고서, 안중근 의사의《동양평화론》속 통일은 물론 동북아시대를 열어내야만 할 것이다.

[4]

한반도는 이래서 통일된다

북한 핵 폐기, 중국이 선봉에 선다.

북한 핵 폐기, 중국이 선봉에 설 수밖에 없는 그 과정들을 살펴보면,

(1) 중국의 덩샤오핑의 개혁·개방은 일본 배우기로부터 시작이 됐다. 중국공산당이 개혁·개방노선을 채택한 건 1978년 12월 열린 중국공산당전체회의에서다.

중국공산당전체회의 2개월 전 개혁·개방의 설계사 덩샤오핑(鄧小平)은 일본을 방문한다. '일본의 선진 경험 배우기'로 일정을 짰다.

일본 방문 중 그가 기자회견을 했다. '센카쿠열도 영토문제를 어떻게 풀 것이냐?'는 질문이 쏟아졌다. 민감한 문제였지만 덩샤오핑의 대답은 거침이 없었다. "우리의 후대(後代)는 지금 우리보다 총명할 것입니다. 그들에게 이 문제를 맡깁시다."라고 대답했다.

당시의 그 유명한 '총명한 후대 해결 방식'은 그렇게 해서 나왔다.

35년이 흐른 지금, 그 '후대'들이 센카쿠에서 충돌하고 있다. 중국은 '센카쿠(중국명: 댜오위다오)'인근에 해양감시선을 지속적으로 투입하는 등 일본을 거칠게 밀어붙이고 있다. 그동안 '많이 참았다'. 이번엔 '끝장내자'는 식이다. 그들은 협상의 여지도 남기지 않는다. 결국 힘이다.

덩샤오핑의 도광양회(韜光養晦), 중국은 그동안 빛을 감추면서 뒤로는 실력을 키웠다. 2010년 경제 규모로는 일본을 추월했다. 객관적 군사력에서도 일본을 능가한다. 그 힘이 지금의 중국인들을 '총명한 후대'로 만들고 있다는 것이다.

지금의 '총명한 후대'들이 반드시 고심하고 짚어봐야 할 것이 있다.

(2) 바로 힘의 형성과정이다. 중국경제는 분업구조다. 중국의 경제성장은 한국·일본·대만 등 주변 국가들이 있었기에 가능했다. 이들 나라의 기업들이 자본과 기술을 가지고 중국으로 갔고, 여기에 중국의 노동력이 결합되면서 성장의 토대가 마련된 것이다.

그동안의 고기술 부품과 반제품은 한국·일본·대만에서, 조립은 중국에서 담당하는 분업경제구조이었다.

중국의 성장은 아시아의 성장이란 말이 나오는 이유다. 특히 일본은 이 분업구조에서 가장 첨단 분야를 담당하는 핵심 역할을 해왔다.

중국 언론들은 '상황이 악화된다면 일본경제는 파국'이라고 으름장을 놓는다. 천만의 말씀이다. 어리석은 생각이다. 이런 경제전쟁은 한·중·일 모두에게 실(失)이 되는 '마이너스 섬'게임일 뿐이다. 그동안 동아시아 성장을 이끌어온 분업구조가 깨질 것이기 때문에 위험천만이다.

지금의 중국경제는 아직도 외부로부터 기술과 자본이 계속해서 유입이 돼야 성장을 지속할 수 있는 구조다. 중국 도시근로자들 3억5000만 명은 해외시장에 삶을 의존하고 있다. 게다가 중국 경제는 고성장의 한계를 노출하며 숨을 헐떡이고 있다.

내부적으로 취약한 중국경제가 무너지면 결국은 중국공산당의 정당성=체제가 무너지면서 돌이킬 수 없는 파국을 맞게 될 것이다.

(3) 덩샤오핑은 자신의 사후에 중국의 기본노선을 오래 오래 흔들지 말라고 했다. 만약 그가 살았다면 "지금의 중국 공산당체제를 자유기업 시장경제체제로 전환해서 100-1000년이 걸려도 그 기초를 확실하게 다진 후, '총명한 후대 해결방식'으로 '센카쿠문제"를 풀라고 했을 게다. 그는 '절대패권을 추구하지 말라'고 했다. 이런 면이 소련 공산당은 흔적 없이 사라졌어도 중국 공산당이 살아남게 된 근인이다.

그런 덩샤오핑이 오늘날 일본자동차를 뒤집어엎는 무시무시한 중국 노동자들의 시위 군중을 봤다면 이렇게 개탄했을 것이다. 야! 너희들 총명해지려면 아직 멀었다고 말이다.

지금의 중국 1880년대 양무운동기간 중 군벌들의 활거와 상해·광주를 비롯해 개평광무국 탄광노동자들의 임금인상요구와 강남제조국의 노동시간 연장을 반대하는 혁명적 총파업사태를 겪으면서 신해혁명, 5·4신문화운동으로 이어졌던 과정을 연상하면, 그 답은 금방 나온다.

(4) 중국은 우리에게 언제나 甲이고, 우리는 언제나 乙이었다. 한반도 통일에 중국의 협력이 필수적이란 것은 ABC다.

북한의 후견 동맹국이었던 중국은 유사 이래 언제든지 甲 쪽이고 우리는 乙 쪽이었다. 국가규모나 위상 때문이었다.

우리는 정치무기 핵폭탄을 머리에 이고 산다. 그런데 우리는 중국이 쉽게 내세우는 '6자회담'이 정말로 못마땅하다.

중국은 이제 와서 북한 핵 폐기? 불가능하다고 얘기한다. 그래도 북한에 정치적·경제적 지원을 계속할 수밖에 없다고 쉽게 말한다.

또 2009년 6월 베이징대학 한반도정세토론회에선 '북핵이 중국에 좋을 수는 있어도 나쁠 것은 없다.'는 중국답지 않은 말을 한다. 2010년 2월 워싱턴외교정책분석연구소에선 중국대표단이 "대북제제를 해제하고 북한을 핵 국가로 봐야한다"며 한미동맹을 문제 삼았다.

그런데 2012년부터 중국공산당이 금기시 했던 무서운 말들의 봇물이 터지기 시작하였다. '6자회담은 북한 핵실험 시간벌기요. 식량과 에너지를 얻어내는 사기꾼 수단=깡패수단=깡패외교'라고 막말하는 사람이, 바로 8000만 중국공산당 속 중앙당교 장롄구이(張璉瑰)교수다.

(5) 우리 한국인은 중국을 이렇게 기억하고 있다. 유사 이래 중국의 왕조 교체를 비롯한 중국 대륙의 정세 급변이 피어올린 흙먼지를 가장 먼저 뒤집어쓴 것은 한반도이었다.

대륙의 왕조가 수(隋)나라에서 당(唐)나라로,…, 원에서 명으로 명(明)나라에서 청(淸)나라로 바뀔 때마다 그 충격은 요즘의 중국 발(發) 스모그처럼 시도 때도 없이 한반도를 덮쳤다.

삼국통일·고려 건국연대와 대륙정세변동시기가 묘하게 맞물린 한·중 역사 연표(年表)에 그 흔적이 마맛자국처럼 패어 있다.

그런데 지나간 35년 동안 중국은 옛날의 왕조 교체기보다 더한 격변을 겪으며, 그 주변으로 바람과 파도를 실어서 보냈다.

그러나 중국을 흔든 지진의 진도크기에 비해서 한반도에 도착하는 충격의 강도는 전례를 찾아보기 힘들 정도로 전무했다. 쉽게 믿어지지 않겠지만, 19C 중화인의 최대치욕이었던 1차, 2차 아편전쟁과 1895년 청일갑오전쟁 발발 이후, 우리 역사교과서를 펼쳐보면 그 변화를 실감할 수가 있을 것이다.

(6) 지금 현재의 중국과 북한이 공유할 이데올로기가 사라졌다. 1978년부터 시작된 중국의 현대화프로젝트는 앞에서 언급했듯 중국

자신의 경험이나 자본축적의 결과가 아니다. 서방의 자본과 기술, 경영시스템을 도입해 진척시켰기에, 오늘날 중국과 북한의 차이는 한국과 중국 간의 차이보다 훨씬 더 커졌다.

중국과 미국이 손을 굳게 잡고 화합해야, 비로소 북한 핵 폐기문제와 동북아 평화와 안정은 물론 중동문제·발칸문제가 풀린다. 미국과 중국은 헨리 키신저가 1971.7월 베이징을 은밀하게 방문하여 저우언라이가 의기투합 1972.2월 리처드 닉슨 미국 대통령의 중국 방문 길을 열었듯 2014.11월 AFEC 베이징회의를 앞두고서, 박근혜 정부의 "올 코트 프레싱(All court precinct) 프로축구외교"로 "미국과 중국이 손잡는 계기가 마련된다면 북한 핵 문제"는 보다 쉽게 풀릴 것이다.

첫째로 중국경제는 한·중·일 분업경제구조라 했다. 한중교역량이 2012년 2500억 달러인데 비해 북한과 중국의 교역량은 60억 달러에 불과하다. 한국과 중국 간 인적교류가 연간 650만 명인 점에 비해, 북한은 기백 명에 불과하다. 韓中간엔 매주 870편의 항공기가 중국 주요도시와 한국을 연결 운항한다.

우리는 중국의 핵심 경제 파트너가 됐다. 과거 중국의 노동력을 따먹던 한국이, 이젠 일본이 하던 하이테크 협력 파트너'로 도약했다.

앞에서 적시 했듯이 중국의 항공모함, 조선기술·우주 등 정밀기기의 핵심부품이 한국의 하이테크 중견기업들이 생산한 소재나 부품들이다. 그래서 이제는 중국이 한국을 더 필요로 하는 국가가 되었다.

둘째로 북한은 중국말을 듣지 않고 3차에 걸친 핵실험과 미사일발사를 함으로써 중국과 북한 간엔 군사동맹에 금이 갔다. 중국과 북한이 외부침략을 받아 전시상황이면 양국 간엔 자동으로 군사원조와 군사개입이란 안전장치가 있었다.

북한이 중국을 신뢰하지 않고 핵무장과 미사일 개발을 추진하는 한편, 대미접촉에 더 큰 비중을 두어 왔다. 중국공산당 중앙당교의 분석은 북한이 안보의 뿌리를 뽑았기에, 이미 신뢰는 끝났다는 결론이다.

셋째로 미국과 중국관계가 동북아시아 지역에서 앞으로 경쟁보다는 협력(協力)에 더 큰 비중을 두는 방향으로 바뀔 수밖에 없게 됐다.

미국의 아시아 선회정책이 동북아의 경우 군사보다는 경제에 더 큰 비중을 두겠다는 입장을 최근 존 케리 미 국무장관이 극동 순방에서 밝히고 있다.

중국이 미국에 요구해 온 신형대국관계 론을 미국이 적어도 동북아 지역에서는 이를 수용하겠다는 입장을 밝혔다.

따라서 북한의 비핵화문제는 중국 주도로 풀어 나가고 일본 등 다른 아시아 국가들의 핵무장 기도는 미국이 핵우산 망을 확대함으로써 억제한다는 입장을 미국이 선택한 것으로 보인다.

(7) 중국이 북 핵 제재결의안을 4번에 걸쳐 유엔안전보장이사회 통과에 동참 했다. 지금까지 동북아정세긴장은 1953년 7월 27일 한국휴전협정이래 북한의 도발로 시종일관했다.

21C가 시작된 10여 년 동안 북한의 핵무장시도와 미사일개발은 동

북아 긴장의 가장 중요한 원천이었다. 특히 북한의 3차에 걸친 핵실험은 국제사회가 더 이상 방치할 수 없는 안보위협으로 받아들여져서, 이제 중국까지 거부권을 행사하지 않는 가운데 북한 제재결의안이 4번에 걸쳐 유엔안전보장이사회를 통과한 대목이다.

결국 중국도 북한의 핵문제가 미국과 북한간의 문제만이 아니라 중국 자신의 안보에 직결된 문제로 받아들여지면서 북한의 핵개발에 레드카드를 빼들었다. 그러나 북한의 핵개발을 중단, 폐기시키는 것은 중요한 당면과제이지만 그것만으로 동북아시아의 평화체제나 질서가 확보되는 것은 아니다.

한반도를 운영하고 관리할 주체가 비핵화와 개방화를 실현할 정부주도로 통일될 때 비로소 한반도의 비핵화, 개방화가 완전 실현되고 아울러 동북아 평화를 위한 다자 간 안보기틀도 마련될 수 있다. 이러한 주체가 곧 한국임은 두말할 여지가 없다.

(8)대한민국 주도로 한반도가 통일되면, 중국은 다섯 가지의 엄청난 이익을 가져간다.

첫째로 한반도가 명실상부한 비핵개방체제가 됨으로써 중국의 핵심국익(國益)이라고 정의하는 동북아의 평화와 안정이 확보된다.

둘째로 일본의 우경화가 몰고 올 핵무장화의 명분을 없앰으로써 일본의 군국주의=재무장을 예방할 수 있다. 현재 일본은 공식적으로 핵무장을 하지 않았지만 전략가들은 사실상의 핵 국가로 일본 핵의 잠재능력을 평가해 왔다.

셋째로 EU나 NAFTA에 비견할 수 있는 동북아지역에 한·중·일·러 경제공동체(FTA)를 형성함으로써 역내의 지속가능한 경제발전을 도모할 수가 있다.

넷째로 한미·한중관계를 공히 전략적 협력동반자관계를 성립시켜 한반도에서 비롯되는 안보상 부담을 줄이고, 내지 깊숙한 곳 100원으로 연명하는 풀빵경제를 돌파할 파트너가 생긴다.

다섯째 탈북자문제가 원천적으로 치유될 수 있다.

(9) 동양3국이 주도하는 '동북아공영시대'가, 곧 열리게 될 것이다. 우리의 통일된 한반도는 군사강국을 지향하지 않고 지정학이 한국에 부여하는 운명적 강대국에 둘러싸인 한반도의 상황을 수용해서 문화강국, 지구촌 경영을 통한 경제 강국, 과학기술강국을 지향할 것이다.

중국에 5가지 실리가 전망되는 상황이 도래되었기에 우리는 중국을 상대로 한반도통일문제를 적극적으로 제기할 수 있는 호기를 맞았다.

한중관계는 항상 중국이 갑이고 우리가 을인 관계지만 한국이 오늘날 도달한 경제발전, 특히 소재·부품분야 과학기술발전의 수준에서 보면 갑에 가까운 을의 수준까지 한국이 올라와 있는 모양새가 됐다.

이러한 발전의 기반이 마련되지 않았다면 우리는 지금도 통일문제를 중국에 꺼내기 힘들었을 것이다. 그러나 이젠 호호탕탕 통일문제를 들어 내놓고 이야기할 때가 됐다. 동양 3국이 꿈꾸는 '동북아공영'의 기반을 구축하는 것이 대단히 중요하고 절묘한 과제로 등장했다. 북한 핵 폐기 미국과 중국이 손을 맞잡고, 딱 중국이 선봉에 설 때다.

[5]

한반도는 이래서 통일된다

북한 핵 폐기, 한국과 일본이 협력해 푼다.

핵폭탄을 머리에 이고 사는 우리 한국인의 심정은 한반도를 둘러싼 미·중·일·러의 각축상황 하에 북한이 핵실험, 미사일발사를 할 때마다, 미지근한 UN제재 후 중국이 쉽게 내세우는 것이 '6자회담'이다. 일본과 러시아는 6자회담에 별 관심 없이 미온적이다.

미국도 혼자 부담을 지기 싫으니까 중국에 미룬다. 이럴 때 일본은 남북 분단의 고통을 안겨 준 원죄(原罪)를 씻겠다는 뜻에서, 북핵문제 해결의 선봉에 서서 동양3국이 꿈꾸는 '동북아공영'의 기초를 튼튼하게 다지는 게 오히려 일본 국익과 직결될 것으로 봤다.

필자는 안중근 의사의 "옥중서신 '안응칠 역사' 속 '내가 동양의 대세'를 걱정하여 정성을 다하고 몸을 바쳐 방책을 세우다가 끝내 허사로 돌아가는 것"같아 보이나, 불원한 장래 "일본국 4000만이 '안중근의 날'을 외칠 날이 올 것"이라고 필술한 글을 읽었다.

필자는 한·미·일·중·러시아가, 全지구촌이 '120년 전 잘못된 과거사(過去事)를, 구원(舊怨)'을 훌훌 털어내고, 21C 새 출발의 계기로 삼자고, 누가 먼저라 할 것도 없이 우리 함께 손잡고 가자고 외쳐본다.

지난날 한반도(남북)분단의 직접적인 원인을 제공한 나라가 일본이고 미국이다. 그 근본 뿌리는 '가쓰라-태프트밀약' 이다.

일본인 최초의 미국 하버드대학의 유학생 가네코 겐타로(金子堅太郎)가 미국에 특사로 파견되어 로비스트로 활동한 바 있다. 가네코 겐타로의 로비는 1905.7월 일본총리 가쓰라 다로와 美육군장관 윌리엄 태프트(W.H.Taft:1857-1930)간 비밀협약으로 이어졌다. 이 '가쓰라-태프트 밀약'은, 미·영·일 3국 동맹 위에 미국은 필리핀, 일본은 한반도 점령을 인정한 우리에겐 분단역사의 시작이다.

필자는 우리 조부모가 일제하에서 치욕적인 삶을 살았다는 소회를 들으며 자랐다. 우리는 남북분단을 통해 핍박·박해·천대·凍寒·굶주림·피난 등 시련과 고난 속에서 짐승 같은 삶을 살았던 세대다.

필자의 고등학교 역사 시간에 배운 대한제국 고종황제의 폐위와 명성황후의 시해 사건에 대해 엄중한 책임을 물어야겠지만, 을사5조약과 정미7조약을 체결하고 동시다발로 국권찬탈과 군대를 해산하고,

곧 제일은행 지폐를 강제 통용시키는 과정과 동학농민제노사이드(genocide)사건은 원한에 사무치는 가슴 아픈 사건들이라 배웠다.

다음으로는 대한제국의 교육과 문화와 역사를 말살하기 위한 조선인 교과서를 불태우고, 창씨개명과 개인 소장 문화재까지 강제 약탈 반출시키고, 우리 역사를 왜곡 흔적지우기로 이어졌다 하였다.

동학농민난리가 절정이던 농민군 학살현장과 경부선 철도 건설현장 노무자들 입에서, 이런 말이 "반반한 계집은 유곽으로 끌려가고, 힘깨나 쓰는 장정은 철도 역부로 끌려 왔네."라는 유행어가 있었다.

또한 그 같은 일 후 일본과 독일이 全지구촌을 최악의 고통 속으로 몰아넣은 사건은 1933-1945.8.15일까지 제2차 세계 대전이었다.

인간 공동체 최초의 세계전쟁이 끝났을 때 참상은 인류를 전율케 했다. 인간들이 골몰한 大비극을 어떻게 막을 건가? 요체는 과거청산과 반성이었으나, 일본과 독일의 철저한 청산 및 반성은 없었다.

세계냉전의 엄습은 전쟁범죄에 대한 최소범위의 책임추궁만으로 과거청산을 종식토록 요구했다. 일본과 독일문제가 국제정치상의 세계문제였다. 오직 세계문제로 접근할 때만 해결가능하기 때문이었다.

독일의 군사·관료·기업·학술·문화·예술 등은 거의 모든 영역에서 독일의 나치 청산은 철저하지 못했다. 戰前 활동한 각 분야의 나치연루 소수 핵심 책임자들 외엔 처벌 받지 않았거나 요식행위에 그쳤다.

심지어 홀로코스트 직접 연루자들조차 처벌을 면했다. 그들의 당당한 변명 앞에 세계의 양심은 다시 길을 잃어버리고 말았으나, 세 가지 측면의 요인이 서독의 근본적 문제해결의 실마리를 찾게 했다.

첫째는 필자가 베트남으로 파병된 1968년 발생한 서구의 68혁명과 민주화였다. 68혁명의 열풍과 서독사회민주당의 집권 이후 나치청산과 자기반성은 서독 정치와 사회의 전면에 부상하기 시작하였다.

둘째 국제연대와 압력이었다. 프랑스·폴란드·러시아의 철저한 나치청산과 유대인들의 국제연대는 결정적이었다. 나치 만행은 본격적으로 복원되고 기억되며, 교육되고 공유되기 시작했다.

주변국들의 과거극복과 나치청산 국제압력 앞에서, '전전독일' 유산을 유지해선 '전후 서독'의 국익추구는커녕 고립이 불가피했다. 서독의 많은 곳에서 나치반성시설들이 건립 또는 복원되기 시작했다.

아우슈비츠에서 예루살렘까지, 베를린에서 워싱턴까지 기억시설들이 들어서며 '전후 서독'은 마침내 '전전 독일'과 분리되어 세계와 함께하기 시작했다. 나치 청산에 대한 서독의 지원 역시 '전전 독일'과 '전후 서독'을 절연, 후자에 대한 세계의 인식을 바꾼 계기가 되었다.

셋째 독일통일과 유럽화의 필요성 때문이었다. 나치청산 없이 분단을 극복하고 통합유럽의 일원이 된다는 것은 전혀 불가능해 보였다. 유럽과 지구촌 어느 누구도 동의하지 않을 것이었기 때문이다.

世紀를 넘어 반복되는 일본 총리와 일본 정부의 언명과 행동 앞에서 아시아는 다시 말을 잃어버리고 만다. 철저한 과거 청산은 고사하고 1급 전범이 또다시 일본총리를 맡았던 '전후 일본'이었던 것이다.

일본 스스로의 사실 직시와 범죄의식, 과거청산과 주변 존중을 기대하는 것은 불가능해 보였다. 비판과 비난은 일본을 변화시킬 수 없다. 그렇다면 방법이 없을까? 있다. 일본의 변화를 돕는 국제연대다.

아시아 피해국들과 全세계가 독일처럼 일본이 '대동아전쟁 전' 군국주의일본, 국수주의일본, 제국주의침략 일본, 파쇼일본과 단절해 민주일본, 평화일본, 세계 속 일본으로 거듭나도록 도와주는 일이다.

우리들이 세계인 앞에서 정말 중요한 것은 '대동아전쟁 이전의 일본 만행'을 보고 듣고 알고, 철저히 기억하게 하는 일, 즉 베이징·서울·호찌민·타이베이·하와이는 물론, 워싱턴 홀로코스트 메모리얼 박물관 옆에 제노사이드 일본박물관을 건립하여 제국주의와 대동아전쟁 시절 일본의 학살·위안부·인권유린·강제징용·강제노동·생체실험·식민침탈에 대한 모든 기록과 영상과 증언을 수집해 전시하는 일이다.

여기엔 한국·중국·대만·베트남·필리핀·동남아국가들의 민간과 정부 모두가 참여한다. 물론 일본은 '진정한 전후'를 위해 핵심 참여 국가가 되어야 한다. 일본의 불참은 일본의 국제고립과 손해를 야기할 것이며, 유엔과 미국, 독일도 참여한다. 베를린처럼 도쿄에도 학살기억 단독기념물들이 건립되어 일본 국민과 지구촌 사람들을 교육한다.

아시아의 4대 국제 전쟁

❶동아시아 7년 전쟁 임진왜란(1592-1598),

❷청일전쟁,

❸러일전쟁,

❹아시아-태평양 '대동아전쟁'에서 일본은 항상 침략자 또는 중심

국가이었다. 일본은 아시아 '모든' 주요 전쟁의 당사자·책임자·연루자 가운데 하나였다. 全 세계와 全 아시아인들은 일본과 함께 평화를 만들어가지 않으면 안 된다.

아시아 과거극복 세계연대운동에서 아시아 인권과 민주주의, 평화의 선도국가인 코리언이 앞장서자. 먼저 희생하자. 내부의 과거 극복노력과 모금운동, 토론모임으로부터 시작하자. 그리하여 2019년, 안중근 거사 110주년-3·1운동 100주년에 베이징·도쿄·서울·워싱턴 각지 '일본의 잔인성 제노사이드 박물관'의 준공식을 갖게 해야 할 것이다.

只今의 한국과 일본은 低성장·양극화 늪에 빠져, 低출산·고령화문제가 두 나라의 최대 관심사다. 또한 중국이 경제적·군사적으로 '군사대국화'가 빠르게 진행되면서, 일본도 이에 질세라 집단적 자위권행사를 핑계로 '재무장'을 서두른다는 것이 연일 계속되는 외신들 보도다.

그래서 필자는 이참에 앞에서의 상처를 위무하기 위해서도, 일본은 한반도통일에 신발을 벗고 북한 핵과 미사일폐기의 최선봉에 나서줄 타이밍으로 보았다. 그리고 한국과 일본의 비상구로 '동북아공영을 지렛대로 통일한반도를 등장시켜 중국의 '군사대국화'와 일본의 '재무장'을 상쇄시켜 동북아의 안정과 평화체제를 정착시킬 때라 주장한다.

끝으로 동양 3국, "동북아공영 미래구상='한·중·일' 평화회의"협의체 결성을 제안하면서 결구한다.

[6]

한반도는 이래서 통일된다

북한 핵 폐기, 남북한·러시아 3각외교로 푼다.

북한 핵 폐기를 남북한·러시아의 3각 협력외교로 돌파해, 러시아의 꿈 시베리아개발에 코리언의 열정을 쏟는 계기로 삼아야 할 것이다.

2013년 11월13일 한·러 정상회담을 앞두고, "남북한·러시아 3각 협력에 시동이 걸렸다", "러시아를 어떻게 활용할 건가"가 언론의 화두가 될 정도로 한·러 관계는 놀라운 속도로 발전해 가고 있다.

돌아온 차르, 블라디미르 푸틴 러시아 대통령은 동방을 주목한다. 푸틴과 표트르는 강한 러시아 건설이라는 꿈을 가진 야심가다. 차이라면 표트르가 서방 정책을 추구한 반면, 푸틴은 동방이라는 점이다.

2012년 5월 내각을 구성하면서, 푸틴은 시베리아 발전계획을 전담하는 극동개발부를 신설한다. 그리고 빅토르 이사예프 극동연방관구 대통령 전권대표를 임명하였다. 이사예프는 18년간 하바롭스크 주지사를 역임한 극동아시아 전문가다. 이제 러시아에서의 극동개발은 피할 수 없는 숙명적인 과제가 돼 버렸다.

러시아는 동방경략에 따라 17세기말 캄차카(Kamchatka Peninsula)를 정복하고 베링해협(Bering Strait)을 넘어 알라스카를 정복한다.

미국은 남북전쟁이 끝나자, 1864년 산업생산량이 영국을 추월했다. 러시아는 '개발노하우'와 '개발자금 동원능력'이 풍부한 미국에 720만 달러란 헐값에 알라스카를 넘겨주고 시베리아 개발권을 주려했으나, 러시아는 "부동항을 찾아 남하하는 것을 막는다."는 영국의 덫에 걸려 비테가 시베리아횡단철도까지 깔았으나 포기한다.

또 러시아는 1884년 한반도(the Korean Peninsula)로의 진출을 꾀했으나, 이마져도 영국 해군의 간섭(거문도사건)으로 실현시키지를 못하였다.

①가난한 동토(凍土)의 땅에서 탈출하려는 이주민들이 속출해 이 지역의 인구는 격감하고 있다. 1991년 860만 명이던 인구는 2010년 650만으로 210만 명이 줄었다. 20년도 안 돼 인구의 25%가 줄었다.

시베리아 레나 강 중류의 인구 20만 명의 도시 야쿠츠크는 동부 시베리아의 중심에 위치한 석유·가스의 허브다. 이곳이 동북3성·시베리아 철도·레나 강·북극해로 이어지는 '물류 新루트' 의 거점 도시로 급부상하고 있다. 북위 62도상 동토(凍土)의 땅인 이곳이 요즘 뜻밖에도 중국 사람들로 넘쳐나고 있다. 지금 현지거리엔 한자 간판을 단 중국 점포, 중국 노래방, 중국 식당이 즐비하다.

현지 상권의 30%가 중국인 소유가 된 것이 현실이라고 한다. 러시아 전체엔 현재 600만 명의 중국인이 활동하고 있고, 이 중에 시베리아·극동지역에만 100만 명 넘게 살고 있다. 극동·시베리아의 전체 인구가 600만 명이라는 것을 감안하면 '중국인의 파도' 다. 중국의 동북공정과 러시아의 동방개발이 마주쳐 외교적 경제·정치 지형도가 급변하는 곳이 바로 '중국 동북 3성과 극동 시베리아 지역' 이다.

이대로 가면 극동 러시아의 황폐화는 시간문제다. 지하자원에 대한 푸틴의 각별한 관심이다. 극동지역의 황폐화를 막으려면 지역경제를 발전시키는 것 외에 도리가 없으나 상용화할 만한 첨단기술도, 풍부한 인적자원도 부족하다. 당장 푸틴 대통령이 손쓸 카드는 풍부한 자원 '천연가스'개발이다.

②지난날 러시아는 중국과 함께 유일 강대국인 미국에 맞섰지만, G2 미국과 중국을 맞아 이젠 전략적 균형자역할을 선호할 정도다. 시리아사태에 대한 대응 등 사안별로 중국과 공조를 취하지만 내적으로 '대 중국견제론'이 제기될 정도로 중국의 급부상을 껄끄럽게 여긴다.

③한반도 안보에 대한 러시아의 영향력을 제대로 평가하는 문제다. 2010년 천안함 사태 이래 북한이 3차 핵실험을 감행하는 등 한반도위

기가 고조되는 중에도 러시아의 역할은 상대적으로 크지 않았다. 그럼에도 우리에게 필요한 것은 '반(半) 역내 반(半) 역외 국가'로서의 러시아의 입지를 제대로 읽어내는 전략적 시각이 필요하다.

이런 때에, 한·러 정상회담에서 공동성명 주요내용을 살피면

❶고위급 정치·안보 대화 강화,

❷인적·물적 교류확대(60일 비자 면제 협정, 문화원 설립 등),

❸러시아 파이프라인 가스 문제는 경제성 등을 고려해 결정,

❹한·러 기업의 철도·항만협력사업 장려(나진·하산 물류 협력사업),

❺한·러 전력망연계 공동연구,

❻자동차 등 기술협력, 러시아 내 조선소 건설협력확대,

❼북극개발 및 북극항로 운항협력,

❽군사기술협력 조속추진,

❾북한 핵보유국 불용, 6자 회담재개 여건조성 노력,

❿최근 (일본의) 역사 퇴행적 언동으로 동북아 협력 미(未) 실현에 대해 우려를 표명했다.

2013년 11월13일의 한·러 정상회담에서 푸틴 대통령의 지각문제와 11월1일 사전조율에 의한 1박2일 방문일정(12-13일)을 당일치기 등의 일방적 조정은 외교관례상 모양새가 안 좋았던 것은 사실이다.

그러나 한·러 공동성명의 내용을 면밀하게 들여다보면, 이번 정상회담에 임한 푸틴 대통령의 노심초사한 대목들을 우리 국민은 10개 항의 주요 내용에서 금방 찾아 낼 수 있을 것이다.

공동성명 10개항 중에서도 교류확대(비자) 부문에 눈길이 갈 것이다. 우리 정부는 다른 부문들에서도 사안별 프로그램을 구체화시켜서 진척시킨다면 승산이 클 것으로 봤을 것이다.

그래서 필자는 가장 먼저 인적·물적 교류확대에 주목을 해 봤다.

블라디미르 푸틴 러시아 대통령과 박근혜 대통령이 정상회담을 마친 후 양국 외무장관을 통해 한·러 비자면제협정에 공동서명하게 했다. 2015년 1월 1일부터 한국과 러시아 국민은 비자 없이 최장 60일간 상대국에 체류할 수 있게 된다. 향후 양국 간 인적교류가 확대되면서 교육·문화·관광·의료 등 두 나라 간 비즈니스가 활발하게 진척될 것이다.

바로 '동북아공영시대의 시베리아자유무역시장의 토대를 구축하는 돌파구'가 바로 인적·물적 교류에 있다는 점을 들 수가 있을 것이다.

그리고 한·러 양국 정상은 평양의 핵과 미사일을 용납 못한다는 대목이다. "국제사회의 요구와 유엔안보리 관련 결의에 반하는 평양의 독자적인 핵·미사일 능력과 노선 구축을 용인할 수 없음을 확인, 북한이 핵확산금지조약(NPT)에 따라 핵보유국지위를 가질 수 없음을 강조했다."고 밝혔다. 이날 청와대에서 가진 정상회담 후 채택한 '한·러 공동성명'을 통해서다.

두 정상은 또 북핵 제재를 내용으로 하는 유엔안전보장이사회의 결의를 포함해 모든 핵무기를 파기하기로 했던 2005.9·19 공동성명의 이행을 북한에 촉구했다. 이어 "6자회담 당사국들과 공동으로 회담재개의 여건 조성을 위해 노력하기로 합의했다"고도 했다.

이러한 '북핵 불용' 선언은 2010년 11월 주요 20개국(G20) 서울 정상회의 당시 이명박 전 대통령과 드미트리 메드베데프 전 러시아 대통령의 정상회담 때 합의된 내용에 비해 진전된 것이다.

당시 기자회견에서 이명박 전 대통령은 "북핵 문제의 포괄적이고 궁극적인 해결이 중요하다는 데 인식을 함께 했다"고 발표했었다. 그러나 이번엔 평양과 북한으로 구체적으로 언급했고 핵보유국 지위 인정의 불허를 명시했다. 한·러는 또 외교·안보분야의 협력을 심화시키기 위해 청와대 국가안보실과 러시아 안보회의 간 협의체도 신설키로 했다.

이로써 박 대통령은 지난 6월 시진핑(習近平) 중국 국가주석과의 정상회담에서 나온 '한·중 미래비전 공동성명' 에 북핵 불용 원칙과 북한의 9·19 공동성명 이행 촉구 내용을 담은 데 이어 러시아로부터도 북핵 문제에 대한 강경한 메시지를 이끌어내게 됐다는 점이다.

특기할 대목은 2011년 11월18일 한국 슬라브학회가 주관한 국제학술회의에서 러시아의 한반도 전문가들이 참석한 가운데 IMEMO 보고서가 언급한 북한체제 붕괴가능성과 그에 따른 한반도통일 전망에 대한 토론이 있었다.

러시아 측에서 대조적인 견해가 나와 눈길을 끌었다. 한 참석자는 북한의 3대 세습이 정권의 불안정을 증대시키는 한편, 김정일 사후의 새 지도부가 정통성의 위기를 겪을 가능성이 크다고 전망했다.

그렇게 될 경우 대외 개방파(장성택)와 군부 강경파(이영호) 사이의 갈등이 불거질 가능성이 크며, 이는 체제붕괴를 초래할 가능성이 높다는 것이다. 이 참석자는 북한체제의 붕괴 이후에는 국제사회의 중재 하에 결국 한국으로의 흡수통일이 이뤄질 수 있을 것으로 내다봤다.

IMEMO 보고서의 내용에 러시아 정부는 내부적으로 북한체제 붕괴의 가능성을 염두에 두고 한반도의 변화에 대한 대책 마련에 들어 간듯하다고 했다. 북한붕괴 시 중국이 개입할 가능성이 높고 이는 미국과 중국 간의 충돌과 갈등으로 이어질 개연성이 높다 이런 국면에서 러시아는 한반도의 평화를 위한 중재자 역할을 맡을 수 있을 것이라 했다.

러시아는 국경지대 주변의 안전을 안보의 최우선 과제로 간주하고 있다. 또한 강대국 가운데 러시아는 한반도의 통일에 대해 가장 긍정적인 입장이다. 그러므로 러시아는 북한의 급변사태에 대비하는데 한국의 중요한 파트너가 될 수 있다는 점이다.

한편으로 우리는 러시아에 대해서도 할 말이 많다.

❶1937년 스탈린 치하 우스리스크 근처 라즈돌로예프 기차역에서 "우리 고려인들 수십 만 명이 화차에 짐짝처럼 실려 중앙아시아 우즈베키스탄과 카자흐스탄 등지"로 강제 이주됐다.

❷"105년 전 1909년 10월 26일 오전 9시30분, 하얼빈 역 플랫폼에 선 대한의군(大韓義軍) 참모중장 안중근(安重根)의 손에 들린 권총이 불을 뿜었다. 당시 우리 한국인(大韓國人)이 아쉽게 생각하는 것은, 러시아가 국제공법상 裁判 관할권을 포기했다는 점을 들지 않을 수가 없다.

일본의 이토 히로부미(伊藤博文)를 겨눈 세 발의 총탄은 그의 목숨을 거두었고 러시아 재무장관 코코프초프와 예정된 회담은 무산되었다.

그런데 왜 러시아 정계를 주무르던 코코프츠프와 내각 총리대신을 네 번이나 역임한 이토 같은 정치거물이, 하필이면 극동의 오지에서 만나려고 했을까?"를 생각을 하지 않을 수 없다.

그해 1909년 9월 4일 일본이 '간도에 관한 협약'과 '만주 5안건에 관한 협약'을 중국에 강압하자 이에 의구심을 품은 러시아는 동청(東淸)철도 매각을 미끼로 만주 진출을 노리던 미국에 손을 내밀었다. 상황이 급반전되자 일본은 속이 타고 급해졌다. 이토의 하얼빈 방문도 러시아의 마음을 돌리는 데 그 목적이 있었다.

그러나 안중근의 의거는 러시아와 일본의 야합을 막지는 못했다. 거사 20여일 뒤인 11월 18일 러시아의 차르는 미국과 손잡는 대신 "이제 일본과 가장 긴밀한 협화(協和)의 길을 택할 필요가 있다"고 선언을 하고 만주 분할을 택했다.

외세에 맞서 공동의 항구·화폐·군대를 만들고 2개국 이상의 언어를 익히게 해 지구촌 사람들 모두가 형제라는 생각을 갖게 되길 꿈꾼 안중근의 '동양평화공동체론'은 기억 속에 묻혔다.

안중근은 사형이 선고된 1910년 2월 14일 뤼순(旅順) 옥중에서 집필한 자서전 '안응칠(安應七)역사'에 이렇게 적혀 있다. "이제 내가 동양의 대세를 걱정하여 정성을 다하고 몸을 바쳐 방책을 세우다가 끝내 허사로 돌아가니 통탄한들 어찌하랴. 그러나 일본국 4000만 민족이 '안중근의 날'을 크게 외칠 날이 멀지 않다."고 적어 놓았다.

❸1945.7.26 포츠담 선언 후, 소련군 북한진주와,

❹1948.9.9 북한 김일성 정권 승인,

❺1950.6.25 남침 당시 북한군에 전투기, 탱크, 총포 등 전략물자 지원을 꼽지 않을 수 없다.

이참에 120년 전 과거사, 구원을 훌훌 털어내자. 남·북한 분단의 원죄를 씻는 차원에서 러시아와 미·중·일이 연합해서 북핵문제를 확실하게 풀고서 끊어진 허리 북한을 개방시켜 러시아가, 동양3국이 꿈꾸는 '극동 시베리아개발프로젝트'에 '코리언열정을 쏟게 하자는 것이다.

북핵 폐기 남북한·러시아 3각외교로 풀자

[7]

한반도는 이래서 통일된다

북한 핵 폐기, 미국의 결단이 엄중하다.

미국은 ❶1885.4월 미 北장로교를 통해, 우리에게 기독교 복음을,

❷이승만 대통령에게 윌슨주의=시장경제를 전수해 주고,

❸1950년 6·25한국전쟁에 미군 파병과 전비로 3000억 달러(우리 돈 300조원)에다,

❹실종자 3737명, 전상자 3만3천명을 희생하면서까지 우리나라를 지켜준 혈맹의 나라 우방국인 반면에,

❺우리는 구한말 당시 미국의 극동정책에 대해 섭섭함 이상의 대목도 있다. 즉 일본인 최초의 미국 하버드대 유학생이었

던 가네코 겐타로(金子堅太郞)가, 미국에 특사로 파견되어 로비스트로 활동을 한 바가 있다.

그 로비는 1905.7월 일본총리 가쓰라 다로와 美육군장관 윌리엄 태프트(W.H.Taft:1857-1930)간 비밀협약으로 이어졌다. 이 '가쓰라-태프트 밀약'은, 훗날 역사가 말하듯, 미·영·일 3국 동맹 위에서 미국은 필리핀을, 일본은 한반도 점령을 상호 인정한 것으로, 한국인에겐 모진 세월, 일본제국주의 36년 침탈과 남북 분단이란 비극으로 이어졌다.

필자는 한반도(38도선 남북)분단의 원인을 제공한 뿌리는 바로 '가쓰라-태프트 밀약'때문이었음을 적시하지 않을 수 없다.

이 밀약은 미합중국 남북전쟁 후, 1867년 미국의 산업생산량이 영국을 추월하면서 강대국으로 부상한 미국이 '일본'을 극동 아시아의 전략 파트너로 선택한 사건이었다. 두 나라 호전주의자들이 만든 이 구도는 외견상으로 지금도 바뀌지 않고 있다. 밀약(1905)체결 36년 후, 미국은 그토록 믿었던 동맹국 일본으로부터 뒤통수를 얻어맞았다.

프랭크린 D. 루스벨트 미국 대통령은, 1941년 12월 8일 의회에서 "이제 치욕의 날로 남을 이날, 미국은 일본군대로부터 진주만 폭격을 당했다. 이 학살행위를 우리는 영원히 기억할 것"이라고 다짐했다.

70여 년이 지난 지금의 미국은 일본을 아시아전략의 파트너로? 삼으려고 하나? 루즈벨트 미국 대통령(註: 미국무부 외교문서 FRUS에 중국의 한반도 재점령 등)은 1943년 11월 22일 카이로 회담(루즈벨트·처칠·장제스)에서 '중국 국민당정부 장세스의 한국침탈=점령을 막아, 우리의 독립과 함께 중국과 마주한 미국의 최전방=최전선 보루로 삼았다는 점을 상기한다.

지금의 미국이 어려움을 겪는 것은 사실이나, 필자는 이를 반드시 극복하리라 믿는다. 왜냐하면 버락 오바마 미국 대통령이 재선에 성공하고 시카고 당선 연설문 요지를 살피면,

❶미국 최고의 순간은 아직 오지 않았다.
❷우리는 하나의 국가, 하나의 국민으로 흥망성쇠를 함께 해갈 것이다.
❸국민 여러분 덕분에 미합중국은 전진(advance)한다.
❹우리를 부유하고 강하게 만드는 것은 운명을 함께 한다는 믿음이다.
❺정치가 보여주는 것만큼 우리는 분열돼 있지 않다는 연설은

필자에게 큰 감동을 안겨 주었다. 이와 같은 미국의 오바마 대통령은 국익도모를 위해서 우주경쟁을 포기한 점으로 미루어 짐작컨대 미국 재정의 짐이 되는 군비축소의 결단도 가까웠다고 전망해 본다.

미국의 핵심전략이 중국 군사력확장의 견제에 있음을 안다면, 우리는 북 핵 폐기를 위한 미·중·일·러시아외교에 초점을 맞추어야 한다.

①한·미 동맹은 중국의 동북아 열망을 차단한다는 점을 인지하고, 우리는 안중근 의사가 꿈꾸었던 '동양 평화 공동체=동북아공영'을 지렛대로 삼아 미·중·일 ·러시아를 설득해나가야 한다.

②중국은 한국을 미국 편에서 떼어내고 싶겠지만, 한국이 미국과의 60년 군사 혈맹관계인 점을 고려하면 중국 스스로 양해가 될 사항이다. 프랭크린 D.루스벨트 미국 대통령의 입에서 동북아 최전방은 한국이라

고 이미 1943년 11월 22일 카이로 회담 선언문에 대못을 박아놓았다.

③미국과 일본의 단합은 '新미·일 동맹'이라 불릴 정도로 미국과의 밀월관계를 배경으로 재무장의 길에 들어선 것 같아 보일 뿐이다. 미국은 아베의 한국과 중국에 대한 침략전쟁 부인을 지켜보면서, '태평양 전쟁에서 희생된 미국인'들과 '진주만 기습공격'을 생각지 않을 수 없다.

④재정난으로 국방비를 줄일 수밖에 없는 미국의 처지를 일본의 힘으로 메워 일본이 이용하려는 전략을, 오히려 '미국은 오키나와 후텐마 미군기지 이전계획'으로 이용하려 하고 있다.

⑤미국과 중국관계가 동북아시아 지역에서 앞으로 경쟁보다는 협력(協力)에 더 큰 비중을 두는 방향으로 바뀔 수밖에 없게 됐다.

미국의 아시아 선회정책이 동북아의 경우 군사관계보다는 경제문제에 더 큰 비중을 두겠다는 입장을 최근 존 케리 미 국무장관이 극동 순방에서 밝히고 있다. 중국이 미국에 요구해 온 신형대국관계 론을 미국이 적어도 동북아지역에서는 이를 수용하겠다는 입장을 밝혔다는 점이다. 즉 중국에 대한 협력관계에 초점을 맞추는 것이 옳을 듯싶다.

우리는 확신한다. 미국 국익과 국제외환시장을 교란시키는 자산가들의 투자처를 찾기 위해 '한반도통일과 동북아공영시대'로 가는 길목의 장애물 '북한 핵과 미사일 폐기'에 미국은 적극적일 수밖에 없다.

북한 핵과 미사일 폐기, 미국의 결단이 엄중하다.

[8]

한반도는 이래서 통일된다.

한미우호·군사동맹, 재정비 강화해야 한다.

우리 국민 대다수는 '국제거래 외교엔 공짜가 없다'는 것을 알고 있을 것이다. 그리고 '국부의 절반을 지불'하는 한이 있어도 "북한의 핵과 미사일 폐기를 전제로 한, '통일 한반도와 동북아공영시대'로 이어지게 하는 것" 바보천치가 아니면 마다할 사람 아무도 없을 것이다.

그리고 우리 대한민국은 '21세기 한·미 전략동맹 체제하에서의 글로벌 파트너십'으로 발전시켜 나가는데 있어 한국은 미국과의 혈맹관계를 더욱 돈독하게 유지시켜나갈 것이다. '동맹관계'란 원래 '이해 당사국과의 공통이익과 이해를 위한 호혜평등의 상호지원관계'가 아닌가.

그동안 한국 나름으로는 최선을 다 해왔다지만 이라크나 아프간 전쟁 그리고 국제사회의 국가적 삶에 있어서 한국은 미국의 동맹관계를 온전하게 충족시켰다고 말 할 수는 없다. 기본적으로 오늘 한국이 처해 있는 안보상의 취약요소들이 많고 중차대했으며 한반도 통일이라는 과업도 너무 무거웠으나, 통일한반도의 대한민국은 다를 것이다.

통일된 대한민국은 오바마 대통령과의 약속은 물론 아시아 태평양 안보의 린 치 핀(linch-pin)이란 미국 대통령의 기대도 충족시킬 수 있는 힘과 기회도 가지게 될 게다. 잘 알다시피 대한민국은 과거 베트남전에서 미국과 함께 가장 성공적인 연합작전을 수행했다고 자부한다.

필자는 베트남전쟁 생각만 해도 흥분된다. 지금도 한국군은 테러와의 전쟁이나 대규모 재해 재난 대처 인권보호 등 이른바 현대 신종위협에 대처하기 위한 국제적 임무수행에 관한한 세계 최고수준의 능력을 가진 백전필승의 군대로 생각하고 있다.

이제는 경제적 역량도 함께 갖춘 세계 10대 무역대국으로 도약했다.

지난 2014.1.3일 바이든(Joseph R. Biden Jr) 미국 부통령이 일본에서 '향후 수 십 년 아태지역의 리더십을 유지할 힘을 가질 것'이라고 단언한바 물론 그럴 것이고 그래야만 한다. 이제는 아무리 미국이라고 하더라도, 필자는 미국 한 나라만의 힘으로 세계의 자유와 인권, 안정과 평화를 두루 다 지킬 수 있는 시대는 아니란 생각을 해 봤다.

그 사명이 정의롭다면 많은 나라들이 함께 해야 가능할 것이다.

통일 한국도 그 한 축을 담당하게 될 것이다. 과거 베트남전에서 그랬듯이 우리 통일 한국은 자유민주주의와 시장경제체제를 중심으로 인류의 자유와 평화를 지키고 번영을 이루어 나가려는 미국의 꿈에 없어서는 안 될 동맹국으로서의 소중한 역할을 다하게 될 것이다.

그런 큰 차원에서 한미양국은 작금의 한미동맹을 다시 한 번 재정비 강화해야만 할 것으로 사료된다. 무엇보다도 전시작전통제권 전환(연합사체제의 해체) 문제는 조속히 재검토돼야 한다고 생각한다.

사실 '연합사 해체를 논의하는 그 자체만으로도 핵을 만드는 북한에 잘못된 메시지를 주는 일이다. 그리고 팽창주의적 중국의 위협에 대처해야 하는 미국의 안보이익에도 손해'가 될 것을 자명하다.

위의 말을 뒤집어서 연합사를 존속시키는 일은 북한 핵을 포기케 하여 통일한반도를 이루어 좋고, 중국도 G2 군사대국보다는 아직은 내륙 깊숙한 곳의 민생을 확고히 할 계기가 마련되기에 좋은 것이다.

그래서 필자는 이런 상상도 해 보았다. 만약 미래 어느 때 오늘 미국의 국제정치적 리더십이 중국으로 넘어 간다면 역사학자들은 그것이 작금 연합사 해체에서부터 시작되었다고 분석해낼 것이다. 연합사 해체라는 용어자체도 거론이 되어서는 안 될 말이다.

만에 하나라도 연합사 해체를 가정하면 한국은 그리 오래 버텨내지 못할 뿐만 아니라, 일본도 한 세대를 견디지 못할 가능성이 높기 때문에 거론자체를 하지 말아야 할 것이다.

사실 중국은 작금도 갈수록 도발 역량을 키우고 도전적이 되어 가고 있고, 북한의 핵은 폐기할 길이 보이지 않는다. 이런 판에 한미연합사까지 해체해 보라, 그것은 북한에게는 1950년 6.25 남침을 초래한 '애치슨선언' 이상의 유혹이 될 것이다.

김정은은 '3년 내 적화통일'을 입버릇처럼 되 뇌이면서 핵을 고집하고 대규모 방사포와 최신 전차를 일선으로전진 배치시키고 있다. 그것이 '2015년 연합사해체 계획과 무관하지 않다'는 전문가들 견해다.

그러니 지금은 연합사해체가 아니라, 오히려 어떻게 하면 연합사로 연결된 오늘의 '구조적인 한·미 군사동맹체제'를 강화하는 방법론에, 한·미양국의 지도급 인사들이 지혜를 모을 때일 것이다.

한발만 더 전진하여 '한반도통일과 동북아공영시대'를 내다보는 전략적 차원에서 한국과 미국이 총체적이고 긴밀한 협력을 할 수 있도록 한·미군사동맹 체제를 재정비 강화해야 할 때로 필자는 내다봤다.

PART-VI.

21C 디지털 칭기즈칸을 꿈꾸는 2030세대

❖PART-VI 단원의 이해를 돕기 위하여 간추린 내용이다.……·350

(1) 오케스트라기업이, 오케스트라정치가 / 일천년 역사의 물꼬를 튼다.…… 352

(2) 8.15 이후 세대담론 속에는 / 천년역사의 물꼬를 틀 希望메시이지가 있었다. …365

(3) 프랑스·독일·영국·일본의 세대 간 갈등…… 385

(4) 저(低)출산문제 이렇게 풀자 ……… 405

(5) 한반도통일로 가는 호호탕탕 "백두산생태복원 공생경제"·· 430

(6) 2030세대의 잣대(저울추)경제 / 사람중심의 '經濟민주화'가 아니라, 돈:錢 중심의 '經濟형평'을 추구한다.…… 449

PART-VI 단원의 이해를 돕기 위해 간추린 내용이다.
8·15 해방이후 세대담론에 대해 일정한 룰로 정해진 것은 어떤 것도 없다.

1980년대 등장한 세대담론은 대학가를 중심한 정치엘리트에 관한 것과, 1990년대 이후의 세대담론은 마케팅용어로 경제학적 의미를 가지고 있다.

세대구분	세대 담론에 대한 내용
❶ 품앗이세대	1950년 미국의 6·25한국전쟁 참전에 대한 보답차원과 한국군 장비현대화의 일환, 즉 1964.8.2 통킹만 사건으로 위기에 처한 미국을 돕기 위한 베트남전에 파병된 한국군을 의미한다. 실제는 박정희 대통령의 조국근대화공정에 크게 도움이 됐던 세대를 의미한다.
❷ 품팔이세대	한편 조국근대화를 위한 베트남파병으로 이어졌다. 이들의 전투수당은 산업화·민주화종자돈으로 활용이 되었다. 반만년 역사상 최초로 이들의 해외나들이는 한국인 가치관의 대변화를 가져와 산업화&민주화에 올인하는 계기가 마련이 되었던 것이다.
❸ 2030 세대	지금의 2030세대 80%정돈 비정규직이다. 유신/386세대와 갈등한다. 대표적으로 KTX여승무원과 철도공사 이철 사장간의 정규직 전환 투쟁사건이 있다. 이 세대는90년대 학번으로 88만원·3포 세대와 함께 2020년/2030년을 지향하는 미래세대를 의미한다.
❹ 88만원세대	고시촌에서 쪽잠을 청하는 88만원 세대=비정규직이 800만 명을 넘었다. 비정규직의 임금평균은 119만원이다. 전체임금에서 20대 근로자가 받는 임금비율을 적용하면 88만원이다. 이들 비정규직 88만원세대의 임금이 88만원이고 비정규직평균임금이 119만원이니까, 이들의 개선자금은 31만원에 불과하다.

세대구분	세대 담론에 대한 내용
❺ 3포 세대	1997년 IMF 여파로 연애·결혼·출산을 포기한 세대를 3포 세대라고 한다. 또 이구백(20대 90%가 백수)/삼초땡(30대 초반 명예퇴직,)/장미족(40대 장기간 미취업자가 많다)이란 별칭으로도 부른다.
❻ 유신세대	유신세대는 1973년에서 1980년 사이세대다. 지금의 50대로 이 중엔 긴급조치세대처럼 박정희에 반대했던 일부 정치엘리트도 있지만, 대체로 박정희 시대에 경제활동을 시작해서 한국경제 영광의 30년을 만끽한 획일 세대다.
❼ 386 세대	우리 품팔이세대 아들딸386세댄 전두환시절 1980년에서→1989년, 80년대 학번을 가진 대학입학생을 386세대로 분류. 이들은 정치적 단결력이 강하고 엘리트 상당수가 고위요직에 올랐다. 특히 이들은 프랑스68세대와는 달리 대학개혁 청사진을 제시하지 못했다. 부모세대가 되면서 '사교육'을 부추기고, 교육엘리트주의를 강화시키는 우를 범하였다.
❽ 신 세 대	90년대 이후의 학번을 가진 X·G세대 중 사치품=명품세대를, 주로 어학연수/조기유학/배낭여행을 다녀와 2002월드컵 '700만 광장문화'의 주역 '붉은악마/태극전사'를 통칭한다. 결과적으로 이들이 DJ의 햇볕정책의 일환인 6·15남북공동선언문을 휴지조각으로 만들었던 X·G세대를 말한다.
❾X 세 대	우리 품앗이세대의 아들딸386세대와 손자손녀 2030세대 사이에 X세대 하나를 더 가정할 수 있다. 대체적으로 90년대 중반 이후의 5년 정도의 YS=엔터테인먼트=마케팅=X(붉은악마/태극전사)세대를 통칭한다. 미국에서 수입된 경제학적 의미를 가진 90년대 이후 학번을 가진 X세대를 꼽을 수 있다.
❿ G 세 대	YS의 세계화 정책(어학연수·조기유학·배낭여행의 자유화)으로 외국물맛을 제대로 보게 한 YS=G(Global Village:지구촌)세대를 의미한다.

[1]

오케스트라기업이, 오케스트라정치가

일천년 역사의 물꼬를 튼다.

YS·DJ 집권이 삼성을 극도로 긴장시켜 세계 최고 가치기업으로, 몇몇 대기업 역시 '록펠러'같은 굴지의 기업군을 만들려는 찰나다.

정부조직이고 기업조직이고 간에 긴장, 조심경영은 필수다.

YS집권 후 1993년 6월 7일 삼성 이건희 회장은 독일의 '캄펜스키 호텔'선언에서 '마누라와 자식만 빼고 모두 다 바꾸라'고 했던 것은 삼성의 내부긴장을 유발키 위한 타이밍의 전략적 설계이었다.

이건희 회장은 '5년, 10년 뒤 지금의 삼성을 떠받치고 있는 모든 사업(티라노 사우르스)들이 사라질지도 모른다.'는 위기감 조성에 앞장선다. 삼성과 몇 중견기업의 교향악단경영 다음 차례는 우리나라 고유의 '발효, 삭김' 문화에다, '록펠러' 문명에 도전장을 낼 차례다.

우리나라 산업화·민주화의 호호막막·호호탕탕 모델도 DJ집권이 있었기 때문에, 또 '700만 광장문화'와 함께 지구촌시장에 자랑스럽게 진열할 수 있게 됐다. 정부고, 기업이고 간에 잠시 잠깐도 긴장의 끈과 조화로운 오케스트라경영을 외면하고서는 발전이 없다.

그리고 불원한 장래 우리정부도 초긴장상태로 국가운용을 해야할지 모른다. 2020년 동북아에 일본과 중국에 민족주의란, 미국, 중국에 패권주의란, 3차 세계대전(그 증좌가 2008년 리먼브러더스 이후 G 7중앙은행이 양적완화정책으로 푼돈은 무려 10조 달러에 이른다)이란 먹구름이 드리우고 있다.

삼성전자가 최악의 여건 속에서도 오케스트라경영으로 세계에서 최고를 만들듯, 대한민국 정부도 위기 때 기지를 발휘할 것이다.

필자는 2030세대들이 수많은 오케스트라기업들을 만들어 낼 것으로 확신한다. 자포니즘(Japonism)엔 뿌리 깊은 역사가 있다. 19C 중반부터 20C 초까지 유럽에 자포니즘(일본풍을 즐기고 선호하는 현상)바람이 불었다. 일본이 1862년 런던 만국박람회와 1867년 파리 만국박람회에 참가, 도자기와 차(茶), 부채, 판화 등을 유럽에 소개하면서 생긴 현상이다.

19세기 말 고흐는 물론 마네, 고갱 등 서양화가들 중 일본미술의 영향을 받지 않은 화가가 거의 없었을 정도로 그 영향력은 대단했다.

일본이 글로벌 시장에서 경제영토를 늘려가며 경제대국이 된 배경엔 자포니즘의 뿌리 깊은 역사가 있었다. 서양인들 사이에 아시아국가 가운데 중국인보다도 유별나게 싹싹한 일본인들을 좋아하는 이유다.

대한민국에도 자포니즘과 같은 기회가 찾아왔다. 오늘엔 120년 전 유럽을 강타한 자포니즘을 빼닮은 '신한류(New Koreanism)'가 지구촌을 열광시키고 있다.

2012.11월 서울을 찾은 에릭 슈미트 구글 회장이 '강남스타일'로 떠오른 글로벌 스타 "가수 싸이와 함께 말 춤을 추는 모습"이 우리의 메스·미디어의 1면 톱을 장식했다. 세계 최고 정보기술(IT) 기업의 최고경영자(CEO)가 신 한류 전도사와 춤추는 모습을 본 사람들은 '한국(대중)문화가 세계 속으로 성큼 다가섰다'고 감격해 하고들 있다.

'한국어를 모르는 서양 사람들이 리듬과 춤사위, 패션 등 '한국 풍'전체를 덩어리째 받아들이고 있다'는 것이 에릭 슈미트 회장의 평가다.

싸이의 Gentleman·조용필의 Hello·장욱제의 여로·송해의 전국노래자랑·김동건의 가요무대·김혜자의 전원일기 등이 대기하고 있다. 세계시장에서 활약하는 김 빈, 박 윤영 등 신예 디자이너들도 新한류를 퍼뜨리는 전도사들이다. 이젠 '한류(Koreanism) 4.0=♪대-한민국 4.0시대'가 구라파를 넘어 全세계를 휩쓸 날이 우리 곁에 와 있다.

'신 한류'의 밑바탕엔 삼성전자의 TV와 스마트폰이 있다. 또한 LG 전자의 냉장고와 세탁기 등 글로벌시장을 장악한 한국 기업들의 현지 근로자와 브랜드이미지도 한 몫을 하고 있다.

요즘엔 스마트폰과 가전제품 자체가 문화콘텐츠 상품이다. 고려청자·이조백자가 동시대 인류 최고의 걸작이었던 것과 맥을 같이하고 있다는 점, 한반도통일의 밑거름이라 필자는 보고 있다.

<1964.11.15.Pm7:30 시민회관> 필자는 지금으로부터 49년 전 동아일보사가 초청한 대한민국초유의 런던 심포니오케스트라 '이스트반 켈테슈'가 지휘하는 대망의 한국공연을 관람 할 기회가 있었다.

필자는 종로구 낙원동 소재 정치대학(현 건국대)야간부에 주경야독하는 청년학도였다. 아무리 미래를 위한 투자라고 해도, 회원권 두 장<1,400원=한 달 생활비=당시 우리나라 국민소득은 87달러였다.>을 구입한다는 건 주경야독하는 학생으로서는 대단한 모험이었다.

당장 한 달 생활비가 날아가 버렸다. 이승만 대통령 사저 이화장(梨花莊)뒤 낙산의 자취집 주인아주머니와 파트너가 돼 역사적 관람을 했다.

필자의 이런 무모함은 12살 때 상주극장 포스터만 보고 충동이 되어 일면식 없던 읍내 어르신의 손을 잡고 입장한 적이 있다.

미국영화 '추수감사절'예배 장면인지 영화장면속의 파이프오르간 등의 장엄한 장면들이, 아마도 필자의 뇌리에 각인이 되었던지 이런 대모험을 했던 것으로 기억된다.

당시 지휘자 이스트반 켈테슈가 지휘하는 애국가 연주는 지금생각해도 황홀하였다. 필자는 음악에 큰 조예가 없다. 그러나 우리나라 음악도 좋아는 하나 장엄한 서양음악에 더 친근감이 간다.

그래서 브람스의 교향곡 1번이라 해도 제대로 이해하질 못하고 그냥 서양음악에 취해 즐거운 관람을 했던 기억뿐이다.

그리고 연주가 끝나자 영부인 육영수 여사께서 주한영국대사와 함께 무대로 나가 지휘자 이스트반 켈테슈 氏를 격려하는 모습도 관전할 수가 있었다.

21C디지털 칭기즈칸을 꿈꾸는 2030세대들이여 여기 "비바람이 몰아치는 날 아버지 팔에 안겨 신음하는 아들의 목숨을 구하기 위해 궁성을 향하는 마왕"을 한번쯤은 음미해 보라.

슈베르트의 가곡으로 작곡된 성악곡 '마왕'은 빠른 피아노의 스타카토 반주에 맞추어 비바람과 말발굽 소리, 그리고 마왕의 위협을 묘사하고 있다. 지금의 우리 경제상황과 별로 다르지를 않다.

지금 우리에게 이 마왕의 목소리는 경제성장이 모든 것을 해결해줄 것이라는 이론도 형식으로 끊임없이 세뇌하듯이 울려 퍼지는 스산한 바람소리 같은 것이다.

경제성장에는 여러 가지 패턴이 있고, 이 패턴들이 전해주는 정보는 매우 총체적이며 복잡다기하다. 그리고 수년 간 4-5%라는 도저히 이 덩치로 상상하기 어려운 고도의 성장을 거듭해온 한국경제가 지금 만들어낸 것이 바로 '88만원=3포(연애/결혼/출산포기)세대'이기도 하다.

아버지 마왕은 아들을 살리기 위해 말에게 채찍(체크리스트)을 가하지만,

결국 그가 만나게 되는 것은 싸늘해진 아들의 시체이다.

현대경제성장론 교과서가 이야기해주는 건 성장률 자체가 아니라, 경제성장 패턴이고 非경제적인 요소(정치적 현안과제)들을 어떻게 성장과 잘 조화시키느냐의 문제다.

지금 우리 앞에 던져진 88만원(연애/결혼/출산포기)세대 현상이란 질곡을 빠져나와야 선진국의 문이 열릴 것이다.

필자는 마왕이 아들의 시체 앞에서 울지 않기 위해서 지금 필요한 것은 침착함과 인간에 대한 예의 두 가지라고 생각한다. 괴테가 시를 짓고, 슈베르트가 곡을 붙일 때 이 두 천재는 무슨 생각을 하였을까?

지금 88만원 받고 결혼하고 아이를 낳을 수 없다는 88만원(3포)세대, 그리고 더 열악하게 반복될 10대의 운명, 여기에 우선 필요한 것은 인간에 대한 최소한의 예의다. 한국 자본주의 급하게 달려오느라 인간에 대한 예절·예법을 생각할 겨를이 없었다.

박정희 시대의 체크리스트 관치 관료경제의 산물인 대·중견기업들은 우리 사회의 중심부 접근이 불가능한 '기층민들 희생의 대가' 다.

그래서 우리 기업은 강요된 압축 성장의 고리를 끊고 가야 한다.

제대로 된 "자본주의 시장경제"의 기본 틀을 제대로 세워서 대한민국의 최고 가치 '출산율증가'와 '100세 고령화 사회'를 극복해야만 한다는 것쯤도 인지가 됐을 것이다.

10년 후 100세 고령화 사회가 진짜 들이닥치면 지금과는 전혀 다른 모양으로, 기업과 시장에 돈줄이 막힌다. '돈은 돌고 돌아야 한다' 우리 어르신들이 지갑을 닫아 버리면, 경제도, 산업도 일본처럼 어렵게 된다.

자식들에게 화가 난 지금의 일본 노인들은, 유산은커녕 연금타서 저축하고 죽을 때는 '돈지갑'을 괘심한 자식이 아닌 땅속에 묻어버리고 자식들을, 일본이란 나라를 원망하며 간다.

우리 노인들도 자식 꼼수에 당한 사람이 너무 많다. 부모 재산(집, 땅문서/퇴직금)보고 몇 달 모시다가 개밥 주듯, 한 술씩 주다가 동남아 등지에 갔다 버리는 것, 손자손녀들까지 알고 있다.

어린 것들이 안다는 것 악순환의 연속일 뿐, 부모 자식 간 불신의 골이 너무 깊어졌다.

대몽골제국 칭기즈칸의 성공요인을 들여다보면 '家庭·家族·위계질서의 복원'에 있었다.

'3'포 세대들은 아버지세대보다 유복한 성장을 한 세대다. 아버지세대는 배고팠던 세대이기에 돈의 가치를 안다.

아버지 세대가 100세 고령화 사회가 되는 날엔, 일본사람처럼 죽기 전에 전대를 풀지 않는다는 점을 유념해야 한다.

전대를 풀게 하는 방법은

❶ 국민 모두가 합의하는 '각 분야별윤리규약<칭기즈칸 대자사크>'을

제정, '3'포세대가 부모자식 간 도덕적 윤리를 바로 세울 때 가능하다.

❷ 우리 경제를 반듯하게 세우기 위해 **아다나만**(아름다운나라 만들기) 종자돈 700조를 조성해야 한다. 우리 사회의 가정 가족 위계질서만은 '이동마인드'가 아닌 '정착마인드'의 '칭기즈칸 질서를 복원'시켜, 부모자식, 고부간 신뢰가 확고해질 때 비로소 전대를 풀게다.

그리고 필자는 3포(연애-결혼-출산포기)세대에게 "21C 지식정보화사회 우리의 참모습은 '①출산율을 높이고, ②제조업 가용 인력 확보'로, ③생산성향상을 기하여 '75% 중산층중심사회'를 확실하게 다질 때, '신종북주의와 김일성 주체사상'은 물론 '칼 막스가 1843년에 예언했던 과학적 사회주의의 망령'까지도 진정으로 잠재울 수 있다."고 답 한다.

지금 88만원 받고 연애를 하고 결혼하고 아이를 낳을 수 없는 그 대상은 바로 우리들의 3포(연애-결혼-출산포기)세대다.

그래서 지금보다는 더 많은 생태적 고려가, 더 많은 인간적 고려가, 더 따뜻한 사회기풍이 진작되지 않고 한국 자본주의가 선진국이 될 수는 없다. 마왕이 아들을 죽여야 산다는 그런 자본주의는 20C 이후 지구촌에 존재한 적이 없다, 로마제국을 능가했다는 미국에서도 그런 자본주의가 존재한 적이 없다.

1997년 IMF 여파로 연애·결혼·출산을 포기한 '3포'세대와 흡사한 세대가 일본에 있었다. 다름 아닌 1858년 일본 요코하마 앞바다에 나다났던 페리호사건 때, 미국의 18세 어린소년이 발명한 피스톨에 무릎을 꿇었던 일본무사 사무라이세대 이야기다. 지금의 우리 '3포' 세대로 추락했던 '사무라이세대'들은 애도막부에 맞서 싸웠다.

애도막부에 맞서 싸운 사람 중 33세에 순절한 청년영웅 사카모토 료마(坂本龍馬:1835-1867)의 '정직한 장사꾼, 상업자본주의'가 110년 후에는 독일을 제치고 1968년 일본이 세계 제2경제대국이 됐음을 떠올리면서, 필자는 이들 '3포'세대가 분발하는 계기가 됐으면 한다.

소유욕이 남다른 코리언은 일본인들보다 기업현장 속을 파고드는 일벌레(workaholic)들이다. 특히 코리언은 자신을 돌봐준 기업이 어려워지면 근로자 자신들 소유의 "집문서, 땅문서"를 들고 와서 기업주에게 맡길 정도다.

우리 기업들이 또 한 번의 대도약을 위해, 일본이 1968년 제2경제대국이 되었던 '평생직장=연공서열제도'를 상기해 볼 필요가 있다. 일본 사람은 싫더라도 일본은 배워야 한다.

필자가 800년 전 "먹고사는 삶을 위해 몽골의 '정치인 칭기즈칸'이 '경제인 서역상인'을 에스코트(escort)해 주면서, 그들과의 1:1미팅을 통해 터득하였던 "케식텐 국부론"을 음미한 바, 그 곳 유라시아대륙에 설치한 자유무역지대(FTA=Free Trade Area)란 곳에서 '어마어마한 내수시장과 무진장 많은 일자리'들을 찾아 낼 수가 있었다.

그래서 필자는 2018 평창 동계올림픽 유치의미를 극대화시켜 흑자올림픽을 넘어가는 그림을 그려보았다.

내수시장의 글로벌화로 무진장의 일자리를 만들어 낼 조건인 7년 연속 경쟁력 세계1등 공항 인천국제공항(한반도)이 있다.

거기서 반경 2000km의 원(圓)을 그리면 그 안에 인구 100만 명 이상이 살고 있는 도시 43개가 있다. 내해(內海)권 30억 명 중에 소비인구 3억 명이란 대목에 주목하면, "코리아특구·내수시장개설"이 절대적으로 가능하다.

우리의 '88만원=3포〈연애·결혼·출산포기〉세대를 벼랑 끝에서 구해낼 묘책이 있다는 사실을 중앙일보는 2012.1.1일자 신년호에 게재했다.

우리 경제에 대기업의 존재가치는 여전하게 중요하다, 우리 경제의 탈출구는 인력과 자본이 집중되어선 곤란하고 혁신적인 비즈니스를 만들어 낼 때 가능하다. 대량 생산 면에서 제조 공정의 기계화로 고용 창출에는 이제는 한계가 있음도 알았을 것이다.

그래서 새로운 일자리를 만들기 위해서는 충분히 개발되지 않은 서비스산업을 키워나가야 한다는 것씀도 이론의 여지가 없을 게다. 서비스산업이 성장하기 위한 서비스 분야의 적당한 공간과 국산품을 소비, 소화해 낼 수 있는 내수시장의 필요성을 절실히 깨달았을 게다.

그래서 강원도, 제주도, DMZ내 박근혜 평화공원을, 仁川송도를, 군산 새만금이나, 낙동강 드림스튜디오를, 남해안 한려수도를 "싱가포르 랜드 마크 '마리나 베어샌즈'와 '리조트 월드 센토사'처럼" 관광벨트화해 "마이스 산업의 메카"로 만들면 미래가 보일 것이다.

全세계 관광객 10억 명 시대에 7-10%(7천만-1억 명)의 관광객을 유치한다면, 2012년의 1천만 명 관광객시대에 비해 먹고사는 일자리들이 무진장 생긴다는 것쯤도 알았을 게다. 최근 각광을 받는 관광산업을 보면, 우리나라는 아주 독특한 관광 자원이 많다.

우리나라와 이웃한 중국 보다는 치안이 확보됐고, 일본보다는 물가가 저렴한 편이다. 문제는 대한민국에 관련한 인지도나 브랜드가치가 낮다는 것, 서비스산업이 발전하지 못한 이유는 대한민국이란 국가브랜드를 살리지 못했다는 점이다.

우리의 문화자체를 브랜드화하면 서비스업은 물론 다른 산업에서도 파급효과가 커서 새로운 일자리들이 많이 만들어 질 것이다.

우리기업들은 세계시장을 대상으로 하는 '오케스트라기업'과 국내 내수시장을 상대로 하는 '토종 전통기업'으로 양분되어 양자간 격차가 커질 수밖에 없다.

세계시장을 무대로 성공하는 오케스트라기업들은 떼돈을 벌어 글로벌자산가가 많아지기에, 21C지식기반사회에선 '오케스트라기업'과 '토종 전통기업'간 소득 불균형의 간격을 좁혀 위화감을 완화시키기 위한 방법, "내수 시장의 확대"로 일자리가 많아져야 살맛나는 세상이 될 것이다.

고임금이나 저임금보단 '중간일자리'가 많아야 사람과 사람사이의 인격이란 틈새를 메워주고, IT 융합型 기업들도 땀 흘려 일하는 다문화공동체 속의 일원이란 확신이 들 때 비로소 건강사회라는 것은 불문가지다.

800년 전 칭기즈칸시대 전쟁전문가로 육성된 '너커러 집단'은 오늘날 '초일류 오케스트라(교향악단)기업'에 비견된다. 오케스트라를 구성하고 있는 250명 음악가들 모두는 최고 수준의 전문가(너커러)들이다. 튜바(tuba)나 바이올린(violin)만으로는 음악을 만들지 못한다,

이질적 요소들이 어우러져 정확한 정보를 교환하고 상호 협력하면서 음악의 달인들 250명의 오케스트라단원〈북녘동포+남녘동포=코리언+다문화가족+700만 재외동포〉들이라야 음악다운 음악을 만들어 낸다.

이 같은 오케스트라경영은 지금까지는 칭기즈칸의 너커러집단, 우리의 자랑 삼성전자나 일본의 도요타 독일의 지멘스 정도다.

한 때는 SONY(워커 맨), 미국 GM 등 초일류 오케스트라기업만이 해냈다. 새로운 것을 창조한다는 것은 기업의 조직에 변형을 가함으로서 만들어 내고, 조직적 경영은 특수목적의 기관이다.

정치조직(입법·사법·행정부)이고, 기업조직이고 한곳에 조직운영의 관심을 집중하기 때문에 때로는 어마어마한 효과(1+1=3,5,7,9)에, 기적과 같은 100배, 60배, 30배의 성과를 내기도 한다.

그래서 필자는 21세기 디지털 칭기즈칸을 꿈꾸는 '2030'세대들은 삼성전자가 쌓아 놓은 텃밭에서 칭기즈칸 너커러 집단과 빼닮은 초일류 오케스트라기업 20개정도는 불원한 내일에 반드시 창조해 낼 수 있다고 확신한다.

그리만 된다면 코리언의 '壹천년을 버텨낼 토대를 축성하고, 먹거리가 확보되면서' '천상열차분야지도 한반도 통일을 넘어/동북아르네상스/제2의신대륙 우주시대'로 이어지면서 일천년 새 역사의 물꼬까지 틀수 있다고 확신한다.

[2]

8.15 이후 세대담론 속에는

천년역사의 물꼬를 틀 希望메시이지가 있었다.

우리나라에서 8·15 이후 세대담론에 관해서 특별히 일정한 틀로 정해진 것은 없다. 1980년대까지 등장했던 많은 세대담론들은 대학가를 중심으로 정치엘리트에 관한 것 정도다. 1990년대 이후의 세대담론도 마케팅용어로서 경제학적 의미로 사용하기에도 그다지 적절치 못했다.

예를 들어보면 4·19세대나 6·3세대 혹은 유신과 관련된 긴급조치 세대나 심지어는 전두환의 광주 사태진압 때 등장한 계엄세대·386세대와 같은 표현들이 있다. 세대전체에 관한 얘기라기보다는 대학생 중심의 정치엘리트 일부가 자신들을 의도적으로 지칭하는 용어들이다. 그야말로 특수한 집단이 가지고 있는 특성에 관한 이야기들이라서 한 세대가 가지고 있는 특별한 경제행위 등의 특성을 대변한 것들은 아니다.

<2030(88만원=3포<연애·결혼·출산>포기)세대>

IMF경제위기 이후 지금까지 제시된 세대담론 중에는 사회적, 경제적, 정치적 반향을 어느 정도 불러일으켰고, 국가경제·국민통합을 분석할 때 거론이 될 만큼 세대담론으로 국민적 호응도가 매우 높은 "88만원(3포)세대"가 있다.

2030세대라는 말 속에는 언제부터인가 약속이라도 한 듯 경제·사회·문화·정치 전문가들은 거침이 없이 세대담론 이전에 한반도통일/동북아공영 르네상스/우주시대가 열리게 될 희망년도를 말할 때는 거리낌없이 2020년·2030년이 거론되어 왔었다.

그리고 YS가 세계화정책 추진과정에서 어학연수 혹은 배낭족 사이에 G(Global Village)세대, X세대·명품(luxury good)세대의 경우로, 1318이란 용어는 특정세대에 대한 특징·행위에 대한 세대담론이라기보다, 어떤 물건을 사주기를 바라는 세대에 대해 마케팅 차원에서 붙여준 용어다.

지금까지 제시된 이런 용어들 가운데서 나름의 경제학적인 의미를 가진 것으로는 미국에서 수입된 'X세대' 라는 용어를 꼽을 수 있다. 이 용어는 YS세대·G세대로 이어진다. 우리나라에서의 X세대는 90년대 이후 학번들을 뜻하는 경향이 있는 반면 미국의 경우엔 포디즘(Fordism)해체와 함께 등장한 세대란 점에서 경제학적인 특징들을 가졌다고 할 수 있다.

한편 우리나라의 경우 실제로 포디즘(Fordism)이 본격적으로 해체되는 시기는 1998년도 IMF 경제위기 이후이므로, X세대는 한국적 특수성이 많이 가미가 된 2030세대 담론이기도 하다. 한국의 X세대는 다른 세대 담론이 그랬던 것처럼 마케팅 용어로 전환되었다.

박정희 대통령 조국근대화 프로젝트
품앗이·품팔이세대

박정희 대통령은 6·25한국전쟁 이후 최대 위기로 몰렸던 안보와 산업화의 토대를 구축하기 위해 조국근대화란 구호로 등판했다.

박 대통령은 자주국방과 자립경제의 돌파구로 베트남파병에 초점을 맞췄다. 또 그는 경제돌파구 외에도 파병 당위성으로 미군 철수에 따른 안보 공백, 한국군의 현대화지연, 군사원조이관에 따른 전투장비노후 등 한 두 가지 문제가 아니었다.

이 같은 난제들을 해결할 수 있는 안성맞춤의 카드, 박정희 셈법으로 베트남전쟁에 한국군파병을 케네디 美대통령에게 제시했던 것이다.

박정희 계산법인 '베트남파병'은 곧 담보물로 제공되어 차관자금으로, 이들의 전투근무수당은 산업화 종자돈으로 활용 됐던 것이다.

1950년 6·25한국전쟁 시에 연합군참전에 대한 보답차원에서 품앗이세대로, 또한 베트남파병은 곧 품팔이세대로 등장하게 됐던 것이다.

<품앗이·품팔이세대와 2030세대와의 관계>

필자는 품앗이·품팔이세대와 21C 디지털 칭기즈칸부활을 꿈꾸는 2030세대를 짝짓기하기 위해, 오원철 박사의 저서를 인용한다. "우리 민족은 13세기에 원(元)나라에게 패망해 속국이 됐다. 중국의 왕조가 명, 청나라로 변했지만 속국 신세에서 면할 수 없었다.

그 이후로 이어지는 일본의 식민지 시대, 해방 이후는 미국 원조시대, 우리 민족은 오랜 기간 타민족을 상전으로 모시고 살아왔다.

그 결과 우리 민족은 외국인에 대해 열등의식을 가지고 살았다. 이러한 한국인이 5000년 역사상 최초로 '무리를 지어 해외로 진출' 외국의 물맛을 봤다. 이게 바로 1965년부터 시작된 베트남파병이다.

북한은 휴전 후 경제재건에 총력을 기울인 나머지, 놀라운 경제적 성과를 올림과 동시에 인민의 의식주 문제를 해결했다. 모든 산업분야에서 남한을 앞서고 있었다. 군사 면에선 군 장비를 현대화하고, 대부분의 병기, 장비, 탄약을 자급자족했다. 모든 전쟁준비를 끝냈다.

이에 반해 우리 군은 6·25 한국전쟁 때 쓰던 구식병기를 그대로 쓰고 있는 형편으로, 미국의 도움 없이는 도저히 나라를 방어할 수 없었다. 주한 미군만큼은 붙들어 놓아야 했다. 그 방안으로 주한 미군에 상응하는 병력을 베트남에 파견하기로 결론(1965.1.8)을 내렸다.

이런 중에 마오쩌둥은 김일성에게 "베트남의 베트콩식 무력해방을 남한에서 실시하라", 제2의 베트남전을 전개하라는 강요(1965.9.3.인민일보 보도)를 했다. 이렇게 해서 1967년부터 남한에서 게릴라전이 발생하게 된다.

주한 미군이 한국을 방어해 주는 대신, 베트남파병은 미군을 대신해 베트남에서 싸웠다. 그 임무는 '조국방어'와 '산업화종자돈' 확보였다.

우리 한국군은 미군과 같은 기준에서 같은 대우(Same Base, Same Level)를 받았다. 이에 대해 우리는 한국군용 군수물자(군복/피복류, K레이션·통조림, 정글화·신발기술혁명)까지 한국에서 조달할 것을 요구한 결과는 실천·이행되었다.

또 한편 우리 정부는 역사상 최초로 인력수출을 시작하여 단순 기능직 노무자일지언정 처음으로 일자리다운 일자리를 가지기 시작하였다.

인력수출이 최고의 절정에 달할 때는 1968년 15,571명, 베트남 진출 업체 수도 79개에 달했다. 즉 남성인력시대의 개막, 베트남이라는 무대에 최초로 등장한 한국인 남성은 20대 현역군인, 아니면 군을 갓 제대한 농촌의 초등학교 중학교 정도를 졸업한 근로자가 대종을 이루었다.

외국에는 가본적도 없었다. 자기 자신과 외국인을 비교해서 생각해 본 적도 없었다. 이러한 한국인 남자가 연인원 40만 명이 외국 땅을 집단으로 밟았으니 한국인의 가치관에 일대 변화가 일어날 수밖에 없었다.

그 당시 한국인이란 과연? 다른 나라 사람과 비교하여 한국인 수준 이라는 근본적 문제를 가지고 자문자답을 해 보았을 것이다.

그 결과는 엄청나게 큰 파장이 일어났다. '한국인은 우수하다'는 확신을 가지게 됐다. 베트남파병은 우리나라 남성으로 하여금 오랜 열등의식과 피지배의식에서 벗어나 스스로의 자질에 대해 새로운 잣대로 재단하고 자부심과 희망을 가지게 하는 계기가 되었다. 자주성 확립이란 취지에서 우리나라 역사상 획기적인 전환점을 이루는 대사건이었다.

우리나라 역사상 최초로 '남성인력시대'가 시작되다.

그래서 필자는 우리나라 역사에서 처음으로 무리를 지어 해외나들이를 해 본 '품앗이·품팔이세대와 YS의 세계화·개방화정책에서 다양한 모습의 외국(지구촌 곳곳)나들이, 배낭여행·어학연수·조기유학을 다녀 온 붉은악마·태극전사 즉 박학다식한 2030세대를 짝지어보려는 것이다.

필자는 박정희 대통령의 조국근대화 프로젝트, 즉 '안보위기극복과 산업화기반구축'을 바탕에다 깔고, IMF이후 제시된 세대담론 중에 문화·사회·경제적 반향을 불러일으켰고 국가경제·국민통합을 이야기 할 때면, 세대담론으로 자주 거론되는 "2030세대"를 연결고리로 한반도통일과 국가경제·국민통합 차원의 '조국근대화공정·한반도통일이란 대원칙'을 놓고서, 우리 안보와 경제 산업화에 종자돈을 제공한 베트남전 참전세대를 '품앗이·품팔이'세대로 규정 할 수 있겠다는 생각을 해 봤다.

그래서 가난에서 벗어나려 한국인 최초로 외국 땅을 밟아 본 품앗이·품팔이세대와 IMF의 피해자이면서 그 속박에서 벗어나려고 배낭 하나 메고 지구촌구석구석을 다녀본 700만 광장문화를 기획·연출한 2030세대를, 짝지어 '천상열차분야지도 한반도통일, 동북아르네상스, 우주시대로 가는 신작로<TSR(the Trans Siberian Railway)철길>'를 뚫으려는 것이다.

<그리고 품앗이·품팔이세대와 일본 무사세대>

베트남 파병 징후를 감지한 1964년 주요 일간지 신년특집기사를 살피면, 당시 우리나라 지식인과 논객들은 박정희의 조국근대화 프로젝트를 두고 많은 논란을 폈다.

일본 명치신정의 전초전인 1853년 우라가 포구의 구로후네(黑船)사건 후 1858년 페리제독의 7척 전함 함포사격 이후 미국과의 4차례 협상 끝에 일미 화친조약/일본 문호개방사건에 빗댄 기사들을 기억하고 있다.

박정희의 조국근대화 프로젝트가 일본보다 100년 후이기 때문에 우리 경제가 일본보다 100년 후에 출발한다는 말장난이, 1964년 동경올림픽을 전후해 '탁주잔을 나누던 무교동낙지 집' 등에서 회자됐었다.

실제로 메이지신정을 주도하였던 33세(우리 안중근 의사는 32세에 사형)에 암살당한 일본무사 사카모토 료마의 동료들 사무라이세대를 지칭한다.

우리나라의 품앗이·품팔이세내는 특정계층이 만들이낸 용어리기보다는 이들 스스로, 특히 베트남파병을 반대했던 집단과 김일성이 만들어냈다. 우리 품앗이·품팔이세대와 2030세대, 그리고 일본무사=사무라이세대는 유사한 점들이 있다.

일본인들은 사카모토 료마를 두고 일본 '상업자본주의(기업+조합=합자회사=상회)'를 정착시켰다는 등으로 미화하여, 국민이론가 '후쿠자와 유키지'와 함께 국민영웅으로 만들 줄을 안다.

동북아에 거센 민족주의 바람이 불어 닥칠 조짐이 곳곳에서 감지가 되고 있다. 이런 판국에 우리도 품앗이·품팔이세대의 재평가와 함께 똑똑한 박사가 많은 2030세대를 짝짓기 할 때가 되지 않았을까 싶어진다.

왜냐하면 다단계 판매/은행카드무제한 발급/연공서열제도의 붕괴/인력을 비롯한 각종대행업을 앞세운 무차별 비정규직화/1318마케팅시장/1315노동시장/대형할인매장의 횡포/대기업의 편의점 확대로 인한 골목상권의 초토화/프렌차이징 업의 전면화 등/무시무시한 승자독식게임을 통해 DJ의 이판사판·자충경제가 이들의 눈에 각인 돼 있기 때문이다.

그래서 우리는 이들을 '21C디지털 칭기즈칸을 꿈꾸는 2030세대'='21C지식창조시대 4.0세대'로 등극을 시켜야할 때로 봤다. 그러고서 우리는 이들에게 2020년과 2030년에 '대한민국의 희망'으로 삼아야 할 것이다.

필자가 앞으로 즐겨 사용할 언필칭 요순(堯舜)은 품앗이·품팔이세대다.

그리고 필자는 서구라파의 아리안 인종의 한 지족인 '게르만 민족' 순혈 민족주의/우리끼리란 수식어자체를 그다지 좋게 생각하지 않는다.

아마 현재 60세 이상의 대다수 품앗이세대들, 아니 우리나라 국민들 모두도 서구라파의 순혈 민족주의를 좋게 여기지 않을 것이다. 이들의 골수에 사무친 것은 투철한 반공주의/단결주의이기 때문일 것이다.

우리 대한민국은 친일파청산을 하지 못했다.

우리는 뭐가 뭔지도 모르는 사이, 할아버지-아버지세대 주도하에 건국한 나라에서 숨 쉬고 살았다. 그런 와중에 박정희 대통령께서 반공을 제1국시로 삼고서 조국근대화 프로젝트란 깃발을 들고 등판했었다.

그래서 필자가 즐겨 사용할 언필칭 요순은 지난 과거를 말끔하게 씻어낸다는 차원에서 '품앗이·품팔이'세대라 자칭하고 싶었다.

1964.7.18 베트남 땅에 첫 발을 밟는 순간 "우리나라를 위해 헌신한 독립투사"의 숭모정신이 퇴색된 것은 사실이다. 독립을 위해 노심초사한 독립지사 선조들에게는 엄중하게 사죄해야 할 대목이 너무 많다.

품앗이·품팔이세대는 무분별한 평등과 평균보다는 저울과 추/형평과 균형이 어우러지는 가치 지향적 성품을 가진 사람들이다. 아마 베트남 파병참전자는 외화·달러의 가치를 알면서 이런 품성을 가졌을 게다.

당시 우리 GNP는 100$였다. 보릿고개가 있었다 그럼에도 베트남 땅에서 우리보다 훨씬 잘 살았던 '김일성의 끈질긴 회유와 선동공작조'에 단 한사람도 말려들었던 사람이 없었다. 또한 우리 전사자 중 시신 한구라도 월맹군이나 베트콩 측에 넘겨주지 않았다는 사실이 그 증좌이다.

그럼, 언제부터 품앗이·품팔이세대의 맹아가 시작됐나?

품앗이·품팔이세대의 맹아(萌芽)시점은 건국초기 6·25한국전쟁이란 위기 앞에서 초대 이승만 대통령의 "뭉치면 살고 흩어지면 죽는다."는 그 말 속에서 맹아의 시점을 찾아야 할 것이다.

왜냐하면 품앗이·품팔이세대들은 8 ·15이후 할아버지세대에서 대물림할 수밖에 없었던 '일제에 협력한 사람/나라의 자존심을 지킨 사람'이란 의미를 가진 프랑스 말로 '콜라보(Collabo)/레지스탕스(Resistance)'란 업보를,

베트남전쟁 참전으로 구차하고 부끄러운 역사의 오명과 사슬에서 벗어나는, 훌훌 털어내는 '大義名分'을 쌓고 싶었을 것이다. 이들의 대의명분은 조국근대화/한반도통일/동북아공영/지구촌 중심 국가이었다.

한편 이들은 무의식중에도 '민족주의'란 가치대신에 학교가, 고향이, 무엇이라도 하나만 같으면 서로 도와야 한다는 말을 자신들만의 행동철학, 미덕으로 생각하고 세상을 재단하며 살았다.

또 국가의 필요에 의해 동원하면 만사를 제치고 군말 없이 참여한다. 심지어 자신이 다니던 기업이 어려워지면 땅문서, 집문서까지도, 국가가 위기에 처하면, 돌반지·황금열쇠·결혼패물도 아낌없이 내놓는다.

끝에 가서는 자신의 육신=몸 동아리까지도 아끼지 않았기에 2.8청춘 16세 학도병에 까지, 심지어 품앗이·품팔이세대를 자청한 것이다.

이래서 품앗이·품팔이세대를 재평가해야만 한다는 것이다.

이들은 어떤 경쟁을 했을까? 품앗이·품팔이세대들은 북한과의 경쟁을 자신들의 존재자체로 안다. 군 생활 중 매일 반복되는 점호시간 '정훈교육'을 통해 자신도 모르는 사이 '반공주의자', 강력한 북한위협 앞에선 이승만의 "뭉치면 살고 흩어지면 죽는다."는 단결주의자가 된 것이다.

〈유신세대와 2030세대〉 1972년 10월 17일 '우리나라의 한반도통일'을 뒷받침하기 위해 정치체제 개편을 선언한 박정희는 국회를 해산하고, 정치활동을 금지시킨 후 전국적 비상계엄을 선포하였다. 그 해 11월 2일 유신개헌안이 국민투표를 통과한 바, 투표율 91.9%에, 찬성률은 91.5%였다. 이 헌법은 대통령 취임일 12월 27일부터 공포 시행됐다.

우리나라 유신시대는 1973년에서 1980년 사이이다. 지금의 50대에 해당하는 6·25세대의 아들딸이 유신세대다. 이 중엔 긴급조치 세대처럼 박정희에 반대했던 일부 정치엘리트들이 포함되겠지만, 대체로 박정희 시대에 경제활동을 시작해서 한국경제 영광의 30년 동안에 20대 초중반에서 40대/50초반을 보내게 된 사람들이 여기에 해당한다.

이 사람들을 일부에서는 '한국경제의 재건세력' 이라 부르기도 하고, 또 '건전한 보수'라고 부르기도 한다. 나이로만 따지면 지금의 88만원(3포)세대의 부모세대들이 대체로 유신세대다.

원래 유신체제가 북한과의 군사적·경제적 경쟁이란 사회적 모티브를 중심으로 형성된 정치시스템이다. 경제적으론 포디즘(Fordism)의 국제 분업 체제 하에서 움직였던 시대이기 때문에 지금의 40대 후반에서 50대 중반은 냉전세대들이 흔히 가지고 있는 여러 가지 특징을 가진다.

대체로 다양성보다는 획일성을 중심으로 교복을 입었던 세대다. 이 유신세대가 정치권력을 거머쥘 때 대한민국엔 다시 교복이 부활하였다.

아직까지도 경제생활을 한다면 경제조직 위계상 맨 상층부에 있거나, 비정규직으로 밀려난 두 가지 경우가 유신세대의 경제적 삶의 대부분일 것이다.

아직 조직에서 버틴다면 임원이나 최고위급에 진출한 상태일 것이고, 이런 경우엔 386세대들과 조직의 의사결정권을 놓고 경쟁을 벌이고 있을 것이다.

만일 그렇지 않은 상황이라면 이미 다음 세대의 지휘를 받고 있는 비정규직 상태일 것이다. 대체로 상층부에서 버티는 유신세대가 10%정도라고 본다면, 지금 88만원(3포)세대의 90%정도는 비정규직이거나 무직인 부모와 불안한 협력을 해야 하는 상황이 됐다.

우리 사회일각에서 유신세대와 88만원(3포)세대가 종종 갈등한다.

대표적 사례가 KTX의 여승무원과 철도공사 이철 사장 사이의 정규직 전환 투쟁이다. 이철 사장은 긴급조치세대로 분류되지만, 그는 전형적인 유신세대다. 그는 20대 여승무원들의 정규직 전환을 반대했다. 그리고 그들에게 파견근무 형태의 계약을 요구하였다.

유신세대와 지금의 2030세대가 사회일각에서 만나면 이런 유사한 형태를 가지게 될 확률이 높다. 여기서 세대 내 결집이란 눈으로 본다면, 유신세대는 지금의 88만원(3포)세대와 달리 세대 내 결집력과 단결력이 높은 편이다. 유신이란 동일한 경험과 함께 한국경제 영광의 30년에 대한 20대와 30대 시절의 기억이 강하다. 개별적으로 20대의 부모다.

전반적으로 자신들의 세대에게 주어질 몫을 떼어서 2030세대에게 경제적으로 지원한다는 사회적 대화의 장이 열린다면 반대할 가능성이 높다. 이 세대는 경제성장에 대한 향수를 통한 결집에 익숙해져 있고, 지역으로 묶이는 것을 선호하는 세대다.

이 세대는 세대란 이름으로 모이기보다는 지역으로 모이는 것에 익숙해져 있다. 같은 지역의 동일한 세대라면 매우 높은 결집력을 보인다.

유신세대는 사회적으로는 2030세대가 누려야할 경제적 몫을 가장 많이 노리는 약탈자이면서도 집에 돌아가면 그들과 부모관계로 협력할

상대가 된다는 점이 유별나다.

<전두환의 과외금지·386세대와 2030세대> 우리 품앗이·품팔이 세대의 아들딸 386세대야말로 박정희 대통령의 체크리스트, 압축경제가 제어되지 않은 상태에서 만들어낸 독점을 사회악이라 생각하는 세대다.

그리고 386세대의 상당수는 북한과의 대결이 아니라 그냥 막연한 통일이 필요하다고 생각하는 세대다.

경쟁이란 단어를 생경하게 받아들이는 이들은 경쟁이란 용어보다 "연대와 협력 같은 것"을 더 중시한다. 386세대는 주로 80년대 군사독재와의 싸움이라는 관점에서들 분석한다. 386세대는 교복을 입지 않았다. 사교육 체제에 편입되지 않을 수 있었던 거의 유일한 세대다.

전두환 시절 1980년부터 89년 대학입학생까지를 386세대로 분류한다.

이들이 가지고 있는 가장 큰 특징은 정치적 단결성이다. 그런 점을 이용하여 386세대들 중 상당수가 지지했었던 김대중 노무현 두 분 전 대통령을 당선시킨 바가 있었다.

그리고 이들 중 30대 엘리트 상당수가 국회 입성에 성공하였다.

그뿐만이 아니다. 정계, 관계, 재계, 고위 요직에 상당수가 발탁되어 의사결정권 자리에까지 진출해 있다.

우리 386세대와 일본의 68세대(전공투 세대)는 완전히 다르다. 일본의 전공투 세대들 엘리트들은 주류 사회에서 완전히 고립무원의 처지다.

소위 대동아전쟁에 참전한 '가미가제' 세대에 의해서 거세된 뒤 나머지 세대원들마저 '덩어리' 로 지칭되는 단카이 세대로 전락한 상태다.

그에 비하면 우리나라 386세대의 경제적 정치적 성공은 눈부시다고 할 수가 있다.

우리 386세대는 유럽의 68혁명세대와 비교해도 손색이 없을 정도로 강력하다. 프랑스의 68세대도 우리 386세대 정도로 상대적인 혜택을 누리지는 못했다.

앞으로도 386세대의 경제적 결과물에 대한 독점 현상은 더욱더 심해질 것이 분명하다. 그런데 386세대에게 한 가지 안타까운 점이 있다. 다름 아닌 프랑스의 68세대와는 달리 우리 386의 자기 결집은 사회에 대한 긍정적 효과를 만들어 내지를 못했다.

즉 다음 세대에게 더 많은 기회를 부여하는 방식으로 진화하지를 못했다는 점이다. 대학 국유화를 쟁취한 뒤 다음 단계로 진화했었던 프랑스의 68세대와는 달리, 우리 386세대는 대학개혁에 대해 어떤 청사진을 제시하거나 의미 있는 노력을 하지 않았다는 사실이다.

오히려 학벌 사회를 더욱 강화 시키며 교육 엘리트주의를 강화시켰다.

프랑스나 독일과 같은 유럽 국가들의 68세대들이 공교육 체계를 대학까지 연장시키면서 다음 세대들이 보다 다양한 교육의 기회를 가지고 20대에 독립할 수 있도록 기반을 구축한 반면, 우리 386세대는 학벌주의와 경제 엘리트주의를 더욱 강화시키는 반작용을 불러왔다.

이런 차이점은 세대원들끼리 서로 지원하며 일종의 경쟁력을 가지게 만들었을지는 몰라도, 지금 2030세대가 맞게 된 다소 황당한 시대적 상황은 386세대에게 상당한 역사적 책임이 있다고 할 수 있겠다.

우리 386세대가 자식을 낳게 되었을 때 YS정부시절부터 원정출산이란 것이 생겨났다.

우리 품앗이·품팔이세대의 손자손녀들이 자랐을 때는 조기교육 붐이 일었다. 그리고 영어 발음을 좋게 한다며 손자손녀들의 혀를 수술해 주었다. 코미디 같은 사건들이 미국 언론에 비춰졌었다.

여기 모두가 386세대들이 부모가 됐을 때 발생한 일이다. 유럽의 68세대들이 나이를 먹고 사회에 진출하면서 사회적 민주주의가 발전되고 직접 민주주의가 심화된 것과는 달리, 우리 386세대는 부모세대가 되면서부터 자신들의 경험과 의지와는 상반된 사교육에 매달리거나 교육을 매개로 한 무한경쟁에 깊이 빠져들었다.

현재 한국사회가 안고 있는 '다음세대'에 관한 제반문제들의 절반정도는 지금의 386세대가 부모가 되면서 생겨난 일들이다.

우리의 386세대는 IMF 이전에 이미 사회 진출을 이룬 '연공서열제도'의 마지막세대다. 우리사회의 주요 경제 조직에서 이들 386세대가 문을 걸어 잠그면 다음 2030세대의 신규 진출이 어려워질 수 있다.

지금의 386세대들은 이미 30대에 국회의원을 비롯해 초기 사회 진출 조건들을 갖추었다. 지금의 2030세대가 386세대의 나이가 되었을 때 그들만큼의 경제적 가능성을 갖기는 거의 불가능할 것이다.

지금의 88만원세대와 386세대는 경제적 관계에서 직접적으로 전선을 형성하는 경쟁관계에 놓이는 현상도 발생할 게다. 안정적인 직장이 줄어드는 상황에서 이 세대 간 경쟁은 더욱 치열할 수밖에 없다.

지금의 우리 386세대는 2030세대를 다소 경멸하는 경향이 있다. 2030세대 역시 386세대를 혐오하거나 질시하는 관계가 형성돼 있다.

이러한 적대적 관계는 지금의 두 세대가 경제적 생활에서 완전히 은퇴하는 날까지 지속될 가능성이 매우 높다. 또한 은퇴 후에도 사회적 연금을 놓고 세대 간 경쟁을 벌이게 될 것이다.

사회적 연공서열제와 종신고용제가 깨어진 지금의 386세대는 다음 2030세대를 돌보아야 할 아무런 의무도 없으며, 또한 세대 내 경쟁과 함께 세대 간 경쟁을 치러야 하는 2030대로서도 386세대에게 존경을 표시하거나 조직 내에서의 위계관계를 떠나 그들을 받들어야 할 아무런 사회적 의무가 존재하지 않는다.

세대 간 소득 이전의 가설을 통해서 보더라도, 지금의 386세대들이 자신들의 경제적 성과물을 이전하게 될 다음 세대는 우리의 2030세대가 아니라 지금의 10대 초반이나 중반이거나 아직 경쟁에 들어오지 않은 세대들이다.

<DJ에 의한 나쁜 자본주의, 불신 자본주의 조장이 시작 됐었다>

IMF 이후 햇볕정책의 연장선에서 필자는 아찔했다. 무시무시한 신용

카드를 하나의 무기로 생각했던지 '어린애·어른들'까지 무제한 발급함으로써 소비능력을 제고하고 부채질한다는 괴상망측한 정책을 편 적이 있다. 이런 황당무계한 정책의 가장 큰 희생자가 됐던 세대가 IMF경제위기 이전 '다양성 1세대'가 될 것으로 주목했던 X세대와 2030세대다.

이 세대는 '한국경제 영광의 30년'이란 역사적 결과물로 등장할 수 있었다. 이들 스스로 포디즘(Fordism)을 해체하고 '다품종 소량생산' 사회로 이어지게 했더라면, 우리경제의 비극적인 모습도 등장치 않았을 것이다.

그러나 현실은 이들 X세대와 88만원세대가 '다양성 1세대'가 될 수 있었던 문턱에서 이전 세대가 그랬던 것처럼 포디즘의 특징인 획일성으로 복귀하고 말았다. 곧 DJ의 불신자본주의 조장으로 이어졌다.

우리에게 주어졌던 밝고 희망 찬 '미래의 문'은 이렇게 닫혀버렸다.

그러나 카드빚과 함께 30대의 문턱을 넘은 이 신세대 X세대(태극전사 붉은 악마)는 한국경제의 안전지대로 넘어온 마지막 세대라 할 수 있다.

바로 앞전 세대인 386세대가 대학 졸업장 하나 가지고 마음대로 골라잡아 진입했던 일터인 직장에서 신세대·X세대가 치열한 경쟁을 뚫고 입사하여 자리가 잡힐 때쯤 등장한 김대중 노무현 두 전직 대통령 때부터 노동시장을 비정규직 시장으로 전격 전환시키므로 2030세대들에게는 정규직 직장이란 희망이 사라지기 시작했던 것이다.

지금의 88만원(3포: 연애·결혼·출산포기)세대와 바로 앞전 신세대·X세대를 비교하면, 이 두 세대는 가장 치열하게 경쟁하는 관계로 변하였다.

이미 생활전선에 진출·진입에 성공한 앞 세대가 뒤를 이어가는 세대에 비해 유리한 것은 분명하다. '승자독식' 이라는 관점에서 본다면 신세대·X세대와 88만원(3포: 연애·결혼·출산포기)세대는 대부분의 경제조직에서 동일 선상에서 경쟁을 하고 있다고 봐도 무방하다.

김대중 대통령은 IMF경제위기 극복을 핑계로, DJ노믹스의 "덩어리/끼리끼리/집단주의"의 정반대 현상인 "신자유주의 확산"을 위해 쇳물공장의 초대형선풍기를 틀어 연공서열제도란 틀을 소리 소문 없이 서둘지도 않고 차근차근/자근자근 밟으면서 물밑으로 가라앉혔던 것이다.

지금은 비정규직이 일반화될 가능성 때문에 적은 차이가 나겠지만, 초기 경쟁 조건의 차이는 끝으로 가면 갈수록 차이가 나게 된다. 시스템 이론에서 초기 조건의 차이가 전혀 다른 궤적을 만들어내는 '갈래치기 모델(bifurcation model)'이란 용어를 사용하는바, 이 모델이 신세대·X세대와 지금의 2030세대 사이에서 발생할 가능성이 있다.

1997년 IMF 경제위기를 맞았던 신세대·X세대에겐 그래도 사회적 여력이 남아 있었다. 그래서 벤처기금과 중소기업에 대한 색상을 달리하는 지원방식이 있었다.

실제로 특정부류의 신세대·X세대는 벤처 붐이란 사회적 장치의 도움을 받아 지금보다는 쉽게 창업을 할 수 있었다. 또한 코스닥이라는 새로운 기업자금 조달장치를 통해 일종의 중소기업 등에서 유리하게 벤처란 기업의 확장이나 부를 축적할 수 있었다. 특히 정보통신분야에서 활동하는 많은 기업들이 그렇게 시작되었다.

그 당시만 해도 유통 분야의 독과점화가 시장을 부정하고 흔들 정도의 분탕을 치지는 않아 프랜차이즈와 유통할인 매장의 틈새에서 새롭게 시작할 수 있는 자영업분야 정도가 있었다.

지금의 30대가 IMF 경제위기 후 잠시 열렸던 문을 지나간 그 허허벌판(open field)에 지금의 88만원(3포: 연애·결혼·출산포기)세대가 버려 졌던 것이다.

<태극전사·붉은악마(신세대 ·X세대)와 2002 월드컵> 필자는 386세대와 2030세대 사이에 'X세대' 하나를 더 가정할 수 있다는 점과, 90년대 중반 이후에 걸쳐있는 5년 정도의 세대를 "X〈태극전사 붉은악마〉세대로 부른다."고 했었다.

우리 붉은악마·태극전사들은〈800년 전 칭기즈칸이 세계를 향한 경제전쟁을 앞에 두고서〉 1203년 몽골 인들이 황금씨족의 발원지 보르칸 칼돈 산에서 세력을 규합, '카라 칼지트'에 집결시켜 봄부터 겨울까지 일 년 내내 케룰렌 강 상류에 위치한 '제르 캅찰'을 오가며 늑대사냥(병사조련 및 출정식)을 할 때와 같은 맥락에서,

'단일민족국가'란 정착마인드의 울타리를 넘어 이동마인드 지구촌 시장 속으로 빨려들었다는 점에서, 이들도 2002월드컵 당시 붉은악마·태극전사들의 월드컵 응원전을 한국인 모두가 하나 된 모습, 몽골인의 늑대사냥을 기획 연출해 세계인을 놀라게 했던 것이다.

2002년 6월 25일(화요일) 오후 8시 30분
6.25 한국전쟁 발발 52주년이 되는 날
2002 한·일 월드컵 準결승 전이 분단국 대한민국(大韓民國) 대 통일

독일(統一獨逸)의 경기가 상암 월드컵 경기장에서 펼쳐질 찰나 '꿈★은 이루어진다.'는 카드섹션 하늘이 '쩡' 열리고 땅이 '쿵' 울렸다.

21C디지털 칭기즈칸부활을 꿈꾸는 글로벌 '2030'세대들은 휘황찬란한 '천상열차분야지도'를 세계인 앞에 활짝 펼쳐보였다.

이날 "하늘이 '쩡' 열리고 땅이 '쿵' 울린 카드섹션은 '전범국이었던 독일통일과 천상열차분야지도 한반도통일'의 '의미와 가치'가 분명하게 다르다는 사실을 일깨우는 메시지"이었다. 즉 안중근의 동양평화론 속 중국의 군사대국화와 일본의 재무장을 상쇄시킬 다문화 다민족공동체의 "①동북아공영시대와 ②인류역사상 제2신대륙 별천지우주시대를, 천년역사의 물꼬까지 트겠다."는 2030세대담론 속 강열한 희망메시지를 담아 세계만방에다 타전했던 것이다.

[3]

프랑스·독일·영국·일본의 세대 간 갈등

IMF 경제위기 이후 10년간 변화추이를 살피면, 국내외에서 일어난 변화가 경제전쟁을 치루고 난 다음 우리사회가 겪는 아픔과 고통이 유독 88만원(3포: 연애·결혼·출산포기)세대에게 집중되었다고 할 수 있을 것 같다.

위기로 내몰린 현재의 우리나라 10대 청소년들에게는 생존을, 88만원(3포: 연애·결혼·출산포기)세대들에겐 숨통을 틔워주지 않는다면 미래가 없다.

지구촌에서 앞서거니 뒤서거니 했던 프랑스·독일·영국·일본의 세대 간에 갈등하는 모습과 정책들에서 그 답을 찾아보려 한다.

영국은 제국(帝國)이다.
독일은 나라·인종(人種)이다.
프랑스는 한 인간(人間)이다.

그의 다양성, 통일성은 프랑스를 생명을 영위하는 존재들의 여러 등급 중 가장 높은 단계에 이르게 했다고, -쥘 미슐레(Jules Michulet)는 말했다.

필자는 일본사람이 싫던 좋던 일본이란 나라는 바르게 알아야 한다고 주장한다. 그리고 대동아전쟁 전범 패전총리 스즈끼 간따로는 형장의 이슬로 사라지면서까지 "전범재판정에서 욱일승천기를 향해 전쟁패인이 과학기술 때문에 졌다."는 유언, 필자의 가슴에 대못을 박아 놨다.

- <프랑스의 사르트르세대·Resistance & Collabo> -

프랑스의 68세대혁명의 발단은 필자가 품앗이세대로 베트남전쟁에 참전했던, 1968년 1월 29일 18시부터 공산월맹군의 구정총공세가 있었다.

그렇다면 프랑스 68세대·사르트르세대란 세기적 사건의 발단은, 월맹군 구정總공세 때 미국 B-52폭격기의 폭격에 항의하기 위해, 아메리칸 익스프레스 뱅크에서 농성하던 프랑스 학생 6명이 구속된 직후였다.

1968년 3월 22일, 파리 10대학이 된 낭테르 대학에서 8명의 대학생이 대학 총장실을 점거하면서부터다. '그랑제콜'이란 귀족 대학교는 국민들 대다수에게 대학의 정문에 빗장을 친 상태였다. 68세대혁명 후 파리 2대학이 된 아사스 법대나 4대학이 된 소르본 대학 정도는 나와야 그래도 먹고 살만 했다. 대학서열화의 병폐가 극대화되던 때가 이때다.

낭테르대학에서 시작된 프랑스의 학생 소요사태를 보통 '68혁명'이라 부른다. 낭테르대학이 폐쇄되면서 학생들은 5월 3일부터 소르본 대학에 모이게 되고, 시내 곳곳에서 유혈사태로 진행되던 시위는 10일 이후 전국적으로 확산됐다.

1968년 6월 5일 전국적 시위는 종료되고, 그해 6월에 실시된 총선에서 드골의 집권당은 68혁명에도 불구하고 재집권에 성공했다.

그러나 당시 프랑스의 혼란은 해결되지 않았고 다음 해 국민투표로 이어지면서 드골은 대통령직에서 사임하게 된다.

건국의 아버지 드골 대통령 사임 이후의 현상은 대학의 국유화다. 이런 현상은 대학에 다니고 있던 대학생들이 얻어낸 결과가 아니고, 대학에 들어갈 중고등학생들이 얻어낸 성과다.

68집회에서 대학생들은 교실 증설과 복리 증진을 요구했으나, 중고등학생들은 대학생들의 이런 요구를 '배신'이라 규정하였다.

중고등학생 그들은 자신들의 요구를 담은 프랑-카드를 들고 거리로 직접 나선다. 그야말로 국가시스템의 전면적 붕괴를 예단한 프랑스 정치지도자들은 대학국유화란 카드를 꺼내 들 수밖에 없었다.

전국의 대학에 대한 전면적인 국유화가 진행되고, 서열을 없애기 위하여 대학의 이름자체를 없애면서 총장들의 추첨으로 각 대학마다 번호를 부여받게 된다.

가장 오래된 소르본 대학은 4번을 받았고, 가장 나중에 생긴 생드니

개방대학은 8번을 가져갔다. 프랑스 대학 중 가장 보수적인 학교 아사스 법대는 2번을 받았었다. 한편 68혁명의 진원지였던 '낭테르대학'은 10번을 받았다. 이렇게 국립대학으로 전환이 된 새로운 시스템 하에서 연간 5만 원 정도의 값싼 등록금을 내면서 새롭게 대학에 들어간 세대들을 이름 하여 "사르트르 세대=68세대"라고 불렀다.

그럼, <프랑스 대학과 귀족들의 학교 그랑제콜의 비교> 다른 나라들과는 달리 프랑스에는 대학체계와 귀족들의 그랑제콜 체계라는 서로 평행을 이루는 두 개의 고등교육(중등교육 이후)체계가 있다.

바칼로레아에 합격한 학생은 이 두 체계 가운데 하나를 선택하여 공부를 계속하게 된다. 즉 대학체계는 엘리트가 아닌 모든 이들에게 개방된 대중교육이어야 한다.

그러나 프랑스의 대학에 가기 위해선 우선 바칼로레아를 통과해야 한다. 소수의 학생들에게 국한된 그랑제콜 체계는 극도로 선별적인 엘리트주의적이다. 이곳 출신 학생들은 국가의 최상 엘리트 계층을 형성한다. 여기 모든 것은 대학 서열상 최상위에만 해당이 된다. 프랑스에서 이 상위층은 '대학' 진학 이전에 분명히 하위 계층과 분리된다.

중등교육이 끝남과 동시에 엘리트는 최종적으로 선발되어 대학체계와는 구분이 된 특별교육기관에 모이게 된다. 프랑스인의 미래의 꿈·삶은 고등학교와 바칼로레아 시험에서 결정된다. 그렇기에 그랑제콜의 권위는 대학의 위상보다 훨씬 높다. 그랑제콜 입학 허가를 받았다는 것은, 이미 프랑스의 엘리트층에 속하게 됐다는 의미다.

반대로 대학(의과와 법과대학은 예외)에 입학한다는 건 그랑제콜에 입학할 수 없다는 의미다. 이 제도의 기원은 프랑스인의 과거지향에서, 즉 현대적 엘리트 양성을 위한 특별교육기관을 설립했던 시기(프랑스대혁명기와 19C)로 거슬러 올라가야 한다.

귀족학교 그랑제콜엔 어떻게 입학하는가. 우선 최종학년에서 뛰어난 점수와 바칼로레아에서 '우수' 혹은 '최우수'의 평점을 받아야 한다.

이를 통해 2년 동안 그랑제콜 입학시험을 대비하는 '준비반' 입학허가를 받게 된다. 이런 준비반은 공·사립 고등학교에 설치돼(따라서 그랑제콜 지원 학생은 바칼로레아 이후에도 고등학교에 다니게 된다) 있다.

프랑스에서 유명한 준비반들은 파리(루이 르 고랑과 앙리 4세 고등학교) 에 있다. 이런 준비반은 두 개의 분과로 나뉜다. 고등수학과 특수수학을 배우는 과학 분과(이과)와 고등문예와 최상급문예를 배우는 문학 분과(문과)다.

집중적으로 2년간 공부한 학생에 한해서, 동시에 여러 그랑제콜에 응시한다. 대략 10명 지원자 중 1명 정도 입학시험에 붙고, 한 해 250명 정도가 통과되는 선별적이고 특별하다. 그랑제콜 입학이 받아들여지면 '생도(eleve)'들이란 이름으로 3년간 방대한 영역을 아우르는 과목들을 소화해야 한다. 이곳 생도들은 졸업시험 등수에 따라 고등행정기관의 직위를 선택한다.

1968년 당시 프랑스에는 177개의 그랑제콜이 있었다. 이 중 3/4은 공립으로 학비가 면제되고, 나머지는 사립으로 학비를 낸다.

또한 이들 중 가장 큰 명성을 자랑하는 학교는 최고의 기술 인력을 양성하는 에콜 폴리테크니크(Ecole Polytechnique)[파리이공과대학](X라는 별명을 지닌 일종의 프랑스 MIT)와 국가의 고위 공무원들을 양성하는 국립행정학교(ENA, Ecole nationale etudes commerciales)·기업경영인을 양성하는 고등상업학교(HEC, Ecole des hautes etudes commerciales)를 들 수 있다.

1789년 바스티유 감옥이 깨진 프랑스혁명 5년 전 1784년에 세워진, 세계 최초 대학인 에콜 폴리테크니크는 군대체계를 갖추었다.

이 학교는 188년만인 1972년에야 여학생 입학이 허용됐다. 최초 혼성 입학생의 수석은 여학생이었다.

- <여기까지가, 귀족학교 '그랑제콜'의 대략이다.> -

제2차 세계대전 당시 독일군점령의 비시정부는 '괴뢰(marionette)정부'란 오명을 가졌다. 그래선지 프랑스의 세대갈등은 복잡·구차한 모양새다.

비시 정권의 수반인 '페텡' 원수는 제1차 세계대전을 승리로 이끈 전쟁 영웅이었다. 그런 그가 독일 히틀러의 괴뢰정부 꼭두각시 노릇을 하면서 프랑스는 그야말로 존경할 만한 '할아버지 세대'를 가지지 못한 혼돈의 상태로 2차 세계대전의 종말을 맞았다. 부역분자란 의미 '콜라보(collabo)'는 독일 히틀러에게 협력·부역한 사람들, 즉 비시 정권의 각료와 고위 공직자를 의미한다.

전쟁이 끝나자 부역분자로 낙인이 찍혀 사실상의 대중·인민재판으로 처형을 당한 많은 사람들 중 독일 군인과 내연관계에 있었던 대다수 힘이 없는 여성이나 술집 작부가 주류를 이루었다.

당시 해방을 맞이한 프랑스의 주류로서 "인간 축(人間 軸)"은 레지스탕스(resistance)였다. 프랑스가 독일군에게 항복하던 날 영국에 망명한 드골은, 훗날 프랑스 건국의 아버지가 됐다.

드골은 망명생활 중 런던에서 '자유 프랑스 방송'을 시작하고, 이를 계기로 프랑스에서는 독일에 저항하는, 때때로는 조직되고·조직되지 않은 레지스탕스 활동이 전개된다.

프랑스 보수주의자들이 비시 정권 하의 전쟁 영웅 페텡과의 관계를 개인적 판단에 맡기면 많은 사람들이 콜라보의 역할을 했던 반면, 레지스탕스엔 좌파 지식인들이 상대적으로 많이 참여했다. 14년 간 프랑스 대통령으로 80년대와 90년대 중반까지 대통령을 지낸 '프랑수아 미테랑'의 레지스탕스 참가경험은 상대적이다. 프랑스 보병으로 참전한 미테랑, 그는 독일군의 포로가 되었으나 탈출하여 레지스탕스에 참여했다.

한편 제2차 세계대전 중 청소년기를 독일에서 보냈던 사람들이 유겐트란 경험을 가지고 있는 반면, 프랑스의 청소년들은 "콜라보 아니면 레지스탕스"란 2가지 선택 외엔 선택의 여지가 없었다.

전쟁 중 독일의 통치를 받을 수밖에 없었던 프랑스 10대로선 가혹한 선택이었다. 레지스탕스란 노선을 선택하지 않았던 대부분의 사람들은 잠재적 콜라보라는 외부의 시선을 의식할 수밖에 없었다.

독일의 유겐트는 자신의 국가를 위해 노력했다는 최소한 변명의 여지라도 있다. 그러나 프랑스의 10대 콜라보는 적에게 부역을 했다는 정신적 외상을 안고서 세상을 살아가야 했다.

1960년대 후반, 콜라보와 레지스탕스 사이에서 고뇌를 해야 했던 전쟁 시기의 청소년이 기성세대가 됐을 때, 프랑스의 부패와 혼란상은 극심했었다. 이런 현상은 기성세대만의 잘못이 아니라, 사회 내부의 구조적 문제들과 연결 돼 있었다. "1%의 엘리트가 99%의 프랑스 국민을 먹여 살린다"는 말은, 당시 프랑스의 엘리트 사이에서 유행하던 말이다.

프랑스는 1789년 바스티유 감옥이 박살나는 혁명에도 불구하고 하나의 계급으로서 여전히 존재하고 있었던 귀족들은 몇 개의 교육기관을 중심으로 자신들을 재생산하면서 소위 '부르주아의 삶'이란 것을 영위하고 있었다. 그랑제콜이란 귀족들의 대학교는 대다수 프랑스 국민들에게 문을 굳게 걸어 잠그고 있었다.

68세대혁명 후 파리 2대학이 된 아사스 법대나 4대학이 된 소르본 대학을 나와야 그래도 먹고 살 수 있을 정도로 대학 서열화의 병폐가 극심하던 때가 이시기다. 이 시기에 소위 '사르트르 세대'라고도 불리는 프랑스 역대 가장 똑똑했다고 하는 프랑스 68세대가 등장하게 된다.

물론 독일이나 미국·영국·일본 등 대부분의 선진국에서 68세대가 등장하게 되었지만, 프랑스의 68세대는 다른 나라의 68세대를 선두에서 견인해간 선봉장이 됐다.

그리고 여기 프랑스의 68세대가 공유했던 책은 다른 나라가 그랬던 것처럼 '자본론'이나 '모택동 전집' 혹은 '체 게바라 전기'가 아니라,

사르트르의 《존재와 무(Etre et neant)》 란 딱딱하고 이해하기가 어려운 실존주의 철학책이다. 도대체 왜 이 시절 프랑스에서 《존재와 무》 란 책을 읽거나 아니면 최소한 손에 들고라도 다녀야 또래 그룹에 끼워주는 그런 난해한 세대가 등장케 되었는지는 역사의 미스터리로 밖에 볼 수가 없다.

프랑스의 68세대가 다른 나라의 68세대와 다른 것은 그때 당시의 대학생이었던 사람들을 지칭함에 반해, 프랑스의 경우는 중고등학생들까지 포함이 됐다는 대목이다. 그래서 당시 프랑스의 중고등학생까지 포함해서 부를 때 68세대라 부르지 않고, "사르트르 세대"라고 부른다. 이 사람들을 하나로 묶어주는 아이콘은 분명 《존재와 무》 란 철학 책이었다.

독일점령군아래서 프랑스의 10대를 보냈던 콜라보와 레지스탕스란 두 가지 선택 사이에서 불행한 삶을 보냈던 것과는 달리 30년 후에 등장한 프랑스의 68 혁명세대 혹은 사르트르 세대는 국립대학 시스템 아래에서 프랑스 자본주의의 성과를 좀 더 만끽하면서 자신들의 삶을 살게 되었던 바, 프랑스 경제 영광의 30년 최대·최고의 수혜자가 됐었다.

보편적으로 전후 세대라 불리는 프랑스의 사르트르세대는 정치적으로는 좌파 쪽에 가깝지만, 경제적으론 프랑스 경제의 열매를 만끽할 수 있었던 세대라고 할 수 있다.

사르트르세대의 특징은 일찍이 20대에 사회에 진출하면서도 상당한 의사 결정권을 가지고 있었고, 콜라보 세대가 가지고 있었던 불안함과는 다르게 프랑스의 언론과 문화적 독창성의 창조자이면서 그 스스로 최대 수혜자가 됐던 세대라 할 수 있다.

- <독일의 유겐트(Jugend)세대·회의적인 세대> -

독일의 유겐트(Jugend)세대=제1차 세계대전에서 패배한 독일은 그들 역사에서 의회민주주의 체제를 처음으로 시도한다. 그 "바이마르 공화국"은 세계경제공황과 극우파인 아돌프 히틀러의 등장과 함께 더 이상 존속하지 못하고 14년의 역사를 간직한 채 종말을 고하게 된다.

바이마르 공화국의 종식은 히틀러의 독재 체제를 의미한다. 히틀러가 정치권력을 장악하고 불과 몇 년 사이 세계정세를 그토록 변화시키고, 엄청난 피해를 남긴 전례는 세계 역사상 없는 일이었다.

히틀러는 1933.1.30 수상에 올랐다. 그의 내각에 나치당원은 3명에 불과했다. 그는 부수상 '파펜'과 대통령 '힌덴부르크'의 집중견제를 받았다. 그런 가운데서 6개월 후엔 권력의 사다리를 놓아준 '슐라이허' 장군까지 따돌리고 영구 비상체제를 굳혀 독재정권을 이룩하는데 성공했다.

한편 독일이 민족주의(Nationalism)로 전환돼 중산층과 근로자들을 사회주의란 이념으로 묶어내던 시기에 또 다른 세계전쟁이 벌어지게 될 것이라고 예상했던 구라파의 지식인들은 없었다.

그러나 독일은 1929년 미국에서 시작된 대공황 이후 외부의 경제적 지원 프로그램의 종료로 직접 타격을 받은 독일 중산층과 독일근로자들의 전폭적인 지지를 등에 업고, 민족주의적 이념으로 영국과 프랑스를 상대로 한 전쟁을, 또 한판 벌이게 된다.

이 과정에서 민족주의자들은 '유겐트(Jugend)'란 이름의 10대 조직을 광

범위한 독일청소년 조직으로 확대개편하기에 이른다.

유겐트(Jugend)창설 이전에, 1908년 영국에서 베이든 포우엘(Baden Powell, 1857-1941)장군에 의해 보이스카우트(少年軍)와 걸스카우트(少女軍)가 먼저 창설이 된 바가 있었다.

❶ 10-14세의 소년으로 구성된 독일 소년단
❷ 14-18세의 소년으로 구성된 히틀러의 유겐트
❸ 10-14세의 소녀로 구성된 독일소녀단
❹ 14-21세의 소녀로 구성된 독일여자청년동맹

그리고 이 중 17-21세의 여성들은 '신앙과 미의 단'이라는 특별조직이 구성된다.

1936년 베를린 하계 올림픽을 치른 이후, 1936년 12월부터 독일에서 사는 10대는 여기 4개의 조직 중 하나에 강제(强制)로 가입됐다.

1939년에 발발한 2차 세계대전의 전황이 불리해지자 히틀러 유겐트는 서부전선에 투입되면서 전쟁에 참여하는 특별한 기억을 가지게 됐다.

1936년부터 1945년까지 독일에서 청년기를 보냈던 사람들은 민족주의자라는 이름으로 행해진 각종 폭력의 희생자에 해당하는데, 이들에 대해 전후 독일에서 상당한 정도의 연구가 진행되었다.

헬무트 셸스키《Helmut Schelsky》는 1957년《회의적인 세대:Die Skeptische Generation》란 책을 발간케 된다. 이를 계기로 독일에선 유겐트의 경험을 가지고 있는 이 특별세대에 대해 '회의직 세대'란 용어를 주로 사용하게 된다.

민족주의를 거부한 사람들은 히틀러에 의해 거의 예외 없이 박해를 받았는데, 아인슈타인과 프로이드, 심지어 비트겐슈타인이나 카르납 같은 학자들까지 히틀러의 박해를 피해 외국으로 도망가게 됐다.

그리고 독일 패전 이후, 민족주의를 지지했던 열광적 지지자들이나 말단직 공무원들에까지 숙청되는 것을 목격한 이 '회의적인 세대'는 역사상 가장 드라마틱하게 가치관의 혼동과 사회적 혼란을 겪은 세대다.

한편 독일에선 1960년대부터 전통적으로 이어져 오는 부활절 시위행진이 있었다. 이 행사엔 노선을 가리지 않고 기독교인·평화주의자·사회주의그룹이 참가했다. 1960년 시작 땐 1,000여명에 불과했으나 1968년 부활절 시위 땐 15만 명에 육박했다.

1967년 여름 팔레비 이란 왕과 그의 부인 디바가 베를린을 방문하면서부터다. 당시 팔레비 일행을 추종하는 이란인 열광주의자·환영인파와 독일의 지식인·노동조합·회사원·대학생 간의 충돌사건이 68년 혁명으로 이어졌다.

팔레비와 그의 부인 디바가 오페라 《마적》을 관람 중 경찰과 데모 군중 사이 충돌전이 벌어진바, 경찰이 쏜 총탄에 26살의 대학생 '오네조르크'가 사망한다. 오네조르크의 사망은 베를린 경찰청장·내무장관·종국에는 베를린 시장까지 물러나는 권력게임을 불렀던 것이다.

학생운동은 1968.4.11일 부활절 시위 때 베를린 쿠르피 어스텐담에서 23세의 '요세프 바크만'이 '루티 두취케'를 저격하면서 발단이 되었다.

두취케는 독일 학생운동연합의 이론가로 학생운동의 중심인물이었다. 두취케는 중상을 입고 사망한다. 저격범 바크만은 체포돼 두취케가 공산주의자이기에 저격했다고 털어놨다. 이 사건은 전국적 극좌운동으로 확산되기에 이른다.

이때 독일 수상 '키징거'가 나서 무장된 좌익세력 척결을 내무장관 벤다에게 지시하여 고립시킨다. 여기 극좌성향 학생운동은 이로써 종지부를 찍게 되었다.

또 한편 독일의 다른 세대에 비해 정치적 소신을 가지고 있지 않고, 때때로 '보편적 보수주의자'로 불리는 이 회의적 세대에 포함되는 가장 대표적인 사람은 '하버마스'다. 그의 유겐트시절 철학적 특성을, 가끔씩 '회의적인 세대의 경험'이란 틀을 통하여 분석하려는 시도를 하였다.

독일의 불행한 세대인 유겐트세대가 60년대 중반에 40·50대그룹을 형성하면서, 새로 등장한 10대 후반과 20대 초반의 독일의 68세대와 정면으로 부딪히게 된다. 독일에서의 68혁명은 엄중하게 진행이 되었다. 프랑스·영국의 경우와 달리 유겐트 경험을 가진 '회의적 세대'의 제2차 세계대전 참전은 독일의 이전 선배세대와 같은 도덕적 우월감을 가지지 못했기 때문에, 세대 간 충돌의 잣대로만 보면 안타까운 경우이다.

독일의 68세대를 대변한 사람들을 프랑크푸르트학파라 한다. 주로 프랑크푸르트 대학에서 강의했던 마르쿠제와 아도르노 같은 교수들이다.

하버마스의 스승이었던 마르쿠제의 저서 중 《1차원적 인간》 은 독일만이 아니라 전 세계적으로 후기 자본주의가 강화·발전되면서 사람들이 단순해지는 과정을 설명하는 책이다. 그의 《1차원적 인간》 이란 《회의적인 세대》 에 대한 독일이란 사회 속에서 더욱 빛을 발하게 된다. 마르쿠제 그는 유겐트 세대들의 10대 경험은 너무 잔인했다고 하였다.

정치적인 이유로 10대 때 동원당한 세대들의 불운한 경험을 얘기할 때 독일의 '회의적 세대'가 자주 등장한다. 그 본보기가 '중국의 10대 홍위병'들이 전면에 나섰던 '중국의 문화대혁명'이라고 할 수 있다.

중국의 10대 홍위병들은 독일의 민족주의 내에서 유겐트세대들이 독일 전체주의 시스템통제의 첨병으로 게슈타포와 함께 등장하는 것과 비교도 할 수 없을 정도의 직접적인 경험을 가지고 있다.

그들은 직접 재판도 하고, 반역자로 내몰린 사람들을 길거리에서 몽둥이로 때려죽인 경험도 가지고 있다. 흔히 중국 현대사의 비극이라고 하는 사건이다.

회의적 세대와 그 손자세대인 독일 68세대는 정치적으로 독일사회의 좌우를 나누는 기준점 비슷하게 작동을 한다.

어찌됐든 이 유겐트세대와 68혁명세대는 현존하는 경제 시스템 중에서 종종 최상의 대안 중의 하나로 여겨지는 독일 경제시스템을 만든 두 축으로 작용한다.

시스템 이론으로 이 상황을 풀어내면, 독일과 스위스는 지구촌에서 가장 튼튼한 지역자치와 풀뿌리 민주주의라는 틀을 가지고 있다.

프랑스와 같이 중앙 화된 시스템 운용이었다면 독일의 사회갈등은 세계적인 연구 사례가 되었을지도 모른다.

실제 이론상으로 엇갈리는 유겐트·회의적 세대와 68혁명세대 간의 운명은 그렇게 야단스러운 비극적 갈등으로 끝나지 않았다.

지역공동체와 지역 자치란, 화해하고 함께 오손도손 만들어 나가는 제3의 안전지대를 독일경제체제가 제공하였다.

이런 독일의 세대갈등의 해소는 상대적으로 20대에게 더 많은 기회를 주고, 더 많은 발언권을 만들어주는 시스템으로 진화하게 된다. 선진국 중 20대 국회의원이나 지자체 기초의원이 가장 많이 등장하는 시스템이 독일이다.

20대 국회의원의 본보기로 1906년 베를린에서 28세에 최연소 국회의원에 낭선된 '구스타프 슈트레제만'을 꼽을 수 있다. 그는 수상과 외무장관을 겸직하면서 외교의 귀재로 불린다.

- <대영제국과 20세기 Gentleman세대.> -

대영제국이란 테두리 안에서 全지구촌을 다스렸다는 것은 각종통계자료의 뒷받침 없이는 불가능한 일일 게다.

인구·금융·생활정보 등 통계하면 영국과 스위스를 따를 나라가 없다.

20C초 통화·금융문제의 권위자였던 케인즈(Keynes, John Maynard : 1883-1946)역시 인도로 파견된 통계청 공무원 출신이다.

대영제국의 사회통계 중 결혼통계가 유명하다. 영국에서의 결혼은

19C 후반부에 다른 나라에 비해 늦어지게 되는데, 이 시기 '젠틀맨' 계층에 속한 청년 중엔 가끔씩 40대에 결혼을 한다.

상당한 재산의 상속인을 제외하면 이때의 젠틀맨은 우리나라 중산층에 해당하는 사람들이다. 이들은 대영제국의 전쟁에 참전하는 일, 또는 자국의 식민지에서 금광이나·다이아몬드광산·인도의 동인도제도의 상선을 타고 다니면서 상인으로서 상당한 부를 축적했을 때 비로소 결혼을 하게 된다.

이렇게 결혼이 늦어지는 경우가, 영국이 세계를 제패해 세계경영을 하던 기간과 제1차 세계대전 기간이다. 2차 세계대전 당시 영국 수상 처칠 경이 젊은 장교로 무어전쟁에 참여했던 것도 이런 사회적 구조 내에서 진행된 일이다.

우리 경제에서 오랫동안 몇몇 재벌들이 사용했던 "밖에서 벌어 안을 살찌운다."는 일, 18C말 영국경제에서 일어났던 일이다. 20대 청년이 대영제국을 위해 여왕의 장교나·비즈니스맨으로 세계를 누비던 시기다.

이런 시기가 짧았다면 특정 세대가 이미 국내에서 정착한 윗세대들을 위해 일방적 희생 형태로 끝이 났겠지만, 영국의 경우는 이런 시기가 100년 넘게 계속됐다.

제2차 세계대전 중 영국 남성들의 평균 결혼연령이 다소 빨라지는 경향을 보이게 된다. 그리고 대영제국의 종말과 함께 다시는 제국주의 시절의 경제적 풍요를 누리기 어렵게 됐다.

그래서인지 영국인들은 지난날보다는 조금은 일찍 결혼을 할 수 있게 되었다. 이는 대영제국 시대의 '젠틀맨 모델'의 종료라고 할 수 있다.

제2차 세계대전 이후 1945.7.26 영국 총선에서 노동당 '클레멘트 애틀리'가 집권하면서 영국에선 그 유명한 공공의료와 공공주택과 같은 정책이 시작되고, 모든 의사가 공무원이 되는 현재의 의료시스템을 포함한 공공정책을 정착시키게 된다.

그 이후 영국 청년들은 20C후반엔 19C보다 오히려 일찍 결혼을 하게 되는데, 통계에 잘 잡히지 않는 동거까지 포함해 생각하면 비틀스가 활동하던 시기의 20대들은 보다 더 자유를 만끽했다고 할 수 있다.

1960·1970년대는 20대란 기준으로 보면, 제국주의 시절의 19C후반과 20C초반의 20대보다는 행복하였을 것 같다. 이러한 영국식 사회복지체계는 1980년대의 대처리즘으로 인해 약화되기 시작한다.

1993년 이후 남성들의 평균 결혼 연령은 급속히 높아지기 시작한다. 영국 20대들의 삶은 다른 나라의 경우보다도 1차, 2차 세계화, 그리고 진행되고 있는 3차 세계화 주기에 영향을 받았던 경우다.

선진국 중에서 이만큼 민감하게 세계화의 주기에 따라 자국 20대의 삶이 급격하게 변한 경우를 찾아보기란 쉽지를 않다. 한 가지 확실한 것은 1980년부터 신자유주의를 주창했던 대처 수상의 정책적 전환의 효과와 최근 영국 20대의 삶이 무관하지를 않다. 그녀가 '영국병'이라고 불렀던 바로 그 시기에 20대를 보냈던 사람들 중에서 비틀스가 등장하였고, 엘튼 존까지 등장하였다는 대목을 꼽을 수가 있다.

- <일본의 파란만장한 '단카이 세대'> -

일본인들은 1853년 구로후네 사건 후 전쟁도발을 돈벌이삼아 전쟁을 직접 설계해 실천하는 전쟁특수경제로 곡간을 철철 넘치도록 채웠다.

우리 32만 베트남전 참전자가 품앗이·품팔이 가던 1968년 그해, 일본은 메이지신정시작 100년 만에 세계 제2경제대국의 반열에 올라섰다.

자본주의 본고장 유럽과 미국을 몽땅 사버린다고 칭기즈칸이 서역상인들을 동원해서 7년 동안 뿌렸던 심리전단에·메스 콤 광고도 했다.

소위 태평양전쟁을 치렀던 가미가제 세대들은 다음세대·전공투(全學共鬪會議)·단카이 세대들에게 권력을 나누어주지 않았다.

새로 등장한 베이비 붐 세대를 아무런 특징이나 주장도 없이 뭉쳤다는 의미의 "덩어리진 사람들이란 독일식 표현을 빌어 '룸펜'·'단카이 세대'로 묶는다. 한 묶음·한 다스·한 두름으로 엮고·묶어버리는 잔인한 일"도 서슴지를 않았다.

덩어리이자 소비자 정도로만 간주하고·전락시켜 밀쳐낸 이 단카이 세대들의 불행은 1970년대와 1980년대의 일본 시스템의 희생자 역할 정도에서 끝나게 해주지도 않았다. '단카이 세대'들이 일본경제를 떠안을 40대·50대가 될 때, 일본에는 '헤이세이 공황' 즉 일본의 기약없는 경제버블 '10년 공황(恐慌)이 휘몰아 쳤다.

그리고 이때로부터 시작된 부동산 공황은 일본 국내뿐만 아니라, 일본이 채권을 많이 보유하고 있었던 미국과 유럽의 괜찮은 나라들마저 휘청거리고·요동을 치기 시작했다. 그 피해의 덤터기는 '덩어리 세대'가 몽땅 뒤집어 섰다.

일본의 연공서열제의 붕괴, 일본식 사무라이 상업주의·신뢰의 자본주의가 무너지면서, '덩어리 세대'가 정년을 채우기 힘들게 됐다. 다른 세대보다 '단카이 세대'가 全인력면에서 15%정도가 더 많다.

덩어리 세대 내 경쟁도 극심했다. 그리고 선배세대가 누렸던 일본경제의 혜택은 고사하고, 상당한 제약이 따라 붙는 '취직에서부터 은퇴에 이르기까지 제도자체가 바뀌면서 불이익'을 당한 세대다.

거기에다가 일본의 출산율 저하와 연금시스템마저 흔들리면서, 다른 세대보다 더 오래 살게 될 '단카이 세대'의 고민은 이만저만이 아니었다.

프랑스의 사르트르 세대가 권귀·학벌사회를 무너뜨리고 그들 스스로 행복시대를 열었던 반면, 全지구촌에서 강력한 학벌시스템을 유지한 일본은 오타쿠 세대와 프리트 족(Free Arbeiter)·니트 족(NEET: Not in Employment, Education of Training)의 드라마틱한 등장을 맞게 된다. 일본의 일련의 사회적 현상들, 단카이 세대가 열고 갔어야 할 세대 간 분배문제가 다음세대에 또다시 심각한 양상을 보이며 불거져 나올 것이다.

일본은 경제성장 위주의 파이를 키워 1970년대·1980년대를 통과했다. 1990년 이후 일본경제의 저성장 기조는 '가미가제와 같은 대동아전쟁을 치렀던 참전세대'가 경제·정치·사회적 권력을 독식할 때 발생하는 현상이 무엇인지를 적나라하게 보여준 일단의 단면이다.

청년세대의 경제적 독립이 지체되는, 이른바 '실버 스푼 신드롬'이 단적인 예다. 우리의 88만원=3포세대가 부모세대로부터 독립 할 수 없을 때, 그 사회의 세대 간 불균형이 한 집안의 불행으로 이어지면서 구조화되는 무서운 결과까지 초래하는 것이다.

필자는 때로 겸허해지는 일본을 제대로 배워야 한다고 주장한다.

왜냐면 오늘의 일본은 국민이론가 '후쿠자와 유키치'가 그린 설계도를 읽고 실행에 옮기는 '이토우 히로부미'가 있었기에 가능한 일이었다.

또 일본인 스스로 무사 '사카모토 료마'를 국민영웅으로 만들어 '행복한 영웅세대'로 대접한 면모다. 그것자체는 필자가 베트남전장으로 떠나던 1968년에 독일을 넘어 세계 제2경제대국으로의 대도약이었다.

[4]

低출산문제 이렇게 풀자!

2013.1.15.18:30 종로구 부암동 하림각에서의 재경상주향우회 신년 하례회에 필자가 참석한바 있다. 오랜만에 상주중학 동기생 한용석 학형을 만나 뜻밖에 "복지강국 스웨덴"에 대한 이야기를 들을 수 있었다.

필자의 친구 말인즉 〈한용석은 스웨덴 수도 스톡홀롬에 사는 딸네 집에 2개월여 체류〉하면서 말로만 듣던 복지국가 스웨덴에서 복지혜택을 누리며 살아가는 현지주민들의 복지에 대한 그들의 생각과 의식을 조금은 알게 되었다는 이야기를 들을 수 있었다.

그와의 대화 중 ❶북구라파 스웨덴의 복지는 고도의 경제성장으로 국부를 창출하여 복지재원의 확보로, 또 ❷깨끗한 정부와 위정자들의 청렴성과 이들에 대한 국민들의 전폭적인 신뢰와 믿음이, 또 한편으로는 ❸청정한 자연환경과 스웨덴 국민들의 온화하고 합리적 인성(국민성)을 빼놓을 수 없는 요인이라고 말해주었다.

우리 국민 대다수가 복지국가하면 거침없이 스웨덴이라 한다. 스웨덴은 유럽 서북부 스칸디나비아반도의 나라다. 노르웨이와 국경에 면한 산지와 보드니아 만안(Bothnia灣岸)의 좁은 해안 평야의 사이는 구릉과 계곡이다. 남쪽지방 1/3은 저지대로 호수가 많으며, 북부의 하천은 급류이어서 수력발전과 목재반출에 이용이 되고 있다.

全국토 459천㎢의 59%가 삼림이라 제재, 펄프, 제지가 풍부하고 근대적 집약농업이 행해져 곡물, 야채, 사탕무우, 낙농품을 생산하는 나라다.

1760년 영국의 산업혁명 이후 1832년 차아티스트 운동으로 영국의 중산층이 제2차 선거법개정을 자랑하던 1830년대만 해도 유럽에서 가장 가난한 나라였으나, 제2차 세계대전이 끝난 후엔 끈질긴 경제성장 일변도로 1970년대에 명실상부한 선진국대열에 합류하여 오늘날의 복지 최강국이 되었다.

유럽의 대다수 복지국가 공히 개인이든 기업이든 고율의 세금(최고 60%)을 부담한다. 특히 스웨덴 국민들의 세금에 대한 긍정적 인식자체가 복지국가가 되는 첫째요인으로 꼽는다. 그들 스스로 내는 세금은 곧 노후자금, 저축예금, 보험금이란 생각에서 노후를 국가로부터 확실하게 보장 받을 수 있다는 믿음과 신뢰 때문이다.

앞에 열거 했듯 스웨덴을 가본 사람은 누구나 탄성을 쏟아내듯 아름다운 크고 작은 호수와 바다에, 울창한 산림의 청정한 자연환경, 그리고 시민들의 휴식공간인 많은 나무와 꽃들로 자연에 가깝게 조성된 공원, 도심 곳곳의 녹지대, 그 속에서 느긋하게 휴식을 즐기는 너그럽고 온화한 성품을 소유한 시민들을 만나게 될게다. 이러한 성품을 소유한 사람들은 스웨덴만의 자연환경에서 많은 영향을 받았을 게 틀림이 없다.

그래서인지 스웨덴은 일찍이 양성(남녀)형평과 사람을 중심에 세우는 평등정책은 결코 아니다. 이들은 유연성을 가진 양성 형평정책을 폈다. 여기서 필자가 짚고 넘을 말이 있다. 창조주께선 사람은 '생육하고 번성하되 남녀는 유별하다'고 했다. 그래서 남녀는 평등만을 주장할 게 아니라 유별한 형평을 '스웨덴의 양성형평정책'에서 꼭 배워야 할 것이다.

스웨덴은 어린이 천국이다. 스웨덴에선 떼를 쓰고 우는 아이를 부모가 야단치거나 홀기는 것을 보지 못한다. 아이가 울음을 스스로 그칠 때까지 기다려주는 것을 미덕으로 생각하는 나라다. 즉 이러한 사회 환경에서 무한한 사랑을 먹고 구김살 없이 자란 어린아이들의 인성은 어른이 돼서도 긍정적이고 합리적 사고를 가진 인격체 형성에 크나큰 도움이 되어 오늘날 세계가 부러워하는 선진복지강국이 되었을 것이다.

필자가 베트남전장에서 전쟁의 포화 속에서 메모한 전쟁수첩 속엔 "잘 살아보세 우리도 한 번 잘 살아보세!", "둘(2)만 낳아 잘 키우자" "쥐잡기 운동, 분식 운동" 등이었다. 45년이 지난 지금은 '둘 낳아 잘 키우자'란, 말 대신에 '셋(3)낳아 잘 키워 미래를 대비'하자는 캐치프레이즈로 바뀌어야 한다고 주장해 본다.

박근 혜 후보가 대통령에 당선이 되자, 필자의 전쟁수첩 속의 내용을 전혀 새롭게 디자인 각색할 마음이 생겼다. 그리고 오래 전 우석훈 박사의 《88만원세대》 책자를 여러 번 읽었던 적이 있다. 이 책 내용 중에는 우석훈 박사의 책 내용이 일부 인용이 됐음을 밝힌다.

필자는 2030세대들의 低출산문제 등 현안과제 해결을 위하여 **아다나만**(아름다운나라 만들기)종자돈 700조를 조성해야 한다고 오래 전부터 일관되게 주장해 왔다.

이 종자돈 700조로는 ❶출산율을 높이고 어르신 중 3-4% 재력가들의 지갑을 열게 하는 방법이다. ❷박정희 시대의 관료, 체크리스트경제의 불공정, 압축 성장으로 뒤죽박죽이 된 경제구조를 정상화시킨다. ❸87년 민주화정부 아래서 입만 벌리면 재벌, 토건세력 갈아엎는다고 큰 소리를 땅땅 쳤으나, 결과는 정반대의 재벌, 토건세력들의 전성시대를 열어주면서 시장경제체제의 뿌리인 골목상권과 전통시장을 쑥대밭으로 만들어 놓았다. 지금의 교육/경제/과학/환경문제를 제자리에 세우지 않으면 우리의 미래가 어둡기 때문에 사각지대 투자가 시급하다.

그래서 필자는 대한민국 최고의 가치로 '출산율 증가'와 '100세 고령화 사회'를 극복해야 한다고 줄기차게 주장해 왔다. 왜냐하면 대책 없이 10년 후 100세 고령화 사회가 들이닥치면 지금과는 전혀 다른 모양으로, 기업과 가계에 돈줄이 꽉 막히고 만다. '돈은 돌고 돌아야 한다.

우리 어르신들 90% 넘게는 노후 준비가 전혀 안 돼 있다. 반면 3-4% 가까운 어르신들은 어마어마한 재력가들이다. 우리 어르신들 농장 한

가운데 김장 독 속, 별장 땅굴 속 금고엔 금(괴)덩어리, 달러를 비롯한 외화, 구권화폐, 억하는 CD다발, 채권다발들이 깊은 잠을 자고 있다.

우리 어르신들이 지갑을 닫아버리면 경제는 암담하다. 우리 어르신들 안방금고엔 사글세보증금까지도 째깍째깍하는 사이 어제와 오늘, 하루가 다르게 '5만 원 권'이, '금괴'가 눈덩이처럼 쌓이고 있다.

우리는 향후 10년이 문제다. 3포 세대들은 아버지 유신세대보다 유복한 성장을 했다. 아버지 세대는 배가 고팠던 세대이기에 화폐의 진가를 안다. 아버지 세대가 100세 고령사회가 되는 날엔, 일본처럼 죽기 전엔 전대를 풀지 않는다는 사실 꼭/반드시 유념해야 한다.

전대를 풀게 하는 방법으로 ❶아다나만종자돈 700조를 조성해 가계와 기업에 돈을 돌게 하여 복지체계를 구축한다. 필자는 그 선행조건으로 ❷全국민이 합의하는 '분야별 사회대통합윤리규약<칭기즈칸의 빌리크>' 같은 게 필요하다. 그래야 가정, 가족관계, 위계질서는 '수평=경쟁마인드'가 아닌 '수직=정착마인드'의 "칭기즈칸 '십자가질서(十字架秩序)'를 복원"시켜, 사회계층간 '부모자식=남녀 간 신뢰회복'이 전제가 될 때 비로소 전대를 풀어 자식에게 맡긴다고 기회가 있을 때마다 주장했었다.

그래야 "한국경제 '영광의 30년' 불공정, 압축 성장"으로 꼬인 우리 경제구조를 바꾸는 계기가 마련된다. 우리의 가계부채, 등록금문제도 풀린다. 그뿐만이 아니다 우리가 열망하는 천상열차분야지도 한반도통일을 넘어 동북아르네상스/제2신대륙 우주시대의 길이 열릴 것이다.

❶우선은, 2·8 청춘 10대청소년 커플들에게 동거 권을 주자.

OECD 가입 국가 중의 대부분 나라들은 1인당 국민소득이 1만 달러를 돌파할 쯤에 새로운 삶을 위해 독립하려는 2·8청춘 10대 동거커플들에게 사회안전망을 어떻게 적용할 것인가란 논의가 시작된다고 한다.

국민소득 1만5천 달러, 늦어도 2만 달러쯤엔 기본적인 제도정비를 끝낸다고도 했다. 나라별로 다소 차이가 있기는 하나, 동거커플들의 사회 진입의 첫 관문으로 인정하는 사회적 합의가 나오는 단계는 국민소득 15.000 달러 무렵이라고들 한다.

그래서 필자는 우리 2·8청춘 10대청소년들에게 동거 권을 부여하는 문제, 때 늦은 감이 없지 않다는 주장을 해 본다.

"엄마 나 그 사람하고 '동거(同居)' 하기로 했어."

대한민국 나이로 열여섯의 소녀가 이렇게 선언했다고 한번쯤 가정을 해보자. 아마도 우리 사회 특히 유림 가(儒林 家)의 정서상 '집안 망신' 에서부터 시작하여, 상상할 수 없는 일들이 벌어질 것은 불문가지다.

그 나이의 10대 소녀가 또래의 소년을 사랑하고, 독립하여 함께 살고 싶다고 생각하는 것은 자연스러운 현상이다. 우리 자식들은 하나같이 '품안에 자식'이지 '부모의 품을 떠나는 순간 홀로서기'를 꿈꾼다.

지난날 필자가 中 2때 경험했던 바다. 대체적으로 우리 선조들은 언제쯤 동거를, 연애를 했을까? 이를 확인할 근거를 찾기란 어렵다. 은밀한 세계이기도 하고 이론적 체계가 정립된 것도 없다.

대표적인 10대청소년들의 사랑이야기는 우리나라 《춘향전》 그리고

서양의 셰익스피어의《로미오와 줄리엣》이 있다.

둘 다 2·8청춘 10대청소년들의 불같은 사랑에 관한 이야기고, 어른들이 읽어도 좋다고 양해가 된 '양서(良書)'다.

경상북도 봉화군 물야면에 고향을 둔 이몽룡과 전라북도 남원의 춘향이와 연애를 했던 것은 2·8 청춘인 '16세란 10대 청소년 때' 다. 로미오와 줄리엣이 사랑에 빠졌던 것도 2·8청춘 '16세 10대 청소년 때'다.

자고로 '이팔청춘'이라 부르는 이 나이면 대개 이미 결혼을 하고, 또 아이도 가지는 것이 자연스럽다.

남자들의 경우 생체학적으로 16세에서 18세 나이에 성적 에너지가 높다고 의사들은 말한다. 따라서 성숙된 사회라면 이 나이에 정상적인 연애가 가능할 수 있도록 해주어야 하나 우리나라뿐 아니라 대다수 서양의 경우도 그렇지를 못하기는 마찬가지다.

한편으로 여자들의 성숙도는 남자보다 훨씬 더 빠르다한다. OECD 국가 중에서도 16세의 동거는 조금은 이른 나이다.

그러나 16세 소녀가 강렬하게 동거를 원하고, 죽기 살기로 사랑을 주장한다면 얼마간 논쟁은 있을 수 있겠으나 끝내는 우리 부모들도 이들을 축복해 주게 될 것이다.

여기 16세 이후의 소년·소녀들이 동거권의 형태로 가정을 꾸릴 수 있는 권리는 우리나라를 제외한 OECD 국가들에선 이미 확보 돼 있다.

우리 10대 커플들의 동거를 가로막는 요인을 살피면, 우리나라에선 특정 세대의 독립이 늦어지는 사회적 지체 현상이 발생한다.

즉 우리나라의 청소년들은 '청소년보호' 라는 이름 때문에 오히려 성인이 되지 못하도록 강요받는 세대라고 할 수 있다.

이런 지체현상은 개인적인 불행이기도 하지만, 국가시스템 전체로 볼 때에도 급격한 출산율 저하와 함께 퇴행적 성인의 등장과 같은 원치 않는 결과들이 발생한다.

10대 후반에 독립하고 동거를 경험하며 자유롭게 성인이 된 OECD국가들의 10대와 지체 현상 속에 종속된 존재로서 어둡게 20대 초반을 맞이하는 우리나라 10대들이 글로벌경쟁을 하면 누가 이길 것 같은가?

결국 노벨상을 타거나 존경받을 만한 이상적인 정신문화는 자유롭게 자신의 삶을 살았던 서양 세계에서 많이 나올 수밖에 없다.

이 상태로 계속 간다면 10대 초기 단계에서 미숙아 상태로 20대를 맞게 된 우리나라 10대들과 OECD 국가 10대들과의 격차는 더욱 더 크게 벌어질 것은 자명하다.

이 같은 길을 가장 먼저 열었던 나라는 바로 필자가 참전한 베트남을 식민지화했었던 프랑스 10대 청소년들이란 사실엔 이견이 없을 게다. 그중에서 상징적 인물로는 '계약결혼(契約結婚)'으로 시대적 논란의 중심에 '장 폴 사르트르' 와 '시몬 보부아르'가 있다.

흔히 사르트르의 높은 지성은 '프랑스 여인들의 연인'으로 사랑을 받았다. 삼수 끝에 파리 고등사범학교에 입학한 '보부아르' 는 합격통지서를 받고서야 사르트르를 처음 만났다고 고백했다.

이 연인들의 사랑 이야기는 '계약결혼'이란 새로운 결혼양식으로 세상을 놀라게 했다. 그러나 진짜 사회의 변화를 이끌어낸 건 이들의 계약결혼이 아니라, 사르트르가 저술한 《존재의 무》 란 매혹적인 철학책이다.

이 서적은 실존주의라는 당시로서는 새로운 철학사상을 기술한 바, 오늘날의 전문가들이 읽어도 이해하기 어려운 철학책이다. 이 철학책이 1960년대 프랑스 고등학생들에게는 자신들의 자유를 위한 필독서였다.

이 철학책을 읽은 프랑스의 고등학교 학생들이 1968년 프랑스 사회를 흔들어 새로운 세상을 열었던 '68 세대혁명'이다. 그 68혁명의 결과는 '사회적으로 동거의 권리'를 쟁취하게 됐다.

결혼한 부부와 동거하는 부부 사이에 태어난 아이의 법적 권리가 동등하게 인정받는 것을 시작으로, 실질적으로 두 삶의 형식을 평등하게 만들면서 동거권이 완성된 것이다.

이렇게 동거와 함께 시작한 여학생 중의 한 사람이, 프랑스 사회당 대통령 후보 세골렌 루아얄(Marie Segolene Royal)이다.

결혼생활과 동거생활 사이에 아무런 사회적, 법적 차이가 없다는 것을 증명하는 상징 같은 존재다. '동거'와 '결혼'은, 개인적으로는 다소의 차이가 있겠으나, 적어도 프랑스에서만은 법적으로 그 어떤 차이가 없다는 대목에다 초점을 한번쯤은 맞춰보기라도 해보자.

특별히 28청춘 10대청소년커플들이 독립을 하려면 일단은 살 집이 있어야 한다. 그런데 우리나라의 주거비용 중에서도, 서울의 평균 주거비용을 생각하면 기가 막히는 일이다.

그들은 부모에게서 받은 용돈으로 휴대폰을 샀으나 휴대폰 요금마저 감당하기 어려운 형편이고 처지다. 그런 그들에게 주거비용이란 상상하기 어려운 어마어마한 금액일 것이다.

OECD 국가에서는 이런 문제를 어떻게 풀어냈기에 16세나 18세 나이에 독립이 가능 할까? 다. 물론 주거비용이 싼 것도 한 몫을 할 것이다. 방 하나를 빌려서 산다고 가정해 볼 때, 월 10만-15만 원정도, 그리고 지방에선 이보다 더 싼 가격에 주거문제를 해결할 수 있을 것이다.

이 나이에는 소득이 적기 때문에 혼자 살더라도, 잘 다져진 성숙된 지자체에서 50-60% 정도의 월세보조금을 줄 수도 있다. 10대 학생 커플의 경우 학생보조금을 추가로 줄 수도 있다. 소득이 없는 10대청소년 후반의 커플들에게 적용된다.

OECD 국가들의 내부를 들여다보면 그 사회에서 새로 출발하려는 10대청소년들에게 최소한의 주거권과 생활 지원을 해주는 것은 '당연하다'는 사회적 합의를 가정해 볼 수 있을 게다.

20C 중후반 OECD 국가에선 결혼비용을 최소화하고 예식장 접근을 쉽게 하기위해 '시군구청 결혼'이 등장했다. '시군구청 결혼' 이란, 지역

사회가 패기가 넘치는 10대청소년들에게 후견인 역할을 제대로 해주는 제도다. 이들이 각각의 지역에 정착해 살아갈 수 있도록 OECD 국가들 중에선 스웨덴에서 시행되고 있다.

이로 인해 남아도는 컨벤션시설은 지자체의 적극적 지원으로 국제회의, 공연문화, 관광시설, 연회장 등 다양하게 활성화시켜 극복했다. 일반적으로 토요일 오전 시군구청 강당이나, 쾌청한 날에는 야외 공원 등에서 예식이 이뤄진다.

즉 시군구의 시장·군수·구청장이 아니라, 부시장·부 군수·부청장의 5분 정도의 성혼선언문 낭독과 정성이 담긴 주례사에는 축복의 말과 함께 약소한 결혼기념품을 교환하는 것으로 행사는 끝이 난다.

이런 과정에서 부모가 개입하는 일은 별로 없다. 그야말로 독립된 두 사람이 동거와 결혼 사이의 중간 형태로 한 가정을 이루는 '시군구청 결혼'은 동거 커플들의 새로운 출발을 사회적으로 의미 있게 만드는 하나의 과정일 뿐이다.

시군구청 결혼의 경우 그 지역에 건설되는 주택과 주택보조금에 대해서 우선적인 지원을 받게 된다. 또한 그들 각자에게 일자리와 지역에서의 문화 및 교육기관에 대해서도 우선적 접근을 가능하게 한다.

지자체의 시군구청이 직접 주선해서 만들어진 새 커플들의 자녀들은 사회 안전망 내에서 자라게 된다. 영 영아에서부터 보육, 의료시설 서비스까지 보다 향상 된 검약, 개량된 공공서비스를 제공 받게 된다.

그렇게 시군구부청장 앞에서 맺어진 커플 사이에 태어난 아이들은 정부 여러 기관에서 일할 혜택과 인센티브가 주어지는 한편 새로운 삶의 둥지를, 보금자리를 매우 자랑스럽게 여기는 보통의 중산층중심사회가 되는 것 말이다.

그들이 낳은 아들딸들이 그 지역의 새로운 주축이 되어 공동체발전에 헌신하고 기여하면서 새로운 차원의 검약/개조/업그레이드된 지역공동체가 될 때 건강사회 역할을 할 터이기 때문이다.

필자는 시군구의 시장·군수·구청장의 감독은 받되, 부시장·부 군수·부청장이 주도해야 한다고 주장한다. 왜냐면, 정치적 이용 때문이다.

우리는 지방자치법을 고쳐서 여기 범주를 넘어 사안별로 정치적으로 이용될 소지가 큰 사회복지행정은 행자부의 통제를 받는 부시장(deputy mayor) 중심의 복지행정체계로 바꿔나가야 할 것이다.

❸28청춘, 10대 청소년들의 대학등록금 해법 찾아야한다.

우리나라의 10대청소년커플들은 독립을 하면서 주거문제 다음으로 부딪히는 어려운 문제는 대학등록금문제다. 중등교육만으로 세상의 상당부문을 얼마 정도는 재단 할 수 있는 기틀이 잡힌 나라여야 한다. 그러나 우리나라는 그런 효율적인 시스템을 갖추지 못했다는 사실이다.

IMD 시스템이 유기적으로 작동되는 스위스의 경제운용형태와 다소 다르긴 하지만 스웨덴이나 덴마크도 잘 사는 나라다. 그와 같은 스위스의 대학진학률은 30%에 불과하다. 스위스 사람들은 대학은 물론 평생교육

시스템을 구축한 나라다.

그리고 자영업을 중심으로 하는 '마에스트로' 시스템을 갖췄다. 그런 분야의 베테랑 기능공, 장인이 되거나 공공 일자리 등에서 중산층 정도의 경제적 지위를 누리면서 세상을 즐기며 살아가고 있다.

스위스 '시계(론진·오메가·로렉스 등)'나, 그 유명한 '맥가이버 칼(빅토리녹스주머니칼)'은 바로 그런 베테랑 기술자, 기능공, 장인〈칭기즈칸시대 서역상인들 중 장색(匠色)=너커러〉들이 만드는 물건이다.

임금소득으로 비교를 해봐도, 그들의 소득이 우리나라 대졸임금 못지않다. 그러나 국민경제 성장률을 문맹률이나 고등교육에 가져다가 맞춰보면 만족스러운 상관관계가 보이지만 대학진학률과 맞춰보면 그렇게 만족스럽진 못하다.

우리 교육시스템은 스위스와 같이 효율성 위주로 만들어 진 것이 아니라 꼬집을 순 없다. OECD 국가들의 정상적인 비율보다는 많은 청소년들이 대학진학을 희망한다. 문제는 고등학교를 졸업한 뒤에 부모로부터 독립을 해서 대학에 진학하고 싶은 OECD 국가들과 우리나라 청소년들 간에는 '어떤 차이점'이 있음을 반드시 알아둘 필요가 있을 것이다.

다른 OECD 국가들의 경우는 동거와 대학진학 사이에 별 상관이 없고, 많은 동거 커플들이 대학에 함께 다닌다. 실제로 대학을 다니면서 동거는 현실적 주거비용을 줄이는 수단이 되기도 한다.

그렇다면 이 사람들의 주거문제는 앞에서의 언급대로라면 대학 등록금을 어떻게 해결하고 있을까? 오늘날 시장자본주의 시스템은 "출발선"을 같게 하는 '평등개념'보다는, '형평(衡平)'의 관점에서 사회적 합의를 찾는 시스템이어야 한다. "민주주의도 만인 평등(平等)개념"보다는 만인이 형평을 공유한다는 관점에서 재정립해야 할 것이다.

물론 초기 시장주의에 가설에 가설을 갖다 붙여 고르게(民主化=평준화)만 하면 된다고 주장하다가 공산주의란 허무맹랑한 복병(伏兵)을 만났었다. 그리고 민중(곡괭이나 망치를 든 덩어리) 이란 저항에 부딪혔었다.

이 같은 위기를 극복하게 해준 것이 스위스인의 '형평성 원칙'이다. 국민들 입장으로서는 '평등(equality)'을 포기하는 대신 형평성이라는 보다 절제된 가치에 동의를 표해준 것이다.

그리고 그 형평성을 실현시키는 가장 중요한 장치가 바로 교육(education)이다. 안정적 시장경제를 운용하고 있는 OECD 국가들의 국민이 합의한 내용은 고등교육, 즉 대학교육에까지 형평성을 적용하는 것이다. 물론 나라마다 제도적 차이는 있겠지만, 대체적으로 그러하다.

따라서 "동거하는 주제에 대학은 뭐 하러 다녀? 라고 말을 한다면 이것은 그 사회의 뿌리(根幹)을 흔드는 위험천만한 발상이다. 이제 고등학교를 졸업하고 대학에 진학하여 독립을 하거나 동거를 원하는 10대청소년들의 경우를 보자.

이 문제를 대처해가는 OECD 국가들의 방법을 유형별로 나누면, 미국형과 유럽형으로 구분할 수가 있다. 미국은 알려진 바와 같이 사립대학 시스템으로 진화하면서 대학 펀드 혹은 사회적 펀드의 형태로 다양한 장학금을 만들어 이 문제를 해결하고 있다.

즉 '사회간접자본'에 해당되는 펀드가 미국식 시스템이 작동되는 기본적 원리다. 충분할 정도의 장학금을 가난한 학생들에게 지급이 된다면 이 장치는 형평성의 원리에 문제를 일으키지 않고 잘 돌아갈 수가 있다.

구라파의 경우는 이 문제에 대한 해법을 찾았다고 할 수 있다. 형평성에 대한 사회적 불만이 폭발하면서 기존의 사립대학들을 국립대학으로 전환하는 사회화 과정을 통해 이 문제를 풀어갔다. 국가가 대학을 직영하면서 형평성이란 공통분모를 찾았다.

그리고 고등교육에 대한 접근성 문제를 풀었다는 점이 미국형과의 차이점이다. 프랑스의 '68혁명' 이후 90년대까지 연간 10만원 수준에서 유지되던 국립대학 등록금이 오늘엔 100만원 수준까지 올라가게 됐다.

구라파에도 사회적인 고실업 시대를 맞으면서 많은 10대청소년들이 대학으로 몰리게 되니까 국가의 운영부담을 덜기 위해 등록금을 인상한 것이다.

하지만 연간 100만원이란 상향 조정된 등록금도 연간 2천만 원, 3천만 원의 비용이 들어가는 영미형의 고등교육과는 다른 시스템으로 운영이 되고 있다.

100만 원이라면 고등학교를 졸업하고 부모로부터 독립하고자 하는 10대들이 해볼 만한 비용이다. 우리나라 같은 경우는 해법이 상당기간 없을 것 같다. 사립대학 중심의 교육시스템은 미국식이지만 사회적 간접

자본과 같은 다양한 장학재단이 형성되지 못한 것은 일본과 비슷하다.

안타까운 사실은 OECD 국가들에 비해 역사가 짧아서인지 '형평성' 욕구가 약하다 못해 저조하다. 때문에 우리 10대청소년들이 국민소득 대비 전 세계에서 가장 비싼 대학 등록금을 지불하고 있다는 대목이다.

일부 유망학과를 중심으로 연간 등록금으로 2천만 원에 가깝다. 부모가 자식의 교육비를 지원하는 것이 상식이 된 우리나라의 시스템에선 중산층 정도의 소득으로도 감당하기 어려울 지경이 돼가고 있다.

우리 10대 청소년들이 할 수 있는 방법은? 대학진학을 포기하던지, 대학등록금 융자와 같은 방법이 있다. 또 부모에게 의지하는 방법이다.

이런 경우는 부모로부터의 독립이나 동거와 같은 자신의 의지에 의한 선택은 어떤 경우에도 허락이 안 된다.

그런데 우리나라 정치지도자들은 지금의 상황을 당연하게 여긴다. 좋은 사람이 좋은 대학에 가는 것을 당연시하고 별 관심이 없다.

그러나 OECD 국가들은 '형평성'을 앞세워 어떻게 해서라도 해결의 실마리를 찾아보겠다는 것이, OECD 국가 정치지도자들의 입장이다.

그러나 우리나라의 10대청소년들은 정치권에서 보다 근원적이고, 근본적인 대책을 수립해 줄 것을 목이 빠져라 고대하고 있다.

……❹눈물 없이 볼 수 없는 10대청소년들의 '알바시장'해법을 찾아주자

어느 열여덟 나이의 10대 소녀가 고등학교 졸업 후 독립하려는 과정을

살피려한다. 제일 시급한 것은 주거 문제다. 대학을 가던지, 안 가던지 사회진출 여부를 떠나, 당장 '먹고 사는 것'이 문제다.

2·8청춘 10대청소년들이 현재의 경제시스템에서 손쉽게 얻게 되는 소득원은, 흔히 '알바' 라고 부르는 시간제 노동이다. 물론 10대청소년 비정규직이다. 이 문제는 10대청소년 혹은 대학생들에게 국한되는 문제가 아니고 노동 소득으로 살아가야 하는 전 계층으로 확산이 되었다.

우리가 '알바'라고 부르는 10대청소년 노동 문제는 소수자 노동의 연장선상에 있다고 본다.

우리나라에서 유행하는 단어인 '소년 소녀 가장의 문제', '청소년 착취의 문제', '비정규직 청소년의 보건 문제', 그리고 '10대 청소년의 성 착취에 관한 문제'들도 폴 새뮤얼슨의 영·미형 경제학(Anglo Saxon economics)의 표준적 접근이 가능하다.

이런 문제들을 마냥 방치하게 되면 기성세대가 생산 장치들을 이용해 노동시장에 진입하려는 10대청소년들을 노예처럼 학대하게 될 것이다. 10대청소년 알바문제 해법으로 제시하는 일본 형과 스위스와 스웨덴에서 제시하고 있는 지역 형 해법이 근접해 있다고 볼 수 있다.

일본型은 임금을 인위적으로 높인 조금 특별한 시스템을 운용하는데, 여기에 연동시켜서 소위 '알바'의 시간당 임금을 상당히 높임으로써 10대청소년 노동문제에 대한 1차적 해법을 제시한다.

국민소득의 차이를 감안할 때, 일본型은 10대청소년들이 자신의 소비

수준을 적절하게 관리할 수만 있다면 학업을 마칠 때까지 스스로 생활비 등을 어느 정도 감당할 수 있다. 물론 이것만으로 일본의 10대들이 행복하다고 말하기는 어렵겠으나, 적어도 10대청소년 노동과 관련해서 일본은 우리나라와 비교가 안될 만큼 제반 여건들이 괜찮은 편이다.

스위스나 스웨덴 같은 경우는 10대청소년의 일자리를 사회적 일자리와 '지역일자리'라는 관점에서 "자발적이고 성숙한 지자체가 직접 상당한 수준의 공용"을 제공하고자 노력한다.

도서관 사서 보조와 같은 일자리를 주당 20시간 정도의 노동 강도에 맞춰서 늘려가는 것이 하나의 추세다.

10대청소년 비정규직 문제는 교육 및 복지 등 다른 사회적 정책과 함께 판단할 일이다. 어쨌든 비교적 잘 사는 북구(北歐)국가에는 우리와 의미가 다른 '지역 협동 사회' 란 주제가 형성돼 있다. 우리 식으로 표현하면 구청이나 읍면동사무소가, 이 문제를 해결하기 위해 전면에 나서는 추세다. 중앙정부의 지원도 이런 방향으로 집중되고 있다.

이를 조금 더 쉽게 풀어보면 일본은 '자본' 과 '사회' 가 일종의 협의점을 찾은 경우고, 스위스나 스웨덴은 지역협동사회가 하나의 사회적 장치로 직접 나서는 것을 해법으로 제시한 경우다.

유럽에는 오랜 역사를 가진 다국적 기업들이 많다. 이런 기업들은 10대청소년을 어떻게 다루어야 하는지 그리고 어떻게 최저 임금으로 최상의 생산성을 이끌어낼 수 있는지 여부가 축적된 기술적 노하우를 활용할 줄 안다.

이런 역사적인 관점과 OECD 국가에서의 해결 노력에 관한 약간의 지식을 가지고 우리나라의 '알바 시장' 을 들여다보자.

결론부터 말하면 눈물 없이는 볼 수 없는 실태가 난무하고, 아직 기초적인 제도와 장치도 제대로 갖추지 못하고 있다.

2013년 현재 우리나라의 시간당 최저임금은 4.560원이다. 최저임금은 한국인이 한국에서 생활할 수 있도록 최소한의 기준을 정부가 정해주는 것이다.

그런 기준이 설정됐음에도 악덕 업주들은 불법적으로 임금을 떼어먹는다. 실제 알바 임금은 시간당 최저 3천원에서 최저임금에 가까운 임금이 지급된다고 한다. 만약에 이러한 가이드라인마저 없다면 악덕업주들의 행포는 말로 다 표현할 수 없을 정도일 것이다.

이런 문제 해결을 위한 두 가지 해법의 예를 들어본다.

❶10대청소년 노동의 최저임금에 대한 사회적 논의를 범국민적 공감대를 형성한 후에 시간당 임금을 1만원 수준으로 높여 나간다.

고용주의 손실액에 대해선 일정한 보조금을 지급하거나, 사회적인 인센티브를 주는 방법을 제시할 수 있다. 단기적으로 문제를 해결하기 위해서는 일정 정도의 보조금이 한시적으로 필요할 것이다.

❷스위스나 스웨덴 방식을 도입해서 공공기관이 제공하는 10대청소년들의 일자리를 늘려나가면서 임금 기준에 대한 시장경쟁을 유도해내는 방법이다. 물론 이런 두 가지 해법 외에도 지역사회에서 직접 나서서

또 다른 해법들도 찾아낼 수가 있을 것이다.

우리 사회의 가장 큰 문제는 10대청소년 노동에 대해 진지하고도 심층적인 사회적 논의가 없다. 법적 기준과 같은 알바의 시간당 인건비에 대한 사회적 논의가 이루어지기에도 현실은 너무 참담하다.

그리고 알바 시장의 현실은 최저임금 기준을 지키지 않으려고 하는 다양한 편법들이 난무하고 있다는 점이다. 즉 '떼어 먹기' 같은 것(꺾기)은 기본이다. 심지어 금융시장에서 은행들이 종종 저지르는 것과 같은 '꺾기'행위가 공공연하게 자행된다.

특히 정상적인 노동시장에선 상상하기 어려운 '꺾기'는 '고급 손님'들을 겨냥한 패밀리 레스토랑 같은 곳에서 횡행한다. '꺾기' 방식은 간단하다. 근무시간 중 손님이 없는 시간이 되면 알바들에게 "나가 있으라."고 요구한다.

소위 '알바'들은 지배인=점장의 '요구에 따라' PC방이나, 만화 가게 같은 데서 무료함을 달래고 온다. 당연히 이 시간 동안의 임금은 계상이 안 된다. 이런 꺾기는 국제 노동시장의 관례나 10대청소년 노동에서는 전례가 없는 부당한 행위다.

이 같은 일들은 매판 자본가들이 한국인을 앞세운 외국계 프랜차이즈 지점들이 대부분이라 생각하면 속이 편할 게다.

어차피 이런 외국 패밀리 레스토랑 자본에게 우리의 10대청소년들은 값싼 노동력을 제공하는 제 3세계 아동학대와 다를 바 없다는 점이다.

그렇다면 토종 프랜차이즈 회사는 이런 일들을 하지 않는가?

그래도 우리 토종 회사들은 외국회사들에 비교하면 조금은 덜 악질적이다. 하지만 일단 사회적 관행 같은 것들이 한 번 정해지면 단위 시장 내에서 '업계 표준' 이라는 것이 생기기 마련이다. 꺾기 같은 다국적 기업들의 악질적 행태가 곧 '모방'으로 이어지고 확산이 된다.

이런 일이 횡행하게 되는 것은 정상적인 노동계약을 할 수 없다는 데서 출발한다. 10대청소년 노동은 '부모동의서' 가 필요한데, 대부분 부모들에게 알리지 않고 알바를 하는 10대청소년들은 언제든지 '꺾기' 라든가 '떼어먹기'같은, 상상하기 어려운 관행에 노출될 수밖에 없다.

이런 문제가 우리 사회의 주목을 받지 못하고 해결책이 제때에 제시되지 않는 이유론 우리 사회의 10대청소년이 약한 존재이기 때문이다.

이런 논의는 '민주주의' 가 아니라 '자본주의 진화'의 역사와 관련 있다. 노동자나 농민 문제는 사회적으로 어느 정도는 익숙해져 있고, 부분적이나마 어떻게 풀어나가야 할지에 대해 노하우가 축적이 되어 있다.

앞에서 주거권과 관련된 주택비, 대학등록금과 관련된 고등교육 그리고 생활비 마련을 위한 알바시장의 여러 문제를 살펴보았다.

지금부터 우리 국민 모두는 "디지털·카메라에 익숙한 10대청소년들의 적극적 후견인"이 돼 줄때 "대한민국이 앞으로 나갈 수 있다"는 점이다.

그래서 필자는 우리의 '어머니정부 지자체'가 두 눈을 치켜세울 때라 보았다. 10대들의 주거생활 소득원 알바취업에 필요한 부보동의서를 시군구지자체가 대필해주어 그들 권익을 적극 옹호해 줄 때라고 봤다.

❺10대와 그 부모를 악질적 1318 인질경제에서 풀어 줘야 한다.

열세 살에서 열여덟 살 사이의 10대청소년들을 겨냥한 마케팅 용어가 '1318'이다. 필자는 우리나라 경제시스템 가운데 우리 10대청소년들에게 가장 나쁜 영향을 초래한 판매망 조직으로 '다단계 판매'와 '1318 마케팅'이라 보았다.

또 여기 1318이란 용어자체를 우리 어른들이 어떤 시각으로 우리 10대들을 바라보고 있는지 원래 1318 마케팅이란 홍행을 처음 만들어낸 것은 패션과 미용 관련 다국적 기업들이다.

공교롭게도 이런 용어들의 등장과 행위자체가 IMF이후 김대중 정권에서 시작된 사실은 정말 아이러니다.

2002한일월드컵대회 전후 사치재 마켓들은 10대청소년들에게 사치품, 명품(luxury good)을 판매한다는 악질적 1318전략을 구사하면서의 용어다. 당시 〈보그〉나 〈엘르〉와 같은 성인용 명품 마켓은 '걸' 이란 이름을 붙여 조심스럽게 시작이 됐다.

우리 태극전사들 가운데 극히 일부의 사치품 구매는 특수 시장에 대한 기업 전략이기에 그 자체로 문제가 될 것은 없다. 원래 이와 같은 종류의 마케팅은 일정기간이 지나면 시장의 흐름에 따라 커졌다가 제자리로 되돌아오기도 한다.

우리나라에서 처음으로 '사치품, 명품' 이란 고급스러운 언어로 치장이 되면서 전혀 새로운 사회적 의미를 가지게 되었던 것이다. 이런 명품 마케팅을 시장분할(market segmentation)전략이라고 한다. 이는 특정 집단에 대한 고급화 전략, 동일한 상품에 이질성을 보태는 고가품정책으로 전체 이윤율을 극대화시키는 방식이다. 마케팅 전략이 우리나라에서 문제를 일으킨 것은 바로 13세에서 18세에 해당하는 경제능력이 없는 10대들에 대해 대대적으로 적용을 시켰다.

서양에서는 10대청소년 시장이 분할이 돼 있다. 우리나라는 서양과 달리 10대들 삶의 패턴이 부모들의 경제적 소득에 따라 분리가 돼 있지 않다는 점이다.

미국 같은 경우는 10대에 고소득층과 저소득층이 눈에 띄게 분리가 돼 있다. 고소득층 자녀를 대상으로 하는 사치품 마케팅이 강화된다고 하더라도 중산층이나 저소득층 자녀들이 이 문제로 인하여 고통을 받거나 고민할 일들은 별반 없다.

지금도 프랑스엔 귀족계급이 있다. 특수계층과 일반계층이 사회적 균형을 이루는 상태라 할 수 있다. 서구의 1318 마케팅 이란 말은 곧 귀족출신의 자녀, 다국적 기업 상속자, 국제적인 전문직 종사자들의 자녀를 대상으로 하는 판매 전략에 지나지 않는다. 그러기에 이런 일로 사회적 균형이 깨지거나 요동치진 않는다. 우리의 경우엔 10대청소년들의 심층적 계층분할이 아직 진행되지 않았다. 그러나 우리나라를 비롯한 성인들의 경우는 사치재마케팅이 작동되더라도 자신의 소득과 지출 사이에 적절한 균형추가 스스로 작동되기 때문에 그다지 문제될 것이 없다.

지난 2002년 한일월드컵대회에서 태극전사·붉은악마들은 한반도통일을 향해 '삿김, 발효 놀이'='신바람공연'을 기획하고 연출 한바 있다.

그 후 태극전사들의 욕구분출 의지가 확고해 지자 일단 연말 대선현장에 '삿김 놀이터'를 마련해 주었다.

그 이후를 고민하던 우리나라 여야좌우 세력(政治權)은 다국적 기업과 우리 화장품회사들이 작당하고서 "13세에 기초화장을 18세에 색조화장을 하게 한다"는 전략을 세웠다.

그리고 이들의 욕구분출 방향타를 돌려세우는 일에 한 '패거리'가 됐었다. 이들 화장품회사가 만든 제품을 열세(13)살 고객들이 사용하게 함으로서 평생 고객으로 만들겠다는 전략이었다.

이 때문에 우리나라는 전 세계에서 어린 10대 소녀들이 가장 일찍 화장을 시작하는 나라가 됐다.

대다수 10대청소년들을 무차별적 마케팅의 대상으로 전락시킨 경우는 OECD 국가들 중에서 그 유례를 찾아보기 어렵다.

우리나라에서의 이 같은 일들은 문화적 다양성과 사회적 전통의 자리를 마케팅이 채운 결과다.

지난 2002 월드컵 신바람 공연 이후 우리 사회를 강타한 1318 마케팅은 10대청소년들의 정신세계만 황폐화시킨 것이 아니라, 실제적으로 10대청소년들의 다양한 감수성이 발발할 수도 있었던 공간을 엉뚱한 '과시형 소비'가 채워버렸다.

여야좌우가 합작하고 각계각층이 총망라된 김대중 노믹스 답지 않은 1318 마케팅을 통해 우리나라 경제가 얻은 것은 무엇일까?

한국 패션산업이 도약 한 것도 아니다. 우리 섬유산업의 자체 디자인 개발능력이 향상 된 것도 아니라 오히려 사라져 버렸다. 사회적·문화적 다양성이 사라진 그 자리엔 생소한 이름의 화장품 종류만 다양해졌다. 우리나라에서 1318 마케팅은 '세대 착취뿐 아니라,' '1318세대 파괴현상'이었음을 적시한다.

김대중·노무현 정부는 박정희·전두환 정권에 항거한 우리끼리 연방제 통일을 추구하는 상당수 유신·386세대들처럼, 2030세대들도 자신들이 추구하는 적극적 통일세력으로 흡인, 유인이 가능할 것으로 착각을 했다. 그러나 이들 2030세대들은 김대중 햇볕정책의 종착역을 읽어냈다. IMF를 빌미삼아 북한에다 퍼주다가 고려연방제 민족통일이란 계산된 이판사판·자충(自充)경제는, 오히려 조국근대화공정의 종착역 '천상열차 분야지도 한반도통일'로 이어질 것까지 정확하게 짚어냈다.

필자는 시대적 흐름을 짚어내는 2030세대들이야 말로 ❶대한민국 최고의 가치 '출산율 증가'와, ❷100세 고령화 사회를 극복해야 한다는 의지가 분명한 걸로 보아, '우리 시대의 희망'이라 믿고 싶다.

[5]

한반도통일로 가는 호호탕탕
"백두산 생태복원 공생경제"

大한국인 체질에 맞는 '백두산 생태복원 공생경제'란
대한민국 70년 체제버팀목이었던
장마당=시장자본주의를 꽃피우는 길이다.

칭기즈칸 경제의 무기(너커러)는 자연생태계에 바탕을 두고 있었던 시스템은 상하좌우(上下左右) 눈빛 하나로 교감과 소통이 가능한 오케스트라 경영에 있었다. 그래서 필자는 현대적 오케스트라경영의 대표 인물로 미국의 프랭크린 D. 루즈벨트 대통령을 꼽았다. 그는 미국 역사상 4번에 걸쳐 대통령직에 있었다. 그리고 그에겐 2차 세계대전 이후의 신세계 구상(New World Plan)이 있었다. 그 첫 타깃이 全 인류가 적대시한 공산주의 깃발을 끌어내리게 할 복안이었다.

그는 1930년대 대공황이란 만난을 돌파해낸 경험을 바탕으로 공산주의를 끝장을 낼 방도였다. 그는 2차 대전 중 첨단 전략 물자를 생산 공급하면서 '생산성향상'과 '기업경영의 혁신'을 터득한 나머지 '중산층시대'를 꿈꿨다. 그가 죽은 지 44년 만에 '75%중산층시대'가 75년 역사의 소련 공산당 깃발을 끌어 내렸던 것이다.

그래서 필자는 21C 지식정보화시대에 전통적 골목상권들이 대자연 속에서 공생발흥(共生勃興) 될 때, 중산층시대가 열린다. 유통구조의 기본 틀인 전통시장과 골목상권을 바로 세우지 않고선 75%중산층중심의 선진국 진입이 어렵다는 대목을 적시한다.

우리나라 영산(靈山)인 "백두산에는 대기업 격의 '백두산 호랑이(白虎)'를 비롯해 중소기업 격의 '산돼지 산양 늑대 등', 구멍가게(在來市場)격 '토끼, 다람쥐 등'은 물론 난전, 보부상 격의, '박테리아, 곰팡이'가 서식하는 미생물이 수천 년 동안 어우러져 공생 발흥"을 했었다.

이들은 서로 '먹고살기'위해 잡아먹기도 하고 잡아먹히면서 공존했다.

그런 어느 날부터 대기업들이 중소기업들을 지나치게 괴롭힌 나머지, 박테리아, 곰팡이 세균의 서식지(골목상권=전통시장)가 위협을 받게 되자 '세균 덩어리(민중)'의 무차별공격에 백두산엔 호랑이와 늑대가 사라졌다.

우리는 도시락을 준비해 산과 들로 소풍을 갈 때 옛 선현들은 도시락을 먹기 전 세 번 고수레를 하라고 했다. 이 세 번의 고수레는 자연속의 박테리아 서식지 보호를 위한 발효의 조건(시김=700조원)이었다. 곧 이 싯김이 노블리스 오블리즈다.

또한 평화로울 때 산을 오르면서 돌덩이 세 개를 준비해 산을 오르라고 했다. 산등성의 요새마다 준비된 성황당에다 그 돌들로 정성을 쌓아 환란 때를 유비무환 하라 했다.

오늘날 백두산의 파괴된 생태계는 우리가 싯김을 요하는 국력, 국방력을 키우지 못한 탓임을 깨달아야 한다.

영험했던 백두산의 생태계가 파괴되면서 먹고살기가 어려워졌다. 경제와 정치가 꼬이면서 36년의 일제침략과 남북분단을 자초했었다.

필자가 주장하는 '먹고사는 공생경제'의 핵심 내용은 백두산 생태계를 복원시킬 아다나만(**아**름**다**운 **나**라 **만**들기) 종자돈 700조를 조성, 3번 고수레+돌무더기(醱酵資金=700조)를 준비 '천상열차분야지도 한반도통일과 동북아르네상스·우주시대·천년의 역사'를 써가자고 끊임없이 주장했었다.

그리고 선진국진입을 위해서는 '코리언'은 다문화가족들과 함께 어우러져, 이들 스스로 "포디즘을 해체하고 포스트 포디즘 다품종 소량생산=4.0사회로 이끌어낼 수 있을지"가 매우 중요해졌다. 우선은 속도감이 붙은 삼성과 같은 오케스트라(交響樂團)기업 20개 정도를 만들면 코리아는 '일천년 먹거리'가 준비된다.

소유욕이 남다른 코리언은 보편적으로 일본인들보다 기업현장을 파고드는 일벌레다. 코리언은 자신을 지켜 준 기업이 어려워지면 근로자는 집문서, 땅문서를 들고 와서 기업주에게 맡긴다.

우리 대중소기업들이 또 한 번의 대도약을 위해선, 일본이 명치유신 100년만인 1968년 세계 제2경제대국이 됐었던 것처럼 도요타·소니(워커멘 신화)의 '오케스트라경영'을 위해선, '종업원제일주의=평생직장=연공서열제도'를, 반드시 떠올려 재가동시켜야 한다.

또한 21C조직모델은 오케스트라기업, 오케스트라 정부운영이다. 21C조직은 매 주기마다 모든 제품제조와 유통공정, 정책에 대해 재검토하는 것을 신속하게 평생교육으로 이어지게 해야 한다.

오케스트라=교향악단을 구성하고 있는 250명의 음악가들은 모두가 최고 수준의 전문가 중에 전문가들이다. 튜바(tuba)하나만으론 음악을 만들지 못하고, 이질적 요소들이 어우러져 정확한 정보를 교환하고 서로가 협력하면서 음악전문가 250명 오케스트라단원<코리언(북녘동포포함)+다문화가족+해외동포>이 음악을 만들어 낸다.

새 것을 창조하는 것 조직적 경영은 특수목적기관이다. 기업이고 정부조직이고 간에 한 곳에 조직운영의 관심을 집중하기 때문에 어마어마한 효과(1+1=3,5,7),기적 같은 30·60·100배의 성과를 내게 된다.

그러면 이제부터는 '먹고사는 75% 중산층 중심 장마당=시장 자본주의'의 6대 근본적 경제 문제를 알아보기로 한다.

(1)장마당=시장 경제가 발전하기 위한 조건으로는 정부가 기업가들에게 급박(blackmail & threat)을 하지 못하게 해야 한다.

경제가 정치를 이끌어가야 한다. 기업가는 정부가 잔소리를 조금만 해도 먼 산 불구경하듯 눈치만보고 딴전(deviation)을 피운다.

돈과 연계된 개인이나 기업의 경제행위는 "순수한 시장기능, 시장의 법"에 맡겨야, 제대로 돌아가는 신묘한 경제원리(principles of economy)다.

기업경제는 정치로부터 자유로워 질 때 흥얼거리며 흥청댄다.

註:우리 경제의 활로는 대-중소기업이 나란히 성장하는 모습을 보일 때다. 지난 60여 년 간 우리기업들은 수출과 개발촉진정책에 따라 기업윤리는 접어두고 앞만 보고 달려왔다. 그동안 우리 기업들은 강요된 불공정 성장을 이룬 나머지 순수한 시장경제를 한 번도 실천해 보지를 못했다. 그래서 새로운 인식하에 새로운 출발을 해야 한다는 말이다. 그런 기업들은 자본주의 시장경제의 "순전(simple)한 시장기능, 시장의 법", 전제조건(레위기19:36)"공평한 저울과 추와 공평한 에바와 힌을 사용하라(Use honest scales and honest weights, an honest ephah and an honest hin)"와, (마7:12)"그러므로 무엇이든지 남에게 대접을 받고자 하는 대로 남을 대접하라 이것이 율법이요 선지자니라(So in everything, do to others what you would have them do to you, for this sums up the Law and the Prophets)"는 시장경제실천대강령이란 동방예의지국(東方禮義之國)의 상도(商道)를 바탕에 깔았어야 옳았다. 영국시장경제체제의 바탕에도 신사도(the Code of a gentleman)가 깔렸었고, 미국시장경제체제의 바탕에도 청교도정신(the Spirit of Puritan)이 뿌리내려있었음을 결코 잊어서는 안 된다.

---

*자본주의 시장경제 신봉자 오스트리아 출신 영국경제학자 프리드리히 하이에크(Friedrich A Hayek,1899-1992)는 시장경제원리를 가지고 노벨경제학상 수상자가 됐다. 그는 시장경제의 철저한 신봉자다.

註:프리드리히 하이에크의 저서 "예속의 길"에서, 1944년 사회주의(socialism)는 불가피하게 노예화를 의미한다는 구절에서 "민주주의적 사회주의·국가자본주의"는 없다. "전체 봉건주의적 사회주의"만이 존재한다는 것이다. 그의 마지막 저서 "치명적 환상"에서도 막시즘은 망한다. 그러면 무엇이 '자본주의(capitalism)의 불가피

한 내재적 모순' 프롤레타리아(무산계급, proletarian)의 '소외(疏外)'와 '착취(搾取)', '프롤레타리아' 자체를 무너뜨린 것이 뭔가? 답은 "생산성혁명(productivity revolution)"이라 했다. 그 프롤레타리아를 무너지게 한 사람은 미국인 프레드릭 테일러(Frederick W. Taylor,1856-1915)라고 하이에크는 극찬했다. 그는 마르크스(Karl Marx, 1818-1883)가 죽기 2년 전 생산성 혁명이 시작됐으며, 이러한 테일러의 사상을 가장 가깝게 이해하고, 실천한 나라는 제2차 대전 후 사카모토 료마의 사무라이정신/잡기장상업주의가 바탕에 깔린 자본주의 이긴 하나 일본의 대기업과 노동조합이 실천에 옮겨, 1960년 안보투쟁시기를 거쳐, 1964년 동경올림픽을 치룬 후 메이지유신의 신정을 펼친 지 꼭 100년만인 1968년 세계경제2위권 독일을 앞서게 됐다고 했다.

시장경제 신봉자 하이에크는 순리에 따라 "먹고 일하고 즐기며 사는 삶의 문제를 해결하려는 시장경제원리를 존중하고 실천하는 나라가 선진국"이며, 선진국이 되려면 '먹고사는'경제 원리를 제대로 실천해야 된다고 강조했다.

미국은 1867년(남북전쟁 후 산업생산량이 영국을 추월한 해)이전 50년, 이후 50년, 100(1820-1920)년 사이에 시장경제 원리의 터전을 닦은 시기였다.

이에 걸림돌(stumbling block)이 되는 마르크스流 공산주의이론의 주창자들은 처음부터 발을 붙이지 못하게 차단시켜나갔다.

미국에서 매우 특별한 점은 무한경쟁을 통해 발생한 일확천금, 떼돈문제를 세금으로 소화하지 않고, 노블레스 오블리즈〈기부금(삿김=발효)경제〉원리를 건국 초부터 도입해 시장경제체제에 충격을 완화하려고 노력했다는 대목이 800년 전 칭기즈칸의 황금포획 및 조공경제원리(삿김=발효)를 상당히 닮았다.

일본은 유럽보다 공업화를 100년 늦게 시작했으나, 1968년 독일을 앞설 수 있었던 것은 애도 막부에 맞섰던 사카모토 료마의 사무라이式이긴 하나 장사꾼자본주의원리〈일본 최초의 종합무역상사와 일본인합자회사(기업+조합)〉를 철저하게 실천했기에 가능했다.

서구의 쇠락은 소수의 금융자산가 전횡과 복지주의정책(케인지언복지국가론)때문이다. 선진국이 되려면 시장경제원리를 제대로 따르는 방법 외에는 다른 방법이 없다. 그리고 시장경제를 안착시키기 위해선 다음 3가지 조건이 충족이 돼야 한다.

❶시장경제는 정치 산업의 족쇄에서 풀려나야 한다. 헌법상 "먹고(경제행위)일하며(몽골인)즐기고 산다(정치행위)는 칭기즈칸 학교 케식텐의 자유무역지대 원리"란 경제가 정치에 우선하여야 하듯, 정치인(칭기즈칸)은 경제인(대상:Caravan)을 에스코트해 주는 원리이어야 한다.

❷인간의 기본욕구인 재산이 재산의 증식을 위해 사용돼야 한다.

❸시장경제내부에서 만들어지는 심플(순전)한 '시장의 법', '보이지 않는 손(invisible hand)'에 의해 유도되고 감시돼야 한다. 시장경제제도하의 '시장의 질서'는 가계와 기업 간 접근이 쉬워야 한다. 시장의 법은 단서를 붙여 복잡하게 하면 시장질서는 무너진다.

국가적 차원에서 "6대 근본경제문제 능률/형평/성장/안정/국제수지/환경문제"를 해결할 수 있는 방법이 시장경제원리다.

근본경제문제를 해결하는 방법으로 인류가 발견한 2가지 방법 중, 하나는 자본주의(capitalism)고, 또 하나는 공산주의(marxism)다.

1926년 스탈린(I. V. Stalin)은 그의 정적 트로츠키(Leon Trotsky)의 "초공업화주의"에 따라 잔인하게 자행된 유배정책을 풀고 시베리아 수용소에서 유태인 인텔리겐치아(기술자조합원, intelligentsia)들을 불러들여 경쟁상대인 자유진영 미국 과학자 수준의 대우와 첨단연구 환경을 조성하여 우주시대까지 열었으나, 전체주의국가 본성인 회초리(KGB 통제)의 끈을 풀지 못하여, 종국(終局)에 가서는 소련을 해체 하고 깃발까지 내린다.

많은 나라들이 사회주의 끈은 붙들고서 국가자본주의(權貴資本主義) 방식을 채택해 보았으나, 중국이나 북한체제하에서는 근본 경제 문제를 결코 해결하지 못하는, 성공하지 못하는 거지(beggar)제조 방식이라는 사실이 분명해 졌다.

그래서 全세계의 모든 나라, 특히 중국까지도 모순을 껴안고서 또다시 100년 전 실패한 국가자본주의(state capitalism)방식으로 근본 경제문제를 해결해 보려고 안간 힘을 쓴고 있다.

중국은 중일갑오전쟁 후 약 6년 간 개인 투자기업들이, 비록 새순<민족자본계층>이 돋아나는 초보적 자본주의 단계로 발전했었다.

중국의 권귀자본주의 통제체제는 40년 정도는 지도자동지의 회초리(公安통제,switch)에 의해 굴러가다가 중국인들은 유별나게 돈=현금을 좋아한다. 돈맛을 알 때쯤이면 복지란 마약도 만난다. 현찰을 좋아하는 중국인들은 불안에 떤다. 그래서인지 미국 땅에다, 제주도 땅에다 투자를 하고 있다. 100원 풀빵으로 연명하는 중국

내륙 깊숙한 촌락들 한번쯤 상상하면? 배 고품엔 장사가 없다.

2차 세계대전을 치룬 영국조차도 첫 총리 선거 결과가 발표되던 1945.7.26 윈스턴 처칠은 경악했다. “아니 영국이 그 어려운 전쟁을 승리로 이끈 나를 버리다니” 처칠은 ‘요람에서 무덤까지’란 푸짐한 복지구호를 내건 노동당의 ‘클레멘트 애틀리’에게 참패한 것이다. 전쟁에 지치고 배가 고팠던 서민들은 땀과 눈물을 요구하는 처칠 대신 달콤한 애틀리를 선택했다.

유럽의 선심성-복지주의정책(20C 자본주의시장경제의 안전판으로 꼽히던 “케인지언 복지국가론”〈시장은 불완전함으로 사회보장과 완전고용 등을 위해 정부가 적극적으로 개입해 간섭-잔소리해야 한다는 이론〉)은 60년이 지난 지금, 또다시 따뜻한 자본주의를 외쳐는 보지만 이번에는 서구라파에 먹구름 같은 ‘진짜 먹구름’이 드리워지고 있다.

(2)지금도 많은 사람들이 공산주의가 민중(세균 덩어리)을 굶주리게 하는 몹쓸 제도란 사실과 기업의 중요성과 본질을 모르는 것이 문제다. 러시아·중국·동유럽국가가 시장경제를 채택함으로써, 지구촌이 하나의 시장경제 권으로 통합되는 마당에 이런 사실을 모르는 코리언이 많아 걱정이다.

필자는 단언한다. 공산주의는 망했다. 국가자본주의, 권귀자본주의도 결단코 성공하지 못한다고 단언한다.

❖註: 우리가 동북아공영·우주시대를 앞당기는 길은 통제체제아래서의 사회주의보다는 공평한 저울, 저울추, “먹고사는 중산층중심 시장경제체제”를 제대로

실천할 때 가능하다. 소유권과 경영권이 보장된 기업들이 많아져야 함에도, 기업을 부정하는 사람들이 문제다. 한편 "피터 드러커 교수와 서구인들이 2002월드컵 때 무심결에 던진 말 속에는 '코리안'은 '재산이 있고/없고/옳고/그르고'를 떠나서 소유욕이 남다르다·신바람을 잘 낸다"는 말은, 우리 大-한국인들의 속내를 깊숙이 들여다보고 한 말처럼 들렸다. 기업을 부정하는 사람들 중에 일부 대학교수는 물론 신문사 논설위원, 심지어 종교인<마르크시즘(Marxism)은 신앙으로서 '새로운 인간'을 만들지 못했기 때문에 붕괴되고 말았다. 마르크시즘의 종교적 약속은 동유럽에 살고 있었던 유태인(猶太人)들은 황제치하의 러시아나 루마니아에서 그들이 받는 학대와 차별대우에 종지부를 찍는 것을 약속하는 조건으로 그 이념을 받아들였다. 그러나 그들 유태인들에게 준 가장 강력한 매력은 마르크시즘이 약속한 지상낙원 세속적 종교로서 마르크시즘이 지닌 호소력이었다. 경제체제로서 공산주의는 부(富)를 창조하는 대신에 빈곤만 창조했다. 경제적 평등과 평균을 창조한 것이 아니라 미증유의 경제적 특권을 누리는 각종 노멘클라투라(nomen-klatura,소련의 특권계급)를 양산했다는 달콤한 말 종교인들이 꼭 기억했으면 좋겠다.>-들까지 합세한 우리 지식인들이 기업을 근본적으로 싫어하고 부정하는 것이 큰 문제다. 지난날 YS정부에서 금융실명제와 부동산실명제를 실시하려 할 때, 기업 활동이 위축되는 것은 안중에도 없고 돈 많은 사람들이 골탕 먹는 꼴을 더 좋아했다. 사회 불안을 조장하는 사람, 고약한 심보를 가진 빨갱이들이 많다는 사실이다.

이들이 억만장자들을 원천적으로 싫어하는 것, 근로자를 선동하는 것, 반(反)기업적 사고에 젖은 사람들이 문제다. 억만장자들이 죽을 때 자신이 소유한 재산 중에 땡전 한 닢도 싸 짊어지고 가지 못한다. 이 땅에 그냥 두고 간다.

공산주의(marxism)는 모조리 망했다. 흔적 없이 사라진 '소련'을 봐라 핵폭탄(nuclear weapon)을 껴안고 버티는 북한도 예외가 될 수 없다.

註: 마르크스(Karl Marx,1818-1883)의 예언이 빗나가게 된 것은 ❶"생산성혁명"이다. 지식(knowledge)이란 의미의 첫 변화의 국면은 1750년 후 100년 동안 지식은 작업도구와 제조공정-제품에 적용되었다. 이것이 산업혁명(industrial revolution)을 불렀

다. 그러나 그것은 마르크스가 말하는 '소외'와 새로운 계급과의 투쟁 끝에 공산주의(marxism)를 잉태했다. 1881년부터 제2차 세계대전까지 최고의 절정기에 이른다. 제2단계 국면은 새로운 의미의 지식은 테일러에 의한 작업 그 자체에 적용되었다. 이것은 곧 생산성혁명(productivity revolution)으로 연결됐고, 그 후 75년 만에 생산성혁명은 프롤레타리아들의 소득이 상위계층과 맞먹는 중산층 부르주아(bourgeoisie)로 바뀌었다. '마르크스의 과학적 사회주의'를 무너뜨린 것은 '중산층 부르주아'다. 이런 과정을 거쳐 생산성혁명은 계급투쟁과 공산주의를 퇴장시켰다. 마지막 제3단계 국면은 제2차 세계대전 이후 시작됐다. 지식이 지식 그 자체에 적용되고 있다. 바로 ❷경영혁명이다, 이 경영혁명은 1989년 Soviet 깃발을 내리게 했다. 지식은 엄청난 속도로 자본과 노동이 결합해 하나의 생산수단이 돼 全지구촌을 하루가 다르게 ❸오케스트라(交響樂團)경영체제로 변모시켜 가고 있다.

일예로 체코슬로바키아의 '아비아'社는 1919년에 경비행기를 만들 정도의 기업이었으나, 체코가 공산화 된 후 비행기 만들 여력을 잃고서 자동차회사로 전락했다. 공산주의가 계속되자 그 회사의 경쟁력은 점점 떨어져서 트럭제조회사로 전락을 했다. 그러다가 90년대 대우자동차에 인수를 당했다. 아비아社의 소유주는 대우자동차다.

프라하는 제2차 세계 대전 이전엔 파리를 능가하는 문화도시였다. 세계7대 선진국이었다. '일하다'의 뜻인 '로봇(robot)'은 체코 말이다.

일본의 사무라이를 무릎 꿇게 한 미국인 청년 새뮤얼 콜트(Samuel Colter)가 발명한 '권총'이란 피스톨도 체코 말이다. 6.25남침 당시 김일성 인민군대의 '따발총(Ppsh-41)이 아비아社 제품'이다. '달러(dollar)'란 돈 이름도 원래 체코 돈 이름이다. 체코는 문화와 공업화 수준이 대단히 높았으나, 공산주의 때문에 쪼그라들었다.

이처럼 공산주의가 증명해 준 것은 어느 선진국이든 후진국으로, 후진국은 더 형편없는 후진국(backward country)으로 주저앉힌다.

어느 나라에서건 사회주의사상에 물들면 시장경제는 멍이 든다. 소비에트 공산주의는 기업을 부정하다가 나라 자체가 분해되고 말았다.

❖註: 1992년 前 소련공산당 서기장 고르바초프는 미국을 방문해 미주리州 퓰턴市에서 45분 동안 행한 연설내용 가운데, 그가 '미국을 지지하고 소련공산당 깃발을 내릴 수밖에 없었던 이유로 ❶미국은 다른 나라를 경멸치 않는다. ❷미국 민주주의의 기본적 가치와 제도는 자유·평등·박애의 국시와 전통을 바로 세우기 위해 사리사욕을 버린다. ❸미국의 수많은 ①중소기업 ②중산층 ③기업주들의 사회공헌철학과 공헌활동은 베풀면 결과적으로 그에 합당한 이익이 발생해 기업주들에게 되돌아온다는 "페이백(pay back)"정신에서 출발한다는 점을 찾아내 감탄했다. 또한 기업주들은 사회공헌활동을 단순하게 자선활동이 아닌 확대재생산을 위한 또 다른 투자대상으로 인식하고 있다는 사실을 높이 평가했다는 내용이다.

우리나라가 진짜 부강해지려면 인민·복지주의(populism-welfarism)를 철저히 배격하고 '먹고사는 심플(simple)한 시장원리'를 되찾아야 한다.

중소기업들이 발동이 걸려 국부가 창출되고 클레어몬트대학 경영대학원 피터 드러커 교수가 말하는 중산층(bourgeoisie)이 허리 역할을 제대로 해 줄 때 대한민국 체제가 안정이 되면서 동북아 중심에 위치한 허브 국가가 된다.

선진국이란 全국민의 절반이 일하는 나라/중산층이 75%인 나라다.

우리나라도 선진국이 된다면 우리 국민 2,000만이상이 일해야 하나

2008년 말 현재 통계청(the statistics administration)에 따르면 일하는 사람 수는 1630여만 명(비정규직포함)에 이른다.

우리도 풀타임 2000만에서 2300만 개의 일자리에다 외국의 고급인력 100만 개 일자리가 마련되면 훌륭한 모범 선진국이 된다.

그것은 바로 최첨단 오케스트라기업들을 선도하는 우리 젊은 전사들의 창업정신이 발흥되고, 기존의 굴뚝기업(chimney enterprise)들을 알토랑 첨단 IT기술을 융합한 제조업으로 내실을 다질 때의 일이다.

(3)자유민주주의 60년 체제 버팀목은 절름발이 자본주의 시장경제 체제였다 손 쳐도, 우리나라의 근본 경제문제 해결과 지구촌중심국가 건설을 향한 선진국도약 디딤돌(step-stone)로 '먹고 일하며 즐기고 사는 생태복원 장마당경제학'을 기교(trick)부리지 않고, 기본에 충실한 시장경제 원리대로 풀어 가면 된다.

우리경제가 근본경제문제를 어떻게 해결하는가를 가전제품시장의 예를 들어보면, 만약에 대한민국이 사회주의국가(socialism state)라면 우리 정부가 삼성전자/LG/대우/신일/아남전자에 생산할 TV의 종류, 색깔, 크기 및 월별 생산량 등을 일일이 체크해 정해 줄 것이다.

그러나 대한민국은 장마당경제 국가이므로 정부는 그렇게 하지를 않는다. 가만히 내버려두더라도 기업들은 서로가 질 좋은 제품을 먼저 만들어 출시하려고 온갖 노력을 다할 것이다. 만들더라도 너무 많이 만들면 안 팔리기 때문에 손해를 본다. 너무 적게 만들어도 더 팔 수 있는 기회를 놓치기 때문에 손해를 본다. 가급적 소비자들이 좋아하는 제품을 필요한 양만큼, 최소의 비용으로 만들려고 경쟁한다. 이는 이들이 스스로 능률적인 생산 활동을 하게 됨을 의미한다. 또한 이들 전자회사들은 앞서거니 뒤서거니 신기술(new technique)을 개발하고 소비자가 좋아하는 신제품을 만들려고 하는데, 이는 결과적으로 전자산업의 성장과 국가경제전반의 성장과 발전을 도모한다.

이들 회사가 빨리 성장하면 일자리가 늘어나므로 고용이 안정되어 좋고, 제품의 생산성(productivity)이 올라가면 가격이 떨어지므로 물가안정과 경제안정에도 많은 도움이 된다. 소비자(consumers)들 역시 좋은 제품을 싼값에 사서 사용할 수 있게 되므로 '분배(distribution)'에도 도움을 가져온다. 우리 국민들은 더 좋은 제품을 사용하게 되므로 '생활의 질' 또한 향상된다. 이들 기업들이 국제 경쟁력을 높여 수출을 많이 하는 경우에는 외화를 벌어들이게 되므로 '국제수지'도 개선된다.

이들 전자회사들은 "능률/성장/분배/안정/국제수지 및 생활의 질적 향상"까지 기여를 하게 된다. 그런데 이들 기업들은 왜, 정부가 감시나 통제를 하지 않는데도 소비자(consumers)들이 바라는 제품을 바라는 양만큼, 그리고 최소의 비용으로 만들려고 죽기 살기 식으로 노력하게 되는가. 그리고 왜, 기술 개발과 신제품 생산도 더 많이 하려고 애를 쓰는가, 그 이유는 상호경쟁 때문이다. 경쟁이란 무기가 이들을 이토록 미치게 만든다. 더 미쳐야 더 좋은 제품들이 쏟아져 나온다.

'정부의 감시나 통제'가 아니라 '자율적 시장의 감시나 통제' 때문이다. 정부 감시나 통제는 강제적이나, 시장의 감시 통제는 자율적이다.

그리고 눈엔 아무것도 보이지 않는다. 그래서 국부론의 저자 "아담 스미스(Adam smith)"는 이를 두고 "보이지 않는 손(invisible hand)"이라 했다.

반면에 전체주의/사회주의국가에선 가전제품 회사들이 제품을 부실하게 만들면 국가로부터 처벌받는다.

반대로 잘 만들면 훈장을 받는다. 그러나 시장경제에선 제품을 부실하게 만드는 회사는 손실이란 벌을 받고, 손해를 보고, 잘 만드는 회사는 이윤(profits)이란 상(賞), 즉 이득을 본다.

어느 전자회사가 가령 제품을 적당히 만들어서 비싸게 팔려고 하다간 시장을 경쟁 업체에게 빼앗기고 만다.

이런 의미에서 경쟁회사들 간에 엄격한 감시자 역할을 하므로 시장경제 내에는 자연스럽게 자동 감시 장치 같은 것이 생긴다. 정부에는 감사원 기구가 있으나, 시장경제아래서는 '보이지 않는 손'이 감사원 역할을 한다. 한편 '먹고사는 경제체제'하에선 명료한 통계수치(에스코트 자료)가 매우 중요하다.

또 사회주의국가에서는 인민들 스스로 원하는 것을 만들거나 사고 싶은 것을 시장에서 사서 사용하는 것이 불가능하다. 국가의 지시에 의한 통제로 살아야 하고, 각종 제품들을 배급해 주는 대로 싫든 좋든 사용해야 한다.

인민의 경제활동이 지도자 동지 1인 통제를 받게 된다.

(4)경제활동의 순환 관계 '먹고사는 중산층 중심 백두산생태복

원 장마당경제학'에서 기업생산자와 가계소비자사이의 관계는 떼려야 뗄 수 없는 '순환관계'다.

생산물자와 생산요소를 서로 공급하면서 동시에 수요 하는 관계다. 생산 물자는 기업에서 가계로, 생산요소는 가계에서 기업으로 흐르며, 그 대가인 돈은 반대 방향으로 흐른다.

그런데 경제활동은 물처럼 흐르고, 계속 흘러야, 흐르더라도 강물처럼 한 방향으로 흐르는 것이 아니라 돌고 돌아야 한다. 순환적 흐름(circular flow)이 중요한 것이다. '돈이 돌고 돈다.'는 말은 이 순환 때문이다.

기업이 줄어들면 가계소득이 줄어들고, 가계소득이 줄어들면 기업도 줄어든다. 기업이 줄어들면 국고도 말라붙어 국력이 쇠퇴한다. 따라서 국가, 국민, 기업, 가계는 서로가 떼려야 뗄 수가 없는 "돌고 도는 순환관계"이기 때문이다. 소리 소문 없이 10년 후 들이닥칠 低출산, 100세 고령화 사회가 무섭다는 게다.

그래서 몽골 칭기즈칸처럼 떼돈문제를 증세로 풀지 않고 노블레스 오블리즈 700조 종자돈을 조성하면 低출산과 100세 고령화 사회를 극복 할 수 있다는 것이다.

(5)자본주의시장경제와 민주주의 간의 관계는 어떠한가?

시장경제와 민주주의는 다음 3가지로 나누어 볼 수 있다.

❶민주주의(democracy)는 선거권을 가진 사람은 남녀노소, 직업의

빈부귀천 할 것 없이 1인 1표로 진짜 평등해야함을 강조하나, 자본주의 시장경제는 능률에 따른 보상을 주창하므로 개인 간의 격차가 얼마든지 커질 수 있고 또한 그렇게 되는 것이 지극히 정상임을 강조한다.

例를 들어 운동선수의 경우에 박찬호, 이승엽, 박지성, 박주영, 김연아 같은 유명선수는 연수입이 수십억, 수백억 원이 되나, 무명선수는 연수입이 1000만 원도 안 된다. 이런 차이는 재능, 훈련, 실력, 인지도의 차이이므로 얼마든지 인정해야 한다는 것이, 미국식 분배의 기본취지다.

그러므로 민주주의와 시장경제는 부딪치는 면도 있다.

❷민주주의는 다수결의 원칙을 중하게 여기므로, 복잡한 경제문제의 해결에 소수의 경제 전문가보다는 다수의 비경제 전문가의 의견이 채택될 소지가 크다. 즉 악화(나쁜 돈)가 양화(좋은 돈)를 몰아내는 것을 그레셤의 법칙(Gresham's law)이라한다. 다수의 비전문가(국민)가 소수의 경제전문가를 몰아내는 그레셤의 법칙이 적용된다.

민주주의는 사람중심의 '1인 1표'이나, 시장경제는 돈(자본)=기업인중심의 '1원 1표' 제다.

민주주의와 시장경제는 어느 것이 우선하는가? "(경제행위)먹고(주민은)일하고(정치행위)산다"는 먹고사는(시장) 경제 원리는 우선은 돈을 벌어 지갑이 두둑해야 여유가 있어 정치(민주주의)할 마음이 생긴다.

그래서 경제(먹는 문제)가 정치(사는 문제)에 우선한다는 말이다. 미국이 그런 나라다. 미국은 정부 조직이 성립되기 전에 기업(주식회사)이 먼저 생긴 나라다.

❸시장경제와 민주주의는 보완되는 점이 있다. 국민이 주인인 시장경제는 근본적으로 경제정의·경제형평을 추구해야 한다.

'민주주의(사람)와 경제민주화(돈=자본)'에 대하여 분명히 해야 한다.

과학적 사회민주주의를 주장한 칼 막스(Karl Marx,1818-1883)가 엉터리 예언자가 될 수밖에 없었던 것이, 바로 '경제민주화'다. 경제는 돈(자본)중심이다. 그래서 저울=잣대는 형평원칙이어야 한다.

❹민주주의는 정치를 잘못하는 정치가를 국민의 표로써 퇴출시킨다. 반면에 시장기업경제는 기업을 잘못하는 기업가를 소비자의 돈이란 힘으로 퇴출, 퇴장시킨다.

물건을 잘못 만드는 기업의 제품은 소비자들이 구매하지를 않고 외면함으로써, 그 기업과 기업경영인은 시장의 룰에 따라 자연스럽게 저절로 퇴출이 된다.

❖註: 자본주의시장경제는 국민이 바라는 것을 가장 신속하게 생산·공급해 주는 제도다. 구체적으로 말하면 국민들이 바라는 다양한 신제품들을 가급적 많이 그리고 싼값에 제때에 생산·공급하는 원리다. 거래 당사자 중 어느 쪽도 손해를 보지 않게 한다. 소비자와 생산자 모두가 이익이 되게 하는 원리다. 신기술을 개발하고 경제발전을 촉진한다. 새로운 상품, 새로운 기업, 새로운 생산 방법 등을 끊임없이 창출함으로 창의력 발휘에 아주 좋은 제도다. 배추,

상추, 고추 할 것 없이 어느 품목, 어떤 공산품이라도 수급 불균형이 발생하면, 즉각적으로 수많은 생산자와 소비자들이 달려들어서, 신속하게 이 문제를 자발적으로 해결하려는 제도다. 어떠한 변화가 발생하더라도 그 영향을 직접 받는 사람들이 스스로 알아서 그 대책들을 강구하도록 하는 체제다. 정부의 기능 중 안보나 국방, 외교차원의 기밀 외엔 정직, 정확, 알아보기 쉬운 통계자료를 세분화시켜 모든 국민이 공유할 수 있게 해야 한다. 왜냐하면 통계자료(table of statistics)는 생산자인 기업은 물론 소비자인 가계 등 각 개인의 물가안정과 국가의 체제안정에 크게 도움을 준다. 일예로 배추 등의 파종에서 수확까지 각종 농산물과 공산품 수급을 정직하고 간편한 통계가 조절, 조정한다. 국민들로 하여금 경제적 자유를 더 많이 누리게 함으로서, 경제적 자유는 정치적 자유(政治的 自由)의 전제 조건(前提條件)이 된다. 자본주의 시장경제는 경쟁을 치열하게 유도하는 무한경쟁 원리다. 국민국가로 하여금 경쟁에 지지 않게 열심히 노력을 하도록 해야 한다. 각종 재화나 서비스를 생산, 관리하는 사람들이 제공하게 하고 잘 만들게 하는 체제다. 동물의 세계에서도 가장 힘이 센 수컷이 암컷을 차지하여 자손을 퍼뜨리게 하는 것에 비유할 수 있다.

먹고사는 중산층중심경제학이란 쉽게 말해, 6대 근본경제문제 "❶능률, ❷분배, ❸성장, ❹안정, ❺국제 수지, ❻생활의 질과 환경 문제까지 가장 잘 해결 할 수 있는 제도라고 말할 수가 있다.

[6]

2030세대의 잣대(저울추)경제

사람중심의 '經濟민주화'가 아니라, 돈:錢 중심의'經濟형평' 을 추구한다.

IMF 이후 2030(88만원)세대 상당수가 비정규직이다. 이 세대는 종종 유신세대, 386세대와 갈등한다. 그 대표적 예로 KTX 여승무원과 철도공사 이철 사장간 정규직 전환 투쟁 사건을 본보기로 들 수 있다.

이 세대는 2020년과 2030년을 지향하는 미래세대를 의미하기도 한다. 한편으로 고시촌에서 쪽잠을 청하는 88만원세대를 비롯해 비정규직 근로자가 800만 명을 넘는다. 비정규직의 임금평균은 119만원이다. 전체 임금에서 20대 근로자가 받는 임금비율을 적용하면 88만원이다.

DJ는 서민·대중경제를 앞세워 집권에 성공하였다. 그러나 DJ는 남북통일을 위해 서민들이 바라던 것과는 정반대의 新자유주의 경제정책 '은행카드 무제한 발급, 다단계판매, 대형마켓'에 대형유통 자본을 동원해 우리경제의 뿌리인 전통시장＝골목상권을 쑥대밭으로 만들었다.

그런 중 2030세대들은 10대 때 IMF 후폭풍과 햇볕정책이란 복병을 만나 일본보다 비싼 '스타벅스 커피'를 마시며, '베니건스의 스테이기'를 자근자근 씹고 씹으며 반미를 외쳤다. 그리고 이들은 다단계판매망에 걸려들어 합숙을 경험하며 불신자본주의조장의 최대피해자가 됐다.

이들은 ❶1950년대 6·25세대가 한국전쟁을, ❷1960년대 품앗이·품팔이세대가 베트남전쟁을 경험했듯, ❸2030세대들은 YS·DJ 탓에 아무나 할 수 없는 IMF·햇볕정책아래서 시궁창자본주의의 진수를 경험했다.

필자는 2030세대들의 타고난 시대적 운명을 전화위복의 계기로 만들어 낼 것으로 믿는다. PC방과 고시촌을 오가며 청한 쪽잠 경험을 바탕으로 일본의 신뢰자본주의의 기초를 닦은 '일본무사=사무라이'세대들처럼 신천지로 나갈 천상열차분야지도=천문도 속 제2신대륙 우주시대를 꿈을 꾸면 반드시 그 곳에 도달하여 개척해 내고야 말 것이다.

필자는 그대들 어린 시절 "어머니를 잃은 소년이 안드로메다(Andromeda)로 가는 '은하철도 999호' 꿈같은 만화시리즈(Caricature Series)를 한 장면도 놓치지 않고 즐겨 보는 것"을 똑똑히 지켜봐 두었기 때문이다.

그 꿈을 실현시키려 하다보면, 2030세대 그대들에 의해 한반도통일/동북아공영/우주시대를 넘어 천년 새 역사의 물꼬까지 트게 될 터다.

그럼에도 불구하고 오늘날 민주당의 "386세대는 순전히 DJ집권을 위해 '젊은 피 수혈의 조건'에 의해, 30대 젊은 나이에 운 좋게 정치에 입문"할 수 있었다. 또 한편으로 "노무현 대통령의 탄핵역풍덕분에 '탄돌이'란 이름의 세력화"에 성공을 했다. 그러나 서구의 '68세대'와는 달리 정치역량이 턱 없이 부족하다는 견해들이 대체적이다.

사실인즉 이게 386운동권세대의 한계다. 지금까지 386세대는 DJ의 눈빛에 따라 유목민 노무현의 개혁과정에서 송두율, 강정구, 제주해군기지, FTA 등 사사건건 훼방꾼이었음을 부인하지는 못할 것이다.

그래서 필자는 이들 386세대들에게 박정희와 김대중 두 전직 대통령에 대해서 제대로 읽어내라고 주문하고 싶다.

DJ는 박정희와 화해의 바탕에서 집권에 성공했다.

김대중 대통령은 집권을 위해 "호남+민주화의 틀을 깼다. 호남+충청의 지역연합에다, 민주화+산업화 세력연합으로 확장했기 때문에 집권에 성공할 수 있었다." 그는 박정희를 민주당의 적으로 돌리지 않았다.

DJ의 역사관은 "산업화의 공은 공대로, 민주화의 과는 과대로, 민주당의 역사관을 넓혀야 한다."는 것이, 그의 일관된 사고였다.

그래서 우리 국민은 박정희의 산업화+자주국방, DJ의 민주화+햇볕정책 남북 간 화해의 정체성으로 묶어세우는 선상에서,

또한 DJ는 박정희와 이승만에게도 공과 과가 있었다는 균형 잡힌 역사관을 당의 강령으로 채택을 할 때, 또 시민사회 연합세력에 끌려 다니는 나약한 모습에서 벗어나 당당한 모습일 때, 민주당 집권의 길과 그가 꿈꾸었던 남북통일의 길이 있다는 것을 주문하고 싶었을 게다.

필자는 새 누리당도 민주당 못지않게 자유로울 수 없다고 봤다. DJ의 국정파트너로서 "이승만이 시작한 월슨주의 시장경제는 퇴장시켜야 할 나쁜 양키자본주의로 조장해 '대한민국과 북조선을 하나'로 묶으려했을지도 모를 일"이 벌어졌었다? 그와 같이 대한민국의 존망?이 막중할 때도 한나라당은 DJ의 '신자유주의 놀음'에 맞장구를 쳐주는가? 싶다가도 때로는 김대중·노무현 전 대통령의 하는 일들에 대해, 옳고 그름을 떠나 사사건건 반대를 위한 반대를 안 했다고 부인하지 못할 게다.

그리고 2011.9.6일부터 시작된 '안철수 현상'에 기절초풍을 하고, 새누리당으로 당명을 바꿀 때도 당의 색깔을 붉게 물들이는 아웅작전으로 재집권했다. 4·11총선, 12월 대선에서, 새누리당의 실책은 민주당과 진보 야당의 '랜드 마크인 경제민주화'를 선점했다고 좋아 라고 했다.

2030세대는 18대 대선에서, 대세론을 엎고 원칙론을 고수한 박근혜 후보이었어도 선택의 여지가 없어, 할 수 없이 이들의 탈출구로 박근혜 후보를 선택했을 뿐이다. 새누리당이 자유롭지 못한 이유이다.

여당은 야당과 마찬가지로 대수술을 해야 할 부문은, 21C오케스트라당 이미지 구축에, 정체성 확립과 시스템 상 체질개선이다.

그래서 이들에게 새누리당이고 민주당이고 간에, '경제민주화'란 자(字)만 봐도 경멸한다고 말하면서, 이들은 "경제민주화를 두고 전체주의체제로 가는 길라잡이 명분이다"고 스스럼없이 대꾸한다.

필자는 칼 막스가 170년(1843년) 전에 과학적 사회민주주의의 출발선상의 첫 단추 《막시즘=경제민주화》 등식 때문에, 온 인류가 100년 넘게 몹쓸 고통 속에서 살았다고 했었다. 지구촌 인류가 몸서리쳤던 등식이 곧 잘못 끼운 첫 단추 《경제민주화=과학적 사회민주주의》 다.

만약에 칼 막스가 '경제민주화' 대신 출발선상에 '경제정의, 경제형평이라는 저울추'를 올려놓았다면, 《과학적 사회민주주의》 란 등식이 성립되지 않아, 《공산주의》 는 세상에 존재하지 않았을 것이다.

그래서 현재의 우리 헌법 119조2항 "북조선노동규약이 표방하는 '양키자본주의 퇴출'을 위한 규제" 일변도의 '경제민주화'란 조항을 뿌리 채 뽑아낸 그 자리에다가 '경제정의와 경제형평' 이란 용어로 대체시켜야 한다고 주장을 하는 것이다.

지난 6월 임시국회에서 또 경제민주화, 협동조합법가지고 격돌을 벌였다. 필자는 박원순 서울시장이 DJ처럼 기층민 위한답시고, '아름다운가게, 사회적 기업'에서 시작한 '서울 8000개 협동조합, 조합 천국 비전'가지고 국민을 현혹해 불행을 자초하지 않기를 바라는 마음이다.

서울시장의 소고기 파동 촛불집회 유모차 동원 시정이 무섭게 우리들

곁으로 다가오고 있음이 느껴지려는 소름끼치는 순간이다.

서울에서 그럴싸하게 시작한 '아름다운가게'에서 출발 '협동조합도시 바람' 전국으로 확산 일로에 있다. 심지어 프랜차이즈 가게에 아름답고, 착하다는 이름으로 그늘진 사회를 위한답시고 '착한 가격, 착한 햄버거, 착한도시락, 착한 점심 2500원'이 등장했다는 대목 결코 간과할 일 아니다. 필자는 '착한, 아름다운' 이란 字만 봐도 소름이 끼친다. 언제나 교조주의자=형식주의자들이 앞세우는 사탕발림의 요런 요상한 요물 같은 말에서부터 시작하기 때문이다. 필자는 대기업광고에까지 파고 든 '아름다운, 착한' 문구가 세상에서 사라지기를 맹렬하게 기도할 것이다.

그리고 서울시장이 말하는 대한민국 수도 서울에서의 협동조합 조직은 결단코 산업경제조직이 될 수가 없다.

21C 수도 서울에서 금융/상업/비즈니스/문화/관광의 최첨단 기업도시로 성장가도를 달려도 시원찮을 판국에, 아름다운가게, 사회적 기업들, 착한조합 8000개로 채울 요량인가를 박원순 시장에게 묻고 싶다.

기층민을 위해 준비했다던 'DJ노믹스'를, DJ는 집권에 성공하자마자 '쓰레기통'에 처박아 넣고, 우리끼리 통일을 앞세워 '자본주의'를 타락한 시궁창자본주의로 격하 하려 한 건 한 번으로 족하다. 박원순 시장마저도 또 이 짓거리하면 국고가 말라붙으면서 나라는 끝장이 나고 만다.

오늘날 기업(株式會社)은 자본지분에 비례해 주주총회의결권(議決權)이 '1원(돈)1표'로 정해지지만 협동조합은 '1인(사람) 1표'를 행사하므로, 일단은 비정한 '자본의 지배'를 벗어날 수 있는 것쯤으로 비춰질지 모른다. 그러나 1인 1표 의사결정은 정치적 의사결정이다. 따라서 경제적 효율성보다 조합원 간 정치적 합의와 慾(욕심)의 배분이 먼저 고려된다.

이런 협동조합 의결방식은 장애인/소규모 농업인/상인들이 연합하는 신용협동조합 등, 자기 보호적 공동영업조직에선 통할지 모른다. 그러나 규모가 대형화되고 이익이 커지면 커질수록, 붉은 띠를 이마에 두르는 분열과 분규가 발생할 수밖에 없는 것이 협동조합이란 요물이다.

사실 인즉 덩치가 큰 "농업협동조합·축협·수협·신용협동조합" 등의 금융은 기업 즉 경쟁하는 회사인 동시에 금융기관이란 이미지라도 따라다니기 때문에 버텨내고, 지탱해 가는 것이다. 필자의 눈엔 이들 모두 혁신의 대상이다. 그런데 여기 조합들 얼마나 말과 탈들이 많은지 상기할 필요가 반드시 있다. 이 조합들은 자본(돈)중심의 기관이어야 함에도 사람(人) 중심의 금융기관도 아닌 알쏭달쏭한 금융조합이다.

기업 중심의 기관이 아니라 사람 중심이다 보니 사고가 났다하면 대형사고다. 농협 등의 대형사고 뒤에는 대다수 실무책임자는 자살로 이어졌다. 요즘 전산망사고 중에는 외부해킹도 있지만 내부 전산망 교란소행까지도 서슴지 않는다고 일간지, 주간지 특집기사가 등장했다.

여야지도부고 서울특별시장이고 간에 '병(病)주고 약(藥)'주는 식의 먹고사는 문제 중 '경제민주화, 협동조합법'은 논의자체에서 제외시키고, 각 당의 이념, 구조, 체질자체를 시대적 요구에 부응하는 것이 먼저다.

특히 2011.9.6일 후 '안철수 현상'에 대해 기절초풍을 하고 새누리당·민주당이 당명을 바꾸고 당 색깔까지 붉게, 푸른색갈로 바꿔치기 했으나, 우리 국민은 새누리당, 민주당에 어울리는 색깔에다 한누리당, 민주당답게 21C 오케스트라 정당깃발이 게양되길 열망하고 있다.

이들 2030세대들이 여·야정치권에 요구하는 '혁신의 목소리'는 각 당의 해체, 해산이 아니다. 단지 "21세기적 시대정신이 반영된 내용에 충실한 효율적 정부/정당/국회"로 거듭나라는 처절한 구조개혁이다.

그리고 이들 2030세대들이 말하는 전통시장, 골목상권을 옥죄인다는 시장경제는 '사람 중심의 경제민주화'가 아니라, 자본(돈)중심의 균형을 이루는 '잣대/저울추경제, 즉 경제형평과 경제정의'를 주장한다.

또 이들 2030세대들은 사람 중심의 '1인 1표를 행사하는 박원순 시장의 조합'보다는, 상업주의 자본주의의 표상 '기업+조합의 합자회사'보다는, 신뢰 자본주의 시장경제의 표상인 자유기업 시장경제 돈(자본) 중심의 철저하게 '1원1표를 행사하는 기업'을 선호하고 있다는 점이다.

2030세대들의 정곡을 찌르면 이들은 확실한 합리적 형평주의자다, 특히 경제적 측면에선 저울추를 들이대는 경제형평(經濟衡平) 원칙도 고집하지만, 또한 사회적 측면에서도 역시 마찬가지로 남녀평등(男女平等) 원칙보다는 남녀 유별한 남녀형평(男女衡平)원칙을 고집한다는 대목이다.

이 같은 2030세대들이 제18대 대통령선거과정에서 정치권에다가 대놓고 '경제민주화'라는 용어를 대체 할 강력한 아젠다(Agenda)로 '경제정의와 경제형평'을 제시한 점이다.

이들 2030세대가 샌델 교수의 《정의란 무엇인가》를 독파한 우리나라 120만 독자 중 가장 많은 독자층이라고 한다. 이들의 골수에 박힌 '정의(justice)'는, 곧 '경제정의=경제형평'으로 거듭났다.

이들 2030세대들이 말하는 전통적 토종기업들을 옥죄는 시장경제는 결코 '사람 중심의 경제민주화'가 아니다. 이들은 자본(돈) 중심의 균형을 잡는 잣대(저울추)경제, '경제정의와 경제형평'을 주장하고 있다.

사람(人)이 중심에 서야할 '정치는 당연히 민주화'가 돼야 한다, 그러나 돈이 중심에 있어야할 '경제민주화'는 절대 불가하다는 게, 이들이 배낭여행/어학연수를 다니며 지구촌 물맛 속에서 터득한 논리다.

또한 이들은 "DJ의 이판사판, 자충경제, 불신자본주의조장의 본말인 '신자유주의·경제민주화'에 대해 정치권을 향해 진솔한 자아비판의 토대 위에 '새 출발'을 강력하게 요구하고 있다"는 점에 주목해야 한다.

이쯤 되면 정치권에서도 알만도 할 텐데 2011.9.6일에 시작된 '안철수 현상'을 잘못 판단한 나머지, '새누리당·민주당 인사'들은 새 간판을 달고 당대표가 몇 번씩 바뀐 지금도 본말을 흐리면서 비켜가려고 한다.

2030세대들은 여·야를 향해 정치개혁을 강력하게 요구하고 있다.

그럴싸한 '서울대융합과학기술대학원장'이란 교수 이름 속 '융합'이 안철수 현상을 불렀다. 21C지식정보화시대에 맞는 정당의 조직과 체질을 융합해내는 21C오케스트라정치시스템에 초점을 맞추란 것이었다.

19C 중반 서구라파에 거세게 불었던 자포니즘(Japonism)처럼 21C지식정보화시대에 맞춰 우리나라에도 강남 싸이의 Gentleman, 63세 젊은 오빠 조용필의 Hello 등 코리언이즘 4.0이 구라파를 넘어, 全세계를 휩쓸 날이 불원한 내일로 성큼 다가왔다.

모든 일에는 조짐, 징조(徵兆), 징후(徵候)란 것이 있다.

이들의 등장은 국운 융성의 조짐, 징조, 징후로 보기에도 충분하다.

우리나라의 코리언이즘은 일본의 자포니즘=서양화가 고갱 등에게 영향을 미친 화풍(畵風)과 비교가 되지 않을, 진정한 르네상스시대의 요건을 충족시키는 코리언이즘=화상(畵像)을 통한 소리에 의한 음질(音質)에다 심지어 음풍(音風)까지 곁들였다는 대목이 특이현상이다.

새 정치를 위하여 우리 정치권의 정치인이 반드시 유의할 점이다. 2030세대들이 고민하는 '21C오케스트라 융합정치'는 '국가주의/이분법정치를 철저하게 배제시키고', 그저 '먹고사는 상식이 통하는 쉬운 정치, 그리고 가계와 기업 간의 순환적 기능이 단순하고/간단하고/순전(simple)하고 알기 쉬운 경제형평을 제기했다.'는 대목이다.

샌델 교수의《정의란 무엇인가》를 가장 많이 읽은 2030세대들의 정리된 사고 잣대, 저울추는 평형을 이뤄야 한다. 그런데 '저울추=잣대, 형평원칙' 앞에서, 여야(與野) 정치인은 굴복을 하면 될 것을, 그들은 위기 때마다 당 대표=당수만 뺏다 박았다 할 뿐이다. 이들이 진짜 바꿔야 할 내용(알맹이)은 외면을 하고 딴전만 피운다.

이제는 누가 뭐라고 해도 한반도통일·동북아공영·제2신대륙 우주시대의 눈높이에 맞춘 공동체 속의 '21C 헌법'이다.

❶ 정당시스템으로 '다당제' 구도아래,

❷ '다당제 구도에 따른 중·대선거구제' 틀 위에,

❸ '먹고사는 상식이 통하는 알기 쉬운 정치와 저울추경제'다.

'저울추=잣대, 형평원칙에 입각한 정치와 경제를 요구한다.'는 점이다.

PART-VII. 참고 문헌(References)

❖1953-2013.12.30까지의 조선-중앙-동아-문화-경향-한겨레 등에 게재된 새해맞이 특집기사와 사설 등을 참고로 인용이 됐다.

❖카네기(Dale Carnegie)著/임정재 옮김: 링컨, 당신을 존경합니다-함께 읽는 책(2003)

❖김동길 저: 링컨의 일생-샘터社(1996)

❖박세환 지음: 링컨과 성경 그리고 정치-개혁주의 신행협회(1998)

❖노무현 지음: 노무현이 만난 링컨- 학고재(2001)

❖박 윤 지음: 팍스 몽골리카(Pax-Mongolica)-김영사(1996)

❖김종래 지음: 밀레니엄 맨 칭기스칸-꿈엔들(1998)

❖김종래 지음: 유목민 이야기-꿈엔들(2002)

❖웨드 포드(Weatherford)著/정영목 譯: 칭기즈칸, 잠든 유럽을 깨우다-사계절(2005)

❖미셸 헬러(Michel Heller)-알렉산드르 네크리치(Aleksandr Nekrich)/김영식-남현욱 옮김: 권력의 유토피아(L'utopie au pouvoir),소비에트 러시아사 1917-1940-청계연구소(1988)

❖쓰르미 유스께(鶴見祐輔)/장윤譯:어둠 속의 도약(디즈레일리 생애)태암출판(1978)

❖최영수 저: 라틴 아메리카 식민사-대한교과서〈주〉-(1995)

❖프란시스 휘트니 外 지음/이경식 옮김: 미국의 역사-미국무부 발행(2004)

❖박지향 지음: 영국사〈보수와 개혁의 드라마〉-까치글방(2007)

❖안병직, 이영석, 이영림 엮음: 서양사(西洋史)-책 세상(2007)

❖호 승 著: 아편전쟁에서 5-4운동까지의 간략본-민족 출판사(1987)

❖우실하 지음: 동북공정 너머 요하 문명론-소나무(2007)

❖곽승지 지음: 동북아시아시대의 연변과 조선족-아이필드(2008)

❖하마다 고사쿠(濱田耕策)/신영희 옮김: 발해국 흥망사-동북아 역사재단(2008)

❖서울대학교 동양사학 연구실/집필자:李成珪, 李成九, 鄭夏賢: 강좌 중국사(講座 中國史)〈전7권〉-지식산업社(2008)

❖시바 요따로(司馬遼太郎)/21C 정보전략 연구소 번역: 명치(明治)라는 국가(國家)-21C 정보전략 연구소(1994)

❖오자와 이치로(小澤一郎)著/방인철-김현진 譯: 일본개조계획-지식산업社(1994)

❖박영재, 박충석, 김용덕 공저: 19C 일본의 근대화-서울대학교 출판부(1996)

❖Adam Smith 著/최호진-정해동 譯: 국부론(The wealth of nations)-범우사(1992)
❖송병락 지음: 경제는 시스템이다-김영사(1998)
❖송병락 지음: 우리나라가 세계에서 가장 잘사는 나라가 되는 방법-디자인하우스(1999)
❖피터 드러커(Peter F Drucker)/이재규 옮김: 자본주의 이후의 사회-한국경제신문(1993)
❖피터 드러커(Peter F Drucker)/이재규 옮김: 자본주의 이후 사회의 지식경영자-한국경제신문사(2000)
❖채명신 지음: 베트남전쟁과 나-팔복원(2006)
❖오원철 지음: 박정희는 어떻게 경제강국 만들었나?-동서문화사(2006)
❖진노 나오히코著/김 욱 譯: 인간 회복의 경제학-북 포스(2007)
❖감부열(Archibald Campbell)著/김윤국 譯: 대한사람 심중의 그리스도(The christ of korean heart)-가남사(1981)
❖정재경 지음: 위인 박정희-집문당(1992)
❖우석호 지음: 88만원세대
❖정주영 지음: 시련은 있어도 실패는 없다-현대문화신문사(1992)
❖이명박 지음: 신화는 없다-김영사(1995)
❖이명박 지음: 절망이라지만 나는 희망이 보인다.-말과 창조사(2002)
❖정몽준 지음: 일본에 말한다.-김영사(2001)
❖노무현 지음: 여보, 나 좀 도와 줘-새터(2002)
❖박중희 지음: 커다란 게임과 네 명의 전우, 네 개의 국가(2011)
❖이선호 지음: 햇볕정책 이제는 그만-군사저널출판(2008)
❖이수광 지음: 안중근 불멸의 기억-추수밭(2009)
❖김형문 지음: 김대중 그는 누구인가?-금문당(2009)
❖고정휴 지음: 이승만과 한국독립운동-연세대학교 출판부(2004)
❖이어령 지음: 디지로그(Digilog,대한사람이 이끄는 첨단정보사회)-생각의 나무(2006)
❖황상인 지음: 대한민국 사람이 진짜 원하는 대통령-김영사(2005)